Crescimento Económico

Crescimento Económico

Óscar Afonso,
Paulo Beleza de Vasconcelos,
Pedro Cunha Neves, Tiago Neves Sequeira

ALMEDINA

CRESCIMENTO ECONÓMICO:
UMA ABORDAGEM MODERNA E NOVAS TENDÊNCIAS

AUTORES
Óscar Afonso, Paulo Beleza de Vasconcelos,
Pedro Cunha Neves, Tiago Neves Sequeira

EDITOR
EDIÇÕES ALMEDINA, S.A.
Rua Fernandes Tomás, n.os 76, 78 e 79
3000-167 Coimbra
Tel.: 239 851 904 · Fax: 239 851 901
www.almedina.net · editora@almedina.net

Design de colecção: FBA.
Capa: Edições Almedina

PRÉ-IMPRESSÃO
EDIÇÕES ALMEDINA, SA

IMPRESSÃO E ACABAMENTO

Outubro, 2019
DEPÓSITO LEGAL

ALMEDINA | GRUPOALMEDINA

BIBLIOTECA NACIONAL DE PORTUGAL – CATALOGAÇÃO NA PUBLICAÇÃO

CRESCIMENTO ECONÓMICO

Crescimento económico / Óscar Afonso... [et al.]
ISBN 978-972-40-7988-2

I – AFONSO, Óscar

CDU 330

CONTEÚDO

PREFÁCIO

O trabalho que me é dado a prefaciar, "Crescimento Económico: uma abordagem moderna e novas tendências", constitui um excelente manual para o estudo aprofundado da Teoria do Crescimento Económico, particularmente adequado para estudantes de mestrado e de doutoramento, mas também para todos aqueles que se interessam pela análise da evolução de longo prazo das economias. Como referem os autores, as questões às quais a Teoria do Crescimento Económico procura responder são do maior interesse para a humanidade: Porque é que há países tão ricos e outros tão pobres? Quais os factores do crescimento económico e do produto *per capita*? Porque é que existem países em rápidas dinâmicas de convergência e outros que mantêm a sua distância aos países mais avançados (quando não em divergência)?

Na realidade, a procura de respostas para estas questões é tão antiga quanto a Ciência Económica. Há quase 250 anos atrás (1776), Adam Smith publicava a primeira versão da sua "Investigação sobre a natureza e a causa da riqueza das nações" e, de algum modo, considerava já o papel do progresso técnico no crescimento económico, associando-o ao aumento da divisão técnica e social do trabalho. Em linguagem moderna, também poderíamos referir que um outro fundador da Ciência Económica, David Ricardo, endogeneizava o crescimento da população (na esteira de Malthus) e que chamava a atenção para a restrição dos recursos naturais (terra) e para a acumulação de capital físico como aspetos centrais do crescimento.

Estas análises, que na terminologia proposta por Nelson e Winter podemos considerar constituírem teorias apreciativas, insuficientemente formalizadas, precedem largamente a referência central da teoria formal do Crescimento Económico, o modelo de Robert Solow, publicado em 1956. Ainda assim, o modelo de Solow apenas considerava um fator acumulável (o capital físico) e a sua compatibilização com a observação do crescimento secular da produtividade e do produto *per capita* recorria (numa versão subsequente) a um progresso técnico exógeno e não explicado.

De então para cá, e com particular intensidade desde os anos 80 do século passado, a Teoria do Crescimento Económico, enquanto teoria formal assente em modelos lógico-dedutivos, vem revelando uma notável capacidade para incluir nos seus modelos fatores e relações de causalidade que a comunidade de académicos, políticos e profissionais consideram consensualmente como incontornáveis na explicação da evolução de longo prazo das economias, com destaque para a tecnologia e para o capital humano, sem esquecer outros avanços tais como os da endogeneização da taxa de poupança ou do crescimento da população.

É bem nesta agenda de avanço do conhecimento científico sobre o crescimento económico que a presente obra se insere. Os autores, professores e investigadores em várias Universidades Portuguesas e de uma geração subsequente à minha, apresentam e analisam com grande rigor formal e adequada pedagogia um conjunto alargado de modelos formais de crescimento económico, com destaque para aqueles em que a tecnologia / inovação e o capital humano são endógenos à economia e fatores explicativos centrais do crescimento *per capita*.

É dito que uma das géneses deste "Crescimento Económico: uma abordagem moderna e novas tendências" foi a unidade curricular de Crescimento Económico do Mestrado em Economia e Gestão da Inovação da Faculdade de Economia da Universidade do Porto, mestrado do qual fui fundador e Diretor ao longo de vários anos. Nessas funções, pude testemunhar quer a relevância da referida unidade curricular, lecionada pelo Professor Óscar Afonso, na sólida formação dos futuros investigadores e profissionais que frequentam o mestrado quer a saudável complementaridade que fomos (docentes e estudantes) estabelecendo entre a teoria formal do crescimento económico e outras teorias, formais ou apreciativas, da economia da inovação.

É, pois, com elevada satisfação que felicito os autores e que recomendo a leitura e utilização deste manual "Crescimento Económico: uma abordagem moderna e novas tendências".

Mário Rui Silva
Doutor em Economia
Professor Associado da Faculdade de Economia da Universidade do Porto
Ex-Diretor do Mestrado em Economia e Gestão da Inovação da FEP/UP

PREFÁCIO

Este livro será certamente uma importante ajuda para todos os estudantes que queiram iniciar o estudo do Crescimento Económico em língua portuguesa. Será também um apoio muito útil para todos os que querendo ir à fonte, aos artigos originais publicados em revistas internacionais, irão encontrar neste livro uma linha orientadora e um guia que os apoiará na descoberta dos artigos mais relevantes e também na integração e contextualização do trabalho que os diferentes autores foram desenvolvendo. Como os autores referem, a investigação em Crescimento Económico cresceu, ela própria, exponencialmente desde o final dos anos 80 do século passado e, por isso, a seleção e síntese dos trabalhos existentes que este livro significa é uma ajuda muito valiosa a quem queira iniciar este caminho.

Os autores apresentam de forma clara modelos complexos, fazendo a ponte entre a literatura e os dados, referindo quer a literatura mais teórica quer a literatura empírica, algo fundamental no estudo do Crescimento Económico e dos temas económicos em geral.

Desejo que muitos estudantes possam tirar proveito deste livro e que este possa contribuir para um melhor entendimento de quais são os principais determinantes do crescimento económico: o investimento (*produtivo*), em particular o investimento em investigação e desenvolvimento e o investimento em capital humano.

Ana Balcão Reis
Doutora em Economia
Professora Associada da NOVA School of Business and Economics, Universidade Nova de Lisboa

MOTIVAÇÃO E ESTRUTURA GERAL

A oferta formativa de segundos e terceiros ciclos de estudos (pós-reforma de Bolonha) em Economia, nos quais o crescimento económico se constituiu como uma das unidades curriculares fundamentais, tem vindo a ser alargada e aprofundada. As universidades portuguesas têm intensificado a captação de estudantes de mestrado e doutoramento oriundos do Brasil e de países de Língua Oficial Portuguesa. Cada vez mais estudantes falantes de português e leitores interessados querem aprofundar os seus conhecimentos nesta temática essencial para a compreensão da evolução económica (e social) dos países.

Este livro é dedicado ao crescimento económico numa perspetiva mais avançada do que habitualmente, e vem colmatar uma lacuna na bibliografia disponível sobre esta temática em língua portuguesa. Motivado pelos e para os estudantes, este manual é, pois, especialmente indicado para as unidades curriculares de Crescimento Económico de mestrado (quando este está vocacionado para a investigação científica) ou quando integradas em partes curriculares de programas de doutoramento. Os capítulos iniciais, dedicados à evidência empírica, a conceitos gerais e às principais lições emanadas da teoria do crescimento neoclássica podem também ser recomendados a estudantes de unidades curriculares (ou capítulos) de Crescimento Económico das licenciaturas ou destinados a outros leitores interessados no tema.

O livro começa com uma parte introdutória onde se discutem os conceitos e os factos do crescimento, assim como o método para a análise científica do crescimento por via de modelos. Numa segunda parte aborda-se todo o desenvolvimento da teoria neoclássica, desde Robert Solow. A terceira parte centra-se na teoria do crescimento endógeno, publicada essencialmente a partir de finais da década de 80 do Século XX, com os artigos seminais de Robert Lucas e Paul Romer, tendo por base contributos baseados na acumulação de capital humano e de conhecimento tecnológico, respetivamente. A quarta parte apresenta modelos de crescimento endógeno que cobrem tópicos avançados, como a difusão tecnológica, a desigualdade salarial e a interação entre a tecnologia e o capital humano, tendo sido alguns destes tópicos desenvolvidos e publicados pelos próprios autores.

PARTE I

—

CONCEITOS, FACTOS E MODELOS

CAPÍTULO 1
Conceitos e mecanismos do crescimento

Nesta primeira parte introdutória enfatizam-se as regularidades empíricas consensuais associadas ao crescimento económico e referem-se as principais questões a que a teoria do crescimento deverá responder.

É comum ouvir-se que o crescimento económico determina os níveis ou a qualidade de vida dos países, mas: (i) o que significa crescimento económico? (ii) qual(is) é(são) a(s) sua(s) força(s) motora(s) ou, dito de outro modo, porque crescem as economias? (iii) porque são tão diferentes as taxa de crescimento e os rendimentos *per capita* entre os países?

Os economistas usam geralmente a terminologia crescimento económico para referir o crescimento do produto real *per capita* de uma economia. Algumas economias registam aumentos significativos do produto real *per capita* durante longos períodos de tempo o que, por sua vez, influencia o quadro económico, político e social, sendo também influenciado por estes. Estima-se, por exemplo, que os Estados Unidos da América (EUA) produziram trinta vezes mais bens e serviços em 1999 do que em 1899 (Rogers, 2002, 2003).

Quando o crescimento do produto real *per capita* é significativo, os indivíduos podem adquirir mais bens e serviços e, por essa via, aumentar o seu bem-estar. Naturalmente os indivíduos estão igualmente interessados na saúde, na desigualdade, na repartição da riqueza, na educação, na poluição, na sustentabilidade, na liberdade e em muitos outros itens. No entanto, há uma correlação muito relevante entre todos estes itens e o produto *per capita*. É por isso que se costuma dizer em Economia que o produto *per capita* é a variável que, num só número, sintetiza mais significativamente o bem-estar de um país (Barro & Sala-i-Martin, 2004; Aghion & Howitt, 2008; Acemoglu, 2009).

A relação entre crescimento económico e o conceito genérico de bem-estar (ou alternativamente de desenvolvimento económico) é controversa e não será discutida neste manual. A discussão centra-se pois nas explicações mais atuais do processo de crescimento económico. Muito genericamente, pode afirmar-se que serão apresentados modelos teóricos que acomodam essas explicações e, quando conveniente, será citada literatura empírica. Ou seja, enfatiza-se a apresentação de criações relativamente simplificadas da realidade que permitem estudar o fenómeno.

Pode afirmar-se que a história da teoria do crescimento é tão longa como a história do pensamento económico. Já os primeiros autores clássicos — Adam Smith, David Ricardo e Thomas Malthus — estudaram o tema, introduzindo conceitos e estabelecendo relações cruciais; por exemplo, a eles se deve o conceito de rendimentos decrescentes e a sua relação com a acumulação de capital físico ou humano, e a relação entre progresso do conhecimento tecnológico e a especialização do trabalho. De igual modo, os clássicos do princípio do Século XX como Ramsey, Harrod, Domar, Young, Knight e Schumpeter apresentaram as primeiras tentativas para analisar o crescimento com modelos rigorosos e contribuíram para o conhecimento dos determinantes da taxa de crescimento e do progresso do conhecimento tecnológico.

O enfoque do livro baseia-se na metodologia e conceitos desenvolvidos pelos macroeconomistas neoclássicos a partir do trabalho de Solow (1956) e Swan (1956), que deram origem à denominada análise moderna do crescimento económico. Estes trabalhos ajudaram a clarificar o papel da acumulação física de capital e a enfatizar a importância do progresso do conhecimento tecnológico como última "força" sustentadora do crescimento económico. O pressuposto neoclássico de rendimentos decrescentes de cada um dos fatores produtivos motivou os autores neoclássicos a introduzir o crescimento exógeno do conhecimento tecnológico como motor último do crescimento económico no longo prazo.

Durante os anos 60 (mas também — embora com menor intensidade — nos anos 70) muitos foram os trabalhos sobre crescimento. São de realçar os trabalhos de Abramovitz, Arrow, Cass, Koopmans, Kuznetz, Nelson, Nordhaus, Phelps, Shell, Sheshinski, Swan, Uzawa e Weizsacker. Contudo, por razões metodológicas, aspetos cruciais associados à investigação do progresso tecnológico foram adiados.

No início dos anos 80, Romer e Lucas reacenderam o interesse dos macroeconomistas pelo crescimento económico, enfatizando a economia das "ideias" (relacionadas com o conhecimento tecnológico — não incorporado nas pessoas) e do "capital humano" (conhecimento incorporado nos indivíduos). Tirando partido de novos desenvolvimentos na teoria da concorrência imperfeita, Romer introduziu a economia do conhecimento tecnológico. Seguindo esses avanços teóricos, surgiram trabalhos empíricos como, por exemplo, os conduzidos por Barro para quantificar e testar as teorias de crescimento. A partir dessa altura, foram aparecendo mais trabalhos teóricos e empíricos de grande interesse.

A clarificação da essência dos vários modelos teóricos pode pois ser difícil devido à sua riqueza e diversidade. Neste livro, procura-se, na medida do possível, integrar os processos de geração de crescimento económico desde os modelos de crescimento com acumulação de capital físico até aos modelos mais recentes em que, geralmente, o capital físico é substituído por bens intermédios.

Nos modelos com acumulação de capital físico, a taxa de crescimento económico de longo prazo é motivada pela estabilidade da produtividade marginal do capital. Um mecanismo gerador dessa estabilidade requer a introdução do progresso do conhecimento tecnológico; outro mecanismo envolve a inclusão da acumulação de capital humano; e outro ainda aponta para a eliminação nos rendimentos decrescentes do capital na função produção (Barro & Sala-i Martin, 2004; Aghion & Howitt, 2008; Acemoglu, 2009). Os modelos seminais que classicamente representam cada um destes mecanismos serão apresentados.

As atividades de Investigação e Desenvolvimento (I&D) direcionadas para determinar o motor do crescimento dentro dos modelos desencadearam ramificações na teoria do crescimento endógeno; teoria assim batizada porque a taxa de crescimento positiva de longo prazo não requer o crescimento exógeno de variáveis dos modelos. Como Solow (2000) refere, a teoria do crescimento endógeno apresentou até agora três grandes mecanismos capazes de gerar crescimento positivo no longo prazo e pode, por isso, ser categorizada em três grupos.

Um mecanismo, inicialmente proposto por Romer (1987, 1990a), inclui explicitamente a I&D. Modelos em que o progresso do conhecimento tecnológico induzido por atividades de I&D é o motor do crescimento económico podem ser denominados como "modelos de crescimento baseados na I&D". Outras referências seminais iniciais deste tipo de modelos são os modelos de Grossman & Helpman (1991a) e de Aghion & Howitt (1992). Estes últimos modelos não contemplam, contudo, acumulação de capital físico e, por isso, o crescimento económico não exige produtividade marginal do capital constante.

Outro (segundo) mecanismo, introduzido por Lucas Jr (1988), envolve a introdução da acumulação endógena de capital humano. Este tipo de modelos pode denominar-se de "modelos baseados no capital humano". No modelo de Lucas cada trabalhador afeta uma fração do seu tempo à produção e a fração restante à acumulação de capital humano. Esta especificação assume que a acumulação de capital humano é intensiva em capital humano. A estabilidade da produtividade marginal do capital é conseguida por via da acumulação do capital humano. Outras referências seminais deste tipo de modelos são Becker et al. (1990), Stokey (1991) e Rebelo (1991).

Um terceiro mecanismo para obter crescimento económico no longo prazo consiste na eliminação dos rendimentos decrescentes do capital na função produção. Este mecanismo foi experimentado, por exemplo, por Jones & Manuelli (1990). Estes modelos são geralmente denominados modelos AK, terminologia que é por si só muitas vezes usada como sinónimo de crescimento endógeno.

CAPÍTULO 2
Factos empíricos

Neste capítulo apresentam-se os oito Factos mais marcantes sobre crescimento económico. O capítulo termina com a apresentação das principais questões motivadoras da teoria do crescimento económico.[1]

Constata-se que: (i) alguns países são muito ricos e outros são muito pobres; (ii) alguns crescem muito rapidamente e outros não crescem; (iii) a maioria das economias encontra-se entre esses casos extremos. A análise do crescimento económico requer que se comece por considerar os casos extremos; i.e., (i) os países ricos; (ii) os países pobres; (iii) os países que crescem muito rapidamente; e (iv) os países que crescem mais lentamente.

O que agora se enfatiza são os "Factos" associados com essas categorias. A Figura 2.1 ilustra bem a distribuição do rendimento *per capita* entre todos os 182 países do mundo para os quais existem dados.

Estes dados levam a enunciar o primeiro dos Factos genéricos.

Facto empírico 1 *Há uma enorme variação no rendimento per capita entre países.*

Tomando por exemplo os casos EUA e Chade, constata-se que o PIB real *per capita* dos EUA em 2017 foi de $54,795, enquanto o do Chade foi apenas de $1,308.[2]

---

[1] Os dados que serviram de base à elaboração das Figuras nesta parte, quando não expressamente enunciado o contrário, têm como fonte a Penn World Tables 9.0., disponível em https://www.rug.nl/ggdc/productivity/pwt/.

[2] Discute-se muito frequentemente o indicador mais adequado para comparar níveis de desenvolvimento. A resposta a esta questão passa por considerar que o PIB *per capita* é a medida mais geral de bem-estar, dado que informa o produto real por pessoa disponível para consumo, investimento e poupança. O PIB por trabalhador informa mais sobre a produtividade da força de trabalho.

FIGURA 2.1: DISTRIBUIÇÃO DE RENDIMENTO PELOS PAÍSES DO MUNDO (2017).

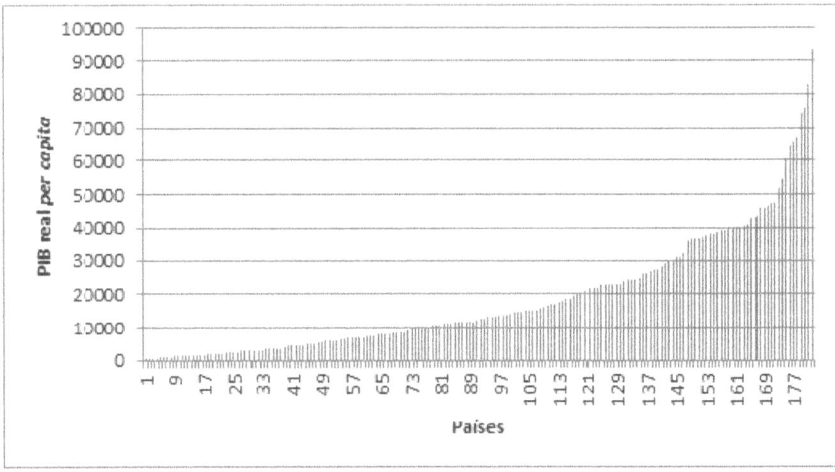

Na sequência deste Facto 1 há uma grande fração da população a viver com extrema pobreza. A Figura 2.2 é bem elucidativa dessa situação. Em 2017, cerca de 20% da população mundial vivia em países com menos de 10% do PIB real *per capita* dos EUA e cerca de 70% da população mundial vivia em países com menos de 25%.

A Figura 2.3 mostra também exemplos de países com crescimento muito rápido que, por esse motivo, estão a passar para o grupo dos países ricos ou de rendimento intermédio. É o caso dos frequentemente denominados Novos Países Industrializados (NPIs). São exemplo de países com elevado crescimento Hong-Kong, Singapura, Taiwan e Coreia do Sul, mas também o Vietname, Macau, Cabo Verde e a Argentina, se considerarmos o período entre 1975 e 2014. Já Portugal (e a Espanha) é hoje considerado país rico devido (essencialmente) à sua *performance* de crescimento entre 1950 e 1975. A diferente *performance* económica dos países em matéria de crescimento económico leva-nos ao Facto 2.

FIGURA 2.2: POPULAÇÃO MUNDIAL DISTRIBUÍDA POR NÍVEL DE RENDIMENTO *PER CAPITA* DOS RESPETIVOS PAÍSES (2017).

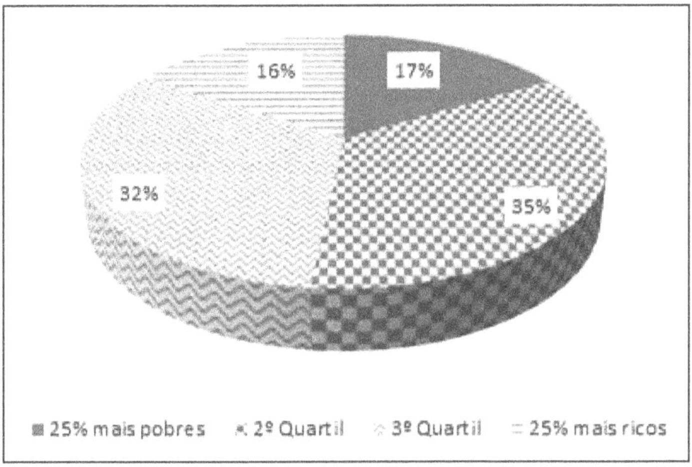

FIGURA 2.3: DIFERENTES TAXAS DE CRESCIMENTO ENTRE PAÍSES (1975-2014).

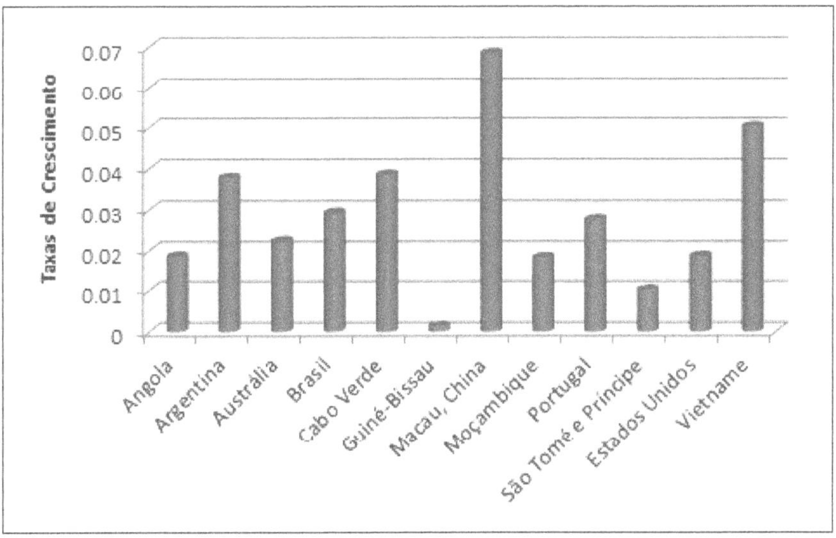

Facto empírico 2 *As taxas de crescimento económico variam substancialmente entre países.*

A taxa de crescimento média anual dos EUA entre 1960 e 1997 foi de 1.4% ao ano. França, Reino Unido e Espanha cresceram a taxas superiores e o Japão cresceu à taxa de 4.4%. Os NPIs excederam ainda a taxa de crescimento japonesa.[3]

Entre os países mais pobres, alguns apresentaram boas taxas de crescimento no período. Casos da China e da Índia que acabaram por crescer mais do que os EUA, recuperando, por isso, algum do seu atraso. Outros, como o Zimbabué e o Uganda, alargaram o fosso face aos EUA, mas registaram taxas de crescimento positivas. Finalmente, destaque-se o facto de muitos países pobres apresentarem taxas de crescimento negativas, sendo, por isso, verdadeiros "desastres de crescimento".

Ainda decorrente das taxas de crescimento serem bastante distintas entre países surge o Facto 3.

Facto empírico 3 *As taxas de crescimento não são geralmente constantes ao longo do tempo.*

Para o mundo como um todo, as taxas de crescimento rondaram os 0% durante a maior parte da história, mas aumentaram significativamente no Século XX. Para os países individualmente considerados, as taxas de crescimento também variaram (e continuam a variar) ao longo do tempo.

Taxas de crescimento em torno de 2% ao ano (implicando a duplicação do rendimento *per capita* em 35 anos), embora modestas face às taxas recentes apresentadas pelos países do sudeste asiático, são significativas em termos históricos. A Figura 2.4 mostra esse facto ao refletir o PIB *per capita* anual nos três séculos passados para alguns dos países do mundo. A comparação das trajetórias de Portugal e da França mostra bem o longo período de estagnação e como o tempo histórico do arranque do crescimento (ou das respetivas revoluções industriais) tem um relevo marcante na situação atual destes países. Esta figura mostra também a ultrapassagem do Reino Unido pelos EUA na passagem da primeira para a segunda revolução industrial.

---

[3] Refira-se que, se um país cresce à taxa média anual g_y, duplicará o rendimento *per capita* de acordo com a formula $\frac{0.7}{g_y}$. Com efeito, sendo $y(t) = y_0 e^{g_y t}$, resulta que $2y_0 = y_0 e^{g_y t^*}$ (com t^* a representar o período temporal da duplicação) e $\ln 2 + \ln y_0 = \ln y_0 + g_y t^*$, donde $g_y t^* = \ln 2 \leftrightarrow t^* = \frac{\ln 2}{g_y} \simeq \frac{0.7}{g_y} = \frac{70}{g_y \times 100}$. Por exemplo, no caso dos EUA tem-se $\frac{0.7}{0.014} = \frac{70}{1.4} = 50$ anos.

FIGURA 2.4: EVOLUÇÃO DO RENDIMENTO PER CAPITA EM PAÍSES SELECIONADOS (1700-2014).

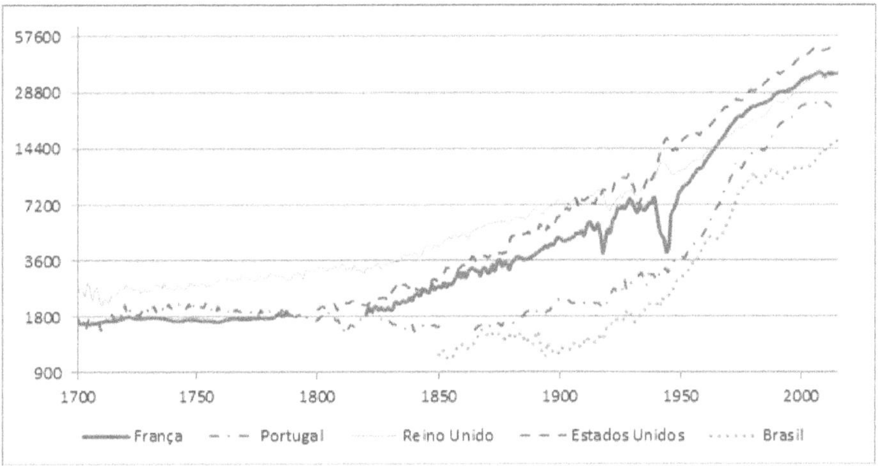

Dados: Project Maddison em https://www.rug.nl/ ggdc/ historicaldevelopment/ maddison/ releases/ maddison--project-database-2018.

Como Maddison (1995) refere, durante o milénio entre 500 e 1500 o crescimento foi praticamente nulo. Na mesma linha, observa que de 1000 a 1700 os países registaram fraco e esporádico crescimento económico. A Inglaterra, por exemplo, terá registado uma taxa de crescimento de 0.3% ao ano no período de 1686 a 1688 (Snooks, 1992).

Considera-se que a revolução industrial, iniciada em Inglaterra, alterou a capacidade dos países aumentarem o produto real *per capita*. O crescimento do produto real *per capita* inglês terá aumentado para 1.3% ao ano nas duas últimas décadas do Século XVIII e terá crescido ainda mais no Século XIX (Crafts, 1996). Em outros países a taxa de crescimento aumentou também no Século XIX e a tendência de aumento da taxa de crescimento manteve-se no Século XX. Em suma, crescimento económico sustentado a taxas de 2% ao ano é uma "invenção" moderna como a eletricidade e o transístor. Como resultado da *performance* económica, o mundo é substancialmente mais rico hoje do que no passado. O PIB real *per capita* para o mundo como um todo em 1500 era de $500 e hoje é quase dez vezes superior.

Para países individualmente considerados; i.e., intra-país, as taxas de crescimento também variam ao longo do tempo. Tomando, por exemplo, o caso da Índia pode dizer-se que a taxa de crescimento média anual entre 1960 e 1997 foi 2.3% ao ano, mas entre 1960 e 1980 foi apenas de 1.3% ao ano, enquanto que entre 1980 e 1997 foi de 3.5% ao ano. A taxa de crescimento do Brasil, por exemplo, foi de 4.2% ao ano entre

1950 e 1975, não chegou aos 3% entre 1975 e 2014 (ver Figura 2.5) e no período entre 1980 e 1992 foi de -0.2% (Rogers, 2002).

FIGURA 2.5: DIFERENTES TAXAS DE CRESCIMENTO EM PERÍODOS DISTINTOS EM PAÍSES SELECIONADOS.

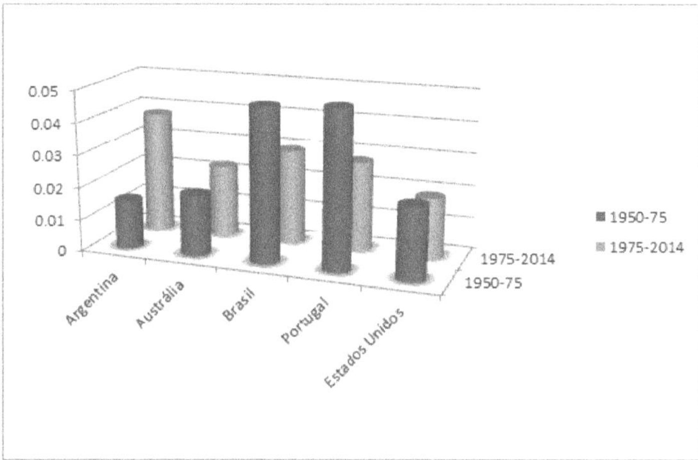

A variação substancial nas taxas de crescimento entre países e dentro de um mesmo país ao longo do tempo remete para um corolário aos Factos 2 e 3. Dada a importância desse corolário, considera-se que corresponde também a um Facto, o Facto 4:

Facto empírico 4 *A posição relativa dos países na distribuição do rendimento per capita mundial não é imutável.*

Os países podem passar da classificação "pobre" para a classificação "rico" e vice-versa. Um exemplo ilustrativo deste Facto é a trajetória da Argentina que, no Século XIX, era um dos países mais ricos do mundo. Outro exemplo é a Austrália. Estima-se que a Austrália tinha o maior produto real *per capita* em 1870 (cerca de 50% superior ao dos EUA). Contudo, enquanto a taxa de crescimento média anual da Austrália entre 1870 e 1960 foi de 0.9%, os EUA cresceram nesse período à taxa de 1.7% ao ano e, por isso, o produto *per capita* dos EUA ultrapassou o australiano em 1960 (Maddison, 1995).

O Facto empírico 5 descreve algumas particularidades da economia dos EUA, particularidades estas que são geralmente características das restantes economias ocidentais no longo prazo.

FIGURA 2.6: EVOLUÇÃO DA POSIÇÃO RELATIVA DE PAÍSES SELECIONADOS EM COMPARAÇÃO COM EUA=100 (1700-2014).

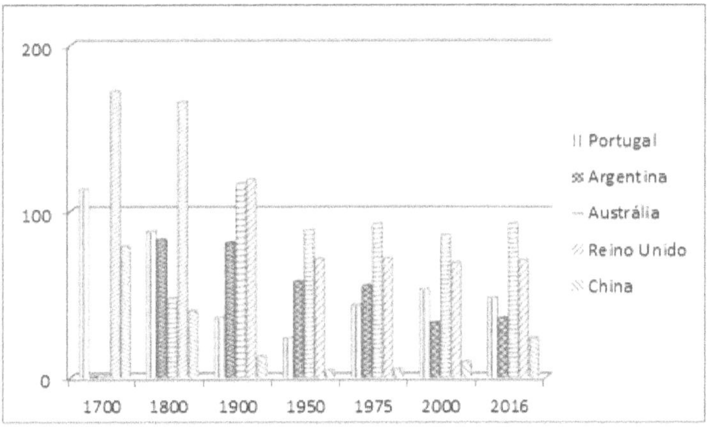

Dados: https:// www.rug.nl/ ggdc/ historicaldevelopment/ maddison/ releases/ maddison- project- database-2018.

Em geral, estes factos referem-se à evolução das taxas de retorno dos fatores produtivos, genericamente capital, K, e trabalho, L, e do seu peso — em proporção — no rendimento ou produto nacional Y.

Facto empírico 5 *Nos EUA no último século, (i) a taxa de retorno real do capital, R, não aumentou nem diminuiu; (ii) os pesos do rendimento afeto ao capital, $\frac{RK}{Y}$, e ao trabalho, $\frac{wL}{Y}$, não aumentaram nem diminuíram; (iii) a taxa média de crescimento do output per capita tem sido positiva e relativamente constante ao longo do tempo; i.e., os EUA têm apresentado uma taxa de crescimento do rendimento per capita estacionária e sustentada.*

Este Facto 5 foi apresentado por Kaldor (1961). No caso (ii), $\frac{wL}{Y} = 0.7$, pelo que num modelo com dois fatores, capital K e trabalho L, e sem lucros (supranormais), $\frac{RK}{Y} = 0.3$. Tendo em conta $\frac{RK}{Y} = 0.3$ e (i), então pode dizer-se que o rácio $\frac{K}{Y}$ tem sido constante nos EUA. Relativamente ao caso (iii), pode referir-se que entre 1860 e 2000 a taxa de crescimento média anual dos EUA foi relativamente constante em torno do valor 1.8%.

Em geral, as economias mais abertas ao exterior têm apresentado taxas de crescimento relativamente superiores às das economias fechadas e, mais especificamente, uma economia cresce mais quando se abre ao exterior. Descrevemos este facto como o

Facto empírico 6. Foi essa a conclusão a que chegaram Sachs & Warner (1995) e que se mostra na Tabela 2.1.

TABELA 2.1: TAXAS DE CRESCIMENTO DE PAÍSES COM ECONOMIA ABERTA E FECHADA.

	política comercial		crescimento médio *per capita* %	
País	aberta	fechada	aberta	fechada
Bolívia	1956-78	1979-85	2.49	-2.52
Costa Rica	1952-61	1962-86	3.39	1.84
Equador	1950-82	1983-91	2.64	-0.31
EL Salvador	1950-61	1962-89	1.72	0.93
Guatemala	1950-61	1962-88	0.86	0.91
Honduras	1950 -61	1962-91	0.49	1.22
Jamaica	1962-73	1974-88	4.15	-0.65
Quénia	1963-67	1968-92	2.94	1.67
Marrocos	1956-64	1965-84	4.15	2.14
Nicarágua	1950-60	1961-91	7.20	0.55
Peru	1948-67	1968-91	3.51	-0.64
Sri Lanka	1950-56	1957-77	0.48	1.23
Síria	1951-65	1966-92	6.51	3.16
Turquia	1980-53	1954-89	11.67	2.40
Venezuela	1950-59	1960-89	3.88	-0.45

Fonte: Sachs & Warner (1995).

Facto empírico 6 *O crescimento do output e o crescimento do volume de comércio internacional têm estado fortemente relacionados.*

Facto empírico 7 *Quer os trabalhadores mais qualificados quer os trabalhadores menos qualificados tendem a deslocar-se dos países (regiões) pobres para os países (regiões) ricos.*

Tal decorre do facto do retorno associado aos trabalhadores qualificados e não qualificados ser superior nos países (regiões) ricos.

No que diz respeito ao trabalho qualificado, este Facto levanta um interessante enigma: o trabalho qualificado é escasso nos países pobres e, por isso, o seu retorno deveria ser elevado; no entanto, é inferior ao retorno nos países ricos. Porquê? Porque nos países ricos é mais produtivo; ou seja, a maior produtividade relativa mais do que compensa a maior abundância relativa. Na Figura 2.7 mostra-se a evolução tendencialmente crescente da proporção de emigrantes de África na população dos EUA, ilustrando que existe um número crescente de emigrantes dos países pobres para os países ricos. No entanto, nesses emigrantes encontram-se também pessoas com elevadas qualificações, como pretende demonstrar a Figura 2.8, que ilustra que um grande número de estudantes (quase 300,000) oriundos da China e da Índia estudam em universidades dos EUA.

FIGURA 2.7: EVOLUÇÃO DA PROPORÇÃO DE EMIGRANTES DE ÁFRICA NA POPULAÇÃO DOS ESTADOS UNIDOS DA AMÉRICA.

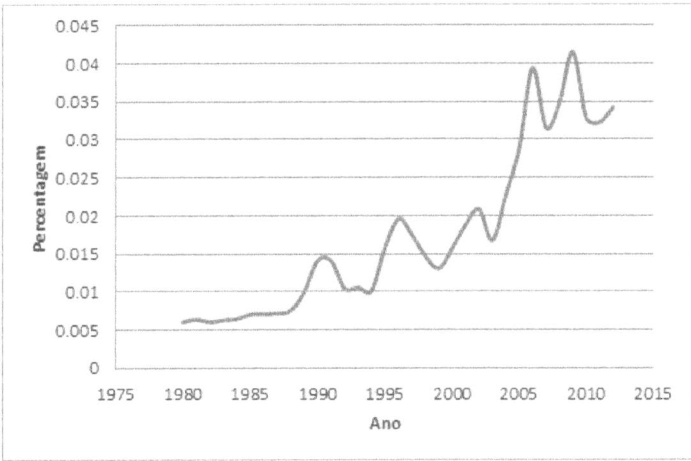

Fonte: OECD.

FIGURA 2.8: EXEMPLO DE ESTUDANTES ORIUNDOS DE PAÍSES POBRES A ESTUDAR EM UNIVERSIDADES NOS ESTADOS UNIDOS.

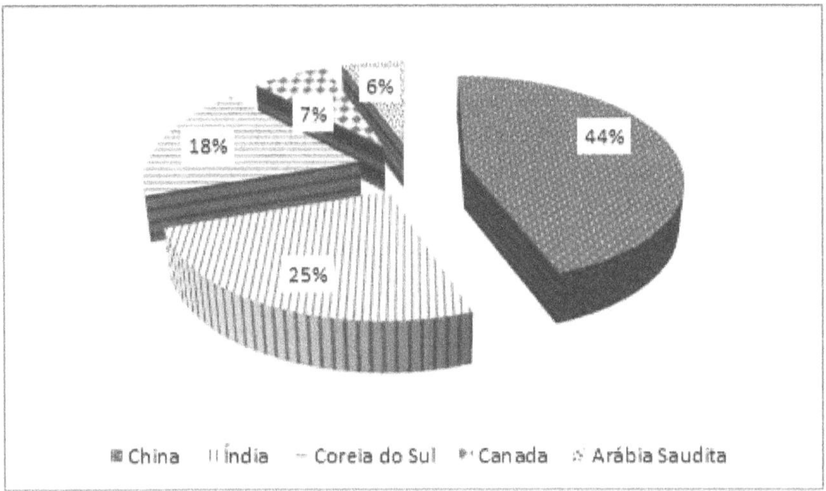

Fonte: OECD.

Facto empírico 8 *Taxas de crescimento insignificantes da população estão associadas a relevantes níveis de vida.*

Por fim, o último facto empírico relaciona-se com a relação negativa entre o crescimento populacional e o nível de riqueza dos países. O mapa que se apresenta na Figura 2.9 é elucidativo da correlação entre o nível de rendimento e a taxa de crescimento populacional. No mapa mostra-se a taxa de crescimento anual média. Verifica-se que as mais elevadas correspondem hoje aos países mais pobres do mundo.

FIGURA 2.9: TAXAS DE CRESCIMENTO POPULACIONAL NO MUNDO EM 2017.
CORES MAIS ESCURAS CORRESPONDEM A TAXAS DE CRESCIMENTO POPULACIONAIS MENORES.

Fonte: World Bank.

O exemplo mais marcante desta relação é o facto da China só ter começado o seu *take-off* quando a sua taxa de crescimento populacional decresceu (ver Figura 2.10). De facto, a figura mostra que quando a taxa de crescimento populacional começou a descer foi exatamente quando o PIB *per capita* da China começou a crescer exponencialmente.

FIGURA 2.10 TAXAS DE CRESCIMENTO POPULACIONAL E PIB *PER CAPITA* NA CHINA A PARTIR DE 1950. A ESCALA DA ESQUERDA MEDE O PIB *PER CAPITA* E A DA DIREITA MEDE A TAXA DE CRESCIMENTO POPULACIONAL.

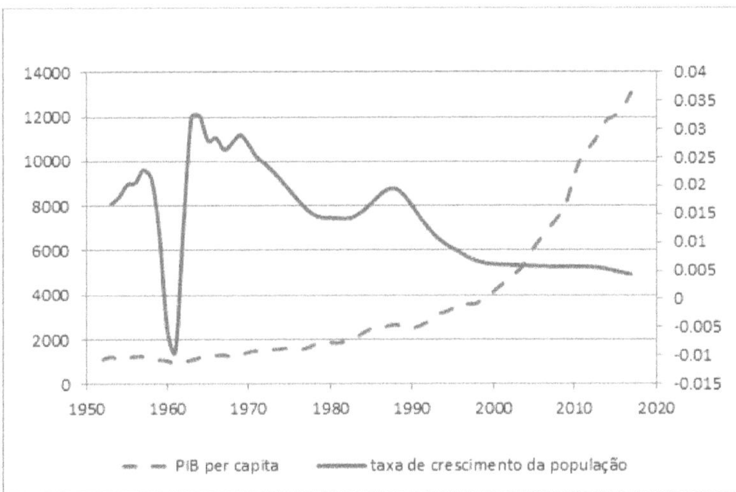

Tendo em conta os Factos acima apresentados há três questões interrelacionadas a responder:

(i) Porque é que há países tão ricos e outros tão pobres?
(ii) Qual(is) o(s) motor(es) do crescimento económico ou, dito de outro modo, porque crescem mais uns países que outros?
(iii) Porque é que alguns países, em determinados períodos, experimentam verdadeiros milagres de crescimento?

Para já pode adiantar-se que os determinantes destas taxas de crescimento são uma combinação de fatores específicos de cada país e de fatores mais universais. Em geral, os milagres económicos tiveram boas políticas económicas e instituições sociais inclusivas e pluralistas que lhes permitiram acumular fatores produtivos em quantidade (trabalho e capital) e em qualidade (capital humano e conhecimento tecnológico). Por outro lado, os desastres económicos representam países que sofreram guerras e/ou viram o preço das suas matérias-primas diminuir e/ou foram dirigidos por governos incapazes de controlar o crime e a corrupção porque promoveram instituições extrativas, onde a elite apropria a riqueza criada em vez de criar riqueza.

PARTE II

—

TEORIA NEOCLÁSSICA

CAPÍTULO 3
Modelo de Solow-Swan

Neste capítulo explicam-se as principais características da denominada teoria neoclássica, na sequência dos modelos de Solow (1956) e Swan (1956). Uma vez apresentada a teoria, explora-se a sua capacidade para explicar alguns dos Factos anteriormente apresentados.

A teoria é construída em torno de duas equações: a função produção, que descreve a forma de combinação dos *inputs* para obter o *output*, e a equação de acumulação do capital (ou, mais especificamente, do rácio capital-trabalho). A essência do modelo radica no facto do nível de produto real por trabalhador depender positivamente do rácio capital-trabalho. A passagem de um baixo nível de capital por trabalhador para um nível mais elevado conduz a (resulta de) um aumento do produto real por trabalhador.

Embora mais investimento eleve o nível de produto real por trabalhador (e, portanto, o nível de vida), o modelo sugere que mais investimento melhora a taxa de crescimento do nível de vida apenas temporariamente. A razão decorre do facto de haver rendimentos decrescentes na acumulação de capital.

A estrutura do capítulo é a seguinte: na secção 3.1 apresenta-se a estrutura do modelo; na secção 3.2 resolve-se o modelo e discute-se a velocidade de convergência; na secção 3.3 analisam-se as propriedades do estado estacionário e aborda-se a estática comparada; na secção 3.4 trata-se da acumulação de capital que permite maximizar o consumo; e, finalmente, na secção 3.5 avalia-se o modelo neoclássico.

3.1 Estrutura do modelo

Suponha-se que numa determinada economia o *stock* de capital humano é constante ao longo do tempo, significando que, de acordo com a notação usada, h (nível médio de capital humano) e H (número de trabalhadores) são constantes. Considere-se, por simplificação, que $h = 1$, de tal modo que $L = H$. Considere-se ainda que a função produção é do tipo Cobb-Douglas:

$$Y = AF(K, hH) = AK^{\alpha}H^{1-\alpha}, \text{ com } 0 < \alpha < 1 \tag{3.1}$$

em que Y é o *output* (PIB), K representa o capital físico, $L = hH$, representa o fator trabalho, e A corresponde ao conhecimento tecnológico e α é a *share* do capital na produção.

A função produção (3.1) é do tipo neoclássico, na medida em que:

(i) apresenta rendimentos constantes à escala:

$$A(\lambda K)^{\alpha}(\lambda H)^{1-\alpha} = \lambda AK^{\alpha}H^{1-\alpha} = \lambda Y$$

(ii) os produtos marginais do capital e do trabalho são positivos:

$$\frac{\partial Y}{\partial K} = \alpha AK^{\alpha-1}H^{1-\alpha} > 0,$$

$$\frac{\partial Y}{\partial H} = (1-\alpha)AK^{\alpha}H^{-\alpha} > 0;$$

e decrescentes:

$$\frac{\partial^2 Y}{\partial K^2} = \alpha(\alpha-1)AK^{\alpha-2}H^{1-\alpha} < 0,$$

$$\frac{\partial^2 Y}{\partial H^2} = (1-\alpha)(-\alpha)AK^{\alpha}H^{-\alpha-1} < 0;$$

(iii) são cumpridos os limites requeridos pelas condições de Inada:

$$\lim_{K\to\infty} \frac{\partial Y}{\partial K} = \alpha AK^{\alpha-1}H^{1-\alpha} = 0,$$

$$\lim_{K\to 0} \frac{\partial Y}{\partial K} = \alpha AK^{\alpha-1}H^{1-\alpha} = \infty,$$

$$\lim_{H\to\infty} \frac{\partial Y}{\partial H} = (1-\alpha)AK^{\alpha}H^{-\alpha} = 0,$$

$$\lim_{H\to 0} \frac{\partial Y}{\partial H} = (1-\alpha)AK^{\alpha}H^{-\alpha} = \infty.$$

Em suma, a função de produção Cobb-Douglas (3.1) satisfaz todas as condições próprias das funções de produção neoclássicas.

Em cada período, as firmas pagam por unidade de trabalho o salário, w, aos trabalhadores e por unidade de capital o preço $R = r + \delta$ aos "Capitalistas", sendo r a taxa de juro e δ a depreciação do capital. Assume-se que há um número muito alargado de famílias detentoras de fatores produtivos e que as firmas operam num contexto de concorrência perfeita (sendo, portanto, *price-takers*). Normalizando o preço do *output* a um, $p_Y = 1$, a maximização dos lucros pelas firmas traduz-se na resolução do problema:

$$\max_{K,L} Y - RK - wH. \tag{3.2}$$

De acordo com as condições de primeira ordem, as firmas empregam trabalho e capital até que a produtividade marginal do trabalho e do capital igualam, respetivamente, o salário e o preço por unidade de capital:

$$\begin{aligned} \frac{\partial Y}{\partial H} &= w \Leftrightarrow (1-\alpha)\frac{Y}{H} = w, \text{ pois} \\ \frac{\partial Y}{\partial H} &= AK^{\alpha}(1-\alpha)H^{-\alpha} = (1-\alpha)\frac{Y}{H} \end{aligned} \tag{3.3}$$

e,

$$\frac{\partial Y}{\partial K} = R \Leftrightarrow \alpha\frac{Y}{K} = R. \tag{3.4}$$

Note-se que $wH + RK = Y \rightarrow (1-\alpha)\frac{Y}{H}H + \alpha\frac{Y}{K}K = Y$; ou seja, o pagamento dos *inputs* esgota completamente o valor do *output* pelo que não há lugar a lucros (supra-normais).[4] Note-se ainda que a parte do *output* paga aos *inputs* é constante: o pagamento ao *input* trabalho é $\frac{wH}{Y} = 1-\alpha$ (pois $(1-\alpha)\frac{Y}{H} = w \Rightarrow \frac{wH}{Y} = 1-\alpha$) e o pagamento ao *input* capital é $\frac{RK}{Y} = \alpha$. Estas proporções são pois constantes ao longo do tempo e, portanto, estão em consonância com o Facto 5.

Tendo em conta a função produção (3.1), o *output per capita* é dado por:

$$y = \frac{Y}{H} = \frac{AK^{\alpha}H^{1-\alpha}}{H} = Ak^{\alpha} \tag{3.5}$$

Esta função produção é representada graficamente na Figura 3.1:

[4] Este resultado corresponde a uma propriedade geral das funções produção com rendimentos constantes à escala.

FIGURA 3.1: FUNÇÃO DE PRODUÇÃO (3.5).

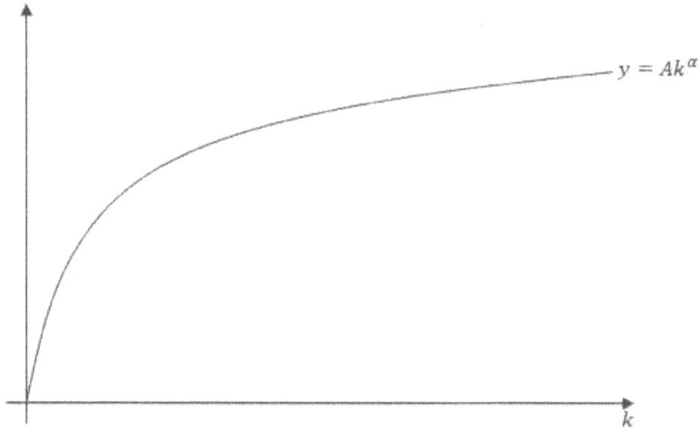

Esta função é crescente em k uma vez que, com mais capital por trabalhador, as firmas obtêm também mais *output* por trabalhador — o produto marginal do capital é positivo. É também côncava porque, como há retornos decrescentes, ao aumentar a quantidade de capital por trabalhador, o *output* por trabalhador aumenta cada vez menos; i.e., aumenta a ritmos decrescentes. Além disso, a função produção é vertical quando o capital é nulo — uma das condições de Inada para o capital requer que o produto marginal do capital (i.e., a inclinação de y) tenda para infinito quando k se aproxima de zero — e é horizontal quando k tende para infinito — a outra condição de Inada para o capital sugere que o produto marginal do capital se aproxima de zero quando o capital tende para o infinito.

As propriedades, comprovadas analiticamente para a função produção $Y = AK^{\alpha}H^{1-\alpha}$, podem também comprovar-se analiticamente para a função produção na versão reduzida, $y = Ak^{\alpha}$. Observa-se que a derivada da função produção $y = Ak^{\alpha}$ em ordem a k é $\frac{\partial y}{\partial k} = \alpha Ak^{\alpha-1}$. Ora, esta derivada é positiva qualquer que seja k, tende para infinito quando k tende para 0 e aproxima-se de zero quando k tende para infinito. Além disso, a função produção é côncava já que o produto marginal do capital é decrescente — a segunda derivada é negativa: $\frac{\partial^2 y}{\partial k^2} = -\alpha(1-\alpha)Ak^{\alpha-2} < 0$.

A partir de (3.5), a taxa de crescimento do *output* por trabalhador reduz-se a:

$$\widehat{y} = \widehat{A} + \alpha\widehat{k}, \tag{3.6}$$

em que o símbolo ^ significa taxa de crescimento da variável, ou seja, $\hat{x} = \frac{\dot{x}}{x}$ (também $\frac{\dot{x}}{x} = g_x$, noutros capítulos).

A segunda equação chave do modelo descreve a acumulação do capital e é dada por: $\dot{K} = I - \delta K = sY - \delta K$, sendo I o investimento, δ a depreciação do capital físico e s a taxa de poupança. Tendo em conta a análise precedente, decorre da equação de acumulação do capital em termos *per capita* que $\frac{\dot{k}}{k} = \frac{\dot{K}}{K} - \frac{\dot{h}}{h} - \frac{\dot{H}}{H} = \frac{sy}{hk} - \delta - \widehat{h} - n$, pelo que:

$$\dot{k} = sy - (\delta + n)k, \tag{3.7}$$

caso se considere $h = 1$, onde n representa a taxa de crescimento da população. Ou seja, a variação do capital *per capita* em cada período é determinada por três elementos:

(i) o investimento (i.e., o capital adicional por trabalhador), sy, que faz aumentar k;

(ii) a depreciação (i.e., o capital "perdido" por trabalhador na sequência do processo produtivo), δk, que faz diminuir k;

(iii) o aumento da população, n, que faz também diminuir k; com efeito, em cada período há nH novos trabalhadores, pelo que, *ceteris paribus*, o capital por trabalhador diminui devido ao aumento da força de trabalho.

Em suma, no modelo de Solow-Swan o *output*, Y, e o capital, K, são variáveis endógenas, tal como na versão *per capita*, y e k. Os parâmetros são termos como α, s, k_0 (i.e., o capital no momento inicial) e n. Um exemplo de variável exógena — i.e., de uma variável que se espera que varie com o tempo, mas cujos valores são determinados fora do modelo — é H (e também A).

O que se pretende de seguida é resolver o modelo; ou seja, obter o valor das variáveis endógenas dados os valores dos parâmetros e das variáveis exógenas. Desejavelmente pretende-se expressar as variáveis endógenas como função de variáveis exógenas e parâmetros. Porém, nem sempre tal é possível. Neste caso, o recurso a figuras/diagramas pode indicar o tipo de solução, mas o computador é fundamental para obter as soluções numéricas — a resolução de problemas económicos em computador pode ser apreendida em Afonso & Vasconcelos (2015).

Como se verá, no caso do estado estacionário, é possível expressar as variáveis endógenas como função de variáveis exógenas e parâmetros. Em todo o caso, como instrumento de visualização dos mecanismos, recorre-se a figuras/diagramas apropriados.

3.2 Resolução do modelo

Viu-se que as duas equações chave do modelo são:

$$y = Ak^{\alpha} \quad \text{e} \quad \dot{k} = sy - (\delta + n)k.$$

A primeira questão que se pode colocar é a seguinte: como evolui o *output per capita* ao longo do tempo ou, dito de outro modo, como cresce uma economia que comece com dado nível de *stock* de capital *per capita* (i.e., um dado nível de rácio capital-trabalho), k_0, supondo que se conhecem as taxas de crescimento da população, n, de depreciação do capital, δ, e de poupança, s? E já agora (segunda questão), qual seria o *output per capita* no longo prazo caso, por exemplo, a taxa de poupança (ou outro parâmetro) fosse diferente?

Estas questões podem ser analisadas com base no usualmente denominado diagrama de Solow — Figura 3.2. Este diagrama é composto por duas curvas escritas como função do rácio capital-trabalho, k:

- uma das curvas descreve o nível de investimento *per capita*, $sy = sAk^{\alpha}$ dado que $y = Ak^{\alpha}$; esta curva tem obviamente o mesmo formato da função produção representada na Figura 3.1 — é também crescente, côncava, vertical na origem e assintoticamente horizontal —, sendo "empurrada" para baixo devido ao fator $s < 1$;
- a outra curva corresponde à reta $(\delta + n)k$ e traduz o nível de novo investimento *per capita* necessário para manter o montante de capital *per capita* constante. Como se referiu acima, *ceteris paribus*, δ e n fazem diminuir o nível de capital *per capita*; a função $(\delta + n)k$ é, pois uma linha reta com inclinação $(\delta + n)$ e que passa pela origem.

FIGURA 3.2: DIAGRAMA DE SOLOW – ESTADO ESTACIONÁRIO E DINÂMICA DE TRANSIÇÃO.

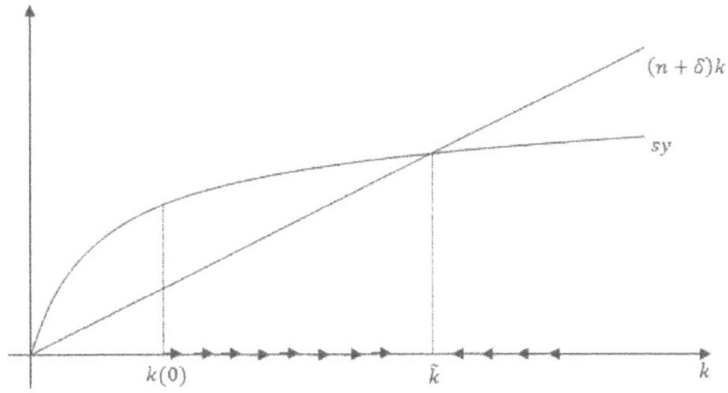

A diferença entre as duas curvas corresponde à variação do nível de capital *per capita*, *k*. Quando:

- positiva, $sy > (\delta + n)k$, $\widehat{k} > 0$, a economia vai aumentando o capital *per capita* (o nível de investimento *per capita* excede o nível necessário para manter o rácio capital-trabalho constante) e diz-se que se vai intensificando/aprofundando a intensidade do capital;
- nula, $sy = (\delta + n)k$, $\widehat{k} = 0$, embora o *stock* de capital, *K*, vá crescendo (dado que a população cresce, pois $\widehat{k} = \widehat{K} - \widehat{H}$ e, portanto, $\widehat{K} = n$), diz-se que vai ocorrendo reposição do capital *per capita*.

Note-se que a igualdade $sy = (\delta + n)k$ também se verifica quando $k = 0$ — i.e., na origem. Este ponto, contudo, não tem interesse em termos económicos: significa que não há produção e, por conseguinte, não há economia; será, por isso, ignorado. O interesse em $k = 0$ decorre do facto de, neste ponto, a função sy ser vertical e a função $(\delta + n)k$ apresentar uma inclinação finita — igual a $(\delta + n)$. Resulta, pois, que para valores de k próximos de zero a função sy está acima da função $(\delta + n)k$. Como a inclinação da curva sy vai decrescendo à medida que k aumenta — no limite até zero —, há um valor de k em que as funções se cruzam; a partir desse ponto, a função sy continua a decrescer e, como a função $(\delta + n)k$ é uma reta, as funções não se voltam a igualar. Em suma e como ficará mais claro com a análise abaixo, ignorando a origem, as funções igualam-se uma e uma só vez.

Suponha-se que o atual rácio capital-trabalho, k_0, é o apresentado na Figura 3.2 (i.e., o *stock* de capital *per capita* efetivo é inferior ao correspondente ao estado estacionário). Nesta situação, o nível de investimento *per capita* excede o nível necessário para manter o rácio capital-trabalho constante, pelo que se vai aprofundando a intensidade do capital; ou seja, k aumenta ao longo do tempo. O aprofundamento da intensidade do capital continua até que $k = \widetilde{k}$,[5] ponto em que $sy = (\delta + n)k$ e, portanto, em que $\dot{k} = 0$. Neste ponto, o nível de capital *per capita* permanece constante — não o nível de K, recorde-se — e, por via disso, denomina-se de estado estacionário ou *steady state*. Como o capital *per capita* permanece constante, $\dot{k} = 0$, no momento seguinte $k = \widetilde{k}$, $sy = (\delta + n)k$ e $\dot{k} = 0$, e assim sucessivamente. O estado estacionário existe, é estável e é único.

Assim, partindo do ponto inicial considerado (à esquerda do *steady state*), durante a dinâmica de transição para o estado estacionário k cresce, mas a taxa de crescimento vai diminuindo — tendendo para zero — com a aproximação ao estado estacionário. Para verificar que o crescimento diminui durante a dinâmica de transição, observe-se ainda que:

(i) a equação relativa à acumulação do capital pode ser escrita na forma:

$$\begin{aligned} \frac{\dot{k}}{k} &= \frac{sy}{k} - (\delta + n) \\ \Leftrightarrow \quad \widehat{k} &= \frac{\dot{k}}{k} = sAk^{\alpha-1} - (\delta + n), \end{aligned} \tag{3.8}$$

i.e., o produto médio do capital é, como já se referiu, igual a:

$$\frac{y}{k} = Ak^{\alpha-1}; \tag{3.9}$$

por conseguinte, como $\alpha < 1$, à medida que k aumenta, a taxa de crescimento de k diminui gradualmente. Note-se ainda que, para um dado A, o valor de estado estacionário de k é limitado "por cima" e "por baixo": quando $k \to \infty$, $\frac{y}{k} \to 0$ e, por (3.8), $\widehat{k} < 0$.

(ii) a taxa de crescimento de y é proporcional à taxa de crescimento de k

$$y = Ak^{\alpha} \Rightarrow \ln y = \ln A + \alpha \ln k \Rightarrow \widehat{y} = \alpha\widehat{k}, \text{ pois } \widehat{A} = 0.$$

— ou ver (3.6).

[5] Para abarcar as principais referências bibliográficas considera-se que ambos os símbolos ~ e * significam estado estacionário, mas privilegia-se o símbolo ~.

A dinâmica de transição implícita em (3.8) é ainda descrita na Figura 3.3. O primeiro termo à direita em (3.8) é $\frac{sy}{k} = sAk^{\alpha-1}$, que significa que quanto maior for o rácio capital-trabalho menor é o produto médio do capital, $\frac{y}{k}$, devido à diminuição dos retornos com a acumulação do capital (rendimentos decrescentes). Assim, a curva descrevendo a trajetória de $\frac{sy}{k} = sAk^{\alpha-1}$ é descendente. O segundo termo à direita em (3.8) é $(\delta + n)$, que não depende de k. Por conseguinte, a curva descrevendo a trajetória de $(\delta + n)$ é uma reta horizontal. A diferença entre as duas linhas na Figura 3.3 corresponde à taxa de crescimento do *stock* de capital per capita, $\frac{\dot{k}}{k} = \widehat{k}$.

FIGURA 3.3: TAXA DE CRESCIMENTO — MODELO DE SOLOW

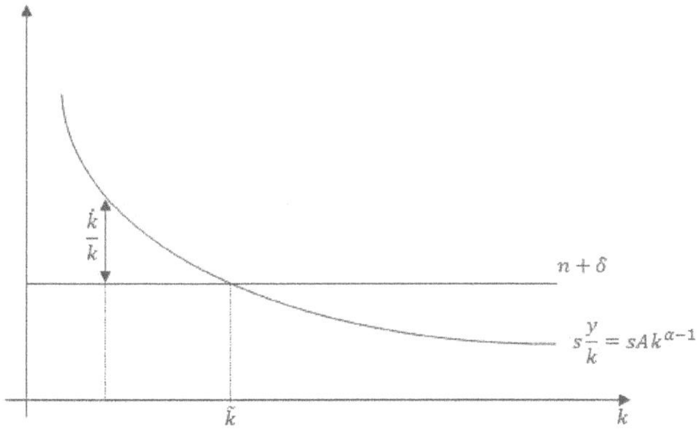

A Figura indica claramente que a economia cresce/decresce mais rapidamente quanto mais afastada estiver do estado estacionário.

O valor do rácio capital-trabalho no estado estacionário, $\widetilde{k}$, é pois, obtido igualando a expressão da curva $\frac{sy}{k} = sAk^{\alpha-1}$ a $\delta + n$. Decorre da análise efetuada e da Figura 3.4 que a dinâmica conduz ao estado estacionário, independentemente do ponto de partida. Note-se que caso a economia começasse com um rácio capital-trabalho superior ao respetivo valor de estado estacionário, então o nível de investimento *per capita* seria insuficiente para manter o rácio capital-trabalho constante. O termo $\dot{k}$ seria negativo e, portanto, o nível de capital *per capita* diminuiria. Essa diminuição ocorreria até que o montante de capital *per capita* atingisse o valor de estado estacionário. Em suma, e como já referido, o estado estacionário existe, é único e é estável.[6]

[6] Este resultado pode também ser obtido usando outra qualquer função produção neoclássica.

Em termos de intuição económica, pode dizer-se que a economia poupa e investe uma fração constante, *s*, da quantidade produzida. Este investimento é utilizado para aumentar o *stock* de capital e para repor o nível de capital *per capita*. Encontrando-se a economia em $k = \widetilde{k}$, a quantidade produzida permite gerar o nível de investimento necessário para repor o nível de capital *per capita*. Ora, permanecendo o nível de capital, a produção continuará a ser a mesma e, assim, ao poupar-se a mesma fração, *s*, resultará o mesmo investimento; i.e., repete-se o mesmo resultado, pelo que a economia não consegue aumentar o *stock* de capital.[7]

Determinado o valor do rácio capital-trabalho no estado estacionário — via diagrama de Solow — a função produção (3.5) permitiria obter o valor do *output per capita* no estado estacionário, $\widetilde{y} = A\widetilde{k}^{\alpha}$. Incluindo a função produção no diagrama de Solow este ponto torna-se claro. Tal é efetuado na Figura 3.4. Esta Figura tem a vantagem de permitir visualizar o nível de consumo *per capita* no estado estacionário (dado pela diferença entre $\widetilde{y}$ e $s\widetilde{y}$).

FIGURA 3.4: DIAGRAMA DE SOLOW — INVESTIMENTO E CONSUMO.

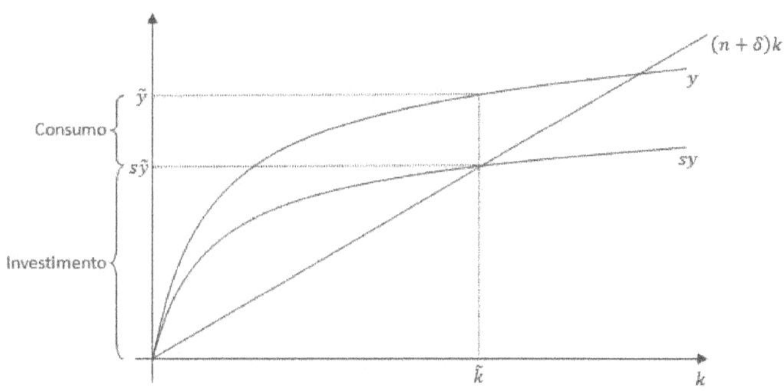

A explicação para a diminuição da taxa de crescimento ao longo da transição reside nos rendimentos decrescentes do capital: quando o *stock* de capital é baixo, cada aumento do *stock* de capital gera um grande aumento da produção — i.e., a produtividade marginal do capital é elevada. Como os agentes poupam e investem uma fração constante do produto, o aumento do *stock* de capital é elevado. Ora, sendo a produtividade marginal do capital decrescente, cada unidade adicional gera incre-

[7] A trajetória de crescimento equilibrado pode pois definir-se como correspondendo ao facto de o produto e o emprego crescerem a uma taxa constante (e, portanto, o nível de produto *per capita* permanece constante).

mentos menores de produto à medida que *k* aumenta. Mantendo-se a taxa de poupança, os aumentos adicionais do *stock* de capital são cada vez menores. Como se sabe, aproximam-se de zero quando o *stock* de capital se aproxima de infinito. Porém, antes de chegar a este extremo, a economia alcança o ponto em que os aumentos do *stock* de capital cobrem exatamente a substituição do *stock* de capital depreciado e o capital necessário para atender ao crescimento da população — i.e., a economia alcança o estado estacionário ou, dito de outro modo, atinge um ponto estável em que o *stock* de capital se mantém constante.

Um aspeto importante do modelo é a rapidez temporal da dinâmica de transição. Para o efeito defina-se a velocidade de convergência, β, como a mudança na taxa de crescimento — relembre-se que $\frac{\dot{y}}{y}$ é função de $\frac{\dot{k}}{k}$ — decorrente de um aumento de capital em 1%:

$$\beta = -\frac{\partial\left(\frac{\dot{k}}{k}\right)}{\partial \ln k}$$

Tendo em conta (3.8), $\frac{\dot{k}}{k} = sAk^{\alpha-1} - (\delta + n)$, pode escrever-se $\frac{\dot{k}}{k} = sA\exp\left[(\alpha-1)\ln k\right] - (\delta+n)$ e, portanto,

$$\begin{aligned}
\beta &= -\frac{\partial\left\{sA\exp\left[(\alpha-1)\ln k\right] - (\delta+n)\right\}}{\partial \ln k} \\
&= -\left\{sA\exp\left[(\alpha-1)\ln k\right](\alpha-1)\right\} \\
&= (1-\alpha)\, sAk^{\alpha-1}
\end{aligned}$$

Ou seja, na vizinhança do estado estacionário, β é uma função decrescente de *k* e, portanto, a velocidade de convergência diminui à medida que o capital se aproxima do valor de estado estacionário. No estado estacionário $sA\tilde{k}^{\alpha-1}$ é igual a $(\delta + n)$. A velocidade de convergência diminui ao longo da dinâmica de transição até alcançar o valor:

$$\tilde{\beta} = (1-\alpha)\, sA\tilde{k}^{\alpha-1} = (1-\alpha)(\delta+n) \tag{3.10}$$

Para se ter uma ideia do valor da velocidade de convergência, refira-se que as taxas de crescimento da população e de depreciação nos países desenvolvidos rondam 0.01 e 0.1, respetivamente. Por sua vez, e como já referido, a participação do capital físico no produto é de cerca de 0.3. Assim, a velocidade de convergência será de aproximadamente $0.7 \times 0.11 = 0.077$. Ou seja, em cada ano cobre-se 7.7% da diferença entre o capital inicial e o capital de estado estacionário. A velocidade de convergência é, pois, muito significativa, pelo que a transição decorre num (relativamente) curto espaço de tempo.

3.3 Propriedade do estado estacionário e estática comparada

Como ficou patente acima, a quantidade de capital por trabalhador no estado estacionário é determinada pela condição $\dot{k} = 0$. Com base nesta condição e tendo em conta (3.7), pode obter-se o valor do rácio capital-trabalho no estado estacionário como função de parâmetros (e variáveis exógenas): $\dot{k} = sy - (\delta + n)k$ donde $s\widetilde{y} = (\delta + n)\widetilde{k}$. Fazendo $\dot{k} = 0$ vem $sA\widetilde{k}^{\alpha} = (\delta + n)\widetilde{k}$, donde:

$$\widetilde{k} = \left(\frac{\delta + n}{sA}\right)^{\frac{1}{\alpha - 1}} = \left(\frac{sA}{\delta + n}\right)^{\frac{1}{1-\alpha}} \tag{3.11}$$

A equação (3.11) mostra explicitamente que $\widetilde{k}$ aumenta quando s ou A aumentam e diminui quando δ ou n aumentam. Substituindo o valor de $\widetilde{k}$ na função produção, obtém-se o valor do *output* por trabalhador no estado estacionário como função de parâmetros (e variáveis exógenas):

$$\widetilde{y} = A\left(\frac{sA}{\delta + n}\right)^{\frac{\alpha}{1-\alpha}}. \tag{3.12}$$

Como as variáveis endógenas do modelo, k e y, são função apenas de parâmetros (e variáveis exógenas), pode dizer-se que, no estado estacionário, se dispõe de uma solução (analítica) para o modelo e que $\widetilde{k}$ e $\widetilde{y}$ são constantes. Dado que o consumo *per capita*, c, é uma fração constante de y, $C = (1-s)Y \Rightarrow c = (1-s)y$, então $\widetilde{c}$ é também constante. Ou seja, no estado estacionário, todas as variáveis (endógenas) expressas em termos *per capita* são constantes e, portanto, as suas taxas de crescimento são nulas. Por conseguinte, os valores agregados das variáveis crescem ao mesmo ritmo que a população.

A estática comparada é usada para examinar a resposta do modelo a variações no valor dos parâmetros (e das variáveis exógenas). Analisa-se, de seguida, o efeito sobre o nível de produto *per capita* de estado estacionário decorrente de um "choque" provocado pelo aumento da taxa de: (i) crescimento da população, *n*; e (ii) poupança, *s*.

FIGURA 3.5: DIAGRAMA DE SOLOW — EFEITO DO AUMENTO NA TAXA DE CRESCIMENTO DA POPULAÇÃO.

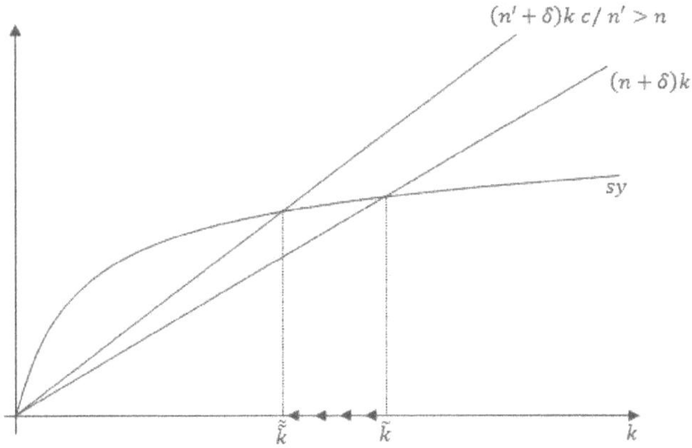

Um aumento na taxa de crescimento da população de n para n' gera no diagrama de Solow — veja-se a Figura 3.5 — uma rotação para a esquerda da linha $(\delta + n)\,k$, obtendo-se a nova linha $(\delta + n')\,k$. Com esta alteração, no nível de $\tilde{k}$ pré-choque o investimento por trabalhador já não é suficientemente elevado para manter o rácio capital-trabalho constante (face ao aumento da taxa de crescimento da população). Consequentemente, o rácio capital-trabalho começa a diminuir e essa trajetória apenas pára no momento em que $sy = (\delta + n')\,k$, obtendo-se o nível $\tilde{\tilde{k}}$ constante da Figura 3.5. Neste novo ponto, a economia possui menos capital por trabalhador do que no início, tornando-se, nesse sentido, uma economia mais pobre.

FIGURA 3.6: EFEITO DA DIMINUIÇÃO DA TAXA CRESCIMENTO DA POPULAÇÃO.

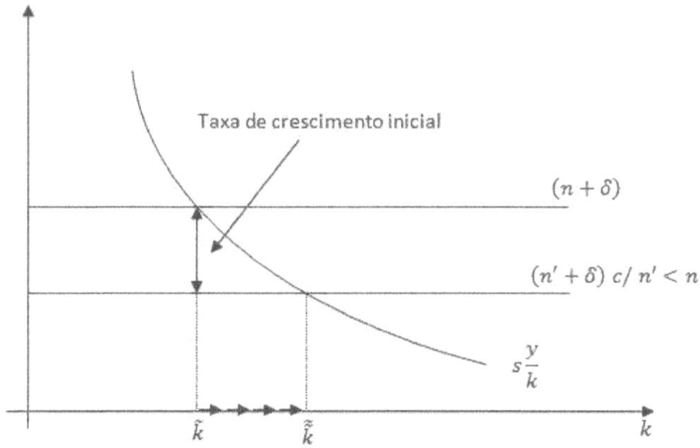

Se alternativamente a taxa de crescimento da população tivesse diminuído, o efeito sobre o estado estacionário seria o contrário. Observa-se, tendo por base, por exemplo, a Figura 3.6, que $\tilde{k}$ aumentaria para $\tilde{\tilde{k}}$.

Um aumento permanente da taxa de poupança de s para s' provoca uma mudança da curva sy para $s'y$ — veja-se a Figura 3.7. Ao nível corrente do rácio capital-trabalho (ou seja, ao valor do rácio capital-trabalho no estado estacionário pré-choque), $\tilde{k}$, o investimento *per capita* excede o montante requerido para manter o capital por trabalhador constante. Observa-se assim um novo aprofundamento da intensidade do capital que continua até que $s'y = (\delta + n)\, k$. Donde, o *stock* de capital por trabalhador alcança um nível mais elevado dado por $\tilde{\tilde{k}}$. Tendo em conta a função produção, tal permite obter um nível mais elevado do *output per capita*, tornando-se, nesse sentido, a economia mais rica.

O modelo de Solow-Swan responde pois à questão "Porque é que alguns países são tão ricos e outros são tão pobres?" De facto, tendo, por exemplo, a análise da estática comparada efetuada ou (3.12), pode dizer-se, que, *ceteris paribus*:

- Países com taxas de poupança significativas (ou com níveis superiores de conhecimento tecnológico) tendem a ser mais ricos; esses países acumulam mais capital por trabalhador o que, por sua vez, lhes permite ter mais *output* por trabalhador.
- Países com taxas de crescimento da população significativas (ou com taxas superiores de depreciação do capital) tendem a ser mais pobres; estes países requerem uma fração mais significativa de poupança simplesmente para manter

o rácio capital-trabalho constante (face ao crescimento da população) e acumulam, por isso, menos capital por trabalhador.

FIGURA 3.7: DIAGRAMA DE SOLOW — EFEITO DO AUMENTO NA TAXA DE POUPANÇA.

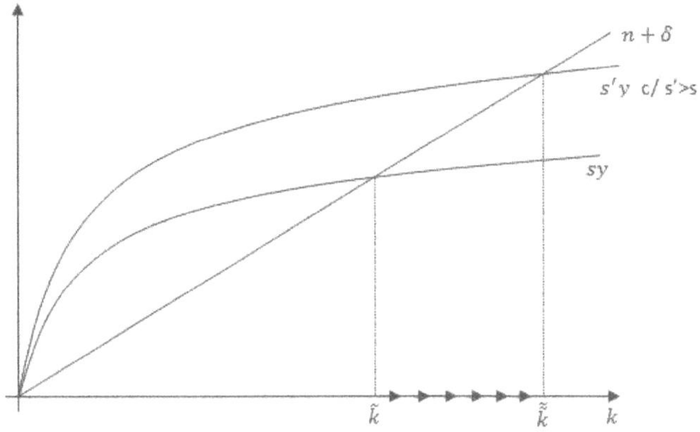

3.4 Acumulação ótima de capital

Da análise da estática comparada resultou claro que para cada *s* existe um $\widetilde{k}$. Considerando que, por via de políticas de incentivos fiscais, um país pode alcançar a taxa de poupança desejada, coloca-se então a seguinte questão: que nível de poupança escolher? O país deve escolher a taxa de poupança associada ao estado estacionário que permita alcançar o maior nível de consumo *per capita*. Este estado estacionário tem implícita uma taxa de poupança que se pode denominar de taxa de poupança maximizadora do consumo, s_{opt}, porque conduz a uma acumulação de capital que se pode denominar de regra de ouro da acumulação do capital, $\widetilde{k}_{opt}$.

Tendo em conta, por um lado, que $C = (1-s)Y \iff c = (1-s)y$ e, por outro lado, atendendo a (3.7), pode escrever-se no estado estacionário:

$$\begin{aligned} 0 &= \left(\frac{\widetilde{y}-\widetilde{c}}{\widetilde{y}}\right)\widetilde{y} - (\delta+n)\widetilde{k} \\ &\iff \widetilde{c} = \widetilde{y} - (\delta+n)\widetilde{k} \end{aligned}$$

FIGURA 3.8: DIAGRAMA DE SOLOW — NÍVEL DE *k* ÓTIMO.

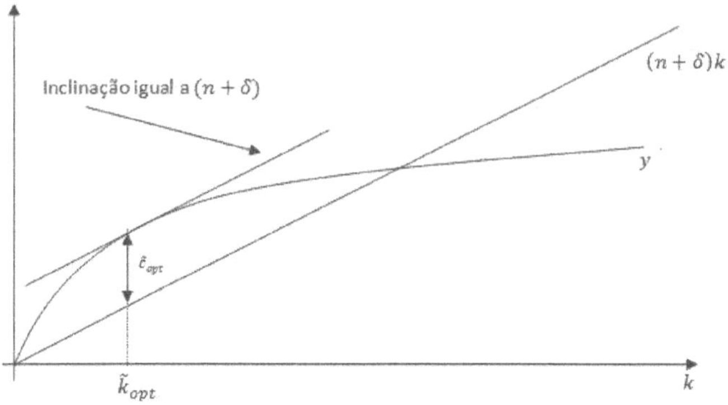

Ou seja, no estado estacionário, o consumo *per capita* é igual ao produto *per capita* menos a reposição do capital *per capita* requerida para manter *k* (como pode, aliás, confirmar-se no denominado diagrama de Solow). Para determinar $\widetilde{k}_{opt}$ é necessário escolher $\widetilde{k}$ que maximize $\widetilde{c}$:

$$\max_{\widetilde{k}} \widetilde{c}$$

Recorrendo à condição de primeira ordem,

$$\frac{d\widetilde{c}}{d\widetilde{k}} = 0 \iff \frac{d\widetilde{y}}{d\widetilde{k}} = (\delta + n) \tag{3.13}$$

obtém-se, tendo em conta a expressão de $\widetilde{y}$: $\frac{d\widetilde{y}}{d\widetilde{k}} = (\delta + n) \Leftrightarrow \frac{d(A\widetilde{k}^{\alpha})}{d\widetilde{k}} = (\delta+n) \Leftrightarrow A\alpha\widetilde{k}_{opt}^{\alpha-1} = (\delta+n) \Leftrightarrow A\alpha\widetilde{k}_{opt}^{\alpha-1} = \left(\frac{A\alpha}{\delta+n}\right)^{\frac{1}{1-\alpha}}$. Sendo $\widetilde{k} = \left(\frac{sA}{\delta+n}\right)^{\frac{1}{1-\alpha}}$, temos então que $\widetilde{k} > \widetilde{k}_{opt}$ caso $s > \alpha$.

Em termos gráficos, a Figura 3.8 mostra que efetivamente a distância entre $\widetilde{y}$ e a reta $(\delta + n)$ é o consumo de estado estacionário, $\widetilde{c}$. Observa-se também que a distância máxima entre y e $(\delta + n)$ ocorre quando y e $(\delta + n)$ são paralelas; i.e., quando a inclinação de y é igual a $(\delta + n)$, como foi determinado algebricamente em (3.13). Note-se que no modelo nada garante que a economia tenda para $\widetilde{k}_{opt}$; para alcançar este ponto, há que escolher a taxa de poupança que conduz a $\widetilde{k}_{opt}$.

FIGURA 3.9: DIAGRAMA DE SOLOW — POUPANÇA ÓTIMA.

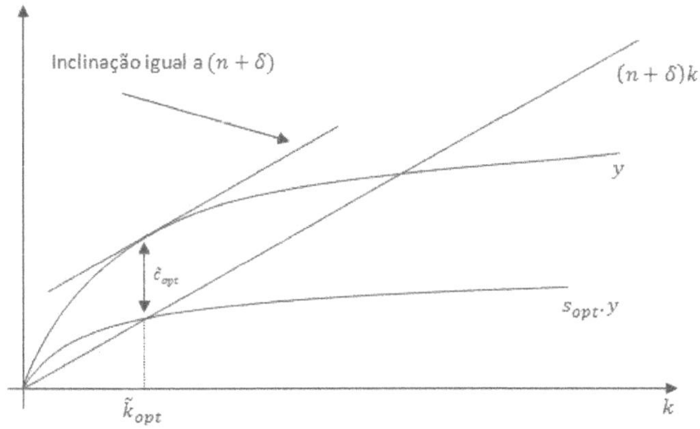

De acordo com a Figura 3.9, caso s seja superior (inferior) a s_{opt}, então também $\tilde{k}$ será superior (inferior) a $\tilde{k}_{opt}$. Ora, $\tilde{k}_{opt}$ maximiza o consumo de estado estacionário e informa sobre a eficiência da economia. Diz-se que a economia é ineficiente caso, graficamente, se encontre à direita de $\tilde{k}_{opt}$. Para ilustrar essa situação, suponha-se que a economia apresenta uma taxa de poupança superior a s_{opt}. Neste caso, a economia poderia aumentar o consumo de estado estacionário reduzindo a taxa de poupança para s_{opt}, já que, por definição, o consumo associado a s_{opt} é máximo. Repare-se que reduzir s_{opt} é equivalente a aumentar o consumo imediatamente.

Na Figura 3.10, ao reduzir a taxa de poupança de s' para s_{opt}, a função $s_{opt}y$ "salta" imediatamente para baixo. No momento da mudança, o consumo aumenta para c_0. A partir desse momento a diferença entre as funções $s_{opt}y$ e $(\delta + n)$ é negativa, pelo que k começa a diminuir. Durante a transição, o consumo corresponde naturalmente à diferença entre y e $s_{opt}y$.

A trajetória do consumo ao longo do tempo é descrita na Figura 3.11. Observe-se que, durante a dinâmica de transição, o consumo é superior ao existente no estado estacionário anterior. No longo prazo, a economia converge para $\tilde{k}_{opt}$, donde, como já se referiu, o consumo também é superior ao observado em $\tilde{k}$: a partir do momento em que se reduz a taxa de poupança, o consumo é sempre superior ao verificado quando a taxa de poupança era s' na Figura 3.10. Dito de outro modo, partindo de $\tilde{k}$ e reduzindo a taxa de poupança para s_{opt}, o consumo aumenta em todos os momentos do tempo. Como se supõe que o bem-estar dos indivíduos aumenta com o nível de consumo, então, independentemente da função utilidade, diminuir a taxa de poupança trará felicidade. Por outras palavras, uma taxa de poupança superior a s_{opt} implica considerar que a economia se encontra numa zona de ineficiência dinâmica.

FIGURA 3.10: DIAGRAMA DE SOLOW — PASSAGEM DE s' PARA s_{opt}.

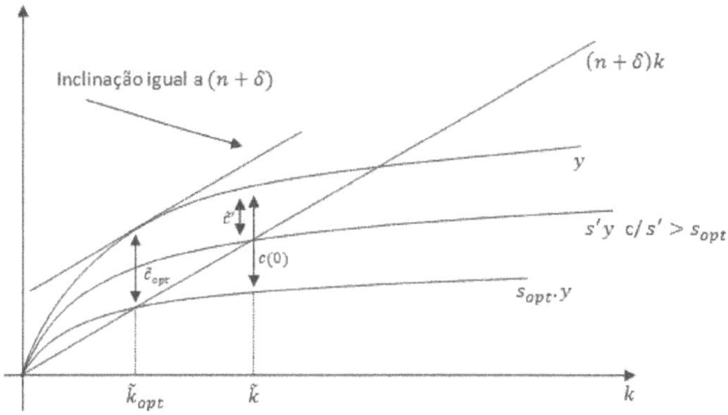

FIGURA 3.11: TRAJETÓRIA DO CONSUMO COM A PASSAGEM DE s' PARA s_{opt}.

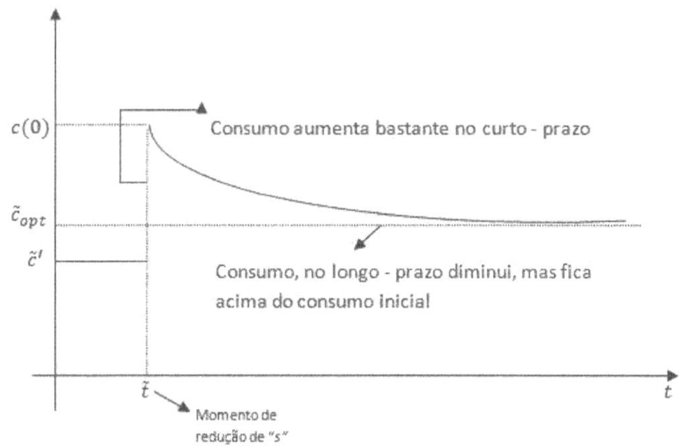

Uma forma alternativa de representar a zona de ineficiência dinâmica — frequentemente usada na literatura do crescimento económico — relaciona a taxa de juro com o crescimento económico. Dado que $Y = AF(k, hH)$ e tendo em conta que $h = 1$, pode escrever-se:

$$Y = \frac{AF(K, hH)}{hH} hH = \frac{AF(K, H)}{H} H = AHf(k).$$

Por outro lado, sabe-se que, de acordo com as condições de primeira ordem, as firmas empregam capital até ao ponto em que a produtividade marginal do capital iguala $R = n + \delta$ e, portanto,

$$r = f'(k) - \delta,$$

representando $f'(k)$ a produtividade marginal do capital. Ou seja, a taxa de juro é igual ao produto marginal do capital menos a taxa exógena e estacionária de depreciação do capital; em particular, no estado estacionário, $\widetilde{r} = f'(\widetilde{k}) - \delta$. Nos estados estacionários da zona dinamicamente ineficiente — i.e., os situados à direita de $\widetilde{k}_{opt}$ — observa-se que $f'(\widetilde{k}) - \delta < f'(\widetilde{k}_{opt}) - \delta$; pois $\widetilde{k} > \widetilde{k}_{opt}$ e $f'(\widetilde{k})$ é positiva, mas decrescente.

FIGURA 3.12: DIAGRAMA DE SOLOW — PASSAGEM DE s' PARA s_{opt}, $s' < s_{opt}$.

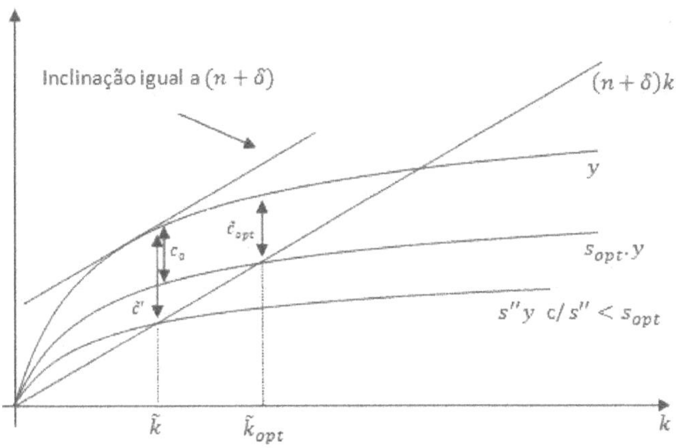

Como, por um lado, $f'(\widetilde{k}_{opt}) = \delta + n$ — veja-se (3.13) —, então, na zona ineficiente, $\widetilde{r} = f'(\widetilde{k}) - \delta < n$ e, como, por outro lado, no estado estacionário a taxa de crescimento do capital (e do produto) *per capita* é nula e a taxa de crescimento agregada é igual a n, então na zona dinamicamente ineficiente a taxa de juro, $\widetilde{r}$, é inferior à taxa de crescimento agregada, n.

FIGURA 3.13: TRAJETÓRIA DO CONSUMO COM A PASSAGEM DE s' PARA s_{opt}, $s' < s_{opt}$.

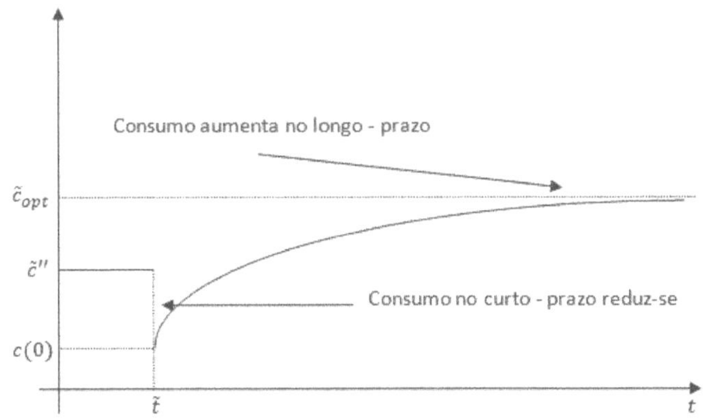

É também interessante comparar a situação de poupança excessiva com a que ocorre quando a taxa de poupança é inferior a s_{opt}. Neste caso, o capital de estado estacionário, $\widetilde{k}$, é inferior a $\widetilde{k}_{opt}$. O governo pode aumentar o consumo de estado estacionário incentivando a taxa de poupança s_{opt}. A Figura 3.12 ilustra o comportamento da economia neste caso.

Para alcançar $\widetilde{k}_{opt}$ é necessário aumentar a taxa de poupança para s_{opt}. No momento em que esta política é adotada, a função $s_{opt}y$ "salta" imediatamente para cima. Dado o capital disponível na economia, $\widetilde{k}$, (que, porque é um *stock*, não varia imediatamente) a quantidade disponível para consumo diminui porque o investimento e a poupança tomam uma fração maior da produção. À medida que a economia converge para $\widetilde{k}_{opt}$, o consumo *per capita* cresce até ao momento em que alcança o nível correspondente à situação anterior e o ultrapassa até $\widetilde{c}_{opt}$. A trajetória do consumo é representada na Figura 3.13. Observa-se que, depois da quebra inicial, o consumo recupera e converge até alcançar $\widetilde{c}_{opt}$.

Para decidir se é conveniente incentivar politicamente o aumento da taxa de poupança quando esta é demasiado baixa, é necessário saber se o aumento do consumo no longo prazo compensa a redução inicial. Ou seja, para avaliar este incentivo político, é necessário uma função utilidade que permita comparar a perda de curto prazo com o ganho de longo prazo no consumo. Uma economia que seja impaciente, no sentido em que valoriza muito o curto prazo, não decidirá sacrificar o consumo imediato. É por isso que, ao contrário do que sucedida à direita de $\widetilde{k}_{opt}$, não é possível afirmar sem ambiguidades que as economias situadas à esquerda de $\widetilde{k}_{opt}$ sejam ineficientes.

A lição fundamental desta análise é a seguinte: poupar e investir demasiado é mau e não se pode dizer o mesmo do caso contrário. Investindo demasiado, a solução passa por reduzir o investimento, pelo que o consumo aumenta a curto e a longo prazo. Pelo contrário, investindo pouco, um aumento do investimento provoca uma redução da produção disponível para consumo no curto prazo; para avaliar a bondade desta política, há que entrar em linha de conta com o curto e o longo prazo.

Foi dito acima que, por exemplo, um aumento permanente da taxa de poupança tornava a economia mais rica. No entanto, não é evidente que esse aumento seja bom. Com efeito, na sequência do aumento da taxa de poupança, no curto prazo o consumo diminui e, portanto, caso os agentes sejam impacientes — i.e., valorizem mais o presente que o futuro — não será uma boa medida. Além disso, se o *stock* de capital inicial for superior a $\widetilde{k}_{opt}$, então um aumento da taxa de poupança será claramente mau.

3.5 Avaliação do modelo neoclássico

Tendo em conta os Factos empíricos apresentados no capítulo 2 e o modelo neoclássico entretanto exposto, importa agora averiguar se o estado estacionário (ou equilíbrio de longo prazo) da economia, que resulta da resolução do modelo, abarca, efetivamente, alguns dos Factos estilizados inicialmente enfatizados; em particular (e como patente na análise atrás efetuada):

(i) a relação constante entre produto e capital no longo prazo — note-se que, no estado estacionário, $\frac{\widetilde{y}}{\widetilde{k}} = A\widetilde{k}^{\alpha-1}$ e, portanto, $\frac{\widetilde{y}}{\widetilde{k}} = \frac{\frac{\widetilde{Y}}{H}}{\frac{\widetilde{K}}{H}} = \frac{\widetilde{Y}}{\widetilde{K}} = A\widetilde{k}^{\alpha-1}$;

(ii) a existência de uma taxa de juro constante, dado que a produtividade marginal do capital e δ são constantes; note-se que a produtividade marginal do capital é igual a:

$$\frac{\partial Y}{\partial K} = \frac{\partial y}{\partial k} = \alpha A k^{\alpha-1} \Rightarrow \alpha A\widetilde{k}^{\alpha-1}$$

sendo, pois, $r = \alpha A\widetilde{k}^{\alpha-1} - \delta$ constante;

(iii) o facto de a proporção do *output* afeta a cada um dos *inputs* ser constante: o pagamento ao *input* trabalho é $\frac{wH}{Y} = 1 - \alpha$ (pois $(1-\alpha)\frac{Y}{H} = w \Rightarrow \frac{wH}{Y} = 1 - \alpha$) e o pagamento ao *input* capital é $\frac{RK}{Y} = \alpha$;

(iv) a explicação para as diferenças inter-país ao nível do produto *per capita* — os países podem, por exemplo, apresentar diferentes taxas de poupança e de natalidade. Além disso, a este nível parece poder dizer-se que as previsões do modelo estão genericamente em linha com a evidência empírica (e.g., Barro & Sala-i Martin (2004); Acemoglu (2009); Jones & Vollrath (2013)). Ora, em média, os países com taxas de investimento mais significativas tendem a ser mais ricos que os países com menores taxas de investimento e, também em média, os países com taxas de crescimento da população superiores tendem a ser mais pobres.

O modelo deixa, no entanto, algumas questões sem resposta. Sumariamente, são três as principais críticas efetuadas ao modelo e que serviram para prosseguir a análise no âmbito da teoria do crescimento. Serviram, em particular, para motivar a teoria do crescimento endógeno.

Taxa de crescimento exógena — dado que $\tilde{k}$ é constante, o produto *per capita*, $\tilde{y}$, deve crescer de acordo com a taxa de crescimento exógena do conhecimento tecnológico. A exogeneidade da taxa de crescimento do modelo neoclássico tem algumas implicações importantes.

Primeiro, no estado estacionário, o produto *per capita* de uma economia com conhecimento tecnológico fixo não cresce. O modelo falha claramente na previsão de que as economias apresentam uma taxa de crescimento do *output* sustentada. Atendendo a que no estado estacionário $\widehat{k} = 0$, decorre, por exemplo, de (3.6) que a taxa de crescimento do *output per capita* da economia no longo prazo é nula, a menos que haja crescimento do conhecimento tecnológico (exógeno):

$$\widehat{\tilde{y}} = \widehat{\tilde{A}} + \alpha\widehat{\tilde{k}} = 0, \; \neq 0 \text{ se } \widehat{\tilde{A}} \neq 0.$$

Por sua vez, como o consumo *per capita* é proporcional ao produto *per capita*:

$$c = (1 - s)y \Rightarrow \tilde{c} = (1 - s)\tilde{y}$$

a taxa de crescimento do consumo *per capita* é igual à taxa de crescimento do produto *per capita*. Recorde-se, contudo, que o produto (capital e consumo) agregado cresce à taxa de crescimento da população:

$$y = \frac{Y}{H} \Rightarrow \widehat{y} = \widehat{Y} - \widehat{H} \Longrightarrow \widehat{\widehat{y}} = \widehat{\widehat{Y}} - \widehat{\widehat{H}} \Rightarrow 0 = \widehat{\widehat{Y}} - \widehat{\widehat{H}}$$

$$\Longleftrightarrow \widehat{\widehat{Y}} = \widehat{\widehat{H}} \longleftrightarrow \widehat{\widehat{Y}} = n$$

Em suma, e repetindo o já referido, no estado estacionário as variáveis (endógenas) expressas em termos *per capita* são constantes e, portanto, as suas taxas de crescimento são nulas. Tal implica que os valores agregados das variáveis cresçam ao mesmo ritmo que a população.

Ora, o crescimento nulo do produto *per capita* dos países não é suportado pela evidência empírica (Jones & Vollrath, 2013). Por isso, há que aceitar progresso do conhecimento tecnológico que, no presente modelo, ao ser exógeno, acaba por ser uma dádiva![8] Por conseguinte, o modelo neoclássico deixa efetivamente por explicar a taxa de crescimento económico de longo prazo.

Uma nova análise à função produção neoclássica permitirá compreender melhor este ponto. Recordando, todas as funções produção neoclássicas apresentam rendimentos constantes à escala nos *inputs* rivais (no caso em *K* e *H*) e o teorema de Euler informa que uma função homogénea de grau um tem a seguinte propriedade: $Y = K\frac{\partial Y}{\partial K} + H\frac{\partial Y}{\partial H}$. Outro dos pressupostos neoclássicos é a concorrência perfeita; neste cenário, a remuneração dos fatores de produção corresponde ao respetivo produto marginal, $w = \frac{\partial Y}{\partial H}$ e $R = \frac{\partial Y}{\partial K}$. Pode, portanto, escrever-se $Y = KR + Hw$: pagas as remunerações do trabalho e do capital, o produto da economia esgota-se. Assim, a economia neoclássica não dispõe de recursos para financiar o progresso do conhecimento tecnológico.

O progresso do conhecimento tecnológico terá de ser exógeno por falta de recursos, o que reduz fortemente a utilidade do modelo: deixa o crescimento no longo prazo entregue a aumentos não explicados e não explicáveis da variável conhecimento tecnológico. Esta constatação tem uma leitura positiva: desejando construir um modelo que explique o crescimento no longo prazo há que abandonar algum dos pressupostos neoclássicos. Por exemplo, ou a função produção deixa de ser neoclássica, ou passa a considerar-se concorrência imperfeita, ou há que relaxar outro qualquer pressuposto.

---

[8] Dado que o modelo neoclássico não possui uma teoria explícita para o progresso do conhecimento tecnológico, este terá de ser considerado nulo ou um dado exógeno.

Segundo, de acordo com (3.11), o rácio capital-trabalho de estado estacionário, $\widetilde{k} = \left(\frac{sA}{\delta+n}\right)^{\frac{1}{1-\alpha}}$, está positivamente relacionado com a taxa de poupança. Tal implica que políticas como subsídios/incentivos à poupança poderão aumentar o rácio capital--trabalho no estado estacionário. No entanto, políticas que alterem a taxa de poupança não afetam a taxa de crescimento de estado estacionário de uma economia. Por outras palavras, a poupança (mais especificamente a taxa de poupança) gera "efeitos de nível" mas não "efeitos de crescimento" sustentado e, portanto, não se pode explicar o crescimento observado no longo prazo com o investimento em capital físico, dado que a lei dos rendimentos decrescentes do capital acaba por inviabilizar o crescimento.

Contudo, deve ser enfatizado o facto do aumento da taxa de poupança ter um efeito positivo no crescimento durante o período de transição dinâmica para o estado estacionário. Poderia então pensar-se que a solução passaria por ir aumentando permanentemente a taxa de poupança de modo a obter novos processos de crescimento para novos estados estacionários. No entanto, a taxa de poupança não pode exceder 1: uma vez alcançado o limite $s = 1$, não haveria mais nada a fazer. Assim, não é possível gerar aumentos permanentes na taxa de crescimento com políticas de incentivo à poupança.[9] Este resultado contradiz a usual noção de que uma economia pode crescer sempre mais rapidamente se poupar mais.

Além disso, uma variação pontual no nível de conhecimento tecnológico não afeta a taxa de crescimento de estado estacionário da economia. Assim, por exemplo, políticas governamentais que não afetam permanentemente a taxa de crescimento do conhecimento tecnológico também não afetam a taxa de crescimento de estado estacionário da economia. Há, contudo, uma grande diferença entre, por um lado, aumentos em s e diminuições em n e, por outro lado, aumentos em A: variações permanentes em s e n não se podem repetir indefinidamente; contudo, variações permanentes em A podem ocorrer sem limite e conduzir à situação representada na Figura 3.1.

[9] De igual modo, também políticas de redução da taxa de natalidade não viabilizam taxas de crescimento positivas no longo prazo. A redução permanente da taxa de natalidade conduziria à eliminação da população e, assim, da economia.

FIGURA 3.14: TAXA DE CRESCIMENTO E ESTADOS ESTACIONÁRIOS NA SEQUÊNCIA DE AUMENTOS DE *A*.

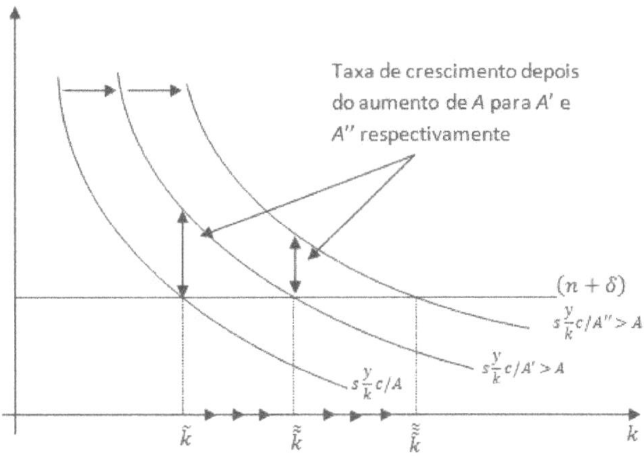

Disparidades nas taxas de crescimento internacionais – decorre do modelo neoclássico que dois países que possuam a mesma taxa de crescimento do conhecimento tecnológico em estado estacionário (i.e., no longo prazo) têm também a mesma taxa de crescimento do produto *per capita* de estado estacionário, independentemente da sua dimensão ou nível de conhecimento tecnológico. Contudo, o que se observa – veja-se o Capítulo 2 – é que os países apresentam grande disparidade nas taxas de crescimento. Assim, para alguns países este modelo não é suportado pelos dados. Por exemplo, pode escrever-se que:

$$\begin{aligned}
\widehat{y} &= \widehat{A}+\alpha\widehat{k} \\
&= \widehat{A}+\alpha\left(\frac{sy}{hk}-\delta-\widehat{h}-n\right) \\
&= \widehat{A}+\alpha\left(\frac{sy}{k}-\delta-n\right)\text{, para } h=1 \text{ e } \widehat{h}=0; \\
&= \widehat{A}+\alpha\left(\frac{sy}{\left(\frac{y}{A}\right)^{\frac{1}{\alpha}}}-\delta-n\right) \Longrightarrow y=Ak^{\alpha} \Leftrightarrow k=\left(\frac{y}{A}\right)^{\frac{1}{\alpha}}; \\
&= \widehat{A}+\alpha\left(sA^{\frac{1}{\alpha}}y^{\frac{\alpha-1}{\alpha}}-\delta-n\right).
\end{aligned} \tag{3.1}$$

Romer (1994), por exemplo, nota que entre 1960 e 1985, os EUA e as Filipinas tiveram aproximadamente a mesma taxa de crescimento do rendimento *per capita*. Como em 1960 o rendimento *per capita* das Filipinas era cerca de 10% do dos EUA e considerando, em ambos os países (o que não deixa de ser discutível): (i) o mesmo peso do capital na produção, α, e igual, por exemplo a, 0.40; (ii) o mesmo nível de conhecimento tecnológico, A; (iii) a mesma taxa de crescimento da população, n; (iv) a mesma taxa de depreciação do capital, δ; então a expressão (3.1) sugere que a taxa de poupança dos EUA neste período teria de ter sido 30 vezes superior à das Filipinas para que a taxa de crescimento *per capita* fosse a mesma em ambos os países. É possível que esses dois países tivessem diferentes níveis de conhecimento tecnológico, diferentes taxas de crescimento da população e diferentes taxas de depreciação do capital, mas essas diferenças exigiriam sempre uma grande diferença na taxa de poupança, o que não é suportado pela evidência empírica.

Convergência nas taxas de crescimento — de acordo com a Figura 3.1, o desvio entre a trajetória de $\frac{sy}{k}$ e a linha horizontal correspondente a $n + \delta$ indica, como se disse, a velocidade do ajustamento do rácio capital-trabalho (ou do produto *per capita*). Dado que a trajetória de $\frac{sy}{k}$ é decrescente para uma economia descrita por uma função produção Cobb-Douglas, a velocidade do ajustamento de k (ou y) decresce, como já se disse, à medida que k (ou y) se move para o ponto de *steady state*. Suponha-se que há dois países (Norte e Sul) idênticos, excluindo o facto do Norte possuir um valor inicial de k superior, $k_{0,N} > k_{0,S}$ e que ambos estão abaixo do nível de estado estacionário. Então $k_{0,N}$ e $k_{0,S}$ crescerão com o tempo, mas no Sul crescerá mais rapidamente porque o país regista um maior desvio entre $\frac{sy}{k}$ e $n + \delta$. Ou seja, o Sul realiza *catching-up* até que ambos possuam o mesmo rácio capital-trabalho e a mesma taxa de crescimento.

A relação inversa entre o k_0 e a taxa de crescimento é conhecida por hipótese de convergência. Esta hipótese, que será analisada com mais detalhe à frente, é interessante, mas não pode comprovar-se facilmente em termos empíricos. Com efeito, a observação empírica sugere que muitos países não apresentam convergência nas taxas de crescimento. De facto, há muitos países que apresentam permanentemente taxas de crescimento superiores a outros e, em muitos países em desenvolvimento, não há sinal de *catching up* com as taxas de crescimento dos países desenvolvidos. Romer (1987) e Lucas Jr (1988), por exemplo, citam a falta de convergência nas taxas de crescimento dos diferentes países como o sinal da falta de adequação do modelo neoclássico de crescimento para explicar as experiências de crescimento dos países.

CAPÍTULO 4
Extensões ao modelo neoclássico e convergência

No modelo de Solow-Swan, a taxa de crescimento de longo prazo é zero. Neste capítulo apresentam-se duas extensões ao modelo que permitem ultrapassar esta limitação.

Na primeira extensão considera-se o progresso do conhecimento tecnológico exógeno. A questão que de imediato se coloca prende-se com o tipo de conhecimento tecnológico a considerar. O progresso do conhecimento tecnológico, representado pela variável A, pode ser introduzido na forma: (i) $AF(K, L)$ conhecido como *Hicks-neutral*;[10] (ii) $F(AK, L)$ denominado "capital-augmenting" ou "Solow-neutral"; (iii) $F(K, AL)$ considerado *labour-augmenting* ou *Harrod-neutral*. Na primeira extensão ao modelo enfatiza-se o progresso tecnológico *labour-augmenting* ou *Harrod-neutral* (secção 4.1). Segue-se, numa segunda extensão, a incorporação do capital humano (secção 4.2).

Finaliza-se este capítulo com dois aspetos adicionais: (i) a contabilidade do crescimento (secção 4.3); (ii) a convergência entre países e explicação para distintas taxas de crescimento (secção 4.4).

4.1 Progresso tecnológico *labour-augmenting*

Neste caso, considera-se que a variável A, representativa do nível de conhecimento tecnológico, entra na função produção na forma:

[10] Segundo Hicks, uma inovação tecnológica é neutral relativamente a L e K, se e só se, a relação existente entre as produtividades marginais dos fatores se mantém constante para uma proporção dada entre K e L. Segundo esta definição, uma inovação tecnológica é *capital-augmenting* (*labour-augmenting*) se o produto marginal de K (L) aumentar mais do que o produto marginal de L (K) quando a relação entre K e L permanece constante. Deste modo, as funções de produção com progresso do conhecimento tecnológico neutral de Hicks escrevem-se na forma $Y = AF(K, L)$, com A a representar o estado do conhecimento tecnológico, que evolui de acordo com a expressão $A(t) = A(0)\exp(x_A t)$ — ou seja, $\frac{\dot{A}}{A} = x_A$ e $F(.)$ continua a ser uma função homogénea de grau 1.

$$Y = F(K, AL) = K^{\alpha}(AhH)^{1-\alpha}, \tag{4.1}$$

incorporando-se conhecimento tecnológico *labour-augmenting* ou *Harrod-neutral*. O progresso do conhecimento tecnológico materializa-se em acréscimos de A ao longo do tempo; neste caso, uma unidade de trabalho é tanto mais produtiva quanto maior o nível de conhecimento tecnológico.[11]

Viu-se anteriormente que o conhecimento tecnológico (e respetiva trajetória) em Solow era considerado exógeno: era como que uma "dádiva divina". Em vez de modelizar o surgimento da acumulação de conhecimento tecnológico — ponto crucial dos modelos de crescimento económico endógeno motivado pela I&D —, trata-se, para já, de reconhecer que há progresso do conhecimento tecnológico e considera-se que A cresce a uma taxa constante:

$$\frac{\dot{A}}{A} = g \Longleftrightarrow A = A_0 e^{gt}, \tag{4.2}$$

em que o parâmetro g corresponde à taxa de crescimento do conhecimento tecnológico.[12]

A equação da acumulação de capital do modelo de Solow com conhecimento tecnológico continua a ser a mesma:

$$\dot{K} = sY - \delta K \Leftrightarrow \frac{\dot{K}}{K} = s\frac{Y}{K} - \delta. \tag{4.3}$$

Para se ter uma ideia das implicações sobre o crescimento decorrentes da consideração do progresso tecnológico, pode começar por reescrever-se (4.1) em termos de *output* por trabalhador:

$$\begin{aligned} \frac{Y}{L} &= K^{\alpha}(AL)^{1-\alpha}L^{-1}; \\ y &= k^{\alpha}A^{1-\alpha}. \end{aligned} \tag{4.4}$$

[11] Note-se que ao considerar $L = hH$ e h constante é indiferente usar L ou H ao longo da análise.

[12] Trata-se obviamente de um pressuposto pouco realista, e a explicação da forma de "relaxar" este pressuposto é pois um dos maiores objetivos da teoria do crescimento endógeno, que será analisada mais à frente.

Logaritmizando (4.4) e diferenciando em ordem ao tempo:

$$\frac{\dot{y}}{y} = \alpha\frac{\dot{k}}{k} + (1-\alpha)\frac{\dot{A}}{A}. \tag{4.5}$$

A taxa de crescimento de K será constante se e só se $\frac{Y}{K}$ for constante (ver 4.3). A situação em que capital, K, *output*, Y, e consumo, C, crescem à mesma taxa é, como se sabe, denominada de trajetória de crescimento equilibrado. Ora, se $\frac{Y}{K}$ for constante, então também $\frac{y}{k} = \frac{\frac{Y}{L}}{\frac{K}{L}}$ o será, e, mais importante, y e k crescerão à mesma taxa: $\frac{y}{k} = \text{constante} \Rightarrow \ln y - \ln k = \ln\text{constante} \Rightarrow \frac{\dot{y}}{y} - \frac{\dot{k}}{k} = 0 \Leftrightarrow \frac{\dot{y}}{y} = \frac{\dot{k}}{k}$.

Começando com as variáveis escritas em termos *per capita* e denominando g_x como a taxa de crescimento da variável x ao longo da trajetória de crescimento equilibrado, então, ao longo da trajetória de crescimento equilibrado, $g_y = g_k$ de acordo com o argumento acima. Substituindo esta relação em (4.5) e relembrando que $\frac{\dot{A}}{A} = g$, então $g_y = \alpha g_k + (1-\alpha)g$ e, portanto, $g_y = g_k$ implica

$$g_y = g_k = g. \tag{4.6}$$

Ou seja, ao longo da trajetória de crescimento equilibrado, o *output* e o capital por trabalhador crescem à taxa exógena do progresso do conhecimento tecnológico, g. Sem progresso do conhecimento tecnológico — como acontece no modelo de Solow — $g_y = g_k = g = 0$. Em suma, o progresso no conhecimento tecnológico é a fonte sustentadora do crescimento *per capita*.

O diagrama de Solow continua a ser muito útil na compreensão da determinação do estado estacionário. A grande diferença face à análise anterior reside no facto da variável k deixar de ser constante no longo prazo — como decorre de (4.6), k cresce à taxa de crescimento do conhecimento tecnológico. Há, assim, que escrever a equação diferencial em termos de outra variável que seja constante no estado estacionário.

A nova variável estado será $\overline{k} \equiv \frac{K}{AL} = \frac{k}{A}$, que é obviamente constante ao longo da trajetória de crescimento equilibrado, pois $g_k = g_A (= g_y) = g$. Esta variável representa o rácio entre o capital *per capita* e o conhecimento tecnológico.

Reescrevendo a função produção em termos de $\overline{k}$, obtém-se:

$$\frac{Y}{AL} = \frac{K^\alpha(AhH)^{1-\alpha}}{AL} \Leftrightarrow \overline{y} = \frac{K^\alpha(AL)^{1-\alpha}}{AL} \Leftrightarrow \overline{y} = \overline{k}^\alpha, \tag{4.7}$$

em que $\overline{y} = \frac{Y}{AL} = \frac{y}{A}$. As variáveis $\overline{y}$ e $\overline{k}$ são frequentemente denominadas como "*output* por unidade efetiva de trabalho" e "capital por unidade efetiva de trabalho"; ou seja, considera-se que AL é o montante "efetivo" de trabalho usado na produção.

Relativamente à equação de acumulação de capital, note-se, em primeiro lugar, que

$$\frac{\dot{\overline{k}}}{\overline{k}} = \frac{\dot{K}}{K} - \frac{\dot{A}}{A} - \frac{\dot{L}}{L},$$

pelo que

$$\begin{aligned}
\frac{\dot{\overline{k}}}{\overline{k}} &= \frac{sY - \delta K}{K} - \frac{\dot{A}}{A} - \frac{\dot{L}}{L}; \\
\Longleftrightarrow \quad \frac{\dot{\overline{k}}}{\overline{k}} &= \frac{sY}{K} - \delta - g - n; \\
&= \frac{s\frac{Y}{AL}}{\frac{K}{AL}} - \delta - g - n; \\
&= \frac{s\overline{y}}{\overline{k}} - (\delta + g + n); \\
\Longleftrightarrow \quad \dot{\overline{k}} &= s\overline{y} - (\delta + g + n)\overline{k}.
\end{aligned} \tag{4.8}$$

O diagrama de Solow com progresso do conhecimento tecnológico é representado na Figura 4.1. A análise é similar à realizada sem progresso do conhecimento tecnológico, embora a interpretação seja ligeiramente diferente. Caso a economia comece com um valor de $\overline{k}$ abaixo do nível de estado estacionário, $\overline{k}_0$, $\overline{y}$ cresce gradualmente ao longo do tempo. Com efeito, neste caso, o nível de investimento excede o nível necessário para manter o rácio $\overline{k}$ constante. Tal será verdade até ao ponto $\tilde{\overline{k}}$, no qual $s\overline{y} = (\delta + g + n)\overline{k}$ e o estado estacionário é atingido.

FIGURA 4.1: DIAGRAMA DE SOLOW COM PROGRESO TECNOLÓGICO *LABOUR AUGMENTING*.

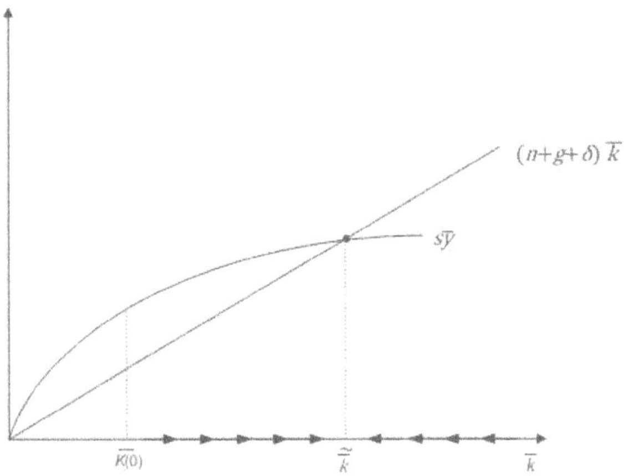

No estado estacionário, $\overline{y}$ é determinado tendo em conta a função produção e a condição $\dot{\overline{k}} = 0$. Resolvendo para $\widetilde{\overline{k}}$ resulta que:

$$\begin{aligned} s\overline{y} &= (\delta + g + n)\overline{k}, \\ &\Rightarrow \quad s\widetilde{\overline{k}}^{\alpha} = (\delta + g + n)\widetilde{\overline{k}}; \\ &\Leftrightarrow \quad \widetilde{\overline{k}} = \left(\frac{s}{\delta + g + n}\right)^{\frac{1}{1-\alpha}}. \end{aligned} \tag{4.9}$$

Substituindo na função produção o valor de $\widetilde{\overline{k}}$, obtém-se o valor de $\widetilde{\overline{y}}$ como função de parâmetros (e variáveis exógenas):

$$\widetilde{\overline{y}} = \left(\frac{s}{\delta + g + n}\right)^{\frac{\alpha}{1-\alpha}}. \tag{4.10}$$

Para ver as implicações sobre o *output* por trabalhador, pode reescrever-se a equação como:

$$
\begin{aligned}
y &= \frac{Y}{L} = \frac{K^{\alpha}(AL)^{1-\alpha}}{L}, \text{ donde} \\
&= K^{\alpha}A^{1-\alpha}L^{-\alpha} \\
&= k^{\alpha}A^{1-\alpha} \\
&= \bar{k}^{\alpha}A^{1-\alpha}A^{\alpha}; \\
&\Rightarrow \widetilde{y} = A^{1}\widetilde{\bar{y}}; \\
\widetilde{y}(t) &= \widetilde{A}(t)\left(\frac{s}{\delta+g+n}\right)^{\frac{\alpha}{1-\alpha}}.
\end{aligned}
\tag{4.11}
$$

A equação (4.11) mostra a relação entre y e A na trajetória de crescimento equilibrado. Resulta, assim, que o *output* por trabalhador ao longo da trajetória de crescimento equilibrado é determinado pelo nível e crescimento do conhecimento tecnológico, pela taxa de poupança, pela taxa de depreciação do capital e pela taxa de crescimento da população.[13]

Decorre também de (4.11) que variações na taxa de poupança ou na taxa de crescimento da população afetam o nível do *output* por trabalhador no longo prazo, mas não a sua taxa de crescimento. Suponha-se que uma economia começa em estado estacionário com a taxa de poupança s e que depois aumenta permanentemente essa taxa para s' (por exemplo, devido a um subsídio permanente ao investimento). O diagrama de Solow com esta mudança de política está representado na Figura 4.2, e os resultados são similares aos do caso sem progresso do conhecimento tecnológico. Ao nível inicial de $\widetilde{\bar{k}}$, o investimento excede o montante necessário para manter $\bar{k}$ constante, pelo que $\bar{k}$ começa a aumentar até atingir $\widetilde{\widetilde{\bar{k}}}$.

Para observar os efeitos sobre o crescimento, pode reescrever-se (4.8) na forma:

$$
\begin{aligned}
\frac{\dot{\bar{k}}}{\bar{k}} &= s\frac{\bar{y}}{\bar{k}} - (\delta+g+n), \\
&\Leftrightarrow \frac{\dot{\bar{k}}}{\bar{k}} = s\bar{k}^{\alpha-1} - (\delta+g+n).
\end{aligned}
\tag{4.12}
$$

[13] No caso especial de $g = 0$ e $A(0) = 1$; i.e., sem conhecimento tecnológico, este resultado é idêntico ao obtido com o modelo base.

FIGURA 4.2: DIAGRAMA DE SOLOW COM PROGRESSO TECNOLÓGICO *LABOUR AUGMENTING* — EFEITO DO AUMENTO NA TAXA DE POUPANÇA.

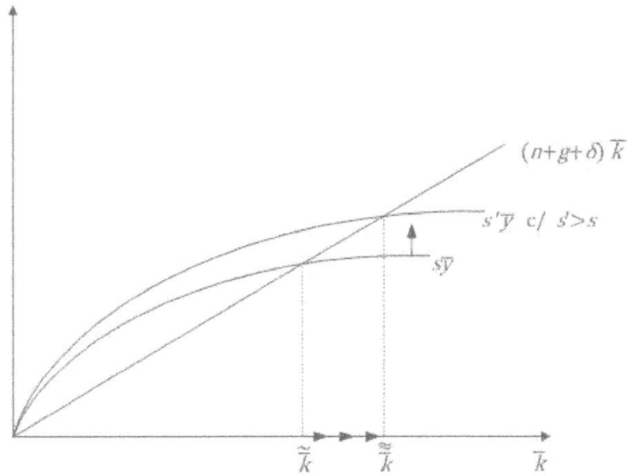

A Figura 4.3 ilustra a transição dinâmica "imposta" por (4.12). Como se pode verificar, o aumento na taxa de poupança para s' aumenta a taxa de crescimento temporariamente; mais especificamente, durante a transição para o novo estado estacionário, $\overset{\approx}{\bar{k}}$. Como g é constante, um maior crescimento de $\bar{k}$ durante a transição implica que o *output* por trabalhador cresce mais rapidamente do que o conhecimento tecnológico: $\frac{\dot{y}}{y} > g$. O comportamento da taxa de crescimento do *output* por trabalhador ao longo do tempo é ilustrado na Figura 4.4.

A Figura 4.5 mostra a trajetória de $\ln y$ ao longo do tempo. Antes da alteração de política, o *output* por trabalhador crescia à taxa constante g, pelo que $\ln y$ crescia linearmente. No momento da alteração da política, $\tilde{t}$, o *output* por trabalhador passa a crescer mais rapidamente. Esta aceleração do crescimento continua até que $\bar{y} = \frac{Y}{AL} = \frac{y}{A}$ alcança o novo estado estacionário. Nesse momento, a taxa de crescimento de longo prazo volta a ser g.

FIGURA 4.3: TAXA DE CRESCIMENTO — EFEITO DO AUMENTO NA TAXA DE POUPANÇA.

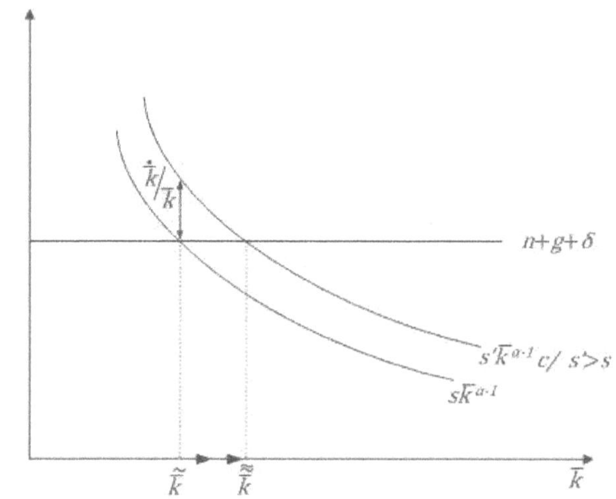

FIGURA 4.4: TAXA DE CRESCIMENTO DO *OUTPUT* POR TRABALHADOR AO LONGO DO TEMPO FACE AO AUMENTO DA TAXA DE POUPANÇA.

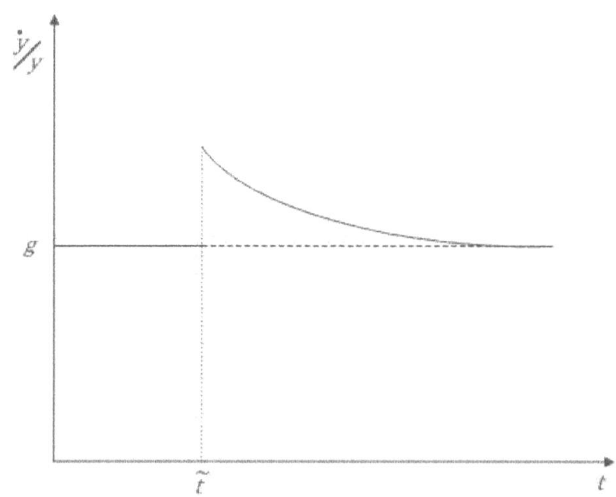

Por conseguinte, resulta de novo que, no quadro do modelo de Solow, alterações de política podem aumentar a taxa de crescimento, mas apenas temporariamente durante a dinâmica para o estado estacionário. Ou seja, alterações de política não possuem efeitos de longo prazo: alterações de política possuem efeitos de nível. Apenas uma mudança permanente de política pode aumentar (ou diminuir) permanentemente o nível do *output per capita*.

FIGURA 4.5: EFEITO DE UM AUMENTO DA TAXA DE POUPANÇA SOBRE O CRESCIMENTO.

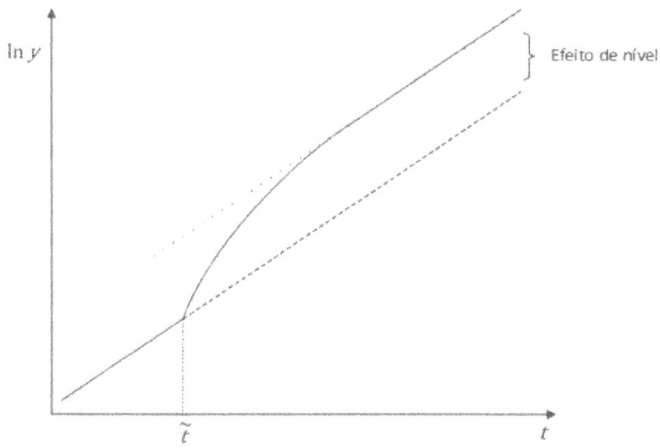

4.2 Modelo neoclássico com capital humano

Suponha-se agora que o *output*, Y, numa economia é produzido combinando capital, K, com capital humano, hH, de acordo com a função produção Cobb-Douglas:

$$Y = K^{\alpha}(AhH)^{1-\alpha}, \tag{4.13}$$

em que A representa o conhecimento tecnológico *labour-augmenting* que cresce à taxa exógena g.

Os indivíduos nesta economia acumulam capital humano com a afetação de tempo à aprendizagem. Seja τ a fração de tempo que os indivíduos gastam com a aprendizagem e seja H o montante de trabalho físico usado na produção (i.e., H corresponde ao número de trabalhadores). Assume-se que o trabalho não qualificado, H, afeto à aprendizagem durante a fração de tempo τ gera trabalho qualificado hH de acordo com:

$$hH = e^{\psi\tau}H \Leftrightarrow h = e^{\psi\tau} \tag{4.14}$$

em que ψ é uma constante positiva. Note-se que caso $\tau = 0$, então $hH = H$; i.e., todo o trabalho é não qualificado, pois $h = e^{\psi 0} = 1$. Com o aumento de τ, cada unidade de trabalho não-qualificado aumenta as unidades efetivas de trabalho qualificado.

Logaritmizando (4.14) verifica-se que:

$$\ln h = \psi\tau \Rightarrow \frac{d\ln h}{d\tau} = \psi \tag{4.15}$$

e, além disso, $\frac{dh}{d\tau} = \psi e^{\psi\tau} = \psi h$.[14]

Como anteriormente, a acumulação de capital físico decorre do investimento:

$$\dot{K} = s_K Y - \delta K \tag{4.16}$$

em que s_K é a taxa de investimento para capital físico e δ é a taxa de depreciação do capital. Para resolver o modelo, considere-se o modelo em termos *per capita* (i.e., por trabalhador; note-se que agora h pode ser $\neq 1$ e, portanto, L pode ser diferente de H). Neste caso, (4.13) escreve-se:

$$\frac{Y}{H} = \frac{K^{\alpha}(AhH)^{1-\alpha}}{H} \Leftrightarrow y = k^{\alpha}(Ah)^{1-\alpha}. \tag{4.17}$$

Por enquanto, na linha do modelo de Solow, considera-se que τ é constante e é dado exogenamente (tal não acontece nos modelos de crescimento económico endógeno motivado pela acumulação de capital humano). Ao considerar $h(= e^{\psi\tau})$ constante — mas agora, note-se, $h > 1$ —, significa que a função produção (4.17) é muito similar à anteriormente considerada. Em particular, ao longo da trajetória de crescimento equilibrado, y e k crescerão à taxa constante do progresso do conhecimento tecnológico, g.

Tal como anteriormente, o modelo é resolvido considerando "variáveis estado" constantes ao longo da trajetória de crescimento equilibrado. Neste caso, como h é constante, pode definir-se as variáveis estado dividindo por Ah:

---

[14] Com base em (4.15), suponha-se que τ aumenta uma unidade (pense-se nisso como correspondendo a mais um ano de escola), e suponha-se que $\psi = 0.10$. Neste caso, hH aumenta aproximadamente 10%.

$$\begin{aligned} \frac{y}{Ah} &= \frac{k^{\alpha}(Ah)^{1-\alpha}}{Ah} \\ &\Leftrightarrow \quad \overline{y} = \overline{k}^{\alpha}, \end{aligned} \tag{4.18}$$

que é igual à equação (4.7), mas em que $\overline{y} = \frac{y}{Ah}$ e $\overline{k} = \frac{k}{Ah}$. Seguindo os passos dos casos anteriores, a equação de acumulação pode ser escrita em termos da (nova) variável estado como:

$$\frac{\dot{\overline{k}}}{\overline{k}} = \frac{\dot{K}}{K} - \frac{\dot{H}}{H} - \frac{\dot{A}}{A} - \frac{\dot{h}}{h},$$

pelo que

$$\begin{aligned} \frac{\dot{\overline{k}}}{\overline{k}} &= \frac{s_K Y - \delta K}{K} - \frac{\dot{H}}{H} - \frac{\dot{A}}{A} - 0, \text{ porque } h, \text{ embora } > 1, \text{ é constante} \\ \Longleftrightarrow \quad & \frac{\dot{\overline{k}}}{\overline{k}} = \frac{s_K \frac{Y}{AhH}}{\frac{K}{AhH}} - \delta - g - n; \\ & \quad = \frac{s_K \overline{y}}{\overline{k}} - (\delta + g + n); \\ \Longleftrightarrow \quad & \dot{\overline{k}} = s_K \overline{y} - (\delta + g + n)\overline{k}. \end{aligned} \tag{4.19}$$

De igual modo, também a equação (4.19) é similar à equação (4.8). Dada a semelhança das expressões, pode desde já concluir-se que a dinâmica do modelo de Solow se aplica também aqui. Ou seja, a inclusão de capital humano não altera a essência do modelo.

Os valores de *steady state* das variáveis $\overline{k}$ e $\overline{y}$ são obtidos com base na condição $\dot{\overline{k}} = 0$, do que resulta:

$$\frac{\tilde{\overline{k}}}{\tilde{\overline{y}}} = \frac{s_K}{\delta + g + n}.$$

Substituindo esta condição na função produção (4.18) obtém-se:

$$\tilde{\overline{y}} = \left(\frac{s_K}{\delta + g + n}\right)^{\frac{\alpha}{1-\alpha}}.$$

Reescrevendo esta última expressão em termos do *output* por trabalhador resulta:

$$
\begin{aligned}
y &= \frac{Y}{H} = \frac{K^{\alpha}(AhH)^{1-\alpha}}{H}, \text{ donde} \\
&= k^{\alpha}(Ah)^{-\alpha}(Ah); \\
y(t) &= \overline{k}^{\alpha} A(t)h, \text{ porque } h \text{ é constante e } A \text{ não;} \\
\widetilde{y}(t) &= \overline{\widetilde{k}}^{\alpha} A(t)h; \\
&= \left(\frac{s_K}{\delta + g + n}\right)^{\frac{\alpha}{1-\alpha}} A(t)h; \qquad (4.20)
\end{aligned}
$$

em que a inclusão de t serve apenas para lembrar que variáveis dependem do tempo. Esta última expressão (4.20) pode também ser usada para responder à questão "Porque é que alguns países são ricos e outros são pobres?" De acordo com este modelo, os países são ricos porque:

(i) possuem taxas de poupança significativas;
(ii) afetam uma parcela relevante de tempo a acumular capital humano e, por isso, $h = e^{\psi\tau}$ é muito significativo;
(iii) possuem taxas de crescimento da população pouco significativas;
(iv) têm um nível de conhecimento tecnológico muito expressivo.

Além disso, esta última expressão mostra ainda que no estado estacionário o *output per capita* cresce à taxa de crescimento do conhecimento tecnológico, g, tal como no modelo base de Solow. De facto, logaritmizando (4.20) e derivando em ordem ao tempo:

$$\frac{\dot{\widetilde{y}}}{\widetilde{y}} = \frac{\dot{A}}{A} = g$$

A propósito da comparação da riqueza entre países e dado que o rendimento cresce ao longo do tempo, pode ser útil analisar o modelo em termos relativos. Definindo o rendimento *per capita* de um dado país relativamente ao dos EUA como:

$$\widetilde{y}_r = \frac{\widetilde{y}}{\widetilde{y}_{USA}},$$

pela equação (4.20), os rendimentos relativos são dados por:

$$\begin{aligned} \widetilde{y}_r &= \frac{\left(\frac{s_K}{\delta+g+n}\right)^{\frac{\alpha}{1-\alpha}} A(t)h}{\left[\left(\frac{s_K}{\delta+g+n}\right)^{\frac{\alpha}{1-\alpha}} A(t)h\right]_{USA}}; \\ &= \left(\frac{s_{K,r}}{x_r}\right)^{\frac{\alpha}{1-\alpha}} h_r A_r; \end{aligned} \tag{4.21}$$

em que $x \equiv \delta + g + n$. A menos que os países cresçam à mesma taxa, o rendimento relativo não será constante. Para que o rendimento relativo seja constante no estado estacionário torna-se necessário que a taxa g seja a mesma nos países (ou seja, que o progresso do conhecimento tecnológico seja semelhante nos países). Neste caso, a variável A_r será constante e, por conseguinte, também $\widetilde{y}_r$ o será. Esta consideração contraria o Facto empírico 2 segundo o qual "As taxas de crescimento económico variam substancialmente entre países." Por agora refira-se que se g varia substancialmente entre países, então o *gap* entre países vai aumentando. Eventualmente poderá tender para infinito.

Esta questão é muito discutida e relaciona-se com a difusão internacional do conhecimento tecnológico. A difusão internacional do conhecimento tecnológico pode encurtar as distâncias entre países e os canais pelos quais pode acontecer são basicamente os seguintes: (i) comércio internacional; (ii) mobilidade internacional de fatores (em particular, do trabalho, mas também do capital via investimento direto estrangeiro); e (iii) imitação.[15]

Tendo em consideração estimativas das variáveis e parâmetros em (4.21), pode examinar-se a capacidade explicativa do modelo. A principal deficiência desta análise é a omissão de diferenças ao nível do conhecimento tecnológico.

Como poderá de uma forma simples introduzir-se o conhecimento tecnológico nesta análise? É difícil responder a esta questão de forma satisfatória, mas há uma abordagem grosseira possível. Esta abordagem consiste em usar a função produção para obter o nível de A consistente com o *output* e o capital de cada país. Trata-se de calcular A de modo a que o modelo esteja em linha com os dados empíricos. Assim, resolvendo a função produção (4.17) em ordem a A obtém-se:

$$y = k^{\alpha}(Ah)^{1-\alpha} \text{ donde } A = \left(\frac{y}{k}\right)^{\frac{\alpha}{1-\alpha}} \frac{y}{h}.$$

[15] Este assunto, da difusão internacional do conhecimento tecnológico, será retomado mais à frente, onde se apresentará uma via de modelização da difusão internacional do conhecimento tecnológico através da imitação.

Com dados para o produto por trabalhador, o capital por trabalhador e o nível educacional em cada país, pode usar-se esta equação para estimar o nível de A.

4.3 Contabilidade do crescimento

Viu-se que o crescimento sustentado ocorre na presença de progresso do conhecimento tecnológico. Sem progresso do conhecimento tecnológico, os rendimentos decrescentes do capital conduzem a uma taxa de crescimento nula.

Solow (1957) desenvolveu um modelo de contabilidade de crescimento para medir a contribuição dos três componentes básicos: o crescimento do capital, o crescimento do trabalho e o progresso do conhecimento tecnológico. Este modelo começa com uma função tipo Cobb-Douglas

$$Y = BK^{\alpha}L^{1-\alpha}, \tag{4.22}$$

em que B é um termo que reflete conhecimento tecnológico do tipo Hicks-neutral. Logaritmizando (4.22) e derivando em ordem ao tempo, obtém-se a fórmula requerida para realizar a contabilidade do crescimento:

$$\frac{\dot{Y}}{Y} = \alpha\frac{\dot{K}}{K} + (1-\alpha)\frac{\dot{L}}{L} + \frac{\dot{B}}{B}. \tag{4.23}$$

De acordo com (4.23) a taxa de crescimento do *output* é pois igual à média ponderada da taxa de crescimento do capital e do trabalho,[16] mais a taxa de crescimento de B. Este último termo é muitas vezes denominado de crescimento da produtividade total dos fatores.

Solow — mas também Denison (1979) — usou (4.23) para compreender as fontes de crescimento do *output*. Estando-se, sobretudo, interessado em determinar a taxa de crescimento do *output* por trabalhador em vez do *output* total, deve-se reescrever (4.23) em termos per capita:

[16] Em que os ponderadores são facilmente medidos com dados da contabilidade nacional. Por exemplo, pode obter-se a participação do fator trabalho, $1 - \alpha$, recorrendo à contabilidade nacional e dividindo todos os salários pelo rendimento nacional. A participação do capital pode, por sua vez, ser obtida por diferença.

$$\frac{\dot{Y}}{Y}-\frac{\dot{L}}{L} = \alpha\frac{\dot{K}}{K}+(1-\alpha)\frac{\dot{L}}{L}+\frac{\dot{B}}{B}-\frac{\dot{L}}{L};$$

$$\Leftrightarrow \quad \frac{\dot{y}}{y}=\alpha\frac{\dot{k}}{k}+\frac{\dot{B}}{B}. \tag{4.24}$$

Ou seja, a taxa de crescimento do *output* por trabalhador é decomposta na contribuição: (i) do capital físico por trabalhador; (ii) e da taxa de crescimento da produtividade total dos fatores.

Ora, à exceção de $\frac{\dot{B}}{B}$ todos os componentes em (4.23) e (4.24) são observáveis. Assim, $\frac{\dot{B}}{B}$ pode medir-se de forma indireta por diferença e é por essa razão que frequentemente se denomina de "resíduo de Solow" ou ainda de "medida da nossa ignorância". Note-se ainda que, na presença de acumulação de capital humano, as expressões (4.23) e (4.24) podem escrever-se, respetivamente:

$$\frac{\dot{Y}}{Y}=\alpha\frac{\dot{K}}{K}+(1-\alpha)\left(\frac{\dot{H}}{H}+\frac{\dot{h}}{h}\right)+\frac{\dot{B}}{B}$$

$$\frac{\dot{y}}{y}=\alpha\frac{\dot{k}}{k}+(1-\alpha)\frac{\dot{h}}{h}+\frac{\dot{B}}{B}$$

Estas igualdades podem utilizar-se para decompor o crescimento do PIB. A essa decomposição chama-se contabilidade do crescimento.

A contabilidade do crescimento tem sido usada para analisar o crescimento económico em praticamente todos os países do mundo. Uma das mais interessantes análises tem sido realizada a propósito dos novos países industrializados do sudeste asiático (Coreia do Sul, Hong-Kong, Singapura e Taiwan), por apresentarem taxas de crescimento médias anuais muito significativas. Um exemplo de decomposição para Portugal pode ser encontrada em Afonso (1999).

Hsieh (1999) propôs um enfoque alternativo (ou dual) para calcular o "resíduo de Solow" baseado no movimento do preço dos fatores. Assumindo que a função produção apresenta rendimentos constantes à escala, a remuneração dos fatores "esgota" o produto total. Ou seja, a partir da função produção (4.22) pode escrever-se:

$$Y=RK+wL$$

Logaritmizando e derivando em ordem ao tempo, resulta:

$$\begin{aligned}
\frac{\dot{Y}}{Y} &= \frac{\dot{R}K + \dot{K}R + \dot{w}H + \dot{H}w}{RK + wL} \\
&= \frac{\frac{\dot{R}}{R}RK + \frac{\dot{K}}{K}KR + \frac{\dot{w}}{w}wH + \frac{\dot{H}}{H}Hw}{RK + wL} \\
&= \frac{\dot{R}}{R}\alpha + \frac{\dot{K}}{K}\alpha + \frac{\dot{w}}{w}(1-\alpha) + \frac{\dot{H}}{H}(1-\alpha)
\end{aligned}$$

e, portanto,

$$\begin{aligned}
\frac{\dot{Y}}{Y} - \frac{\dot{K}}{K}\alpha - \frac{\dot{H}}{H}(1-\alpha) &= \frac{\dot{R}}{R}\alpha + \frac{\dot{w}}{w}(1-\alpha) \\
\frac{\dot{A}}{A} &= \frac{\dot{R}}{R}\alpha + \frac{\dot{w}}{w}(1-\alpha)
\end{aligned}$$

uma vez que $\frac{\dot{A}}{A} = \frac{\dot{Y}}{Y} - \frac{\dot{K}}{K}\alpha - \frac{\dot{H}}{H}(1-\alpha)$. O progresso do conhecimento tecnológico pode pois alternativamente calcular-se via crescimento do preço dos fatores e a intuição é bastante simples. Caso o produto cresça devido à acumulação de capital físico, a lei dos rendimentos decrescentes do capital reduz o produto marginal do capital e, assim, o preço do capital físico; sendo o capital físico complementar do trabalho, o salário aumentará. Caso o motor do crescimento seja a acumulação de trabalho (em quantidade e/ou qualidade), o salário diminui e o preço do capital sobe. Por conseguinte, os preços do capital e do trabalho só podem aumentar conjuntamente havendo progresso do conhecimento tecnológico. Esta forma alternativa de calcular $\frac{\dot{A}}{A}$ pode ser útil quando é mais fácil calcular os preços dos fatores do que as quantidades. Além disso, poder-se-á também dizer que, embora possa haver manipulação (erros) estatística(os) das quantidades, é pouco provável que, no longo prazo, possa haver manipulação de preços.

4.4 Convergência e explicação para distintas taxas de crescimento

Como ficou patente, o modelo de Solow lida bem com a explicação das diferenças de nível de rendimento inter-país, mas revela fraqueza na explicação das diferenças em termos de taxas de crescimento. Recorde-se que a resposta às questões centrais:

(i) "Porque são uns países tão ricos e outros tão pobres?" Passa por considerar que os mais ricos poupam (e investem) mais e apresentam menores taxas de crescimento da população; devido a esse comportamento acumulam mais capital por trabalhador e, desse modo, aumentam a produtividade do trabalho (e o rendimento *per capita*).

(ii) "Porque há crescimento sustentado no modelo de Solow?" Passa por considerar que há progresso do conhecimento tecnológico. Sem progresso do conhecimento tecnológico, o *output per capita* pára devido aos rendimentos decrescentes do capital. O progresso do conhecimento tecnológico pode, contudo, reverter a tendência para a diminuição da produtividade marginal do capital na sequência da respetiva acumulação, sendo que a taxa de crescimento no longo prazo corresponde à taxa de crescimento do nível de conhecimento tecnológico.

(iii) "Como explicar as diferentes taxas de crescimento inter-país?" Passa por considerar: (a) no estado estacionário, diferentes taxas de crescimento do conhecimento tecnológico (exógeno); (b) durante a dinâmica de transição, pode ainda considerar-se que os países estão em diferentes fases face ao estado estacionário e, por via disso, crescem a taxas diferentes.

A este propósito, os autores Gerschenkron (1962) e Abramovitz (1986) partiram da premissa de que os países mais "atrasados" tendem a crescer mais rapidamente do que os países ricos, de modo a diminuir o desvio inter-país. Este fenómeno de *catching-up* é denominado de convergência.

De acordo com o Facto 1 há uma enorme variação no rendimento *per capita* entre países, sendo que os países mais pobres possuem rendimentos *per capita* que correspondem a menos de 5% dos rendimentos *per capita* dos países mais ricos. Ora a questão da convergência remete para a necessidade de averiguar se esse diferencial diminui ao longo do tempo.

Considera-se que uma importante causa da convergência é a transferência de conhecimento tecnológico (este assunto será, como já se referiu, abordado com detalhe mais à frente), mas o modelo neoclássico fornece outra explicação para a convergência que é agora explorada.

Baumol (1986) foi um dos primeiros economistas a fornecer evidência estatística a documentar convergência entre alguns países e divergência entre outros.

Mas então porque é que se observa convergência entre grupos de países e divergência entre os países do mundo como um todo? O modelo neoclássico aponta uma importante explicação para este facto. A equação diferencial do modelo neoclássico (4.19):

$$\dot{\overline{k}} = s_K\overline{y} - (\delta + g + n)\overline{k}$$

pode, como se sabe, ser reescrita na forma:

$$\frac{\dot{\overline{k}}}{\overline{k}} = s_K\frac{\overline{y}}{\overline{k}} - (\delta + g + n) \Leftrightarrow \frac{\dot{\overline{k}}}{\overline{k}} = s_K\overline{k}^{\alpha-1} - (\delta + g + n) \tag{4.25}$$

Dado que $\overline{y} = \overline{k}^{\alpha}$ — veja-se, por exemplo, (4.7) e (4.18) —, o produto médio do capital, $\frac{\overline{y}}{\overline{k}} = \overline{k}^{\alpha-1}$, diminui à medida que $\overline{k}$ aumenta, devido à existência de retornos decrescentes na acumulação do capital. Tal como anteriormente, pode analisar-se esta equação com uma figura — veja-se a Figura 4.3.

Como já referido, com as devidas adaptações, as duas curvas da Figura ilustram os dois termos da direita de (4.25). A diferença entre as curvas corresponde à taxa de crescimento de $\overline{k}$ e a taxa de crescimento de $\overline{y}$ é proporcional a essa diferença $(\overline{y} = \overline{k}^{\alpha} \Rightarrow \widehat{\overline{y}} = \alpha\widehat{\overline{k}})$. Além disso, como a taxa de crescimento do conhecimento tecnológico é constante, variações nas taxas de crescimento de $\overline{k}$ e $\overline{y}$ devem ser atribuídas a variações das taxas de crescimento do capital por trabalhador, k, e do *output* por trabalhador, y.

Suponha-se duas economias, 1 e 2, que ainda não atingiram o estado estacionário e que possuem o mesmo nível de conhecimento tecnológico, a mesma taxa de poupança e a mesma taxa de crescimento da população. Considere-se, em particular, que a economia 1 está mais distante do estado estacionário. Neste caso, a economia 1 crescerá temporariamente mais do que a economia 2. Consequentemente, o desvio do *output* por trabalhador entre as duas economias diminui ao longo do tempo já que ambas tendem para o mesmo estado estacionário. Por conseguinte, de acordo com o modelo neoclássico, entre os países que possuem o mesmo estado estacionário, a hipótese de convergência acontece; em média, os países pobres crescem mais rapidamente do que os países ricos.

Para os países industrializados, a consideração de que possuem um nível de conhecimento tecnológico similar, uma taxa de poupança idêntica e uma taxa de crescimento da população próxima não é "chocante". Assim, pode dizer-se que o modelo neoclássico está em conformidade com a convergência nestes países. De igual modo, está em linha com a falta de convergência observada para o conjunto dos países a nível mundial, já que é pouco provável que todos os países possuam o mesmo estado estacionário. De facto, as diferenças nos níveis de rendimento nos diferentes países a nível mundial refletem diferenças no estado estacionário: como nem todos os países possuem a mesma taxa de poupança, a mesma taxa de crescimento da população ou o mesmo nível de conhecimento tecnológico, não é esperado que tendam para o mesmo estado estacionário.

Adicionalmente, diz-se que há convergência β se as economias pobres crescem mais do que as ricas; ou seja, se houver uma relação inversa entre a taxa de crescimento e o nível inicial do produto real *per capita* dos países. Há convergência σ quando, com o tempo, há redução da dispersão do produto real *per capita* entre grupos de economias. Trata-se de conceitos diferentes, mas relacionados. Com efeito, suponha-se que num grupo de países $i = 1, 2, ..., N$ há convergência β. A taxa de crescimento do produto *per capita* de i entre $t - 1$ e t corresponde à diferença $\ln y_{i,t} - \ln y_{i,t-1}$. A hipótese de convergência sugere que esta taxa de crescimento é uma função negativa do nível de rendimento em $t - 1$; por exemplo, a taxa de crescimento pode escrever-se como:

$$\begin{gathered}\ln y_{i,t} - \ln y_{i,t-1} = \alpha - \beta \ln y_{i,t-1} + u_{i,t} \\ \Leftrightarrow \ln y_{i,t} = \alpha + (1-\beta) \ln y_{i,t-1} + u_{i,t}\end{gathered} \tag{4.26}$$

em que: $u_{i,t}$ é um termo de perturbação (incorporando as perturbações transitórias, por exemplo, na função produção e na taxa de poupança), com média e variância igual para todas as economias, σ_u^2; β está compreendido entre 0 e 1 (quanto mais se aproximar de maior a tendência para a convergência).[17]

Como medida da dispersão do produto *per capita* entre países, considere-se a variância amostral do logaritmo:

$$\sigma_t^2 = \frac{1}{N} \sum_{i=1}^{N} (\ln y_{i,t} - \mu_t)^2 \tag{4.27}$$

[17] A condição $\beta < 1$ impossibilita que economias (inicialmente) pobres possam ultrapassar economias (inicialmente) ricas. É verdade que, na realidade, situações de supremacia mundial tendem a desaparecer, mas essas mudanças não são sistemáticas. Por sua vez, a condição $\beta > 0$ está em consonância com o modelo neoclássico de crescimento.

em que μ_t é a média amostral de $y_{i,t}$. Caso o número de observações, *N*, seja significativo, então a variância amostral aproxima-se da variância populacional e pode utilizar-se (4.26) para obter a evolução de σ_t^2 no tempo:

$$\sigma_t^2 \cong (1-\beta)^2 \sigma_{t-1}^2 + \sigma_u^2 \tag{4.28}$$

A expressão (4.28) é uma equação às diferenças que é estável com $0 < \beta < 1$.[18] Se não existe convergência β, porque $\beta \leq 0$, não pode haver convergência σ; ou seja, convergência β é uma condição necessária para a existência de convergência σ. Por outras palavras, para haver convergência é necessário que as economias pobres cresçam mais do que as economias ricas.

Para averiguar se também é uma condição suficiente, há que resolver a equação às diferenças e expressar σ_t^2 como função do tempo:

$$\sigma_t^2 = \widetilde{\sigma}^2 + \left[\sigma_0^2 - \widetilde{\sigma}^2\right](1-\beta)^{2t} \tag{4.29}$$

em que: $\widetilde{\sigma}^2 \equiv \frac{\sigma_u^2}{1-(1-\beta)^2}$ é o valor de estado estacionário de σ_t^2; i.e., o valor de σ^2 quando $\sigma_t^2 = \sigma_{t-1}^2$ para todo *t*. A dispersão do estado estacionário diminui quando β aumenta e aumenta quando aumenta a variância da perturbação. Note-se que esta dispersão é positiva mesmo quando $\beta < 0$.

A expressão (4.29) informa que, como $0 < \beta < 1$, σ_t^2 aproxima-se do seu estado estacionário, dado que se trata de uma função exponencial do tempo com a base menor do que 1. O termo que está a multiplicar com o exponencial pode ser positivo ou negativo, pelo que ao longo da trajetória até $\widetilde{\sigma}^2$, o valor de σ_t^2 pode aumentar ou diminuir em função do valor inicial estar acima ou abaixo do valor de estado estacionário. Ou seja, se a variância inicial é superior à final, então σ_t^2 reduz-se ao longo da transição para o estado estacionário: há convergência σ. Caso a variância inicial seja inferior à final, então σ_t^2 aumenta ao longo do tempo. Em particular, note-se que σ_t^2 pode aumentar durante a transição mesmo com $\beta > 0$. Por outras palavras, pode haver convergência β e divergência σ, pelo que a convergência β não é uma condição suficiente para a existência de convergência σ.

---

[18] Na verdade, a condição $(1 - \beta)^2 < 1$ implica que $0 < \beta < 2$. Ora, este intervalo de valores de β é satisfeito caso $0 < \beta < 1$.

Em termos de previsão de taxas de crescimento do modelo neoclássico, pode pois afirmar-se que vigora o "princípio de transição dinâmica", que consiste em afirmar que quanto mais longe "por baixo" ("por cima") está a economia do seu estado estacionário mais rapidamente (lentamente) deve crescer. Este princípio é facilmente compreendido tendo em consideração a equação (4.25) refletida na Figura 4.3.

Mankiw et al. (1992) e Barro & Sala-i Martin (1992a,c) mostram que este princípio do modelo neoclássico pode de facto explicar as diferentes taxas de crescimento entre os países do mundo. Com efeito, notaram que as economias possuem estados estacionários distintos e, por conseguinte, convergem para níveis diferentes. Apenas há possibilidade de convergência absoluta entre países, no sentido em que os mais pobres crescem mais que os mais ricos, no caso em que todos os países possuem o mesmo estado estacionário. Estes autores desenvolveram então o conceito de convergência condicional ou relativa por refletir a convergência dos países condicional à diferença para o estado estacionário.

Empiricamente há duas formas de "condicionar" os dados. A primeira consiste em limitar o estudo a conjuntos de economias semelhantes e representa evidência a favor do modelo neoclássico; neste caso, os fenómenos de convergência condicional e absoluta são idênticos. Uma segunda alternativa para condicionar os dados consiste na utilização de regressões múltiplas. Diz-se que um conjunto de economias apresenta convergência β condicional se a correlação parcial entre crescimento e produto *per capita* inicial é negativa.

Donde, caso as economias sejam diferentes em k_0, A e s, o modelo neoclássico não assegura um maior crescimento para os países mais pobres. Suponha-se, por exemplo, que $k_{0,N} > k_{0,S}$ e que os países convergem para um estado estacionário distinto porque apresentam taxas de poupança distintas, $s_N > s_S$. Neste caso, a taxa de crescimento de S durante a dinâmica de transição seria menor e haveria divergência — ver Figura 4.6.

FIGURA 4.6: CONVERGÊNCIA CONDICIONAL.

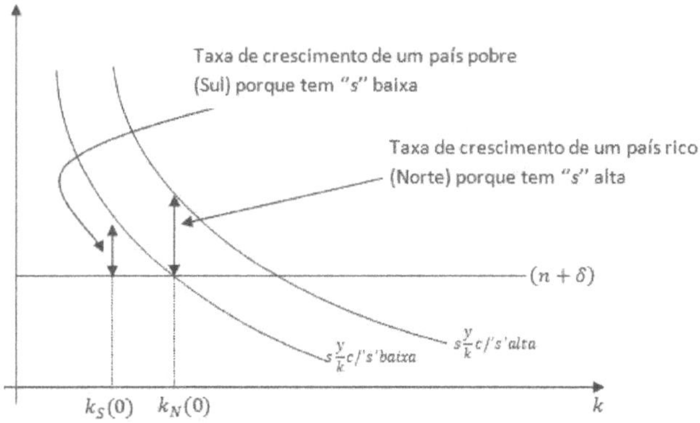

Mesmo assim, faz sentido falar em "convergência condicional" no sentido em que a taxa de crescimento de uma economia está diretamente relacionada com a distância a que se situa do seu estado estacionário.[19] O modelo neoclássico prevê pois convergência unicamente depois de ter em conta os elementos determinantes do estado estacionário.

Por conseguinte, quando a análise inclui países com diferentes estados estacionários, há que realizar uma regressão em que a variável dependente é a taxa de crescimento e as variáveis independentes são o nível inicial do produto *per capita* e as variáveis que supostamente determinam o estado estacionário. Formalmente, para investigar a possibilidade de convergência condicional é necessário estender (4.26) e considerar:

$$g_{i,t} = \alpha - \beta \ln y_{i,t-1} + \phi X_{i,t-1} + u_{i,t} \tag{4.30}$$

em que: $g_{i,t}$ é a taxa de crescimento de i entre $t-1$ e t, $u_{i,t}$ é a perturbação aleatória, e $X_{i,t-1}$ é o vetor de variáveis que determinam a posição de estado estacionário da economia. Diz-se que há convergência condicional se o sinal de β for negativo, dado que se consideraram as variáveis X na regressão. Uma aplicação seminal desta metodologia foi realizada por Barro (1991), tendo o autor concluído pela evidência de convergência condicional entre países.

[19] Por outras palavras, se um país é atualmente pobre e se: (i) se espera que continue nessa classificação no longo prazo, então a sua taxa de crescimento atual não será muito elevada; (ii) se espera que fique rico, então a sua taxa de crescimento atual será elevada.

Então, como pode apelar-se ao modelo neoclássico para explicar a grande variedade de taxas de crescimento demonstrada no início? O princípio da transição dinâmica fornece a resposta: países que ainda não alcançaram o estado estacionário não crescem à mesma taxa porque estão em posição diferente face ao seu estado estacionário. Como ficou já patente na análise anterior, há inúmeras razões para que os países não estejam em estado estacionário. Uma variação na taxa de investimento, na taxa de crescimento da população ou eventos como a 2ª Guerra Mundial, que destruiu significativamente o *stock* de capital, geram um desvio entre o rendimento corrente e o rendimento de estado estacionário. Este desvio afeta as taxas de crescimento até que a economia retorne ao estado estacionário.

O trabalho de Mankiw et al. (1992) sugere duas últimas notas sobre o modelo neoclássico base, decorrentes de duas extensões ao modelo propostas pelos autores. Uma relacionada com a já abordada convergência condicional e outra sobre a introdução de economia aberta.

O apoio empírico encontrado para a hipótese de convergência condicional e, por consequência, para o modelo neoclássico exigia a consideração de uma participação do capital na produção em torno dos 0.8. Ora, as estimações empíricas sobre a participação do capital nos países industrializados indicam valores em torno dos 0.3. Por este motivo, há que considerar K em sentido mais amplo para que abarque outras formas de capital.

Para incorporar esta ideia, Mankiw et al. (1992) propuseram um modelo que batizaram de "modelo de Solow-Swan ampliado".

A função produção proposta foi do tipo:

$$Y = BK^{\lambda}h^{\eta}H^{1-\lambda-\eta} \tag{4.31}$$

e consideraram que tanto o capital físico como humano podiam acumular-se; especificamente:

$$\dot{K} + \dot{h} = BK^{\lambda}h^{\eta}H^{1-\lambda-\eta} - C - \delta_K K - \delta_h h$$

em que δ_K e δ_h são as taxas de depreciação do capital físico e humano, respetivamente. Por simplificação, considere-se que $\delta_K = \delta_h = \delta$ e que, porque as empresas competem por capital físico e humano, o produto marginal dos dois tipos de capital é igual; i.e., $\lambda\frac{Y}{K} = \eta\frac{Y}{h} \iff h = \frac{\eta K}{\lambda}$ e, portanto, o nível de capital humano é proporcional ao nível de capital físico. Ora, substituindo esta expressão na função produção obtém-se:

$$\begin{aligned} Y &= BK^{\lambda}\left(\frac{\eta K}{\lambda}\right)^{\eta}H^{1-\lambda-\eta} \\ &= B\left(\frac{\eta}{\lambda}\right)^{\eta}K^{\lambda+\eta}H^{1-\lambda-\eta} \\ &= AK^{\alpha}H^{1-\alpha}, \end{aligned} \tag{4.32}$$

com $A \equiv B\left(\frac{\eta}{\lambda}\right)^{\eta}$ e a participação efetiva do capital, α, a corresponder à soma das participações do capital físico e humano, $\alpha \equiv \lambda + \eta$. Assim, esta forma ampliada do modelo base visa argumentar que a participação do capital relevante é superior à participação do capital físico. Trata-se, por outras palavras, de defender que a participação do capital relevante está mais próxima de 0.8 que de 0.3. Note-se que a velocidade de convergência decorrente depende agora da participação do capital em sentido amplo; i.e., $\widetilde{\beta}$ em (3.10) é agora:

$$\widetilde{\beta} = (1 - \lambda - \eta)(\delta + n)$$

Considerando a participação do capital físico $\lambda = 0.3$ e participação do capital humano $\eta = 0.5$, a participação do capital relevante é de 0.8 e a velocidade de convergência (continuando a considerar $\delta = 0.1$ e $n = 0.01$) seria de 0.022.

Por outro lado, até ao momento, considerou-se um cenário de economia fechada; i.e., sem troca de bens, ativos e trabalho entre os países. Mankiw et al. (1992) consideraram que os países podem obter capital emprestado nos mercados internacionais. De modo semelhante, em vez de empréstimos internacionais de capital, pode imaginar-se um mundo com dois tipos de capital em que apenas um dos tipos é móvel. A partir da função produção (4.31), suponha-se que apenas K pode mover-se livremente.[20] Suponha-se ainda que existe um mercado mundial de capital no qual a taxa de juro é r_M.

A perfeita mobilidade do capital K exige que o seu produto marginal, $\lambda\frac{Y}{K}$, seja igual a $r_M + \delta$; i.e., $\lambda\frac{Y}{K} = r_M + \delta \iff K = \lambda\frac{Y}{r_M+\delta}$ e, tendo em conta (4.31), pode escrever-se:

[20] Em vez de interpretar K e h como capital físico e humano, respetivamente, pode considerar-se K como o capital móvel e h como o capital imóvel.

$$\begin{aligned} Y &= B\left(\lambda\frac{Y}{r_M+\delta}\right)^{\lambda} h^{\eta} H^{1-\lambda-\eta} \\ &= B^{\left(\frac{1}{1-\lambda}\right)}\left(\frac{\lambda}{r_M+\delta}\right)^{\left(\frac{\lambda}{1-\lambda}\right)} h^{\left(\frac{\eta}{1-\lambda}\right)} H^{\left(\frac{1-\lambda-\eta}{1-\lambda}\right)} \\ &= AK^{\alpha}H^{1-\alpha}, \end{aligned} \tag{4.33}$$

com $A \equiv B^{\left(\frac{1}{1-\lambda}\right)}\left(\frac{\lambda}{r_M+\delta}\right)^{\left(\frac{\lambda}{1-\lambda}\right)}$ e $\alpha = \frac{\eta}{1-\lambda}$. Há que assinalar o facto das formas reduzidas das funções produção (4.32) e (4.33) serem idênticas e, além disso, que a participação do capital, α, é muito semelhante. Com efeito, continuando a considerar $\lambda = 0.3$ e $\eta = 0.5$, então $\alpha = 0.71$. A velocidade de convergência, $\widetilde{\beta}$ em (3.10), é neste caso dada pela expressão

$$\widetilde{\beta} = \left(1 - \frac{\eta}{1-\lambda}\right)(\delta + n)$$

e assume o valor de 0.031. Pode, em suma, considerar-se que a introdução da mobilidade do capital no modelo neoclássico não modifica substancialmente as previsões quantitativas e qualitativas sobre a velocidade de transição; consequentemente, conduzir a análise com modelos de economia fechada não é de todo despropositado.

CAPÍTULO 5
Modelo de otimização de Ramsey-Cass-Koopmans

Até agora considerou-se que as famílias poupam uma parte constante do rendimento e consomem o restante. Descrevemos agora a atuação das famílias assumindo que lhes é possível determinar de forma ótima a trajetória do seu nível de consumo e que empresas e famílias são instituições separadas que interagem no mercado.[21]

As famílias são as proprietárias dos ativos financeiros e da força de trabalho. Recebem, por isso, rendimentos do sector financeiro e do trabalho efetuado, e decidem a parte desse rendimento que devem afetar ao consumo e à poupança. As empresas empregam trabalho a troco de um salário e capital a troco de uma remuneração, e vendem a produção a troco de um preço. Famílias e empresas encontram-se no mercado e os preços do trabalho, do capital e do produto são tais que os três mercado estão equilibrados. Este modelo de equilíbrio geral deve-se a Ramsey (1928) e, posteriormente, foi aperfeiçoado por Cass et al. (1964) e Koopmans (1965).

O modelo de Ramsey-Cass-Koopmans integra-se na categoria de modelos neoclássicos de crescimento, com a diferença de que a dinâmica de acumulação de capital depende de decisões tomadas a nível microeconómico (empresas e famílias) — e.g., Barro & Sala-i-Martin (2004); Acemoglu (2009). A economia continua a apresentar características comuns com o modelo de Solow-Swan, à exceção de se considerar a maximização intertemporal da utilidade com implicações no nível de poupança. Esta deixa de ser dado exogenamente e pode não ser constante. O objetivo é modelizar o comportamento das decisões microeconómicas dos agentes, que escolhem a sua poupança (e consumo) em resposta ao retorno do capital — variável de decisão.

Assim, em primeiro lugar, apresentam-se os agentes de uma economia, introduzindo-se os pressupostos básicos e a modelização do comportamento das empresas (secção 5.1) e famílias (secção 5.2). Segue-se a dinâmica da economia, bem como a análise da trajetória de crescimento equilibrado (secção 5.3). No processo discute-se

[21] Até agora, as famílias eram ao mesmo tempo consumidores e produtores à la Robinson Crusoe.

a solução de Robinson Crusoe (secção 5.4) e a solução de planeador central (secção 5.5), considerando sempre a análise dos efeitos de alterações introduzidas no modelo, tais como os efeitos da redução da taxa de desconto, as implicações da introdução do governo no modelo e as consequências da alteração da taxa de progresso do conhecimento tecnológico (secção 5.10). A discussão da dinâmica de transição e trajetórias estáveis corresponde à secção 5.6, sendo a secção 5.7 dedicada à dinâmica de transição e exclusão de trajetórias explosivas. A importância da condição de transversalidade é tratada na secção 5.8. Por sua vez, o comportamento da taxa de poupança durante a transição consta da secção 5.9.

5.1 Empresas

As empresas continuam a ser uma instituição chave do modelo. Considera-se que existe um número muito elevado de empresas competitivas idênticas, no sentido em que tomam todos os preços como dados. As empresas empregam capital, pagando o preço $R(t)$, e trabalho, pagando o salário $w(t)$, aceitando o conhecimento tecnológico, *A*, como exógeno e utilizando uma tecnologia neoclássica (que, por isso, se traduz numa função de produção neoclássica) para produzir um bem que vendem ao preço unitário. Por conseguinte, a função produção satisfaz as três propriedades "tradicionais": (i) tem rendimentos constantes à escala (é homogénea de grau 1); (ii) a produtividade marginal dos fatores é positiva, mas decrescente; (iii) as condições de Inada são cumpridas.

Assim, continuando a considerar a função produção Cobb-Douglas agregada $Y = AK^{\alpha}H^{1-\alpha}$, com $0 < \alpha < 1$, e, portanto, em termos *per capita*, $y = Ak^{\alpha}$, a taxa de benefício obtida pelos proprietários de uma unidade de capital vem, como já referido, dada por $R - \delta$. Por outro lado, as empresas maximizam os seus benefícios dados por:

$$\pi = Y - RK - wH \tag{5.1}$$

As condições de primeira ordem deste problema de maximização impõem que o rendimento dos fatores seja igual à sua produtividade marginal; ou seja, que $\frac{\partial Y}{\partial K} = R = r + \delta$ e $\frac{\partial Y}{\partial H} = w$. Escrevendo as condições de primeira ordem em função do capital *per capita* resulta:

$$\alpha\frac{y}{k} = r + \delta, \text{ pois } \frac{\partial Y}{\partial K} = \alpha K^{-1}AK^{\alpha}H^{1-\alpha} = \alpha\frac{Y}{K} = \alpha\frac{Y}{H}\frac{H}{K} = \alpha\frac{y}{k} \tag{5.2}$$

$$(1-\alpha)\,y = w,\ \text{pois}\ \frac{\partial Y}{\partial H} = (1-\alpha)\,H^{-1}AK^{\alpha}H^{1-\alpha} = (1-\alpha)\,\frac{Y}{H} = (1-\alpha)\,y \tag{5.3}$$

5.2 Famílias

Admite-se a existência de um número elevado de famílias idênticas, com horizonte infinito, cada uma crescendo à taxa n. Cada membro da família oferece uma unidade de trabalho em cada momento do tempo em troca do salário. Cada família "arrenda" todo o capital que detém às firmas em troca de um rendimento. Em cada momento do tempo, as famílias dividem o seu rendimento entre consumo e poupança, de forma a maximizar a sua utilidade ao longo da vida. Considerando a função utilidade da forma:

$$U(0) = \int_{t=0}^{\infty} e^{-\rho t} u\,[c\,(t)]\,H(t)dt = \int_{t=0}^{\infty} e^{-\rho t}\frac{c(t)^{1-\theta}-1}{1-\theta}H(t)dt \tag{5.4}$$

em que ρ é uma constante que representa a taxa de desconto, $c(t)$ representa o consumo de cada membro da família (i.e., o consumo *per capita*), $H(t)$ corresponde ao número de trabalhadores (que como se sabe é supostamente igual à população), e $u[c(t)]$ mede a utilidade instantânea de cada individuo no momento t. Considera-se que a função de utilidade instantânea é dada por:

$$u\,[c\,(t)] = \frac{c(t)^{1-\theta}-1}{1-\theta}, \tag{5.5}$$

em que θ é o coeficiente de aversão ao risco: $\theta = -\frac{c(t)u''[c(t)]}{u'[c(t)]}$. A aversão relativa ao risco influencia a vontade das famílias trocarem consumo entre períodos de tempo distintos. Caso as preferências sejam côncavas, então θ, que mede o grau de concavidade, deve ser positivo, $\theta > 0$. Quanto maior θ, mais devagar vai diminuindo a utilidade marginal do consumo à medida que o consumo aumenta, pelo que o individuo estará mais disposto a deixar o consumo variar ao longo da vida; i.e., maior é o desejo de alisar o consumo ao longo do tempo.

Quando θ tende para zero, a função em (5.5) que se denomina de "função de elasticidade intertemporal constante" diz-nos que a função utilidade instantânea é praticamente linear no consumo e os indivíduos estarão dispostas a tirar proveitos dos diferenciais da taxa de retorno do capital e da taxa de desconto, aceitando fortes oscilações do consumo. No caso limite em que $\theta = 0$, a função utilidade é linear, de modo que os indivíduos não desejam alisar o consumo. À medida que θ se aproxima de 1, a função de utilidade transforma-se numa função do tipo logaritmo.[22] Assim, apesar de não existir incerteza no modelo, o coeficiente de aversão ao risco tem um importante papel na análise das decisões das famílias. Adicionalmente, em relação à função utilidade instantânea (5.5), pode ainda observar-se que $c(t)^{1-\theta}$ é crescente em $c(t)$ se $\theta < 1$, mas decrescente se $\theta > 1$, pelo que dividindo por $(1 - \theta)$ assegura-se que a utilidade marginal do consumo é positiva, independentemente do valor de θ.

Antes de prosseguir há outros aspetos de (5.4) que devem destacar-se.

Em primeiro lugar, a utilidade dos indivíduos é uma "soma" (ou seja, o integral) das funções de utilidade instantâneas descontadas à taxa ρ, entre o período 0 e infinito.

Em segundo lugar, o horizonte temporal relevante para o problema de otimização é infinito. Este pressuposto poderia parecer pouco razoável pois a evidência empírica sugere que a vida humana é finita. No entanto, como Barro (1974) mostrou, pode atender-se às sucessivas gerações e considerar que os indivíduos pertencem a dinastias ou famílias, sendo $H(t)$ o número de indivíduos pertencentes a cada dinastia no momento t. Irá supor-se que a taxa de crescimento da população é constante e igual a n, de modo que $\frac{\dot{H}}{H} = n$; assim, a população no momento t é igual a $H(t) = H(0)e^{nt}$ e, normalizando a população inicial $H(0) = 1$, a população em t vem $H(t) = e^{nt}$.

Em terceiro lugar, a taxa de desconto tem subjacente o facto de os indivíduos, ainda que altruístas relativamente aos seus descendentes, preferirem o consumo próprio — já que corresponde a considerar-se que o consumo mais recente é mais valorizado — ao consumo dos seus descendentes; quer dizer, o desconto representa o egoísmo paterno num mundo de altruísmo intergeracional.[23]

A intuição subjacente a (5.4) é mais fácil de entender considerando o seguinte exemplo em tempo discreto. Imagine-se que há um pai que vive no ano 1 e cuja vida representa um período. A sua função de utilidade, $U(1)$, depende da utilidade proporcionada pelo seu consumo, $c(1)$, e da utilidade alcançada pelos seus filhos, que vivem

[22] Tal pode provar-se facilmente tomando $\lim_{\theta\to 1} \frac{c^{1-\theta}-1}{1-\theta} = \frac{0}{0}$, do que resulta uma indeterminação. Aplicando, no entanto, a regra de l'Hôpital e calculando a derivada do numerador e do denominador relativamente a θ, resulta que o limite é igual a $\ln c$ — recorde-se que a derivada de $c^{1-\theta}$ relativamente a θ é $c^{1-\theta} \ln c(-1)$. O termo "-1" da função utilidade justifica-se porque, na sua ausência, o limite quando θ tende para 1 seria infinito e não indeterminado e, por isso, a regra de l'Hôpital não seria aplicável.

[23] Ramsey (1928) descreve a taxa de desconto como eticamente indefensável.

no período seguinte. O facto da utilidade retirada pelos filhos afetar a utilidade do pai corresponde ao "amor" ou altruísmo. Apesar do amor ou altruísmo que sente pelos seus filhos, suponha-se que o pai prefere a sua própria utilidade à utilidade dos filhos, pelo que desconta a utilidade dos filhos à taxa ρ. Se a utilidade de cada um dos seus filhos vem dada por $U(2)$ e tem $1 + n$ filhos — $H(2)$ é a população do período 2, que neste caso é igual a $H(2) = 1 + n$ — então a utilidade do pai corresponde a:

$$U(1) = u\left[c(1)\right] + \frac{1+n}{1+\rho}U(2) \tag{5.6}$$

Note-se que caso este pai tivesse tido apenas um filho — de modo que $n = 0$ —, então valoraria mais a utilidade da sua geração que a da geração seguinte, dado que $1 < 1 + \rho$. De igual modo, a utilidade da geração seguinte, $U(2)$, depende da utilidade do consumo próprio que ocorre no período 2 e da utilidade dos $H(3) = (1 + n)H(2)$ descendentes que vivem no período 3. Ou seja,

$$U(2) = u\left[c(2)\right] + \frac{1+n}{1+\rho}U(3) \tag{5.7}$$

Substituindo (5.7) em (5.6) obtém-se:

$$U(1) = u\left[c(1)\right] + \frac{1+n}{1+\rho}u\left[c(2)\right] + \left(\frac{1+n}{1+\rho}\right)^2 U(3) \tag{5.8}$$

Repetindo a operação para a geração 3, depois para a geração 4 e assim sucessivamente até ao infinito, veremos que a função utilidade do primeiro individuo vem dada por:

$$\begin{aligned} U(1) &= u\left[c(1)\right] + \tfrac{1+n}{1+\rho}u\left[c(2)\right] + \left(\tfrac{1+n}{1+\rho}\right)^2 u\left[c(3)\right] + ... \\ &= \textstyle\sum_{t=1}^{\infty} u\left[c(1)\right]\left(\tfrac{1+n}{1+\rho}\right)^{t-1} \end{aligned} \tag{5.9}$$

Por conseguinte, embora o pai viva apenas 1 período e "ame" os seus descendentes, é como se de facto tivesse uma função de utilidade de infinitos períodos, em que o que importa é o consumo de cada uma das sucessivas gerações. Assim, a utilidade das gerações futuras deverá multiplicar-se pelo número de membros dessa geração e dividir-se pela taxa de desconto. Esta função em tempo contínuo é a (5.4).

Descritas as preferências dos consumidores, há que abordar a questão da restrição orçamental. As famílias possuem ativos financeiros, *B*,[24] que geram um rendimento representado por *r*: caso *B* seja positivo, o produto *Br* representa parte do rendimento das famílias; caso *B* seja negativo, *Br* corresponde ao pagamento do serviço de divida. As famílias são também proprietárias do trabalho e obtêm, por isso, um salário w. Representando *H* a quantidade de trabalho realizado por todos os membros das famílias, os rendimentos salariais totais são wH.[25]

Uma família pode afetar o seu rendimento ao consumo e à aquisição de mais ativos financeiros. Por conseguinte, a restrição orçamental dos indivíduos vem dada por $\dot{B} = wH + rB - C$. Definindo por *b* a quantidade de ativos *per capita*, $b = \frac{B}{H}$, a restrição em termos *per capita* vem:[26]

$$\dot{b} = w + rb - c - nb \tag{5.10}$$

Em suma, tendo em conta o comportamento das famílias, o problema pode expressar-se na seguinte forma:

$$\max U(0) = \int_{t=0}^{\infty} e^{-(\rho-n)t} \left(\frac{c(t)^{1-\theta} - 1}{1-\theta} \right) dt \tag{5.11}$$

Sujeita a (5.10) e com $b(0) > 0$ dado. Note-se que na função utilidade em (5.11) utilizou-se o termo e^{nt} em vez de *H*.

Como se verá, o consumo no longo prazo continuará a ser constante. Consequentemente, para que a utilidade seja finita, de modo a obter um problema com significado económico,[27] deve impor-se a restrição de que os termos incluídos no interior do integral se aproximam de zero quando *t* tende para infinito. Assim, há que impor a restrição:

[24] Os ativos podem ser positivos; neste caso as famílias emprestam a outras famílias ou às empresas. Os ativos podem ser negativos e então as famílias possuem dívidas.

[25] Supõe-se pois que todos os elementos da família trabalham, pelo que a população corresponde à quantidade de trabalho. Ignora-se, assim, e em particular, o desemprego, a acumulação de capital humano e a reforma.

[26] Para obter esta nova restrição, basta derivar $b = \frac{B}{H}$ em ordem ao tempo, $\dot{b} = \frac{\dot{B}H - \dot{H}B}{H^2} = \frac{\dot{B}}{H} - nb$.

[27] Com efeito, a maximização de algo infinito não faz muito sentido, pelo que há necessidade de impor restrições de modo a que o objetivo das famílias seja finito.

$$\lim_{t\to\infty} e^{-(\rho-n)t}\left(\frac{c(t)^{1-\theta}-1}{1-\theta}\right)=0 \tag{5.12}$$

O limite deste produto é zero se e só se o termo do exponencial for negativo; i.e., se $\rho > n$, já que o outro factor não será igual a zero. A partir deste momento supõe-se que a condição $\rho > n$ se verifica.

O problema (5.11) é um problema de otimização dinâmica simples que pode ser resolvido pelo método do Hamiltoniano. Antes de construir o Hamiltoniano, deve ter-se em consideração que a variável de controlo — a variável que não aparece na restrição com ponto por cima da variável — é o consumo, c, e a variável de estado é o *stock* de ativos, b. O Hamiltoniano deste problema pode escrever-se como — no final do livro, em apêndice, discute-se a técnica matemática utilizada na resolução deste tipo de problemas dinâmicos:

$$H(.)=e^{-(\rho-n)t}\left(\frac{c(t)^{1-\theta}-1}{1-\theta}\right)+\nu\left[w+(r-n)b-c\right] \tag{5.13}$$

em que ν é o multiplicador dinâmico de Lagrange. Este multiplicador pode interpretar-se como o valor que o consumidor atribui a uma unidade adicional de ativos financeiros; trata-se, pois, de um preço implícito dos ativos b. As condições de primeira ordem neste caso são as seguintes:

$$\frac{\partial H(.)}{\partial c}=0 \Longleftrightarrow e^{-(\rho-n)t}c^{-\theta}=\nu \tag{5.14}$$

$$\frac{\partial H(.)}{\partial b}=-\dot{\nu} \Longleftrightarrow -\dot{\nu}=\nu(r-n) \tag{5.15}$$

$$\lim_{t\to\infty} b(t)\,\nu(t)=0 \tag{5.16}$$

Em termos de interpretação económica destas condições de primeira ordem pode afirmar-se o seguinte. As condições (5.14) e (5.15) sustentam que o valor marginal do consumo deve ser igual ao valor marginal do investimento. Para alcançar uma expressão intuitiva e útil é necessário logaritmizar ambos os membros para obter $-(\rho-n)t-\theta\ln[c(t)]=\ln[\nu(t)]$; derivando de seguida a expressão obtida com respeito ao tempo obtém-se $-(\rho - n)t - \theta\frac{\dot{c}}{c} = \frac{\dot{\nu}}{\nu}$. Substituindo esta última expressão em (5.15), resulta a condição que deve cumprir o crescimento do consumo:

$$\frac{\dot{c}}{c} = \frac{1}{\theta}(r - \rho) \tag{5.17}$$

A equação (5.17), que frequentemente se denomina equação de Euler, implica que o consumo vai evoluir de acordo com a taxa de juro real, r, com a taxa de desconto, ρ, e ainda com a medida de aversão ao risco, θ. Assim: (i) se $r > \rho$, i.e., se a taxa de juro real exceder a taxa de desconto, o consumo estará a aumentar; (ii) se $r < \rho$, o consumo estará a diminuir; (iii) quanto menor θ, menos a utilidade marginal varia quando o consumo varia, logo maiores serão as variações de consumo em resposta a diferenças entre a taxa de juro real, r, e a taxa de desconto, ρ.

A equação de Euler descreve a trajetória do consumo por unidade de trabalho efetiva, dado $c(0)$. Se o consumo não evoluir de acordo com a equação de Euler, a família pode reorganizar o seu consumo de forma a aumentar a sua utilidade, sem alterar o valor presente do seu gasto ao longo da vida. Se $c(0)$ é muito baixo, o gasto em consumo ao longo da trajetória que satisfaz (5.17) não esgota a riqueza da vida, logo será possível uma trajetória mais elevada. Se $c(0)$ é muito elevado, o gasto em consumo excede a riqueza ao longo da vida e essa trajetória não será possível. A escolha de $c(0)$ será determinada pela restrição orçamental e haverá apenas um $c(0)$ que satisfaz (5.17).

Para melhor interpretação da equação de Euler, deve escrever-se (5.17) na forma:

$$\rho + \theta\frac{\dot{c}}{c} = r \tag{5.18}$$

O primeiro membro expressa o benefício ou rendimento que proporciona o consumo. A taxa de desconto, ρ, indica o aumento da utilidade obtida por consumir no presente e não no futuro, já que o indivíduo atribui mais utilidade ao seu consumo que ao dos seus descendentes. O benefício proporcionado pelo consumo também inclui o termo $\theta\frac{\dot{c}}{c}$. Se o consumidor deseja alisar o consumo ao longo do tempo (ou seja, se $\theta > 0$), sempre que preveja que o consumo vá ser maior no futuro (ou seja, se $\frac{\dot{c}}{c} > 0$), desejará aumentar o seu consumo no momento presente. Dito de outro modo, taxas positivas de crescimento comportam trajetórias de consumo pouco alisadas. Portanto, o consumidor deseja substituir parte do seu consumo futuro por consumo presente. Tal representa uma preferência adicional pelo consumo presente que, somada ao termo ρ, representa o benefício do consumo presente.[28] O segundo membro da equação corresponde ao benefício (ou rendimento liquido) obtido com a poupança (taxa de juro dos ativos financeiros). Os indivíduos que otimizam, na margem, estarão indiferentes entre consumo e poupança. A expressão (5.18) reflete, precisamente, essa indiferença dos agentes individuais.

Uma interpretação alternativa — embora parecida — é a que se segue. Imagine-se que a taxa de desconto, ρ, é igual à taxa de juro real, r, e que $\frac{\dot{c}}{c} = 0$. Neste caso, o indivíduo que otimiza não desejará reduzir o seu consumo presente em troca de mais consumo no futuro — pois a taxa de crescimento do seu consumo seria positiva, já que no futuro consumiria mais que no presente. Para aceitar otimamente reduzir o consumo presente em troca de mais consumo futuro (i.e., para aceitar aumentar a poupança presente), haveria que aumentar o rendimento da poupança. Quanto devia aumentar o rendimento da poupança para aceitar reduzir o consumo presente? Depende das preferências do consumidor — i.e., do 'ódio' por trajetórias de consumo pouco alisadas (ou seja, quanto maior θ, maior será o aumento requerido na taxa de rendimento da poupança para que o consumidor aceite poupar hoje e, portanto, tenha uma maior taxa de crescimento de c). A expressão (5.18) reflete essa relação: quanto maior for θ, maior deverá ser o aumento requerido de r para que uma determinada $\frac{\dot{c}}{c}$ seja aceitável.

A expressão (5.16) expressa a condição de transversalidade. Para explicitar a intuição económica subjacente pense-se numa economia com horizonte finito. Como se poderá ver mais à frente, num problema com horizonte temporal finito, a condição de transversalidade reduz-se a $b(T)\ v(T) = 0$,[29] sendo T o último momento do horizonte temporal do indivíduo. A interpretação económica de $b(T)\ v(T) = 0$ é a de que os indivíduos que otimizam não pretendem deixar nada que possua valor para depois da sua morte — recorde-se que v é o preço implícito do ativo b, pelo que o produto vb corresponde ao valor do *stock* de ativos do consumidor. Caso deixassem valor no final do seu horizonte temporal, poderiam tê-lo consumido antes, aumentando desse modo a sua utilidade. Ora, podendo aumentar a utilidade, então fica claro que esse comportamento não seria otimizador.

---

[28] O mesmo se poderá dizer do caso inverso. Caso $\frac{\dot{c}}{c} < 0$, o consumidor compreende que o seu consumo futuro será menor que o presente. Desejando uma trajetória de consumo alisada, estará disposto a substituir parte do seu consumo presente por consumo futuro. Por conseguinte, o termo $\theta \frac{\dot{c}}{c} < 0$ refletiria, neste caso, um rendimento negativo do consumo presente que deve subtrair-se ao termo que expressa a preferência pelo consumo presente.

[29] Esta condição equivale a (5.16) quando $T \to \infty$.

Note-se que o valor dos ativos no momento final pode ser igual a zero, ou porque a quantidade física $b(T)$ é zero ou porque o seu preço $v(T)$ é zero. Como no modelo de Ramsey-Cass-Koopmans o horizonte temporal é infinito — devido às sucessivas gerações —, (5.16) indica que o valor do *stock* de ativos no último momento do horizonte temporal (no infinito) deve ser zero.

5.3 Equilíbrio

Os consumidores e as empresas encontram-se no mercado: os salários que pagam os empresários são recebidos pelos trabalhadores, os juros que pagam as empresas são recebidos pelas famílias, e o preço que as empresas cobram pelo bem produzido (e que por simplificação, se normalizou em 1) é o mesmo que pagam os consumidores.

Além disso, deve impor-se a existência de equilíbrio no mercado financeiro. O modelo em análise considera uma economia fechada sem governo. Estes dois pressupostos implicam que o equilíbrio no mercado financeiro requer que o único ativo com oferta líquida não negativa seja o capital, de modo que $b = k$. É verdade que os indivíduos podem emprestar e pedir emprestado qualquer quantidade de ativos financeiros. Contudo, em economia fechada e sem governo, tudo o que os indivíduos financiadores emprestam terá de corresponder a tudo o que recebem os indivíduos que pedem emprestado. Por conseguinte, a quantidade total líquida de dívida deve ser igual a zero, pelo que o único ativo com oferta liquida positiva deve ser o capital. A taxa de juro, r, deve pois ajustar-se de modo a que $b = k$, e todos os créditos sejam exatamente iguais a todos os débitos; i.e, a dívida agregada líquida é nula e o único ativo líquido é o capital físico. Substituindo (5.2), (5.3) e a condição $b = k$ em (5.10), resulta:

$$\begin{aligned} \dot{b} &= w + rb - c - nb \\ &\iff \dot{k} = (1-\alpha)y + \left(\alpha\frac{y}{k} - \delta\right)k - c - nk \\ &\iff \dot{k} = y - c - (\delta + n)k \end{aligned} \tag{5.19}$$

Esta equação descreve o comportamento dinâmico do *stock* de capital *per capita* como função da quantidade produzida, y, do consumo, c, e da "depreciação agregada", $(\delta + n)k$,[30] e é igual à considerada para as famílias produtoras no âmbito do

[30] Com efeito, a depreciação do capital deve-se à depreciação física, δk, e ao aumento do número de pessoas, nk.

modelo de Solow. A identidade das restrições sugere que o facto de se introduzir mercados, em vez de supor que as famílias são consumidoras e produtoras, não altera em absoluto a análise.

Note-se ainda que no modelo com "taxa de poupança constante", o consumo é uma fração constante do produto, $c = (1 - s)y$. Ora, substituindo c em (5.19), obtém-se a equação $\dot{k} = sy - (\delta + n) k$ do modelo de Solow-Swan. No contexto do modelo de Ramsey-Cass-Koopmans, não se pode fazer essa assunção quanto ao comportamento do consumo, porque se desconhece se os consumidores escolheram otimamente uma taxa de poupança constante. Sabe-se apenas que o comportamento ótimo dos consumidores vem descrito por (5.17). Substituindo (5.2) em (5.17) obtém-se:

$$\begin{aligned} \frac{\dot{c}}{c} &= \frac{1}{\theta}\left[\left(\alpha\frac{y}{k} - \delta\right) - \rho\right] \\ &\Leftrightarrow \frac{\dot{c}}{c} = \frac{1}{\theta}\left(\alpha\frac{y}{k} - \delta - \rho\right), \text{ em que } \frac{\partial y}{\partial k} = \alpha\frac{y}{k} \end{aligned} \tag{5.20}$$

Esta expressão sustenta que o consumidor aceita otimamente uma trajetória de consumo crescente caso seja recompensado com um produto marginal (e médio, $\frac{y}{k}$) superior.

Por último, substituindo a igualdade $b = k$ na condição de transversalidade vem:

$$\lim_{t\to\infty} k(t)\,\nu(t) = 0 \tag{5.21}$$

sustentando que o *stock* de capital no final do período de otimização (que neste caso é infinito) deve ser igual a zero.

As equações (5.19) e (5.20), juntamente com a condição de transversalidade, são as equações fundamentais para analisar a dinâmica da economia e, usando a tecnologia Cobb-Douglas $y = Ak^{\alpha}$, podem expressar-se, respetivamente, na forma

$$\dot{k} = Ak^{\alpha} - c - (\delta + n) k \tag{5.22}$$

$$\frac{\dot{c}}{c} = \frac{1}{\theta}\left(\alpha A k^{\alpha-1} - \delta - \rho\right) \tag{5.23}$$

Portanto, considerando a tecnologia Cobb-Douglas, (5.21), (5.22) e (5.23) descrevem o comportamento dinâmico do consumo, do capital e do produto *per capita* da economia neoclássica com mercados competitivos desde o momento inicial até ao final dos tempos.

Antes de analisar a dinâmica vale a pena comparar esta solução com a solução que resultaria em dois cenários alternativos: numa economia de consumidores-produtores de Robinson Crusoe e numa economia com planeador central.

5.4 Solução de Robinson Crusoe

Considere-se uma economia fechada com um único bem, de tal modo que a produção final pode afetar-se a consumo e a investimento. O capital deprecia-se a uma taxa constante δ e a população cresce à taxa n. Toda a população trabalha, de modo que população é igual à quantidade de trabalho. Como a economia é fechada, não se pode pedir emprestado nos mercados internacionais, pelo que a poupança corresponde ao investimento. A poupança é igual à produção total, Y, menos o consumo, C.[31] O investimento bruto é igual ao investimento líquido, $\dot{K}$, mais a depreciação, δK. A restrição desta economia requer pois que:

$$\dot{K}(t) = Y(t) - C(t) - \delta K(t) \tag{5.24}$$

Os consumidores maximizam a função utilidade (5.4),

$$U(0) = \int_{t=0}^{\infty} e^{-\rho t} \frac{c(t)^{1-\theta} - 1}{1-\theta} H(t) dt.$$

Observe-se que consumo *per capita*, c, é argumento da função utilidade e o consumo agregado é argumento da restrição da economia (5.24). Para corrigir esta discrepância, pode dividir-se os dois membros de (5.24) pelo trabalho e, considerando rendimentos constantes à escala, obtém-se a seguinte expressão:[32]

$$\dot{k} = y - c - (\delta + n) k \tag{5.25}$$

Os indivíduos maximizam (5.4) sujeito a (5.25), a partir do *stock* de capital inicial dado, $k(0) > 0$. Para solucionar este problema, constrói-se o Hamiltoniano:

---

[31] Como também não há governo, não há impostos, nem subsídios e nem poupança pública.

[32] Note-se que $k = \frac{K}{H} \Rightarrow \dot{k} = \frac{\dot{K}H - \dot{H}K}{H^2} \Leftrightarrow \dot{k} = \frac{\dot{K}}{H} - \frac{\dot{H}}{H}\frac{K}{H} \Leftrightarrow \dot{k} = \frac{\dot{K}}{H} - nk \Leftrightarrow \frac{\dot{K}}{H} = \dot{k} + nk$.

$$H(.) = e^{-(\rho-n)t}\left(\frac{c(t)^{1-\theta}-1}{1-\theta}\right) + \nu\left[y - c - (\delta+n)k\right] \tag{5.26}$$

As condições de primeira ordem são:

$$\frac{\partial H(.)}{\partial c} = 0 \Longleftrightarrow e^{-(\rho-n)t}c^{-\theta} = \nu \tag{5.27}$$

$$\frac{\partial H(.)}{\partial k} = -\dot{\nu} \Longleftrightarrow -\dot{\nu} = \nu\left(\frac{\partial y}{\partial k} - n - \delta\right) \tag{5.28}$$

$$\lim_{t\to\infty} k(t)\,\nu(t) = 0 \tag{5.29}$$

Tomando logaritmos e derivadas de (5.27) e substituindo em (5.28) resulta:

$$\frac{\dot{c}}{c} = \frac{1}{\theta}\left(\frac{\partial y}{\partial k} - \delta - \rho\right) \tag{5.30}$$

A condição (5.30), juntamente com (5.25) e a condição de transversalidade (5.29) determinam completamente a dinâmica do capital e do consumo do modelo. Note-se, contudo, que estas três condições são idênticas às obtidas no caso anterior (do mercado). A solução de mercado é pois idêntica à do modelo de famílias produtoras de Robinson Crusoe.

5.5 Solução do Planeador Central

Pergunta-se frequentemente se o equilíbrio gerado pelo mercado é "bom". Ou seja, deixando os indivíduos escolher livremente a quantidade de produto que poupam e consomem de acordo com as suas preferências e as suas restrições físicas, deixando as empresas maximizar benefícios e deixando que os mercados atuem livremente para equilibrar ofertas e procuras, encontrarão os mercados uma solução ótima? Para responder a essa pergunta, é necessário definir "óptimo" e "bom". Para isso, recorre-se à figura de um planificador que, de alguma maneira, tomará todas as decisões corretamente. Depois, pode perguntar-se se os indivíduos atuam como um planificador. Se assim for, então o equilíbrio alcançado pelos indivíduos privados é ótimo.

O planificador possui as seguintes propriedades. Primeiro, deverá ter o mesmo objetivo que os indivíduos (ou seja, maximizar a função utilidade (5.4)). Considerando uma entidade que faz tudo corretamente, deve supor-se que os objetivos do planificador e dos indivíduos privados são parecidos.

Segundo, a restrição física será a única do planificador. Assim, todo o produto utilizado deve ser produzido pela economia. Sem uma restrição deste tipo, a solução alcançada pelo planificador seria trivial: consumir infinitamente em cada período. Lamentavelmente, essa solução trivial seria de pouca utilidade no momento de comparar com a solução alcançada pelos indivíduos privadamente. A restrição de recursos que deve enfrentar o planificador requer que a quantidade que o planificador dedique a consumo mais a quantidade que dedique a investimento seja igual à quantidade produzida. Note-se que esta restrição, uma vez expressa em termos *per capita*, pode escrever-se como (5.25).

Finalmente, ao contrário dos indivíduos privados, o planificador terá em conta todos os mecanismos, todas as externalidades e toda a informação que exista na economia no momento da tomada das decisões.

No modelo estudado, os indivíduos possuem toda a informação existente na economia, não há externalidades de nenhum tipo e não há mecanismos estranhos, pelo que o objetivo (5.4) e a restrição (5.25) enfrentados pelo planificador são idênticos aos que enfrenta o agente da economia de Robinson Crusoe. As equações dinâmicas que vão caracterizar a solução ótima também são as mesmas. Como a solução de Robinson Crusoe e de mercado competitivo são idênticas, conclui-se que a solução de economia competitiva é idêntica à do planificador. Assim, a solução encontrada pelas famílias e empresas num mercado competitivo é ótima. Não havendo qualquer interferência do governo, o mercado encontrará a solução ótima.

5.6 Dinâmica de transição e trajetórias estáveis

A dinâmica do modelo pode representar-se utilizando um diagrama de fases. Como já se assinalou, o modelo fica completamente determinado pelas equações (5.19), (5.20) e (5.21). Para construir o diagrama de fase seguem-se os seguintes passos.

No primeiro passo, constrói-se a curva de valores de c e k para os quais o aumento de capital é igual a zero, na Figura 5.1 com k no eixo horizontal e c no eixo vertical. Utilizando a equação (5.19) e igualando $\dot{k} = 0$, obtém-se $c = y - (\delta + n)k$; no caso com tecnologia Cobb-Douglas, a equação vem dada por $c = Ak^{\alpha} - (\delta + n)k$. Note-se que esta curva passa pelo ponto $\dot{c} = 0$ e $\dot{k} = 0$, é inicialmente crescente, obtém um máximo quando o *stock* de capital satisfaz $\frac{\partial Y}{\partial k} = \delta + n$, e decresce até voltar a cruzar-se com o eixo horizontal. O máximo desta curva corresponde ao capital $\widetilde{k}_{opt}$ determinado no âmbito da discussão da acumulação ótima de capital no modelo de Solow-Swan. No caso da tecnologia Cobb-Douglas, o capital associado com o máximo requer que $\alpha A k^{\alpha-1} = \delta + n$, o que significa que $\widetilde{k}_{opt} = \left(\frac{\alpha A}{\delta+n}\right)^{\frac{1}{1-\alpha}}$.

FIGURA 5.1: DIAGRAMA PARA O MODELO RAMSEY-CASS-KOOPMANS.

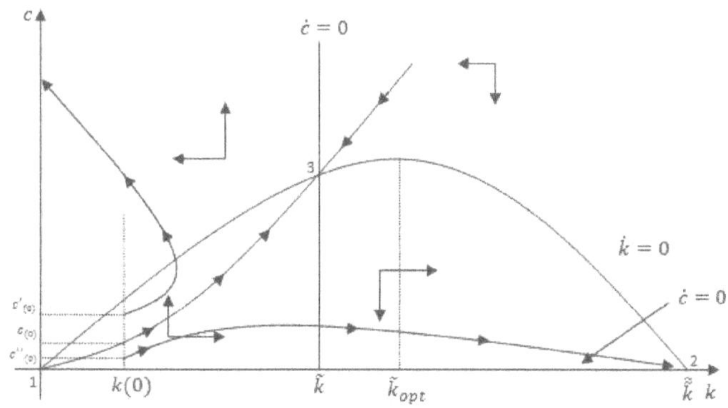

No segundo passo, analisa-se a dinâmica do capital associada à equação (5.19) por cima e por baixo da curva $\dot{k} = 0$. Por definição, nesta curva o capital não se move. Por cima da curva $\dot{k} = 0$, como se moverá o *stock* de capital? Este caso tem implícito um aumento do consumo. Analisando (5.19) verifica-se que um pequeno aumento de c está associado a uma diminuição de $\dot{k}$, dado que em (5.19) o consumo aparece com sinal negativo. Estando num ponto sobre $\dot{k} = 0$ e verificando que por cima dessa curva $\dot{k}$ é inferior, conclui-se que por cima da curva $\dot{k} = 0$ o capital decrescerá $(\dot{k} < 0)$. Representa-se este movimento com setas que apontam para a esquerda (como o capital aparece no eixo horizontal, uma diminuição de k assinala-se com um movimento para a esquerda). Um procedimento semelhante levará a concluir que, por baixo da curva, as setas apontam para a direita.

No terceiro passo, na mesma figura, constrói-se a curva de valores de c e k para os quais o aumento de consumo é igual a zero $(\dot{c} = 0)$. Note-se que (5.20) reflete a taxa de crescimento de c, $\frac{\dot{c}}{c}$, e não exatamente $\dot{c}$. Pode, no entanto, reescrever-se (5.20) como:

$$\dot{c} = c\left[\frac{1}{\theta}\left(\alpha\frac{y}{k} - \delta - \rho\right)\right]$$

Constata-se que há duas maneiras de satisfazer a condição $\dot{c} = 0$: $c = 0$ e $\frac{1}{\theta}\left(\alpha\frac{y}{k} - \delta - \rho\right) = 0$. A primeira possibilidade, $c = 0$, corresponde ao eixo horizontal. A segunda possibilidade apenas se satisfaz quando o *stock* de capital, $\widetilde{k}$, é tal que $\alpha\frac{\widetilde{y}}{\widetilde{k}} = \delta + \rho$. No caso Cobb-Douglas, esta condição requer $\alpha A\widetilde{k}^{\alpha-1} = \delta + n$, pelo que o *stock* de capital correspondente é $\widetilde{k} = \left(\frac{\alpha A}{\delta+n}\right)^{\frac{1}{1-\alpha}}$. Na Figura 5.1 representa-se esta situação por uma linha vertical em $\widetilde{k}$. Note-se que $\widetilde{k}$ é inferior ao *stock* $\widetilde{k}_{opt}$ com $\rho > n$ e y uma função decrescente. Tal significa que a linha vertical correspondente a $\dot{c} = 0$ se situa à esquerda do máximo da curva $\dot{k} = 0$.

No quarto passo, analisa-se a dinâmica do consumo associada à equação (5.20) à esquerda e à direita da curva $\dot{c} = 0$, aumentando (ligeiramente) k; ou seja, (ligeiramente) à direita de $\dot{c} = 0$. Dado que $\frac{\partial y}{\partial k} = \alpha\frac{y}{k}$ é uma função decrescente, um aumento de k reduz o valor de $\frac{\partial y}{\partial k}$, pelo que o valor de $\dot{c}$ em (5.20) passa a ser menor que zero, ou seja, passa a ser negativo. Por outras palavras, à direita de $\widetilde{k}$, o consumo diminui. Representam-se, pois, setas que apontam para baixo (note-se que o consumo consta do eixo vertical, pelo que diminuições de *c* representam-se com movimentos para baixo na Figura 5.1). Um procedimento semelhante mostra que as setas à esquerda de $\widetilde{k}$ apontam para cima.

No quinto passo, analisa-se os estados estacionários. A Figura 5.1 mostra que as curvas $\dot{k} = 0$ e $\dot{c} = 0$ se cruzam três vezes. A primeira na origem $c = 0$ e $k = 0$.[33] Um segundo estado estacionário é o ponto $\tilde{\tilde{k}}$ que corresponde à intersecção de $\dot{k} = 0$ e o eixo horizontal. Substituindo $c = 0$ em $\dot{k} = 0$ resulta que $\tilde{\tilde{k}}$ satisfaz $\tilde{\tilde{y}} = (\delta + n)\tilde{\tilde{k}}$; no caso da tecnologia Cobb-Douglas $A\tilde{\tilde{k}}^{\alpha} = (\delta + n)\tilde{\tilde{k}} \Leftrightarrow A\tilde{\tilde{k}}^{\alpha-1} = (\delta + n) \Leftrightarrow \tilde{\tilde{k}} = \left(\frac{A}{\delta+n}\right)^{\frac{1}{1-\alpha}}$. Este nível de capital é superior ao $\widetilde{k}_{opt}$, dado que se encontra à direita do máximo. O terceiro cruzamento entre as duas curvas ocorre na intersecção entre $\dot{k} = 0$ e $\widetilde{k}$. O nível de capital neste ponto é, obviamente, $\widetilde{k}$, e o consumo associado é $\widetilde{c} = \widetilde{k} - (\delta + n)\widetilde{k}$; ou, com tecnologia Cobb-Douglas, $\widetilde{c} = A\widetilde{k}^{\alpha} - (\delta + n)\widetilde{k}$.

No longo prazo a economia deverá necessariamente convergir para o terceiro estado estacionário, já que é o único que representa quantidades positivas de consumo. As curvas $\dot{k} = 0$ e $\dot{c} = 0$ dividem o espaço em quatro regiões. A dinâmica de cada região representa-se por setas, como se observa na Figura 5.1. Verifica-se que a origem é um estado estacionário instável, dado que na vizinhança desse ponto, as setas

[33] Recorde-se que a curva $\dot{k} = 0$ passa pela origem e que um componente de $\dot{c} = 0$ é o eixo horizontal.

remetem a trajetória em direção contrária ao ponto; ou seja, caso a economia não se localize nesse ponto, então esse ponto nunca será alcançado. Tendo em conta as setas, constata-se que o segundo estado estacionário, $\tilde{\tilde{k}}$, é completamente estável. O terceiro estado estacionário, $\tilde{k}$, é um estado estacionário com estabilidade de "ponto de sela", na medida em que seguindo as setas pode apenas alcançar-se desde duas das quatro regiões existentes. Quando tal acontece diz-se que existe uma e uma só trajetória que converge para o estado estacionário (estável).

FIGURA 5.2: FORMA DE TRAJETÓRIA ESTÁVEL DEPENDENTE DE θ.

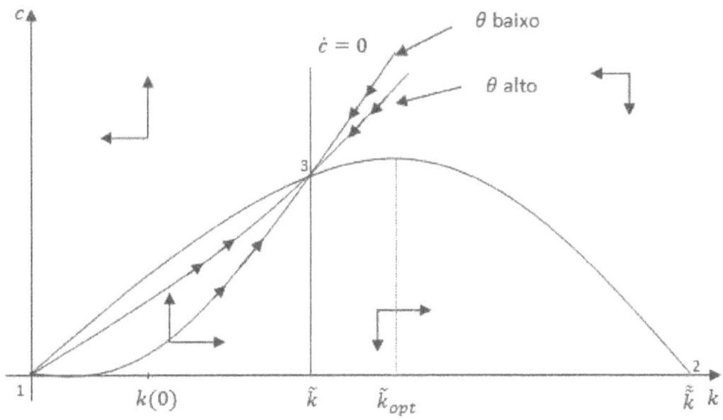

Em geral, a forma funcional da trajetória estável não pode ser determinada de forma exata. A sua forma qualitativa depende de diferentes parâmetros, cuja influência pode ser apreciada qualitativamente. Por exemplo, para valores elevados de θ — ou seja, se os agentes estão muito interessados em alisar o seu consumo ao longo do tempo —, a trajetória estável estará muito próxima da curva em que $\dot{k} = 0$ — veja-se Figura 5.2. Com efeito, nesse caso, os agentes tratam de consumir tanto quanto seja possível para assim terem uma trajetória de consumo relativamente alisada.[34] De forma similar, no caso em que o valor θ é muito reduzido, os indivíduos não se importam com trajetórias de consumo alisadas. Neste caso a trajetória ótima estável estaria próxima do eixo das abcissas para baixos *stocks* de capital e, próximo do estado estacionário, a trajetória estável será muito vertical. Assim, os indivíduos optarão por

[34] Note-se que consumir tanto quanto seja possível significa investir o pouco restante; por esse motivo a trajetória estável situa-se nas proximidades do lugar geométrico dos pontos em que o investimento líquido é nulo, $\dot{k} = 0$.

um consumo reduzido e uma acumulação de capital elevada antes de alcançar o estado estacionário. Quando a economia se aproxima do nível de capital do estado estacionário o consumo aumenta subitamente. Deste modo, a trajetória de consumo tende a ser muito brusca (tanto mais quanto mais θ se aproxima de zero), mas as famílias não se consideram penalizadas por isso.

Observe-se ainda que a economia pode convergir para o estado estacionário a partir de um ponto situado acima ou abaixo; i.e., desde um $k(0)$ maior ou menor que $\widetilde{k}$. Contudo, o caso mais interessante é aquele em que se converge desde um ponto localizado por baixo do estado estacionário, já que, deste modo, a economia cresce. Ao longo desta trajetória, o capital *per capita* cresce a uma taxa decrescente até zero no estado estacionário. Ao ir aumentando o capital na economia, o seu produto marginal diminui e, portanto, a taxa de juro e o crescimento diminuem. Dado que no caso da tecnologia Cobb-Douglas a produção é uma função do *stock* de capital, o comportamento qualitativo da produção reflete o comportamento qualitativo do *stock* de capital. O valor inicial do consumo situa-se abaixo do valor do estado estacionário $\widetilde{c}$, e cresce a taxas positivas até que converge para $\widetilde{c}$. Deste modo, ao longo da transição, as taxas de crescimento do consumo, do capital e do produto *per capita* são positivas.

5.7 Dinâmica de transição e exclusão de trajetórias explosivas

No modelo de horizonte infinito, os agentes económicos escolhem a trajetória estável dado que é a única que satisfaz todas as condições de primeira ordem, incluindo a condição de transversalidade (5.21). Devem pois excluir-se as outras possíveis trajetórias, todas "explosivas".

Considere-se uma economia com capital inicial $k(0)$ abaixo de $\widetilde{k}$, tal como indica a Figura 5.1. Seja $c(0)$ o valor do consumo que corresponde a este volume de capital na trajetória estável. Analise-se, em primeiro lugar, o que sucederia se o consumo inicial, $c'(0)$ fosse superior a esse valor, $c'(0) > c(0)$. Neste caso, a economia seguiria a trajetória que se apresenta na Figura 5.1: no início, o consumo e o capital cresceriam até que, num determinado momento do tempo, a economia alcançaria um ponto sobre $\dot{k} = 0$. Posteriormente, o consumo continuaria a crescer e o volume de capital a diminuir. A economia descapitalizar-se-ia num período de tempo finito. Ou seja, existe um $T < \infty$ em que $k(T) = 0$. Neste momento deve ocorrer um "salto" no consumo, já que, não existindo capital, não pode haver produção e, por conseguinte, também não pode haver consumo. O salto de $c(T)$ representa uma taxa de crescimento de c a tender para menos infinito, o que viola a condição de Euler (5.20), dado que o produto marginal de k quando k se aproxima de zero tende para infinito (positivo). A equação de Euler informa que, neste caso, o crescimento do consumo deveria tender para infinito (positivo), enquanto na realidade o crescimento de c tende para menos infinito. Assim, podem eliminar-se todas as trajetórias situadas por cima da trajetória estável, porque não satisfazem as condições de otimalidade em todos os momentos.

Caso, pelo contrário, o consumo inicial $c'(0)$ fosse tal que $c'(0) < c(0)$ (ver Figura 5.1), o consumo e o capital da economia cresceriam durante um determinado período de tempo. No entanto, uma vez ultrapassada a linha $\dot{c} = 0$, a economia ira convergir para o volume de capital $\tilde{\tilde{k}}$. Como este ponto está situado à direita de $\tilde{k}_{opt}$, $\frac{\partial\tilde{\tilde{y}}}{\partial\tilde{\tilde{k}}} < \frac{\partial\tilde{y}_{opt}}{\partial\tilde{k}_{opt}} = \delta + n$. A condição de primeira ordem das empresas (5.2) informa que, em todos os pontos, a taxa de juro é igual ao produto marginal do capital menos a taxa de depreciação. Como o capital é constante e igual a $\tilde{\tilde{k}}$, a taxa de juro nesse ponto é $\tilde{\tilde{r}} = \frac{\partial\tilde{\tilde{y}}}{\partial\tilde{\tilde{k}}} - \delta < n$, em que a última desigualdade decorre do facto de $\frac{\partial\tilde{\tilde{y}}}{\partial\tilde{\tilde{k}}} < \frac{\partial\tilde{y}_{opt}}{\partial\tilde{k}_{opt}} = \delta + n$. Esta situação leva à violação da condição de transversalidade. Para verificar que assim, é basta atender à condição de otimalidade (5.15) para obter:

$$\nu(t) = \nu(0)\, e^{-\left(\tilde{\tilde{r}}-n\right)t} \tag{5.31}$$

que pode ser substituída na condição de transversalidade para obter:

$$\lim_{t\to\infty} \nu(0)\, e^{-\left(\tilde{\tilde{r}}-n\right)t} k(t) \neq 0 \tag{5.32}$$

Efetivamente, no estado estacionário a taxa de juro, $\tilde{\tilde{r}}$, é menor do que n, pelo que o exponencial $e^{-\left(\tilde{\tilde{r}}-n\right)t}$ converge para mais infinito; assim, como $\tilde{\tilde{k}}$ e $c(0)$ são dois números diferentes de zero,[35] o limite (5.32) não é zero e a condição de transversalidade não é satisfeita. Deve, pois, eliminar-se a possibilidade de a economia escolher trajetórias por baixo da trajetória estável. Nestas trajetórias, os consumidores consomem "pouco", investem "muito" e termina-se num estado estacionário com demasiado capital.

[35] A condição (5.14) mostra que no momento zero, $\nu(0) = c(0)^{-\theta}$. No ponto $\tilde{\tilde{k}}$ o consumo é $c = 0$, pelo que a utilidade marginal do consumo, $c(0)^{-\theta}$, é mais infinito e não zero.

A análise efetuada permite excluir tanto as trajetórias que se encontram acima como abaixo da trajetória estável. Conclui-se, pois, que a única trajetória que satisfaz todas as condições de otimalidade do modelo com horizonte infinito (incluindo a condição de transversalidade) é a trajetória estável, caracterizando o comportamento da economia no longo prazo.

5.8 Importância de condição de transversalidade

Para enfatizar a importância da condição de transversalidade na eleição do valor inicial de consumo, $c(0)$, pode comparar-se o exemplo anterior com a situação que ocorre quando o horizonte temporal é finito. Ou seja, considere-se o problema base (5.11) — o problema das famílias de Robinson Crusoe e do planificador são, como se viu, equivalentes — com uma única modificação: o período terminal passa a finito, pelo que $T < \infty$:

$$\max U(0) = \int_0^T e^{-(\rho-n)t} \left(\frac{c(t)^{1-\theta} - 1}{1-\theta} \right) dt \qquad (5.33)$$

$$\text{sujeito a: } \dot{k} = y - c - (\delta + n)k,$$

com $k(0)$ dado. Como a novidade introduzida passou por considerar T em lugar de ∞, as condições (5.19) e (5.20) permanecem válidas. O diagrama de fases que descreve o comportamento da economia será também idêntico. No entanto, a condição de transversalidade é (ver (5.21)):

$$k(T)\, \nu(T) = 0. \qquad (5.34)$$

A condição (5.34) expressa a ideia de que o *stock* de capital para além do "fim" é nulo. A partir de (5.34), pode conhecer-se o valor do preço implícito no momento final T, $\nu(T) = e^{-(\rho-n)T} c(T)^{-\theta}$, que é positivo e finito. Dado que o preço do capital é positivo e a condição de transversalidade (5.34) requer que o produto do capital pelo seu preço seja zero, será necessário que o *stock* de capital existente no momento final do indivíduo seja zero,

$$k(T) = 0 \qquad (5.35)$$

A condição terminal tem implicações sobre a dinâmica de transição. Uma vez que as condições (5.19) e (5.20) devem cumprir-se, em todo o momento, o diagrama de fases correspondente ao caso em análise é o mesmo que consta na Figura 5.1. A questão é se, dado um capital inicial $k(0)$, o consumo ótimo corresponde ao da trajetória estável, tal como no caso com horizonte infinito. A condição de transversalidade requer que, no momento *T*, o *stock* de capital ótimo seja zero. Por esta razão a estratégia ótima consistirá em eleger uma trajetória de consumo tal que, em *T*, o sistema se situe no eixo das ordenadas, e que se cumpre $k = 0$. Ora esta estratégia descarta a trajetória estável já que esta trajetória conduz a economia ao estado estacionário. Caso a economia seguisse esta trajetória, seria impossível situar-se no eixo das ordenadas em *T*. Tal é certo para qualquer consumo inicial inferior ao da trajetória estável. Consequentemente, a eleição ótima de capital deve situar-se por cima da trajetória estável.

FIGURA 5.3: MODELO DE RAMSEY-CASS-KOOPMANS COM HORIZONTE FINITO.

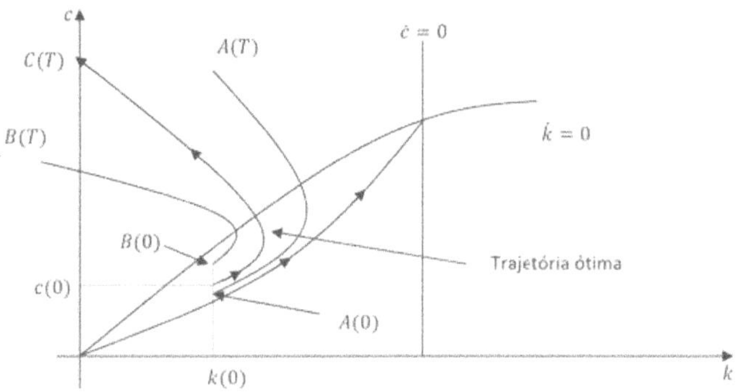

De facto, existe um único valor de $c(0)$ que assegura que, seguindo a dinâmica determinada por (5.19) e (5.20), a economia se situe por cima do eixo das ordenadas em *T*. Na Figura 5.3 representou-se este ponto por $c(0)$. A dinâmica do sistema depois do ponto $c(0)$ supõe que o consumo e o capital aumentam com o tempo, à medida que a economia se aproxima do estado estacionário. A partir de $\dot{k} = 0$ o capital passa a diminuir e o consumo continua a aumentar. Deste modo, ao longo desta trajetória temporal, o perfil do consumo é crescente e o perfil do capital segue uma curva em forma de *U* invertido.

Caso os indivíduos optem por um nível de consumo inicial "demasiado reduzido" (como o ponto *A*(0) da Figura 5.3), a trajetória qualitativa do consumo e do capital seria muito semelhante. A diferença chave residiria no facto de a nova trajetória estar mais próxima do estado estacionário, pelo que $\dot{c}$ e $\dot{k}$ adotariam sempre valores inferiores. Tal significa que a economia estaria mais tempo nessa posição, dado que quando

$\dot{c}$ e $\dot{k}$ estão próximos de zero, c e k não se modificam excessivamente. Apesar de tudo, chegaria o momento em que a economia cruzaria a curva $\dot{k} = 0$ e, a partir desse momento, o *stock* de capital começaria a diminuir. Tendo a economia estado tanto tempo em torno do estado estacionário, o momento T seria alcançado sem que o *stock* de capital final fosse zero (na Figura 5.3). No momento T a economia situa-se no ponto $A(T)$, sendo pois o *stock* de capital positivo), violando a condição de transversalidade, que requer $k(T) = 0$.

De forma análoga, se o consumo inicial fosse demasiado elevado (como se representa no ponto $B(0)$ da Figura 5.3), a economia alcançaria o eixo das ordenadas antes do momento T. Tal como ocorre em problemas de horizonte infinito, quando o sistema alcança um ponto desse eixo, deve cair para a origem (dado que, esgotando-se todo o capital, não pode haver consumo). Um salto desta natureza viola a equação de Euler (5.20).

Assim, existe uma única solução de consumo $c(0)$ ótima. A lição resultante é que o consumo inicial $c(0)$ é diferente no caso de horizonte infinito. Dito de outro modo, a simples modificação da condição de transversalidade determina uma alteração na escolha do consumo inicial $c(0)$.

5.9 Comportamento da taxa de poupança durante a transição

No quadro do modelo de Solow-Swan a taxa de poupança considerada era constante, sem se ponderar se tal taxa seria o resultado de alguma conduta ótima. Trata-se agora de demonstrar que, no quadro do modelo de Ramsey-Cass-Koopmans, existe uma configuração de parâmetros para os quais uma taxa de poupança constante é ótima.

A utilidade deste exercício é dupla. Por um lado, é desejável saber se a taxa de poupança muda à medida que a economia cresce ou se existe a possibilidade da taxa de poupança aumentar primeiro e diminuir depois. Com efeito, muitos investigadores parecem observar que os países com taxas de crescimento mais elevadas tendem a ter, num primeiro momento, taxas de poupança (e investimento) crescentes e, posteriormente, à medida que o seu rendimento vai aumentando, tendem a ter taxas decrescentes.

A segunda utilidade deste exercício consiste em demonstrar que, em modelos dinâmicos, a variável chave — neste caso, a taxa de poupança — não é necessariamente a variável que sai do processo de otimização (recorde-se que, no caso, resultavam duas equações diferenciais nas variáveis c e k, e não uma equação diferencial em s). Quando tal sucede, é útil utilizar uma transformação que permita estudar o comportamento da variável chave por via de um diagrama de fase em que um dos eixos contenha essa variável. Neste caso particular, o interesse está em estudar o comportamento da taxa de poupança, $s = \frac{y-c}{y}$, na transição em que o capital converge para um estado estacionário. Tendo em conta que $s = 1 - \frac{c}{y}$, o comportamento de $s$corresponde precisamente ao oposto do comportamento de $\frac{c}{y}$.

Como, do ponto de vista algébrico é mais fácil trabalhar com $\frac{c}{y}$ do que com s, procura-se construir um diagrama de fases expressando a solução do modelo em função das variáveis $\frac{c}{y}$ e k. Para se ser mais explicito, considera-se o caso da função produção Cobb-Douglas, $y = Ak^{\alpha}$.

Observe-se que, neste caso,

$$\begin{aligned}
\frac{\dot{y}}{y} &= \alpha\frac{\dot{k}}{k} \\
\frac{(\dot{c/y})}{(c/y)} &\equiv \frac{\partial\,(c/y)}{\partial t}\frac{1}{(c/y)} = \frac{\dot{c}}{c} - \frac{\dot{y}}{y} = \frac{\dot{c}}{c} - \alpha\frac{\dot{k}}{k}.
\end{aligned}$$

Tendo em conta esta informação, pode utilizar-se (5.19) e (5.20) para escrever equações dinâmicas de $(\dot{c/y})$ e $\dot{k}$. Assim,

$$\begin{aligned}
\frac{(\dot{c/y})}{(c/y)} &\equiv \frac{\dot{c}}{c} - \alpha\frac{\dot{k}}{k} = \\
&= \frac{1}{\theta}\left(\alpha Ak^{\alpha-1} - \delta - \rho\right) - \alpha\left(Ak^{\alpha-1} - \frac{c}{k} - \delta - n\right) \\
&= \frac{1}{\theta}\left(\alpha Ak^{\alpha-1} - \delta - \rho\right) - \alpha\left(Ak^{\alpha-1} - \frac{cyk^{-1}}{y} - \delta - n\right) \\
&= \frac{1}{\theta}\left(\alpha Ak^{\alpha-1} - \delta - \rho\right) - \alpha\left(Ak^{\alpha-1} - \frac{c}{y}Ak^{\alpha-1} - \delta - n\right) \qquad (5.36)
\end{aligned}$$

A condição $(\dot{c/y}) = 0$ requer que:

$$
\begin{aligned}
\frac{1}{\theta}\left(\alpha A k^{\alpha-1}-\delta-\rho\right) &= \alpha\left(A k^{\alpha-1}-\frac{c}{y}A k^{\alpha-1}-\delta-n\right)\\
\alpha\frac{c}{y}A k^{\alpha-1} &= \alpha A k^{\alpha-1}-\alpha(\delta+n)-\frac{1}{\theta}\alpha A k^{\alpha-1}+\frac{1}{\theta}(\delta+\rho)\\
\frac{c}{y} &= 1-\frac{1}{\theta}-\frac{\alpha(\delta+n)}{\alpha A k^{\alpha-1}}+\frac{(\delta+\rho)}{\theta\alpha A k^{\alpha-1}}\\
\frac{c}{y} &= \frac{-(1-\theta)}{\theta}-\frac{\alpha(\delta+n)}{\alpha A k^{\alpha-1}}+\frac{(\delta+\rho)}{\theta\alpha A k^{\alpha-1}}\\
\frac{c}{y} &= \frac{-(1-\theta)}{\theta}+\frac{k^{1-\alpha}}{\alpha A}\left[\frac{\delta+\rho}{\theta}-\alpha(\delta+n)\right] \qquad (5.37)
\end{aligned}
$$

Esta condição possui inclinação positiva caso $\frac{\delta+\rho}{\theta} > \alpha(\delta+n)$ — ou seja, a derivada de c/y relativamente a k é positiva caso esta desigualdade se cumpra (Figura 5.4) —, possui inclinação negativa caso $\frac{\delta+\rho}{\theta} < \alpha(\delta+n)$ (Figura 5.5) e corresponde a uma linha horizontal caso $\frac{\delta+\rho}{\theta} = \alpha(\delta+n)$ (Figura 5.6).

A restrição (5.19) representa a dinâmica de $\dot{k}$ como função de k e c. Desejando representar a expressão no mesmo diagrama com c/y e k nos eixos, é necessário reescrever (5.19) na forma:

$$
\begin{aligned}
\frac{\dot{k}}{k} &= \frac{y}{k}-\frac{c}{k}-(\delta+n)\\
&= \frac{A k^{\alpha}}{k}-\frac{cy}{ky}-(\delta+n)\\
&= A k^{\alpha-1}-\frac{c}{y}A k^{\alpha-1}-(\delta+n) \qquad (5.38)
\end{aligned}
$$

A curva $\dot{k}=0$ vem dada por:

$$
\begin{aligned}
\frac{c}{y}A k^{\alpha-1}+(\delta+n) &= A k^{\alpha-1}\\
\frac{c}{y}A k^{\alpha-1} &= A k^{\alpha-1}-(\delta+n)\\
\frac{c}{y} &= 1-\frac{(\delta+n)\,k^{1-\alpha}}{A} \qquad (5.39)
\end{aligned}
$$

Esta curva possui sempre uma inclinação negativa.[36]

FIGURA 5.4: A TAXA DE POUPANÇA AO LONGO DA TRANSIÇÃO (1).

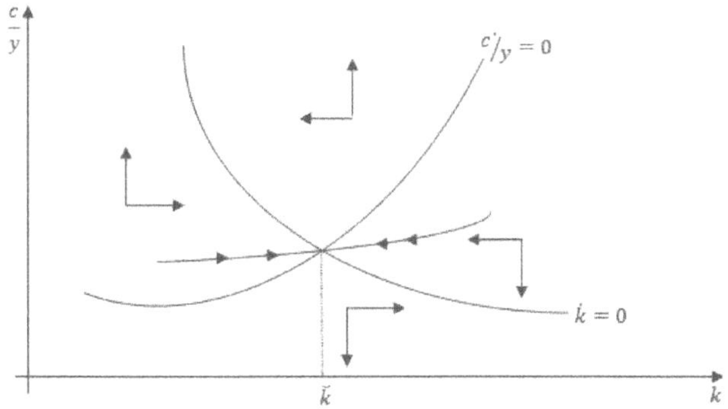

FIGURA 5.5: A TAXA DE POUPANÇA AO LONGO DA TRANSIÇÃO (2).

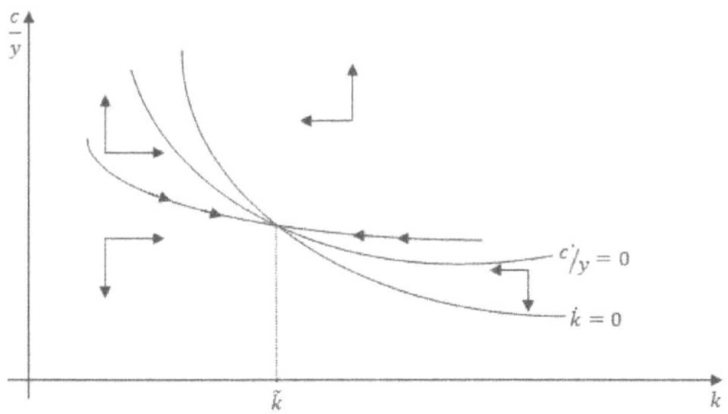

[36] A inclinação da curva $\dot{k} = 0$ é dada por $\frac{(\delta+n)(1-\alpha)k^{-\alpha}}{A}$ e a inclinação da curva $\dot{(c/y)} = 0$ no caso em que é decrescente é $-\left[\frac{n+\delta}{A} - \frac{\rho+\delta}{\theta A \alpha}\right](1-\alpha)\,k^{-\alpha}$. A primeira tem pois uma inclinação mais negativa do que a segunda, como está representado na figura 5.5.

FIGURA 5.6: A TAXA DE POUPANÇA AO LONGO DA TRANSIÇÃO (3).

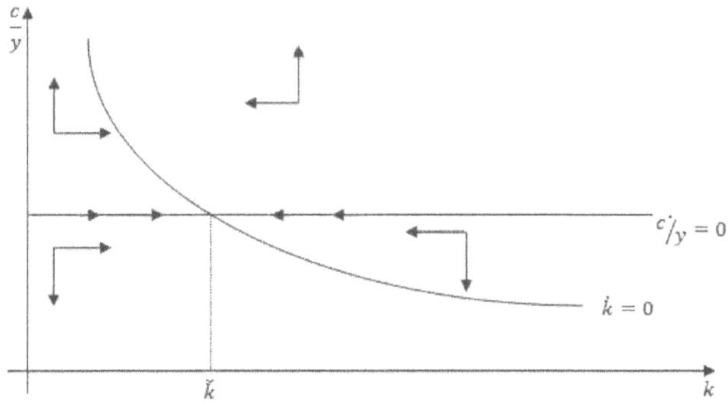

A dinâmica do sistema, representada nas figuras 5.4, 5.5, 5.6, indica que o sistema possui uma trajetória estável de ponto de sela nos três casos possíveis.

A diferença crucial nos três casos está na inclinação da trajetória estável. Como já referido, a inclinação é positiva caso $\frac{\delta+\rho}{\theta} > \alpha(\delta+n)$, negativa caso $\frac{\delta+\rho}{\theta} < \alpha(\delta+n)$ e é horizontal caso $\frac{\delta+\rho}{\theta} = \alpha(\delta+n)$. Neste último caso, a taxa de consumo, c/y, é constante e igual a $\frac{\theta-1}{\theta}$ ao longo da transição. Dado que a taxa de poupança é $s = 1 - c/y$, pode concluir-se que é constante e toma o valor $s = \frac{1}{\theta}$. Dito de outro modo, a consideração de uma taxa de poupança constante será ótima quando os parâmetros verifiquem a restrição $\frac{\delta+\rho}{\theta} = \alpha(\delta+n)$. No caso em que $\frac{\delta+\rho}{\theta} > \alpha(\delta+n)$, a taxa de consumo c/y aumenta ao longo da transição com o aumento do *stock* de capital e a taxa de poupança vai pois diminuindo. A situação inversa ocorre com $\frac{\delta+\rho}{\theta} < \alpha(\delta+n)$. A conclusão obtida é pois dupla: (i) ao longo da transição a taxa de poupança aumenta ou diminui, nunca ocorrendo o caso em que primeiro aumente e depois diminua; (ii) sob certos parâmetros, as famílias escolheram taxas de poupança constantes, pelo que a consideração de uma taxa de poupança constante por Solow e Swan não é de todo desajustada.

Apesar do modelo de Ramsey-Cass-Koopmans ser consistente com uma taxa de poupança constante, existe uma enorme diferença face ao modelo de Solow-Swan. No modelo de Ramsey-Cass-Koopmans a taxa de poupança é ditada por parâmetros do modelo e não corresponde, por isso, a um valor eleito arbitrariamente. Em particular, não corresponde a um valor elevado que situe o nível de capital no estado estacionário na região dinamicamente ineficiente — viu-se que no âmbito do modelo de Ramsey-Cass-Koopmans, $\widetilde{k}$ é inferior a k_{opt}. Ora, esta afirmação não é certa no modelo de Solow-Swan, já que, sendo a taxa de poupança uma variável exógena, não há nada que impeça que possa ser considerada demasiado alta e que, por isso, produza $\widetilde{k}$ acima de k_{opt}.[37]

5.10 Efeito do progresso do conhecimento tecnológico exógeno

Considerando de novo o progresso do conhecimento tecnológico do tipo *labour-augmenting*, naturalmente também neste caso os indivíduos maximizam a função utilidade (5.4) e, como já se sabe, também a solução de equilíbrio de mercado é idêntica à do planeador central e à do modelo das famílias produtoras de Robinson Crusoe. A restrição da economia neste modelo é parecida com (5.25), mas agora com a função produção sujeita a alterações do conhecimento tecnológico e, por isso, dada por (5.1).

Para resolver o modelo com progresso do conhecimento tecnológico será útil expressar primeiro todas as variáveis em relação ao trabalho efetivo e proceder depois de forma semelhante à usada na resolução do modelo base de Ramsey-Cass-Koopmans. Continuando a denotar as variáveis expressas em unidades efetivas por $\overline{k} \equiv \frac{K}{AH}$, $\overline{y} \equiv \frac{Y}{AH}$ e $\overline{c} \equiv \frac{C}{AH}$, pode escrever-se a função utilidade utilizando as variáveis em "unidades de trabalho efetivo" da seguinte forma:

$$U(0) = \int_{t=0}^{\infty} e^{-(\rho-n)t} \frac{\left(\overline{c}e^{gt}\right)^{1-\theta} - 1}{1-\theta} H(0)dt \tag{5.40}$$

em que g representa a taxa de crescimento do conhecimento tecnológico.

A restrição orçamental também se pode escrever em termos de unidades de trabalho efetivo como:

$$\dot{\overline{k}} = \overline{y} - \overline{c} - (\delta + g + n)\overline{k} \tag{5.41}$$

As famílias maximizam (5.40) sujeito a (5.41), considerando $\overline{k} > 0$ como um dado. O modelo com progresso do conhecimento tecnológico coincide com o modelo de base de Ramsey-Cass-Koopmans, salvo em duas pequenas diferenças. Em primeiro lugar, a taxa efetiva de desconto da função utilidade é $(\rho - n) - (1 - \theta)\, g$, e não simplesmente

[37] Uma última nota para referir que, tal como no modelo de Solow-Swan com taxa de poupança constante, também o modelo de Ramsey-Cass-Koopmans prevê que, caso todos os países possuam os mesmos parâmetros, os países pobres cresçam mais dos que os ricos.

$(\rho - n)$ como no modelo base. Em segundo lugar, a taxa efetiva de depreciação é $\delta + g + n$, e não $\delta + n$. Deixando de lado estas pequenas diferenças, o modelo é similar ao modelo de base, pelo que os resultados podem ser reproduzidos.

Mencione-se, em primeiro lugar, a condição que deve observar-se para que a função utilidade esteja limitada:

$$\rho > n + (1 - \theta)\, g \tag{5.42}$$

e, em segundo lugar, a equação diferencial que representa o comportamento dinâmico do consumo, dada pela seguinte condição de Euler modificada:

$$\frac{\dot{\overline{c}}}{\overline{c}} = \frac{1}{\theta}\left[\frac{\partial \overline{y}}{\partial \overline{k}} - (\delta + g + n)\right] \tag{5.43}$$

A condição de transversalidade requer que $\lim_{t \to \infty} \nu(t)\, \overline{k}(t) = 0$, sendo $\nu(t)$ o preço implícito do capital. As equações (5.41) e (5.43) determinam a dinâmica de $\overline{k}$ e $\overline{c}$, respetivamente. O seu comportamento é semelhante ao de c e k na Figura 5.1. A conclusão a que se chega é que as variáveis $\overline{c}$ e $\overline{k}$ são constantes no estado estacionário. Dado que $\overline{c} \equiv \frac{C}{AH} = \frac{c}{A}$, com c a representar o consumo *per capita*, resulta que $\frac{\dot{\overline{c}}}{\overline{c}} = \frac{\dot{c}}{c} - \frac{\dot{A}}{A} = 0$, pelo que $\frac{\dot{c}}{c} = \frac{\dot{A}}{A} = g$. O mesmo acontece com a taxa de crescimento do capital *per capita*, $\frac{\dot{\overline{k}}}{\overline{k}} = \frac{\dot{k}}{k} - \frac{\dot{A}}{A} = 0$, pelo que $\frac{\dot{k}}{k} = \frac{\dot{A}}{A} = g$. Ou seja, no estado estacionário, a taxa de crescimento de todas as variáveis em termos *per capita* é g.

PARTE III

—

CRESCIMENTO ENDÓGENO

CAPÍTULO 6
Modelos AK sem equilíbrio geral

Da análise efetuada ao modelo neoclássico resulta claro que há que abandonar alguns dos pressupostos do modelo para explicar os determinantes do crescimento no longo prazo. Apresentam-se agora algumas das primeiras e mais populares tentativas para endogeneizar a taxa de crescimento, dando particular atenção aos modelos que respondem às principais críticas ao modelo neoclássico: Como resolver o problema da taxa de crescimento exógena? Como justificar as disparidades e o comportamento das taxas de crescimento internacionais?

Neste capítulo serão apresentadas essas principais tentativas de endogeneização da taxa de crescimento, mas num quadro semelhante ao usado para apresentação do modelo de Solow-Swan e suas extensões; ou seja, num contexto sem consideração do equilíbrio geral e em que, no essencial, as famílias se dedicam à produção e poupam uma parte constante do seu rendimento. Posteriormente, no capítulo seguinte, será apresentado um modelo AK num contexto de equilíbrio geral.

Assim, a estrutura do presente capítulo é a seguinte. Na secção seguinte, a 6.1, apresenta-se a intuição de um modelo AK genérico. Na secção 6.2 é exposto o denominado modelo AK de Romer. A secção 6.3 dedica-se à apresentação de um modelo AK com gastos públicos e impostos. Na secção 6.4 discute-se o crescimento endógeno com rendimentos decrescentes do capital. O capítulo termina na secção 6.5 com o denominado modelo de Solow-Pitchford.

6.1 Modelo AK genérico

Originalmente, o conceito "crescimento endógeno" foi usado para referir modelos em que mudanças de política influenciam a taxa de crescimento permanentemente. Um dos modelos mais simples de crescimento endógeno (no sentido em que as políticas podem influenciar a taxa de crescimento de longo prazo) é derivado diretamente do modelo original de Solow e baseia-se no abandono da função produção neoclássica.

Considere-se novamente que não há progresso do conhecimento tecnológico endógeno; i.e., $\widehat{A} = 0$. Contudo, modifique-se a função produção base com a assunção de que $\alpha = 1$:

$$Y = AK, \tag{6.1}$$

Esta função produção denomina-se, por razões óbvias, "tecnologia AK". Por ignorar a existência de trabalho, esta função produção pode à partida parecer não fazer grande sentido. No entanto, tendo em consideração que para um indivíduo ser produtivo e poder ser classificado como "trabalhador", é necessário que a sociedade (pais, educadores e/ou empresas) faça um grande investimento — em, por exemplo, alimentação, medicamentos e educação —, então também o fator trabalho necessita de investimento (no sentido em que há que sacrificar consumo presente para aumentar a produtividade do trabalho) e pode, por isso, ser entendido como capital. No âmbito do modelo neoclássico supôs-se que o fator trabalho crescia a um ritmo n e que esse crescimento ocorria de modo gratuito (i.e., sem gastar recursos). Na verdade, o trabalho cresce de modo semelhante ao capital; i.e., sacrificando consumo atual.

Em suma, capital e trabalho acabam por ser, na verdade, dois tipos de capital diferentes — físico e humano. Ora, se todos os *inputs* da função produção são capital e existem rendimentos constantes à escala, a função produção deve ter a forma AK. Seja qual for a motivação para a consideração da "tecnologia AK", o que importa saber é como se altera o modelo neoclássico base quando a função produção é do tipo AK.

A primeira consideração a fazer é que a função não cumpre todas as condições neoclássicas. Assim:

(i) exibe rendimentos constantes à escala:

$$A(\lambda K) = \lambda AK = \lambda Y$$

e, portanto, cumpre-se esta propriedade das funções produção neoclássicas.

(ii) exibe rendimentos positivos mas *não decrescentes* do capital:

$$\frac{\partial Y}{\partial K} = A > 0$$

$$\frac{\partial^2 Y}{\partial K^2} = 0 \text{ e não } < 0$$

donde, não se cumpre esta propriedade das funções produção neoclássicas.

(iii) não satisfaz as condições de Inada, dado que o produto marginal do capital é sempre igual a A, pelo que não se aproxima de zero quando K se aproxima de infinito e não se aproxima de infinito quando K se aproxima de zero:

$$\lim_{K\to\infty}\frac{\partial Y}{\partial K} = A \neq 0$$

e

$$\lim_{K\to 0}\frac{\partial Y}{\partial K} = A \neq \infty$$

Introduz-se então agora a função produção AK no modelo neoclássico, mantendo-se tudo mais semelhante. O capital continua a ser acumulado na sequência da poupança dos indivíduos; i.e.,

$$\dot{K} = sY - \delta K,$$

com s e δ constantes. Por simplicidade, assuma-se que não há crescimento da população $(n = 0)$, pelo que se pode interpretar as letras maiúsculas em termos *per capita* — e.g., assuma-se (ou pense-se) que a economia é povoada apenas por uma pessoa.

O diagrama de Solow adequado para este modelo está representado na Figura 6.1. A linha δK reflete o montante de investimento necessário para substituir a depreciação do *stock* de capital. A linha sY corresponde ao investimento total como função do *stock* de capital. Está-se perante uma linha reta porque Y é linear em K — trata-se de uma propriedade chave do modelo AK. Como ilustrado na Figura, assume-se que o investimento total é maior que a depreciação total.

Considere-se agora uma economia que começa no ponto K_0. Como nesta economia o investimento total é superior à depreciação, o *stock* de capital cresce. No decurso do tempo, este crescimento continua: em qualquer ponto à direita de K_0, $sY > \delta K$. Por conseguinte, o *stock* de capital cresce permanentemente e o crescimento do produto, que é função do *stock* de capital, nunca pára. De igual modo, o consumo, que é proporcional ao produto, exibe o mesmo padrão de crescimento.

FIGURA 6.1: DIAGRAMA DE SOLOW PARA O MODELO AK

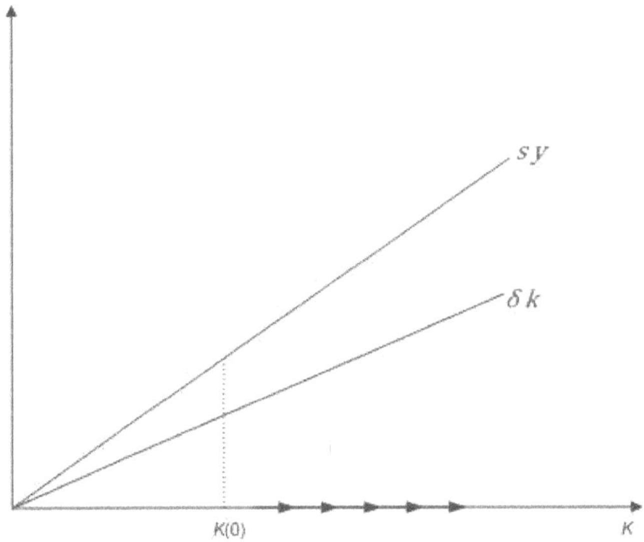

Tal não acontecia no modelo original de Solow porque a acumulação de capital estava sujeita a rendimentos decrescentes, sendo $\alpha < 1$. Neste modelo original, cada unidade de capital adicionada à economia era ligeiramente menos produtiva do que a anterior de modo que mais cedo ou mais tarde $sY = \delta K$, cessando o processo de acumulação de capital (por trabalhador). Agora, no modelo AK, há retornos constantes na acumulação de capital. O produto marginal de cada unidade de capital é sempre A, $\frac{\partial Y}{\partial K} = A$.

Analisando a nova versão do modelo em termos matemáticos, pode reescrever-se a equação de acumulação de capital como:

$$\frac{\dot{K}}{K} = s\frac{Y}{K} - \delta,$$

que, tendo por sua vez em conta a função produção (6.1), $\frac{Y}{K} = A$, resulta em:

$$\frac{\dot{K}}{K} = sA - \delta.$$

Finalmente, logaritmizando e derivando em ordem ao tempo a função produção, a taxa de crescimento do *output* é igual à taxa de crescimento do capital:

$$\begin{aligned}
\ln Y &= \ln A + \ln K \\
\frac{\dot{Y}}{Y} &= \frac{\dot{A}}{A} + \frac{\dot{K}}{K} \\
\left(g_Y = \frac{\dot{Y}}{Y} =\right) \frac{\dot{K}}{K} &= sA - \delta.
\end{aligned}$$

Estas deduções muito simples revelam o resultado chave do modelo: a taxa de crescimento da economia é uma função crescente da taxa de poupança — $g_Y = f\left(\underset{+}{s}, \underset{+}{A}, \underset{-}{\delta}\right)$. Assim, políticas governamentais que aumentem a taxa de poupança da economia de forma permanente aumentarão, também, de modo permanente, a taxa de crescimento da economia.

Este resultado pode ser interpretado no contexto do modelo de Solow com $\alpha < 1$. Neste caso, a linha sY é uma curva, e o estado estacionário ocorre quando $sY = \delta K$ (assumindo que $n = 0$). O parâmetro mede a "curvatura" da curva sY: quando α se aproxima de zero, a "curvatura" é rápida e sY interseta δK num valor de K, $\widetilde{K}$, próximo de K_0. Por outro lado, se α se aproxima de 1, mais distante está o valor de estado estacionário $\widetilde{K}$ de K_0. Ou seja, neste último caso a transição dinâmica para o estado estacionário é longa. O caso com $\alpha = 1$ corresponde ao caso limite, em que a dinâmica de transição nunca termina.

Desta análise decorrem seis grandes diferenças do modelo AK face ao modelo neoclássico.

Em primeiro lugar, o modelo AK gera crescimento endógeno; ou seja, não é necessário assumir que algo no modelo cresce contínua e exogenamente para obter crescimento (em termos *per capita*).

Em segundo lugar, a taxa de crescimento é determinada por fatores visíveis: economias com taxas de poupança significativas crescem também significativamente. Um aumento da taxa de poupança — por exemplo, induzida por uma política fiscal adequada — provoca um aumento da taxa de crescimento. Assim, contrariamente ao modelo neoclássico, políticas dirigidas para a promoção da poupança afetam a taxa de crescimento de longo prazo. O mesmo se pode referir relativamente a políticas que, por exemplo, aumentam o nível do conhecimento tecnológico, A, ou que reduzem a taxa de depreciação, δ.

Em terceiro lugar, a economia não apresenta uma transição dinâmica para o estado estacionário, já que cresce sempre a uma taxa constante, independentemente do valor do *stock* de capital. O motivo está na ausência de rendimentos decrescentes do capital.

Em quarto lugar, o modelo AK sugere que não há relação entre a taxa de crescimento da economia e o nível alcançado pelo produto nacional. Por outras palavras, não prevê convergência, nem condicional nem absoluta.

Em quinto lugar, o modelo AK prevê que os efeitos de uma recessão temporária serão permanentes. Ou seja, caso o *stock* de capital diminua temporariamente devido a uma causa exógena — por exemplo, devido a um terramoto ou uma guerra —, a economia não irá crescer transitoriamente mais depressa para atingir a trajetória de acumulação de capital anterior. Por conseguinte, a perda sofrida será permanente.

Finalmente, no âmbito do modelo AK a economia não pode encontrar-se na zona dinamicamente ineficiente. Para compreender esta constatação, recorde-se que na zona de ineficiência dinâmica, a taxa de juro é inferior à taxa de crescimento. A taxa de juro, por sua vez, é igual ao produto marginal do capital menos a taxa de depreciação. Como no modelo AK o produto marginal do capital é sempre constante, a taxa de juro é sempre igual a $A - \delta$ (e a taxa de crescimento é sempre igual a $sA - \delta$). Para haver ineficiência dinâmica seria necessário que $A-\delta < sA-\delta$, o que nunca sucede: a economia com tecnologia AK não pode pois ser dinamicamente ineficiente.

Apesar da simplicidade, o modelo AK genérico acabado de descrever é muito importante porque constitui a base sobre a qual se constrói toda a teoria de crescimento endógeno. Como se verá no decurso da análise que se segue, a maior parte dos modelos de crescimento endógeno escondem algum dos pressupostos que fazem com que a tecnologia tome a forma AK.

6.2 Modelo AK de Romer

Outra forma de endogeneizar a taxa de crescimento foi sugerida por Romer (1986). O modelo proposto tem três características principais.

Primeiro, o conhecimento tecnológico (do capital; pense-se em conhecimento tecnológico incorporado no capital), K_i, é usado pelas firmas como um bem de capital. Pode pois dizer-se que Romer (1986) introduz uma função produção com externalidades do capital. A intuição económica subjacente é a seguinte: quando uma empresa aumenta o seu *stock* de capital por via do investimento, aumenta a sua produção e a produção das empresas que a rodeiam. Tal acontece porque, de acordo com Romer, as empresas que investem também adquirem experiência e conhecimento que podem ser utilizados pelas restantes empresas. Segundo, o conhecimento tecnológico pode ser acumulado, pelo que se pode falar de conhecimento agregado na economia. Terceiro, as firmas são competitivas, pelo que tomam os preços e o conhecimento tecnológico agregado existente como dados.

O conhecimento tecnológico existente e os outros fatores são escolhidos otimamente pelas firmas, e o conhecimento tecnológico existente acumula-se com sacrifício de consumo corrente. Dado que o modelo de Romer ignora o capital humano, pode continuar a escrever-se $h = 1$.

Considere-se uma firma representativa que escolhe o *input* conhecimento tecnológico K_i e seja o conhecimento agregado $K \equiv \sum_i K_i$. Dado que as firmas tomam a tecnologia e o conhecimento tecnológico agregado existente como um dado, na função produção (3.1) para a firma i, substitui-se A por AK^{β}, $0 < \beta < 1$, resultando:

$$Y_i = AK^{\beta} K_i^{\alpha} H_i^{1-\alpha}, \ 0 < \alpha < 1. \tag{6.2}$$

Repetindo, as firmas tratam K, que não controlam, e a tecnologia como dados exogenamente, e escolhem K_i e L_i otimamente. Como a função produção é comum a todas as firmas, a função produção agregada é:

$$Y = AK^{\alpha+\beta} H^{1-\alpha}. \tag{6.3}$$

Supondo que $\beta = 1 - \alpha$ e normalizando $H = 1$, a função produção (6.3) reduz-se ao modelo $Y = AK$ genérico:

$$\begin{aligned} Y &= AK^{\alpha+1-\alpha} 1^{1-\alpha} \\ &= AK, \end{aligned} \tag{6.4}$$

e, portanto, caberia aqui tudo o que se disse anteriormente a propósito do modelo AK genérico.

Alternativamente, a função produção agregada pode ser expressa em termos *per capita*:

$$\frac{Y}{H} = y = \frac{AK^{\alpha+\beta} H^{1-\alpha}}{H} = AK^{\beta} k^{\alpha}, \tag{6.5}$$

originando a taxa de crescimento do produto *per capita* :

$$\widehat{y} = \widehat{A} + \beta\widehat{K} + \alpha\widehat{k}. \tag{6.6}$$

A expressão (6.6) mostra as fontes do crescimento perpétuo. Assumindo a função produção Cobb-Douglas sem progresso tecnológico, $\widehat{A} = 0$, e com o rácio capital-trabalho constante no estado estacionário, $\widehat{k} = 0$, o crescimento do *output per capita* é proporcional ao conhecimento tecnológico (do capital; ou, dito de outro modo, incorporado no capital), $\widehat{K}$.

Supondo-se que, efetivamente, a população não cresce, então pode escrever-se (6.5) na forma:

$$\begin{aligned} y &= A\,(kH)^{\beta}\,k^{\alpha}, \text{ pois } k = \frac{K}{H} \\ &= Ak^{\alpha+\beta}H^{\beta}. \end{aligned}$$

Neste caso, (3.7) viria:

$$\dot{k} = sAk^{\alpha+\beta}H^{\beta} - (\delta + n)k, \text{ com } n = 0$$

ou, em termos de taxa de crescimento,

$$\frac{\dot{k}}{k} = sAk^{\alpha+\beta-1}H^{\beta} - \delta. \tag{6.7}$$

Quando $\alpha + \beta = 1$, o expoente de k em (6.7) é 0, pelo que a taxa de crescimento passa a ser:

$$\frac{\dot{k}}{k} = sAH^{\beta} - \delta. \tag{6.8}$$

Esta taxa de crescimento está positivamente relacionada com o tamanho da população — ou com a quantidade de trabalhadores, que neste modelo é igual à população. Caso as economias fossem descritas desta forma, então quanto maior fosse a sua população (i.e., a escala) maior seria a taxa de crescimento: os países com maior escala deveriam crescer mais. A taxa de crescimento (6.8) foi deduzida supondo que $n = 0$. Caso *H* crescesse a um ritmo constante $n > 0$, então a taxa de crescimento seria cada vez maior — o que não parece ter suporte empírico, já que de acordo com um dos

Factos enfatizados inicialmente, a taxa de crescimento de longo prazo é mais ou menos constante.

Quando $\alpha + \beta < 1$, haverá um *stock* de capital de estado estacionário — a economia comporta-se como no modelo neoclássico. Substituindo $\dot{k} = 0$ em (6.7), o *stock* de capital de estado estacionário virá $\tilde{k} = \left(\frac{sAH^{\beta}}{\delta}\right)^{\left(\frac{1}{1-\alpha-\beta}\right)}$; i.e., $\tilde{k}$ depende positivamente de *H*, pelo que os países mais ricos seriam os mais populosos — esta previsão não é confirmada pelos dados empíricos. O facto de k depender positivamente de *H* também mostra que caso *H* cresça a um ritmo constante, então k também cresce a um ritmo constante. O crescimento da população faz crescer as variáveis *per capita* da economia, o que não se passava com o modelo neoclássico.

Prosseguindo um pouco a análise, suponha-se, por simplificação, que a função produção (6.3) pode ser escrita na forma:[38]

$$Y = A\left(\frac{K}{H}\right)^{\kappa} K^{\alpha}H^{1-\alpha}. \tag{6.9}$$

ou seja, que K^{β} em (6.3) é igual a $\left(\frac{K}{H}\right)^{\kappa}$ em (6.9) e que, portanto, escrita em termos *per capita* vem:

$$y = Ak^{\alpha+\kappa}. \tag{6.10}$$

Substituindo (6.10) em, por exemplo, (3.7):

$$\dot{k} = sAk^{\alpha+\kappa} - (\delta + n)k. \tag{6.11}$$

$$\frac{\dot{k}}{k} = sAk^{\alpha+\kappa-1} - (\delta + n). \tag{6.12}$$

O comportamento da economia dependerá crucialmente da soma dos parâmetros $\alpha + \kappa$ ser inferior, superior ou igual a 1.

(i) caso $\alpha + \kappa < 1$

Neste caso existem externalidades, $\kappa > 0$, mas como são pouco significativas, $\alpha + \kappa$ é inferior a 1. Assim, o expoente de *k* em (6.11) é negativo. A Figura

[38] Ao se proceder desta forma, pode afirmar-se que se segue Lucas Jr (1988). Com efeito, a externalidade induzida pelo *stock* de capital agregado é, em certa medida — pois β pode ser diferente de *k* —, substituída pelo *stock* de capital por trabalhador.

6.2 descreve a trajetória das funções $sAk^{\alpha+\kappa-1}$ e $\delta + n$, neste caso. A função $sAk^{\alpha+\kappa-1}$ tende para infinito quando *k* tende para 0, é decrescente e aproxima-se de 0 quando *k* tende para infinito. Como a função $\delta + n$ é horizontal, as funções apenas se cruzam uma vez. Existe, pois, um *stock* de capital de estado estacionário, que é único, dado pela expressão $\widetilde{k} = \left(\frac{sA}{\delta+n}\right)^{\left(\frac{1}{1-\alpha-\kappa}\right)}$. Além de único, o estado estacionário é estável, porque, à esquerda de $\widetilde{k}$, a taxa de crescimento é positiva — em termos dinâmicos, o modelo move-se para a direita — e, à direita de $\widetilde{k}$, a taxa de crescimento é negativa — em termos dinâmicos, o modelo move-se para a esquerda. Em suma, a economia comporta-se de modo semelhante à economia neoclássica, apesar da existência de externalidades.

(ii) caso $\alpha + \kappa = 1$

Considera-se agora que face à dimensão das externalidades, $\kappa = 1 - \alpha$, e, portanto, $\alpha + \kappa = 1$. Substituindo $\alpha + \kappa$ por 1 em (6.11), o expoente do capital passa a 0. A taxa de crescimento neste caso passa a $sA - (\delta + n)$, caindo-se no âmbito do modelo AK.

(iii) caso $\alpha + \kappa > 1$

Quando as externalidades são tão grandes que a soma $\alpha + \kappa$ é superior a 1, o expoente de *k* em (6.11) é positivo. A Figura 6.3 descreve, neste caso, a trajetória das funções $sAk^{\alpha+\kappa-1}$ e $\delta + n$. A função $sAk^{\alpha+\kappa-1}$ passa pela origem, é crescente e tende para infinito quando *k* tende para infinito. Como a função $\delta + n$ é horizontal, as funções apenas se cruzam uma vez. Existe, pois, um *stock* de capital de estado estacionário e é único. O problema agora é que o estado estacionário é instável na medida em que caso o *stock* de capital seja superior a $\widetilde{k}$, então o crescimento é positivo, disparando rapidamente para infinito, e a taxa de crescimento aumenta também sem cessar. Caso o *stock* de capital seja inferior a $\widetilde{k}$ então a taxa de crescimento será negativa, o capital diminui e a economia aproxima-se da extinção — quando deixa de haver capital.

O interesse do modelo de Romer (1986) está pois no facto da existência de externalidades ser uma forma de argumentar que a tecnologia pode assumir a forma AK. Em particular, é necessário que o expoente que representa a externalidade seja $\kappa = 1 - \alpha$; i.e., a externalidade deve ser tão grande como a soma dos rendimentos de todos os trabalhadores da economia, o que parece ser pouco razoável.

FIGURA 6.2: TAXA DE CRESCIMENTO DO MODELO DE ROMER (1986) COM $\alpha + \kappa < 1$.

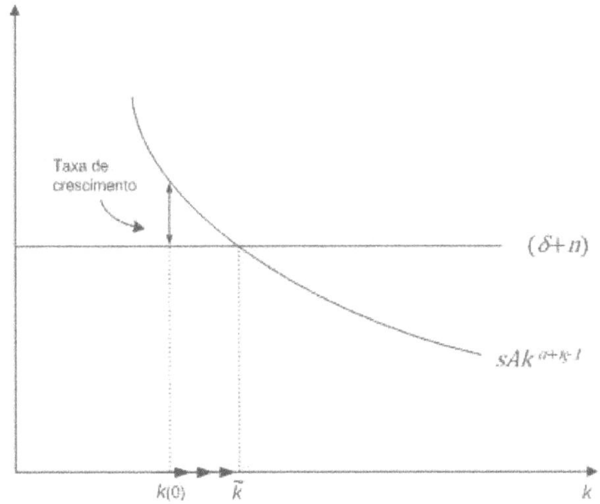

FIGURA 6.3: TAXA DE CRESCIMENTO DO MODELO DE ROMER (1986) COM $\alpha + \kappa > 1$.

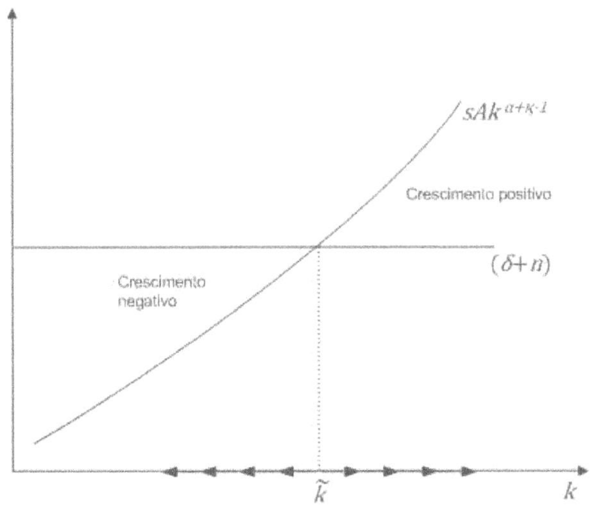

Crescimento e desemprego

O modelo de Romer (1986) pode ainda ser usado para estudar o impacto do desemprego no crescimento. Aproveita-se para uma breve referência a essa hipótese. Em particular, tendo em conta que taxas de crescimento baixas geralmente ocorrem quando a taxa de desemprego é significativa — e.g., durante a segunda Guerra Mundial — muitos economistas consideram que a causa da reduzida taxa de crescimento está no significativo desemprego.

Seguindo Daveri & Tabellini (1997) e tendo em conta Romer (1986), pode discutir-se o mecanismo possível por via do qual o desemprego pode afetar o crescimento no longo prazo.

Os modelos considerados assumem que a população corresponde ao emprego, mas efetivamente, no mundo real, há desemprego. Denotando a população ativa existente por P e continuando H a representar o número de trabalhadores, então a diferença $P - H$ corresponde à população desempregada; a taxa de desemprego u corresponde a $u = \frac{P-H}{P}$.

Em linha com Daveri & Tabellini (1997), considere-se a função produção à la Romer:

$$Y = AK^{\alpha}H^{1-\alpha}\left(\frac{K}{P}\right)^{1-\alpha}. \tag{6.13}$$

em que $\beta = 1 - \alpha$ e o *stock* de capital que representa a externalidade não é nem o capital agregado (na linha de Romer), nem o capital por trabalhador (na linha de Lucas), mas o capital por população ativa, $\frac{K}{P}$. Tendo em conta (6.13), o produto por trabalhador vem:

$$y = Ak^{\alpha}\left(\frac{K}{P}\right)^{1-\alpha} = Ak^{\alpha}\left(\frac{KH}{HP}\right)^{1-\alpha} = Ak\left(\frac{H}{P}\right)^{1-\alpha}. \tag{6.14}$$

Usando a definição de taxa de desemprego, resulta que $u = \frac{P-H}{P}$ e logo $u = 1 - \frac{H}{P}$, i.e, $\frac{H}{P} = 1 - u$ e incorporando esta informação em (6.14), o produto por trabalhador é:

$$y = Ak\left(1-u\right)^{1-\alpha}. \tag{6.15}$$

Ora, introduzindo (6.15) no modelo de crescimento com taxa de poupança constante, a taxa de crescimento da economia vem dada por:

$$\frac{\dot{k}}{k} = sA\left(1-u\right)^{1-\alpha} - \left(\delta+n\right).$$

Ou seja, a taxa de desemprego, u, afeta negativamente a taxa de crescimento. Apesar de atrativa, esta análise comporta alguns aspetos negativos:

(i) a análise baseia-se no pressuposto de que a dimensão da externalidade é exatamente igual a $1-\alpha$; havendo externalidade, mas considerando que $\beta+\alpha<1$, a economia convergia para um estado estacionário com k constante e não haveria relação entre crescimento no longo prazo e taxa de desemprego:

$$y = Ak^{\alpha}\left(\frac{K}{P}\right)^{\beta} = Ak^{\alpha}\left(\frac{KH}{HP}\right)^{\beta} = Ak^{\eta}\left(\frac{H}{P}\right)^{\beta} = Ak^{\eta}\left(1-u\right)^{\beta}$$

com $\eta \equiv \beta+\alpha<1$.

(ii) o resultado baseia-se no pressuposto de que a externalidade provém do capital por população ativa, $\frac{K}{P}$. Assim, mesmo com $1-\alpha$, se a externalidade resultasse do:

   (a) capital agregado, então $y = AkH^{1-\alpha}$ e a taxa de crescimento dependeria de H e não da taxa de desemprego: $\frac{\dot{k}}{k} = sAH^{1-\alpha} - (\delta+n)$; ou seja, por exemplo, a Alemanha cresceria mais do que Portugal simplesmente porque possui mais trabalhadores;

   (b) capital por trabalhador, então $y = Ak$ e a taxa de crescimento $\frac{\dot{k}}{k} = sA - (\delta+n)$ também não dependeria da taxa de desemprego;

(iii) se não houvesse externalidade, então $y = Ak^{\alpha}$ e a taxa de crescimento no estado estacionário seria zero e não dependeria da taxa de desemprego.

Em suma, para que a taxa de desemprego afete negativamente o crescimento é necessário que a externalidade seja $\left(\frac{K}{P}\right)^{1-\alpha}$. O que significa esta externalidade? Note-se que acrescentando uma pessoa não trabalhadora à economia a produção cai. O que explicará esta queda? Uma possibilidade seria imaginar que quando há muita gente desempregada haverá atividades (sociais) perturbadoras que reduzem a produção.

6.3 Modelo AK com gastos públicos e impostos

Introduz-se agora os efeitos dos gastos públicos e dos impostos necessários para os financiar na economia, em particular, no crescimento económico. Trata-se de uma primeira abordagem que tem em consideração a análise efetuada no âmbito do modelo neoclássico e que se apresenta nesta altura porque, como ficará claro, o modelo pode ser escrito na forma AK (com todas as taxas de crescimento constantes). O objetivo é comparar os efeitos positivos associados a um gasto público elevado com os efeitos negativos decorrentes da necessidade de financiar o gasto público com impostos.

A análise é feita no pressuposto de que o gasto público é desejável — caso contrário a conclusão seria imediata: o melhor seria reduzir os gastos públicos a zero, já que não geram benefícios e o seu financiamento implica perdas. Tendo por base a análise efetuada no âmbito do modelo neoclássico, introduz-se o gasto público como argumento positivo da função produção. Com base em Barro (1990), a função produção é então escrita na forma:

$$Y = AK^{\alpha}G^{1-\alpha}. \tag{6.16}$$

Para financiar o gasto público, G, o governo introduz um imposto sobre o rendimento (ou, dito de outro modo, sobre a produção). Considera-se, por simplificação, que o imposto, τ, é proporcional e constante no tempo. O rendimento disponível dos indivíduos é, pois,

$$Y^d = (1-\tau)Y = (1-\tau)AK^{\alpha}G^{1-\alpha}. \tag{6.17}$$

Definindo o gasto público *per capita* por $g \equiv \frac{G}{H}$, então o rendimento *per capita* disponível pode escrever-se:

$$\begin{aligned} y^d &\equiv \frac{Y^d}{H} = \frac{(1-\tau)AK^{\alpha}G^{1-\alpha}}{H} \\ &= (1-\tau)Ak^{\alpha}g^{1-\alpha}. \end{aligned} \tag{6.18}$$

Na linha do modelo neoclássico, continua a supor-se que os indivíduos poupam (e investem) uma fração constante do rendimento disponível. Neste sentido, considerando que (3.7) nos diz que o aumento no *stock* de capital resulta da diferença entre poupança e "depreciação" (entendida em sentido geral), pode escrever-se:

$$\dot{k} = sy^d - (\delta + n)k$$

e, portanto,

$$\begin{aligned} \dot{k} &= s(1-\tau)Ak^{\alpha}g^{1-\alpha} - (\delta+n)k, \\ \frac{\dot{k}}{k} &= s(1-\tau)Ak^{\alpha-1}g^{1-\alpha} - (\delta+n). \end{aligned} \tag{6.19}$$

De acordo com (6.19), a taxa de crescimento depende positivamente do gasto público, g, e negativamente do imposto, τ. Ora g e τ não são independentes. Para obter uma relação entre ambas as variáveis há que recorrer à restrição orçamental do governo. Embora no curto prazo se possa admitir situações deficitárias (ou superavitárias), no longo prazo o saldo orçamental deve ser nulo e, portanto, $G = \tau Y$. Dividindo ambos os membros da equação por H para expressar a restrição em termos *per capita*, pode escrever-se:

$$g = \tau y$$

e, como $y = Ak^{\alpha}g^{1-\alpha}$,

$$g = \tau Ak^{\alpha}g^{1-\alpha} \Rightarrow g = \tau^{\left(\frac{1}{\alpha}\right)}A^{\left(\frac{1}{\alpha}\right)}k. \tag{6.20}$$

Esta expressão para g pode agora usar-se em (6.19) para obter uma expressão da taxa de crescimento do capital como função de τ:

$$\begin{aligned} \frac{\dot{k}}{k} &= s(1-\tau)Ak^{\alpha-1}\left[\tau^{\left(\frac{1}{\alpha}\right)}A^{\left(\frac{1}{\alpha}\right)}k\right]^{1-\alpha} - (\delta+n) \\ &= s(1-\tau)A^{\left(\frac{1}{\alpha}\right)}\tau^{\left(\frac{1-\alpha}{\alpha}\right)} - (\delta+n). \end{aligned} \tag{6.21}$$

A taxa de crescimento do capital depende de fatores conhecidos: taxas de poupança, de depreciação, de crescimento da população e nível do conhecimento tecnológico. A novidade está no facto do crescimento depender também do imposto sobre a produção, τ. Como este imposto é constante, a taxa de crescimento do capital é também constante.

Logaritmizando e derivando (6.20) verifica-se que a taxa de crescimento do gasto público, $\frac{\dot{g}}{g}$, é idêntica à taxa de crescimento, $\frac{\dot{k}}{k}$. Por sua vez, logaritmizando e derivando $y = Ak^{\alpha}g^{1-\alpha}$, obtém-se $\frac{\dot{y}}{y} = \alpha\frac{\dot{k}}{k} + (1-\alpha)\frac{\dot{g}}{g}$. Como $\frac{\dot{g}}{g} = \frac{\dot{k}}{k}$, então pode escrever-se $\frac{\dot{y}}{y} = \alpha\frac{\dot{k}}{k} + (1-\alpha)\frac{\dot{k}}{k} = \frac{\dot{k}}{k}$. E como o consumo *per capita* é proporcional a y, então o crescimento do consumo *per capita* é igual ao crescimento de $\frac{\dot{y}}{y}$. Em termos agregados, *Y*, *K* e *C* crescem à taxa $\frac{\dot{y}}{y} = \frac{\dot{k}}{k} = \frac{\dot{c}}{c}$ mais a taxa de crescimento da população, n.

Como é característico dos modelos AK, neste modelo todas as taxas de crescimento são constantes. Na verdade, o modelo descrito não deixa de ser um modelo AK. Para o efeito, basta substituir a restrição orçamental do governo na função produção em termos *per capita*; i.e., transformar em termos *per capita* a função produção (6.16) e introduzir (6.20):

$$\begin{aligned} y &= Ak^{\alpha}g^{1-\alpha} \\ &= Ak^{\alpha}\left(\tau^{\left(\frac{1}{\alpha}\right)}A^{\left(\frac{1}{\alpha}\right)}k\right)^{1-\alpha} \\ &= \overline{A}k \end{aligned}$$

em que $\overline{A} = A^{\left(\frac{1}{\alpha}\right)}\tau^{\left(\frac{1-\alpha}{\alpha}\right)}$ é constante. A intuição económica subjacente a este resultado é a seguinte: ao manter a restrição orçamental, o governo compromete-se a aumentar o gasto público em 1% cada vez que as empresas aumentam o capital "privado" em 1% — como se referiu acima, $\frac{\dot{g}}{g} = \frac{\dot{k}}{k}$. Pode afirmar-se que, quando uma família aumenta *k* está (indiretamente) a aumentar simultaneamente *g* na mesma proporção. Havendo rendimentos constantes à escala (em *k* e *g* tomados conjuntamente) é como se houvesse rendimentos constantes do capital; o mesmo é dizer que, como se viu algebricamente, a tecnologia é AK.

A novidade que caracteriza a taxa de crescimento quando existem bens públicos reside no facto do imposto sobre a produção afetar o crescimento de duas maneiras distintas — veja-se (6.21). Em primeiro lugar, o imposto aparece negativamente via termo $(1-\tau)$, refletindo o facto de que reduz o rendimento disponível e, por essa via, a poupança e investimento. Mas, o imposto também aparece positivamente via termo $\tau^{\left(\frac{1-\alpha}{\alpha}\right)}$, porque permite ao governo aumentar o gasto público e, assim, a produção e a capacidade de poupar e investir. O efeito agregado do imposto sobre o crescimento depende da dimensão de cada um dos dois efeitos.

Pode estabelecer-se uma relação entre τ e a taxa de crescimento, $\frac{\dot{y}}{y} = \frac{\dot{k}}{k} = \frac{\dot{c}}{c}$: quando $\tau = 0$, o termo $\tau^{\left(\frac{1-\alpha}{\alpha}\right)}$ em (6.21) é também zero. A produção e a poupança são nulos e a taxa de crescimento é negativa: $-(\delta+n)$. Neste caso, o governo não recolhe receita e, por isso, não haverá gasto público. Como g é um bem necessário, caso $g = 0$ a produção seria nula, e a poupança e o investimento — que são proporcionais à produção — seriam também zero. O capital *per capita* deprecia-se ao ritmo $(\delta+n)$ e esta é a taxa de crescimento (negativa).

No outro extremo, quando $\tau = 1$, o termo $(1 - \tau)$ em (6.21) é igual a zero. Ou seja, o governo apropria-se de todo rendimento das famílias, que ficam assim sem qualquer rendimento disponível. Por conseguinte, não haverá poupança nem investimento. Uma vez mais, o capital *per capita* diminuirá ao ritmo constante $(\delta + n)$.

FIGURA 6.4: RELAÇÃO ENTRE τ E A TAXA DE CRESCIMENTO.

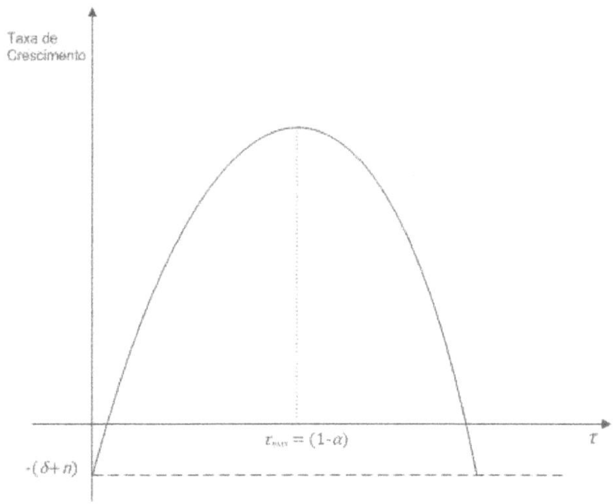

Para valores intermédios de τ, a relação entre τ e a taxa de crescimento apresenta a forma de U invertido, com máximo em $\tau_{\max}$ — veja-se a Figura 6.4.

O valor exato de $\tau_{\max}$ pode ser encontrado igualando a derivada da taxa de crescimento em ordem a τ a zero:

$$
\begin{aligned}
\frac{\partial\left(\frac{\dot{k}}{k}\right)}{\partial\tau} &= 0 \Rightarrow -sA^{\left(\frac{1}{\alpha}\right)}\tau_{\max}^{\left(\frac{1-\alpha}{\alpha}\right)} + s(1-\tau_{\max})A^{\left(\frac{1}{\alpha}\right)}\left(\frac{1-\alpha}{\alpha}\right)\tau_{\max}^{\left(\frac{1-\alpha}{\alpha}-1\right)} = 0 \\
&\Rightarrow \tau_{\max} = 1-\alpha
\end{aligned}
$$

Para obter a intuição económica que explica $\tau_{\max} = 1 - \alpha$, note-se que o produto *per capita*, y, e o gasto *per capita*, g, são o mesmo bem físico. Ou seja, o governo recolhe unidades de bem físico que fornece à economia na forma de bem público. Devido aos rendimentos decrescentes em g, o governo escolhe a quantidade g de modo que o produto marginal de g seja igual a 1. Utilizando a função produção $y = Ak^{\alpha}g^{1-\alpha}$ e calculando o produto marginal de g, verifica-se que esta condição de eficiência requer $(1-\alpha)\frac{y}{g} = 1$. Reescrevendo esta igualdade e tendo em conta que $\frac{g}{y} = \tau$, obtém-se $\tau = 1 - \alpha$, que é o imposto que maximiza a taxa de crescimento. Dito de outro modo, para maximizar a taxa de crescimento, o governo deve escolher a sua dimensão eficiente.

Ficou claro que, por um lado, o governo retira bens que são duráveis — e, por isso, produtivos — dos agentes privados e, por outro lado, deve utilizar impostos para financiar esses bens duráveis. A "batalha" entre essas duas forças permite determinar a dimensão eficiente do governo.

A análise, apesar do interesse, tem uma limitação clara. Em geral, os impostos reduzem a rendibilidade líquida dos investimentos, pois o governo fica com uma parte do rendimento gerado pelo investimento. Esta redução da rendibilidade reduz os incentivos das empresas para investir e, por conseguinte, afeta, por esta via, negativamente o crescimento económico. Estas questões requerem a consideração de um contexto em que as empresas escolhem otimamente o investimento que desejam realizar como resposta às distintas rentabilidades.

6.4 Crescimento endógeno com rendimentos decrescentes do capital

Os modelos de crescimento endógeno apresentados acima têm em comum o facto de, de alguma forma, serem modelos AK mais ou menos "camuflados". Viu-se também que a tecnologia AK difere da neoclássica em dois aspetos fundamentais: (i) não apresenta rendimentos decrescentes no capital e (ii) viola duas das condições de Inada. A questão que agora se coloca é a seguinte: qual das violações da tecnologia neoclássica permite gerar crescimento endógeno — a violação dos rendimentos decrescentes do capital ou a violação das condições de Inada?

Pretende-se responder a essa questão considerando uma tecnologia que apresenta rendimentos decrescentes do capital, mas que viola as condições de Inada. Como se verá, a resposta está na violação das condições de Inada.

Suponha-se então a seguinte função produção:

$$Y = AK + BK^{\alpha}H^{1-\alpha} \,. \tag{6.22}$$

Esta função foi inicialmente proposta por Kurz (1968) e posteriormente foi reintroduzida na literatura por Jones & Manuelli (1990). Trata-se de considerar conjuntamente a função AK e a função neoclássica. Analisando as suas propriedades, resulta claro que:

(i) apresenta rendimentos constantes à escala:

$$A(\lambda K) + B(\lambda K)^{\alpha}(\lambda H)^{1-\alpha} = \lambda AK + \lambda BK^{\alpha}H^{1-\alpha} = \lambda Y$$

(ii) apresenta rendimentos positivos do capital e do trabalho:

$$\frac{\partial Y}{\partial K} = A + B\alpha K^{\alpha-1}H^{1-\alpha} > 0$$
$$\frac{\partial Y}{\partial H} = B(1-\alpha)K^{\alpha}H^{-\alpha} > 0$$

e rendimentos decrescentes do capital e do trabalho:

$$\frac{\partial^2 Y}{\partial K^2} = B\alpha(\alpha-1)K^{\alpha-2}H^{1-\alpha} < 0$$
$$\frac{\partial^2 Y}{\partial H^2} = B(1-\alpha)(-\alpha)K^{\alpha}H^{-\alpha-1} < 0$$

(iii) não verifica as condições de Inada:

$$\lim_{K\to\infty}\frac{\partial Y}{\partial K} = A \neq 0, \quad \lim_{K\to 0}\frac{\partial Y}{\partial K} = \infty$$
$$\lim_{H\to\infty}\frac{\partial Y}{\partial H} = 0, \quad \lim_{H\to 0}\frac{\partial Y}{\partial H} = \infty$$

o produto marginal do capital tende para A (e não para zero) quando K tende para infinito e esta será a chave para gerar crescimento positivo no longo prazo.

Para analisar o comportamento de uma economia caracterizada por esta função produção e com taxa de poupança constante — como tem sido normal na análise precedente —, deve expressar-se o produto em termos *per capita*:

$$y = Ak + Bk^{\alpha}$$

e utilizar (3.7) para encontrar

$$\begin{aligned}\dot{k} &= sAk + sBk^{\alpha} - (\delta + n)k \\ \frac{\dot{k}}{k} &= sA + sBk^{\alpha-1} - (\delta + n).\end{aligned}$$

Recorrendo à representação habitual das funções, a função $(\delta + n)$ é uma reta horizontal e a função $sA + sBk^{\alpha-1}$é decrescente para todo o k. Quando k se aproxima de zero, a função $sA + sBk^{\alpha-1}$ tende para o infinito, devido ao termo $sBk^{\alpha-1}$. À medida que k aumenta, o termo $sBk^{\alpha-1}$ vai diminuindo, tendendo para zero quando k tende para infinito. Dito de outro modo, à medida que k aumenta, a função $sA + sBk^{\alpha-1}$ tende para sA.

FIGURA 6.5: TAXA DE CRESCIMENTO COM $sA > n + \delta$.

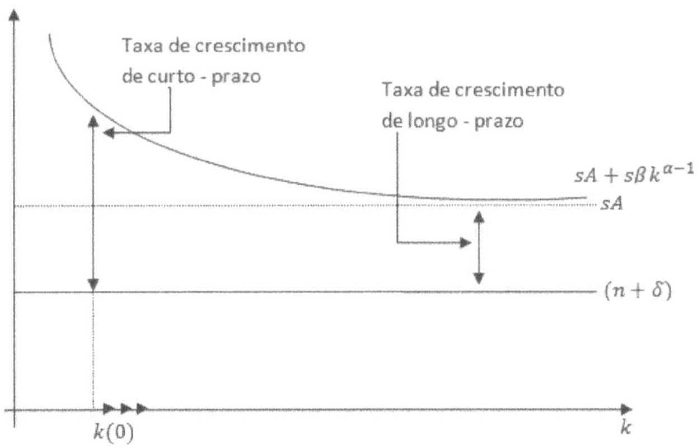

Se A for suficientemente grande, mais concretamente se $sA > \delta + n$, $sA + sBk^{\alpha-1}$ e sA nunca se cruzam — veja-se a Figura 6.5 — e o crescimento será sempre positivo. Para níveis pequenos de k, a taxa de crescimento é elevada e k vai-se movendo para a direita. À medida que o capital aumenta, o produto marginal vai diminuindo e com ele a taxa de crescimento. No longo prazo, $sA + sBk^{\alpha-1}$ converge para A, pelo que a taxa de crescimento é positiva, dado que $sA + sBk^{\alpha-1} > (\delta + n)$. Em suma, durante a transição, a taxa de crescimento vai diminuindo até convergir para $sA - (\delta + n)$ no longo prazo. No longo prazo, este modelo é pois basicamente igual ao modelo AK:

$$\lim_{k\to\infty} \frac{Y}{K} = A$$

com efeito,

$$\lim_{k\to\infty} \frac{AK + BK^{\alpha}H^{1-\alpha}}{K} = \lim_{k\to\infty} \left(A + Bk^{\alpha-1}\right) = A\,.$$

Quando *A* não é suficientemente grande e, em particular, quando $sA < \delta + n$, a função $sA + sBk^{\alpha-1}$ converge para a linha horizontal sA que se situa agora abaixo da linha $\delta + n$ — ver Figura 6.6. Antes de convergir para sA, a função $sA + sBk^{\alpha-1}$ cruza a linha $\delta + n$. Assim, neste caso, existe um estado estacionário com crescimento nulo. A dinâmica de transição é exatamente igual à descrita para o modelo neoclássico: a taxa de crescimento decresce ao longo do período de transição até o capital convergir para o nível de estado estacionário.

FIGURA 6.6: TAXA DE CRESCIMENTO COM $sA < n + \delta$.

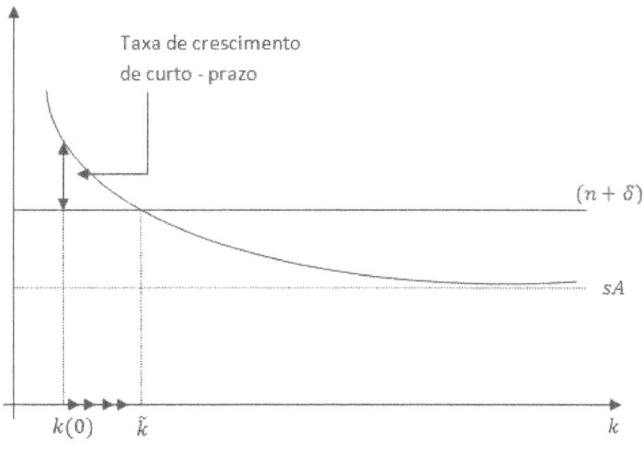

Resulta, pois, que o fator determinante para que exista crescimento endógeno é o incumprimento de uma das condições de Inada (e não o facto da tecnologia não exibir rendimentos decrescentes no capital): o produto marginal do capital permanece a um nível significativo por mais que aumente o *stock* de capital.

6.5 Modelo AK de Solow-Pitchford

No modelo neoclássico, considerando a função produção Cobb-Douglas, o produto marginal do capital aproxima-se de zero quando o rácio capital-trabalho tende para infinito; no estado estacionário, o rácio capital-trabalho da economia deve ser limitado "por cima", pelo que na ausência de progresso tecnológico o *output per capita* fica igualmente limitado "por cima".

Solow (1956) foi sensível a esta limitação tendo sugerido o uso da função produção com elasticidade substituição constante (CES) para obter crescimento perpétuo. Pitchford (1960) foi provavelmente o primeiro autor a sugerir uma teoria geral rigorosa de crescimento endógeno usando a função produção CES, e a mostrar como "em certas circunstâncias um aumento na taxa de poupança pode permitir a obtenção de maiores taxas de crescimento". No modelo de Solow-Pitchford, o capital humano é também considerado constante pelo que $h = 1$ e, portanto, $L = H$. A principal particularidade é a consideração da função produção CES — em vez da função produção Cobb-Douglas:

$$Y = (aK^{\alpha} + bH^{\alpha})^{\frac{1}{\alpha}} \text{ ou } Y^{\alpha} = (aK^{\alpha} + bH^{\alpha}) \tag{6.23}$$

em que $a, b > 0$.[39] Para a obtenção de crescimento perpétuo assume-se que $0 < \alpha < 1$, o que implica, como se verá de seguida, que a elasticidade de substituição é constante e superior a 1.

A elasticidade de substituição expressa a percentagem de variação do rácio capital-trabalho quando o rácio do preço dos fatores varia 1%. Supondo-se um equilíbrio competitivo, o preço dos fatores iguala, como se sabe, a sua produtividade marginal, pelo que a elasticidade de substituição, χ, vem:

$$\chi = -\frac{\frac{\partial\left(\frac{K}{H}\right)}{\frac{K}{H}}}{\frac{\partial\left(\frac{R}{w}\right)}{\frac{R}{w}}} = -\frac{\frac{R}{w}\partial\left(\frac{K}{H}\right)}{\frac{K}{H}\partial\left(\frac{R}{w}\right)} = -\left[\frac{\frac{K}{H}\partial\left(\frac{R}{w}\right)}{\frac{R}{w}\partial\left(\frac{K}{H}\right)}\right]^{-1}$$

em que $R = \frac{\partial Y}{\partial K}$ e $w = \frac{\partial Y}{\partial H}$. A partir de (6.23) pode facilmente determinar-se o rácio dos preços dos fatores:

---

[39] a e b podem ser entendidos como parâmetros de intensidade, que avaliam o peso relativo dos *inputs* K e H, respetivamente.

$$\frac{R}{w} = \frac{\frac{\partial Y}{\partial K}}{\frac{\partial Y}{\partial H}} = \frac{\frac{1}{\alpha}\left(aK^\alpha + bH^\alpha\right)^{\frac{1}{\alpha}-1} a\alpha K^{\alpha-1}}{\frac{1}{\alpha}\left(aK^\alpha + bH^\alpha\right)^{\frac{1}{\alpha}-1} b\alpha H^{\alpha-1}} = \frac{a}{b}\left(\frac{K}{H}\right)^{\alpha-1}$$

e, portanto,

$$\begin{aligned}
\chi &= -\left[\frac{\frac{K}{H}\partial\left(\frac{a}{b}\left(\frac{K}{H}\right)^{\alpha-1}\right)}{\frac{a}{b}\left(\frac{K}{H}\right)^{\alpha-1}\partial\left(\frac{K}{H}\right)}\right]^{-1} \\
&= -\left[\left(\frac{K}{H}\right)^{1-\alpha+1+\alpha-2}(\alpha-1)\right]^{-1} \\
&= -(\alpha-1)^{-1} = \frac{1}{1-\alpha} > 1
\end{aligned}$$

com $0 < \alpha < 1$. Caso $\frac{1}{1-\alpha} < 1$, i.e., $\alpha < 0$, então haveria pequena substituibilidade entre *inputs* capital e trabalho ou, dito de outro modo, os *inputs* seriam parcialmente complementares; neste caso, fazendo tender, por exemplo, o *stock* de capital para infinito, o *output* tenderia para um limite finito:

$$\lim_{K\to\infty} Y = \left(a\infty^\alpha + bH^\alpha\right)^{\frac{1}{\alpha}} \sim \left(a0 + bH^\alpha\right)^{\frac{1}{\alpha}} \sim b^{\frac{1}{\alpha}}H,$$

pelo que a limitação de um *input* — neste caso trabalho — limita mais ou menos rapidamente o crescimento do *output* proporcionado pelo crescimento do outro *input* — neste caso capital. Por sua vez, caso $\frac{1}{1-\alpha} > 1$, i.e., $\alpha > 0$, haverá grande substituibilidade entre *inputs*; donde, fazendo tender, por exemplo, o *stock* de capital para infinito, o *output* tenderia também para infinito:

$$\lim_{K\to\infty} Y = \left(a\infty^\alpha + bH^\alpha\right)^{\frac{1}{\alpha}} \sim \left(a\infty^\alpha + bH^\alpha\right)^{\frac{1}{\alpha}} \sim \infty$$

pelo que, mesmo que um dos *inputs* se mantenha constante — neste caso trabalho —, o crescimento do outro fará crescer o *output*, dado que compensa, substituindo-o, a escassez do primeiro.

Antes de prosseguir, considera-se interessante mostrar que a função produção Cobb-Douglas, tradicionalmente usada, é um caso particular da função produção CES. Para o efeito, comece-se por logaritmizar a função (6.23):

$$\ln Y = \frac{1}{\alpha} \ln \left(aK^{\alpha} + bH^{\alpha} \right).$$

À medida que $\alpha \to 0$, o limite da função CES será indeterminado, pelo que se recorre à aplicação da regra de l'Hopital:

$$\lim_{\alpha \to 0} \frac{\ln \left(aK^{\alpha} + bH^{\alpha} \right)}{\alpha} = \lim_{\alpha \to 0} \frac{aK^{\alpha} \ln K + bH^{\alpha} \ln H}{aK^{\alpha} + bH^{\alpha}} = a \ln K + b \ln H$$

e, portanto, a função produção (6.23) vem:

$$\lim_{\alpha \to 0} Y = K^{a} H^{b}$$

o que, considerando $a = \alpha$ e $b = 1 - \alpha$ traduz a função produção Cobb-Douglas (neste caso ignorando-se o nível de conhecimento tecnológico).[40]

Coloca-se igualmente a questão de saber se a função de produção (6.23) é uma função produção neoclássica. Para o efeito, há que verificar se obedece aos seguintes requisitos:

(i) apresenta rendimentos constantes à escala:

$$\left[a \left(\lambda K \right)^{\alpha} + b \left(\lambda H \right)^{\alpha} \right]^{\frac{1}{\alpha}} = \lambda \left[aK^{\alpha} + bH^{\alpha} \right]^{\frac{1}{\alpha}} = \lambda Y$$

(ii) a produtividade marginal dos fatores é positiva ($\frac{\partial Y}{\partial K} > 0$ e $\frac{\partial Y}{\partial L} > 0$), mas decrescente ($\frac{\partial^2 Y}{\partial K^2} < 0$, $\frac{\partial^2 Y}{\partial L^2} < 0$ e a derivada cruzada $\frac{\partial^2 Y}{\partial K \partial L}$ não é demasiado grande).

Para simplificar a análise dos requisitos pode escrever-se a função produção (6.23) em termos *per capita*:

$$\begin{aligned} \frac{Y}{H} &= \frac{\left(aK^{\alpha} + bH^{\alpha} \right)^{\frac{1}{\alpha}}}{H} \\ y &= \left(aK^{\alpha} H^{-\alpha} + bH^{\alpha} H^{-\alpha} \right)^{\frac{1}{\alpha}} \\ &= \left(ak^{\alpha} + b \right)^{\frac{1}{\alpha}}. \end{aligned}$$

[40] Em geral, pode afirmar-se que: (i) quando $\alpha \to -\infty$, a função produção CES aproxima-se da função produção de coeficientes fixos de Leontief — na situação limite, a elasticidade substituição é zero; (ii) quando $\alpha \to 0$, a função de produção CES converte-se na função produção Cobb-Douglas — na situação limite, a elasticidade substituição é 1; (iii) quando $\alpha = 1$, a função produção é linear e a elasticidade substituição infinita.

A produtividade marginal do capital por trabalhador, $\frac{\partial y}{\partial k}$, é dada por:

$$\begin{aligned}
\frac{\partial y}{\partial k} &= \frac{1}{\alpha}\left(ak^{\alpha}+b\right)^{\frac{1}{\alpha}-1} a\alpha k^{\alpha-1} \\
&= a\left(ak^{\alpha}k^{\frac{\alpha(\alpha-1)}{1-\alpha}}+bk^{\frac{\alpha(\alpha-1)}{1-\alpha}}\right)^{\frac{1-\alpha}{\alpha}} \\
&= a\left(a+b\left(\frac{1}{k}\right)^{\alpha}\right)^{\frac{1-\alpha}{\alpha}} > 0
\end{aligned}$$

ou, em termos agregados, os produtos marginais do capital e do trabalho são, respetivamente:

$$\begin{aligned}
\frac{\partial Y}{\partial K} &= \frac{1}{\alpha}\left(aK^{\alpha}+bH^{\alpha}\right)^{\frac{1}{\alpha}-1} a\alpha K^{\alpha-1} \Leftrightarrow \\
&= \left(aK^{\alpha}K^{-\alpha}+bH^{\alpha}K^{-\alpha}\right)^{\frac{1-\alpha}{\alpha}} aK^{\alpha-1}K^{1-\alpha} \Leftrightarrow \\
&= \left[a+b\left(\frac{H}{K}\right)^{\alpha}\right]^{\frac{1-\alpha}{\alpha}} a \Leftrightarrow \\
&= \left[a+bk^{-\alpha}\right]^{\frac{1-\alpha}{\alpha}} a > 0 \qquad (6.24)
\end{aligned}$$

$$\frac{\partial Y}{\partial H} = \left[ak^{\alpha}+b\right]^{\frac{1-\alpha}{\alpha}} b\,(\equiv w) > 0 \qquad (6.25)$$

pois $a, b > 0$ e $0 < \alpha < 1$. Importa agora analisar o andamento das produtividades marginais (i.e., se são crescentes ou decrescentes com a quantidade de *input* utilizada), sendo para tal necessário aferir do sinal de $\frac{\partial^2 y}{\partial k^2}$:

$$\begin{aligned}
\frac{\partial^2 y}{\partial k^2} &= a\frac{1-\alpha}{\alpha}\left(a+b\left(\frac{1}{k}\right)^{\alpha}\right)^{\frac{1-\alpha}{\alpha}-1} b\alpha\left(\frac{1}{k}\right)^{\alpha-1}\left(\frac{-1}{k^2}\right) \\
&= -ab(1-\alpha)\left(a+b\left(\frac{1}{k}\right)^{\alpha}\right)^{\frac{1-2\alpha}{\alpha}}\left(\frac{1}{k}\right)^{\alpha-1}\left(\frac{1}{k^2}\right) < 0.
\end{aligned}$$

Portanto, a produtividade marginal do capital por trabalhador é decrescente. Outro aspeto interessante a analisar será o valor da derivada cruzada, $\frac{\partial^2 Y}{\partial K \partial H}$:

$$\frac{\partial^2 Y}{\partial K \partial H} = a\frac{1-\alpha}{\alpha}\left[a+b\left(\frac{H}{K}\right)^{\alpha}\right]^{\frac{1-\alpha}{\alpha}-1} \alpha b\left(\frac{H}{K}\right)^{\alpha-1}\left(\frac{1}{K}\right).$$

O facto de $0 < \alpha < 1$ garante que o valor da derivada cruzada não é demasiado grande.

(iii) cumpre as condições de Inada: $\lim_{K\to 0} \frac{\partial Y}{\partial K} = \infty$, $\lim_{K\to\infty} \frac{\partial Y}{\partial K} = 0$, $\lim_{H\to 0} \frac{\partial Y}{\partial H} = \infty$, $\lim_{H\to\infty} \frac{\partial Y}{\partial H} = 0$:

$$\begin{aligned} \lim_{k\to 0} \frac{\partial y}{\partial k} &= \lim_{k\to 0} \left\{ a\left(a + b\left(\tfrac{1}{k}\right)^{\alpha}\right)^{\frac{1-\alpha}{\alpha}} \right\} && \approx \infty \\ \lim_{k\to \infty} \frac{\partial y}{\partial k} &= \lim_{k\to \infty} \left\{ a\left(a + b\left(\tfrac{1}{k}\right)^{\alpha}\right)^{\frac{1-\alpha}{\alpha}} \right\} && \approx a\left(a+0\right)^{\frac{1-\alpha}{\alpha}} = a^{\frac{1}{\alpha}} \neq 0. \end{aligned}$$

Ou, em termos agregados, de acordo com (6.24), se o rácio capital-trabalho for finito, a acumulação física de capital continua a apresentar retornos decrescentes. Contudo, dado que $0 < \alpha < 1$ (i.e., com grande substituibilidade entre *inputs*), se k tende para infinito, o produto marginal do capital (e, consequentemente, o seu preço) tende para o limite inferior $a^{\frac{1}{\alpha}}$:

$$\lim_{k\to\infty} \frac{\partial Y}{\partial K} = \lim_{k\to\infty} \left[a + bk^{-\alpha}\right]^{\frac{1-\alpha}{\alpha}} a \sim a^{\frac{1}{\alpha}}.$$

enquanto a produtividade marginal do trabalho (e, consequentemente, o salário) tende para infinito:

$$\lim_{k\to\infty} \frac{\partial Y}{\partial L} = \lim_{k\to\infty} \left[ak^{\alpha} + b\right]^{\frac{1-\alpha}{\alpha}} b \sim \infty.$$

Por conseguinte, a função produção não cumpre uma das condições de Inada e não pode, por isso, ser considerada uma função produção do tipo neoclássico. É por esta razão que, à semelhança do que acontecia no caso anterior, também agora é o incumprimento desta condição de Inada que assegura a existência de crescimento positivo no longo prazo. A produtividade marginal do capital continua a diminuir à medida que k aumenta, mas não converge para 0. Se, neste caso, a poupança da economia for suficientemente grande, a economia pode ter uma taxa de crescimento do *output per capita* perpétua. Para se ver esse facto mais rigorosamente, note-se que, como $0 < \alpha < 1$ (i.e., com grande substituibilidade entre *inputs*),

$$\lim_{k\to\infty} \frac{Y}{K} = A, \tag{6.26}$$

em que

$$\frac{Y}{K} = (aK^\alpha + bH^\alpha)^{\frac{1}{\alpha}} \frac{1}{K} = \left(aK^\alpha K^{-\alpha} + bH^\alpha K^{-\alpha}\right)^{\frac{1}{\alpha}} = \left(a + bk^{-\alpha}\right)^{\frac{1}{\alpha}}$$

e $A = a^{\frac{1}{\alpha}}$.

Considerando que não há progresso do conhecimento tecnológico, a taxa de crescimento do *output* é, tal como no caso anterior:

$$Y = AK \Longrightarrow \widehat{Y} = \widehat{A} + \widehat{K} \Longrightarrow \widehat{Y} = \widehat{K}, \text{ pois } \widehat{A} = 0, \tag{6.27}$$

e a taxa de crescimento do *output per capita* é:

$$y = Ak \Longrightarrow \widehat{y} = \widehat{K} - n. \tag{6.28}$$

Fazendo uso da usual equação de investimento, a taxa de crescimento do *output per capita* é:

$$\begin{aligned}
\widehat{y} &= \widehat{K} - n \Longrightarrow \widehat{y} = sA - \delta - n \text{ pois:} && (6.29)\\
\text{(i) } k &= \frac{K}{H} \Longrightarrow \widehat{k} = \widehat{K} - \widehat{H} \Longrightarrow \widehat{k} = \widehat{K} - n \Leftrightarrow \widehat{K} = \widehat{k} + n \\
\text{(ii) } \widehat{k} &= \frac{sy}{k} - \delta - n \Leftrightarrow \widehat{k} = sA - \delta - n \text{ pois } \frac{s\frac{Y}{H}}{\frac{K}{H}} = \frac{sY}{K} = sA \\
\text{(i) e (ii) } \widehat{K} &= (sA - \delta - n) + n \Leftrightarrow \widehat{K} = sA - \delta \\
\text{donde, } \widehat{y} &= \widehat{K} - n \Leftrightarrow \widehat{y} = sA - \delta - n.
\end{aligned}$$

A equação (6.29) tem duas implicações importantes — já naturalmente presentes no modelo AK genérico:

(i) se a taxa de poupança, s, e o progresso tecnológico, A, forem significativos, a economia pode exibir crescimento positivo sustentado; i.e., $sA > \delta + n$;

(ii) a taxa de crescimento da economia depende de variáveis como a taxa de poupança, o nível de conhecimento tecnológico, a taxa de depreciação do capital e a taxa de crescimento da população. Por conseguinte, fatores que afetem essas variáveis (como, por exemplo, políticas governamentais) terão efeito sobre a taxa de crescimento.

O ajustamento e o estado estacionário da economia podem ser ilustrados na Figura 6.7. Assumindo que a taxa de poupança é constante, a trajetória de $\frac{sy}{k}$ é decrescente, mas limitada "por baixo" pela linha sA. Se a taxa de poupança for significativa, a linha sA está "por cima" da linha $n + \delta$. A expressão (6.29) implica que o desvio entre a trajetória de $\frac{sy}{k}$ e a linha $n + \delta$ traduz a taxa de ajustamento de k. Dado que a trajetória de $\frac{sy}{k}$ é decrescente, a taxa de ajustamento diminui com o tempo. No estado estacionário, $\frac{sy}{k}$ é igual a sA e a taxa de crescimento perpétua da economia é igual a $sA - \delta - n$.

Tal como o modelo neoclássico, este modelo incorpora convergência. Por exemplo, considere-se que há duas economias, Norte e Sul, apenas diferenciadas pelo valor do rácio capital-trabalho, que se considera ser superior no Norte, $k_N(0) > k_S(0)$. Em ambos os países, o rácio capital-trabalho cresce ao longo do tempo, mas o Sul regista uma taxa de crescimento superior e, por conseguinte, consegue realizar *catching-up*.

FIGURA 6.7: TAXA DE CRESCIMENTO COM $sA > n + \delta$.

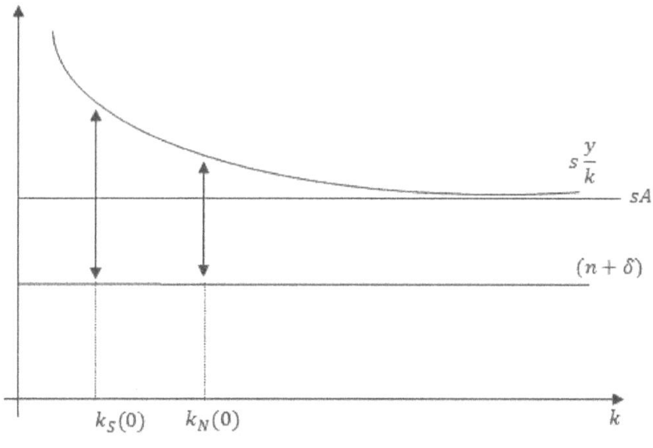

Extensões ao modelo endógeno de Solow-Pitchford podem ser obtidas nos trabalhos de Jones & Manuelli (1990) e Rebelo (1991), considerando dois setores. Neste caso, mesmo que o trabalho seja essencial na produção do bem de consumo (o que não acontece — pelo menos diretamente — no modelo $Y = AK$ genérico, nem no modelo AK de Solow-Pitchford, por exemplo; ou, dito ainda mais genericamente, não acontece nos modelos AK "normais"), se o bem de investimento for produzido sem trabalho, é possível que o consumo *per capita* cresça a uma taxa positiva perpétua (note-se que a taxa de crescimento do consumo só é possível se o produto — final — também crescer).

Para se ver isso, denote-se o *stock* agregado de capital por K e a fração de K empregue no setor de consumo por ϕ, significando que $(1 - \phi) K$ corresponde ao montante de capital empregue no bem de investimento. Considere-se então as seguintes funções produção:

$$Y_c = A(\phi K)^\alpha H^{1-\alpha} \tag{6.30}$$

$$Y_i = \beta(1-\phi)K \tag{6.31}$$

em que: Y_c e Y_i são os *outputs* do setor de consumo e de investimento, respetivamente; $\beta > 0$ é um parâmetro; e ambos os setores são competitivos. Considerando agora que: $y_c = \frac{Y_c}{L}$, $y_i = \frac{Y_i}{L}$, $y_i = \frac{Y_i}{L}$, $L = H$ e *A* é constante, e que, no estado estacionário, ϕ é também constante, então:

$$y_c = \frac{Y_c}{H} = A(\phi k)^\alpha \Longrightarrow \widehat{y}_c = \alpha\widehat{k}. \tag{6.32}$$

$$y_i = \beta(1-\phi)k \Longrightarrow \widehat{y}_i = \widehat{k}. \tag{6.33}$$

Denominando por p o rácio entre a fração do capital empregue no setor de investimento e no setor de consumo (que pode ser interpretado como sendo o preço do bem de investimento relativamente ao bem de consumo), a mobilidade perfeita do capital entre setores iguala as taxas de retorno dos dois setores:

$$\begin{aligned}
\frac{\partial Y_c}{\partial K} &= A\alpha(\phi K)^{\alpha-1}\phi H^{1-\alpha} = A\alpha\phi k_c^{\alpha-1}, \text{ com } k_c = \phi\frac{K}{H}; \\
\frac{\partial Y_i}{\partial K} &= \beta(1-\phi); \text{ donde:} \\
\beta(1-\phi) &= A\alpha\phi k_c^{\alpha-1} \Leftrightarrow \beta\left(\frac{1-\phi}{\phi}\right) = A\alpha k_c^{\alpha-1} \Leftrightarrow p\beta = A\alpha k_c^{\alpha-1}
\end{aligned}$$

ou, em termos de taxa de crescimento,

$$\widehat{p} = -(1-\alpha)\widehat{k}, \text{ pois } \widehat{k} = \widehat{k}_c. \tag{6.34}$$

A condição (6.34) implica que, caso o rácio capital-trabalho aumente, p (o preço relativo do capital – i.e., do bem de investimento) diminui. Conjugando (6.33) com (6.34), verifica-se que py_i cresce à taxa $\alpha\widehat{k}$, tal como y_c:

$$py_i \Rightarrow \widehat{p} + \widehat{y}_i, \text{ donde } \widehat{p} + \widehat{y}_i = -(1-\alpha)\widehat{k} + \widehat{k} = \alpha\widehat{k}.$$

O rendimento nacional *per capita* é igual a $\frac{Y}{L} = y_c + py_i$ e cresce à taxa $\alpha\widehat{k}$. A taxa de crescimento do capital e do rácio capital-trabalho dependem da poupança, que pode ser escolhida pelo governo (caso seja da competência de um planeador central) ou pelos indivíduos (caso se esteja no âmbito de uma economia descentralizada). Tendo em conta a análise efetuada, com s a representar a taxa de poupança, $\frac{S}{Y}$, é possível então calcular a taxa de crescimento do rácio capital-trabalho.

$$\begin{aligned} \text{Genericamente} \quad &: \quad \widehat{k} = \frac{sY}{K} - \delta - \widehat{h} - n \Rightarrow \\ &\Leftrightarrow \quad \widehat{k} = \frac{s\left(Y_c + pY_i\right)}{K_c + pK_i} - \delta - \widehat{h} - n. \end{aligned} \tag{6.35}$$

Com uma poupança significativa, a economia crescerá ao longo do tempo; i.e., $\widehat{k} > 0$. De acordo com a equação (6.35), disparidades nas taxas de crescimento inter-país podem ser explicadas — uma vez mais — pelas diferentes taxas de poupança inter-país. Em particular, um pais cresce mais se poupar mais.

CAPÍTULO 7
Modelos AK com equilíbrio geral

No Capítulo 6 foram apresentados modelos AK que, como se viu, são modelos com crescimento endógeno simples em que a função de produção não exibe retornos decrescentes para gerar crescimento endógeno. Esses modelos do capítulo 6 fornecem uma taxa de poupança constante de crescimento endógeno. No entanto, a teoria do crescimento endógeno deve ser apoiada por modelos em que os agentes determinam de forma otimizada também o consumo e a poupança, otimizando, portanto, a alocação da totalidade dos recursos. Assim, neste capítulo, estendem-se dois dos modelos AK anteriormente apresentados ao contexto com equilíbrio geral. O modelo AK genérico na secção 7.1 e o modelo AK com gastos públicos e impostos na secção 7.2.

7.1 Modelo AK genérico

Solução das famílias produtoras – Considera-se que a função produção é linear no único fator de produção, o capital. Assim, a função de produção possui simultaneamente as propriedades de rendimentos constantes à escala e rendimentos constantes do capital,

$$Y = AK \tag{7.1}$$

sendo A uma constante exógena e K o capital agregado.

Tendo presente a análise efetuada no âmbito do modelo de Ramsey, descreve-se o modelo das famílias produtoras e demonstra-se que a solução é idêntica à encontrada no âmbito de mercados competitivos. Suponha-se, então, um contexto em que as famílias dedicadas à produção de bens maximizam uma função utilidade de horizonte infinito similar a (6.11)

$$\max U(0) = \int_{t=0}^{\infty} e^{-(\rho-n)t} \left(\frac{c(t)^{1-\theta} - 1}{1-\theta} \right) dt \tag{7.2}$$

em que (de novo): ρ é uma constante que representa a taxa de desconto, n corresponde à taxa de crescimento da população, θ é o coeficiente de aversão ao risco (o inverso da elasticidade de substituição intertemporal), $c(t)$ representa o consumo de cada membro da família (i.e., o consumo *per capita*).

Considera-se uma economia fechada sem governo em que, portanto, a poupança bruta é igual ao investimento bruto. O investimento bruto, por sua vez, é igual ao aumento líquido do *stock* de capital mais a depreciação total. Como a taxa de depreciação é constante, a função de acumulação da economia pode expressar-se, em termos *per capita*, da seguinte forma:

$$\dot{k} = Ak - c - (\delta + n) k \tag{7.3}$$

em que a tecnologia é dada por AK.

As famílias maximizam (7.2) tendo em conta a restrição (7.3) e o volume de capital inicial, $k(0)$. Para solucionar o problema, constrói-se o Hamiltoniano:

$$H(.) = e^{-(\rho-n)t} \left(\frac{c(t)^{1-\theta} - 1}{1-\theta} \right) + \nu \left[Ak - c - (\delta + n) k \right]. \tag{7.4}$$

As condições de primeira ordem, neste caso, são as seguintes:

$$\frac{\partial H(.)}{\partial c} = 0 \Longleftrightarrow e^{-(\rho-n)t} c^{-\theta} = \nu \tag{7.5}$$

$$\frac{\partial H(.)}{\partial b} = -\dot{\nu} \Longleftrightarrow -\dot{\nu} = \nu \left[A - (\delta + n) \right] \tag{7.6}$$

$$\lim_{t \to \infty} k(t) \nu(t) = 0. \tag{7.7}$$

Tal como no âmbito do modelo de Ramsey, podem utilizar-se as condições (7.5) e (7.6) para obter a taxa de crescimento do consumo:

$$\frac{\dot{c}}{c} = \frac{1}{\theta} (A - \rho - \delta). \tag{7.8}$$

De acordo com (7.8), o consumo cresce a uma taxa constante em todo t, que depende negativamente de ρ, δ e θ e positivamente de A. Para obter taxas de crescimento positivas é necessário que $A > \rho + \delta$. Para compreender a intuição desta condição, note-se que a mesma pode ser escrita na forma:

$$\theta\frac{\dot{c}}{c} + \rho = A - \delta. \tag{7.9}$$

O primeiro membro de (7.9) corresponde ao benefício obtido com o consumo e depende da taxa de desconto — que, relembre-se, reflete o facto de os indivíduos preferirem consumir o quanto antes — e da taxa de crescimento multiplicada por θ; caso a taxa de crescimento seja positiva, os indivíduos estão disponíveis para seguir uma trajetória de consumo alisada. O segundo membro de (7.9)corresponde ao benefício obtido com o investimento ou à produtividade marginal líquida do capital e é igual, portanto, a $A - \delta$ (este beneficio é independente da taxa de crescimento ou do *stock* e capital).

Para calcular a taxa de crescimento do capital *per capita*, k, divide-se por k ambos os membros da equação dinâmica (7.3):

$$\frac{\dot{k}}{k} = A - \frac{c}{k} - (\delta + n). \tag{7.10}$$

Por definição de estado estacionário — estado em que todas as variáveis crescem a uma taxa constante, seja zero ou qualquer outro valor —, a taxa de crescimento do *stock* de capital é constante. Tomando em consideração este facto, logaritmizando (7.10) e derivando em relação ao tempo a expressão resultante, conclui-se que: $\frac{\dot{k}}{k} = \frac{\dot{c}}{c}$. Dado que a produção da economia é proporcional a k, a taxa de crescimento de y é igual à taxa de crescimento de k. Por outras palavras, a taxa de crescimento de estado estacionário do consumo, do capital e da produção *per capita* são idênticas e dadas por (7.8).

A equação (7.6) mostra que o preço implícito, ν, cresce a uma taxa constante igual a $\frac{\dot{\nu}}{\nu} = -[A - (\delta + n)]$. Deste modo, a sua evolução temporal vem dada pela expressão $\nu(t) = \nu(0)\exp\{-[A - (\delta + n)]\}t$. Substituindo esta equação temporal na condição de transversalidade (7.7), conclui-se que:

$$\lim_{t\to\infty} \nu(0)\exp\{-[A - (\delta + n)]\}t \cdot k(t) = \lim_{t\to\infty} \exp\{-A + \delta + n\}t \cdot k(t) = 0. \tag{7.11}$$

A segunda igualdade — que elimina o termo $\nu(0)$ do limite — resulta do facto de $\nu(0) > 0$, dado que, utilizando (7.5), $\nu(0) = \exp(0)C(0)^{-\theta} > 0$.

Para que a função utilidade esteja limitada — se a utilidade fosse infinita, os indivíduos não teriam motivo para maximizar a utilidade já que seriam infinitamente felizes — é preciso que o termo dentro do integral se aproxime de zero quando o tempo tendo para infinito. Dado que o consumo cresce sempre a uma taxa constante de $\frac{1}{\theta}(A-\rho-\delta)$, pode escrever-se $c(t) = c(0)\exp\left[\frac{1}{\theta}(A-\rho-\delta)\right]t$. Em consequência, o termo que inclui o consumo na função utilidade pode ser escrito como:

$$\exp\left\{-\left[\rho - n - \frac{1}{\theta}(A-\rho-\delta)(1-\theta)\right]\right\}.$$

Para que esta expressão tenda para zero quando *t* tende para infinito, deve cumprir-se $\rho > n + \frac{1}{\theta}(A-\rho-\delta)(1-\theta)$; ou seja,

$$A - \delta - n > \frac{1}{\theta}(A-\rho-\delta). \tag{7.12}$$

Dinâmica de transição — Demonstrou-se que, no estado estacionário, o consumo, o capital e a produção *per capita* devem crescer todos à mesma taxa. A expressão (7.8), que se observa para todo *t*, indica que o consumo crescerá sempre a uma taxa constante, encontrando-se assim sempre no estado estacionário. É agora altura de mostrar que o capital e a produção também crescem à mesma taxa em todo o momento, pelo que o modelo não regista nenhum tipo de transição dinâmica.

Tomando (7.3) e integrando-a — pre-multiplicando previamente ambos os membros pelo fator de integração $\exp[-(A-\delta-n)]t$ e tendo em conta que $c(t) = c(0)\exp\left[\frac{1}{\theta}(A-\rho-\delta)\right]t$ — obtém-se o seguinte resultado:

$$\begin{aligned}\int e^{[-(A-\delta-n)t]}\left[\dot{k}(t) - (A-\delta-n)k(t)\right]dt = \\ -c(0)\int e^{[-(A-\delta-n)[\frac{1}{\theta}(A-\rho-\delta)t]}dt.\end{aligned} \tag{7.13}$$

A solução de (7.13) é:

$$
\begin{aligned}
k(t)\,e^{[-(A-\delta-n)t]} &= \frac{-c(0)e^{\left\{-\left[A-\delta-n-\frac{1}{\theta}(A-\rho-\delta)\right]t\right\}}}{-\left[A-\delta-n-\frac{1}{\theta}(A-\rho-\delta)\right]}+\Psi \\
k(t) &= \frac{-c(0)e^{\left\{\left[\frac{1}{\theta}(A-\rho-\delta)\right]t\right\}}}{-\left[A-\delta-n-\frac{1}{\theta}(A-\rho-\delta)\right]}+\Psi e^{[(A-\delta-n)t]}
\end{aligned}
\tag{7.14}
$$

onde Ψ é uma constante de integração. Substituindo o valor de $k(t)$ em (7.14) na condição de transversalidade (7.11) e tomando o limite quando t tende para infinito, chega-se ao resultado:

$$
\begin{gathered}
\lim_{t\to\infty} k(t)\,e^{[-(A-\delta-n)t]} = \\
\lim_{t\to\infty} \frac{c(0)}{\left[A-\delta-n-\frac{1}{\theta}(A-\rho-\delta)\right]}e^{\left\{-\left[A-\delta-n-\frac{1}{\theta}(A-\rho-\delta)\right]t\right\}}+\lim_{t\to\infty}\Psi\,.
\end{gathered}
\tag{7.15}
$$

O primeiro termo da direita converge para zero, dado que a condição (7.12) informa que $A-\delta-n>\frac{1}{\theta}(A-\rho-\delta)$, pelo que o expoente é negativo. A única maneira de conseguir que a constante de integração Ψ também tenda para zero é que seja zero, pelo que a condição de transversalidade requer $\Psi=0$. Substituindo este valor da constante de integração em (7.14), verifica-se que o capital e o consumo devem ser proporcionais: $k(t)=\frac{c(0)}{\left[A-\delta-n-\frac{1}{\theta}(A-\rho-\delta)\right]}\exp\left\{\left[\frac{1}{\theta}(A-\rho-\delta)\right]t\right\}=\frac{c(t)}{\left[A-\delta-n-\frac{1}{\theta}(A-\rho-\delta)\right]}$. Ao serem proporcionais, a taxa de crescimento do capital deve ser sempre igual à do consumo. Também o capital cresce, pois, a uma taxa constante. Como a produção é proporcional ao capital, a sua taxa de crescimento também é constante em todo o momento. Consequentemente, uma economia com uma tecnologia AK não apresenta transição dinâmica, e todas as variáveis crescerão permanentemente a uma taxa constante.

Ao contrário do modelo neoclássico, este modelo não prevê convergência das economias (nem absoluta, nem condicional). Para verificar que assim é, considere-se um conjunto de países com os mesmos valores dos parâmetros A, θ, n, ρ, e δ. Suponha-se que a única diferença entre os países reside no valor inicial do capital, $k(0)$. O modelo AK prevê que a taxa de crescimento de todos os países será constante e igual a (7.8). Assim, a taxa de crescimento não terá qualquer relação com o nível de rendimento.

Suponha-se, por outro lado, que os países se diferenciam unicamente pelo valor de A. Como $\frac{\dot{c}}{c}=\frac{1}{\theta}(A-\rho-\delta)$, os países com uma taxa de crescimento baixa continuarão a registar uma taxa baixa para sempre, e isso independentemente do seu nível de rendimento ou da sua produção inicial. Uma vez mais o modelo não prevê que haja qualquer relação entre crescimento e rendimento inicial. Tal como já foi mencionado, as implicações dos diferentes modelos em relação à existência de convergência económica entre países foram utilizadas por diversos economistas para questionar o modelo neoclássico. Em todo caso, parece poder dizer-se que os estudos empíricos sobre o assunto sugerem a existência de convergência condicional.

Solução de mercado — É possível mostrar que os resultados acima coincidem com os resultados obtidos no contexto em que existam mercados competitivos com famílias, por um lado, a adquirirem o produto para consumo e, por outro, a venderem fatores de produção às empresas. Como a análise é semelhante à efetuada no âmbito do modelo *standard* de Ramsey, não serão reproduzidos todos os passos. Como habitual, as famílias maximizam (7.2) tendo em conta a equação dinâmica:

$$\dot{b} = rb - c - nb \tag{7.16}$$

em que *b* representa o número de ativos por pessoa e r é a taxa de rendimento dos ativos. Como no modelo AK não se reconhece explicitamente o fator trabalho, em (7.16) omite-se o rendimento do trabalho. Em (7.16), o rendimento total *per capita*, rb, deve repartir-se entre gasto em bens de consumo, *c*, e aquisição de novos ativos, $\dot{b}$. O termo reflete o efeito do aumento de n sobre o número de ativos *per capita*.

Das condições de primeira ordem deste problema de maximização resulta:

$$\frac{\dot{c}}{c} = \frac{1}{\theta}(r - \delta). \tag{7.17}$$

e a condição de transversalidade vem dada por: $\lim_{t\to\infty} \nu(t)\, b(t) = 0$.

As empresas usam o único fator de produção, o capital, e utilizam a tecnologia AK para obter um produto, com o objetivo de maximizar os seus benefícios. As condições de primeira ordem do problema das empresas exigem que as taxas de rendimento sejam iguais aos produtos marginais:

$$r = A - \delta. \tag{7.17}$$

No contexto de uma economia fechada sem governo, a condição de equilíbrio do mercado financeiro requer que o único ativo com oferta líquida positiva seja o capital, pelo que se cumpre $b = k$. Substituindo este resultado em (7.16) e tendo em conta que $\dot{b} = \dot{k}$, chega-se à restrição agregada (7.3). Finalmente, introduzindo a condição de equilíbrio $b = k$ na condição de transversalidade, obtém-se (7.7). As equações dinâmicas da economia com mercados competitivos, (7.8) e (7.3), e a condição terminal (7.7) coincidem com as que regiam uma economia de famílias produtoras. Consequentemente, as duas análises são idênticas.

Solução do planificador — Tal como foi visto no âmbito do modelo *standard* de Ramsey, um planificador maximizará a mesma função utilidade sujeita à restrição de recursos que suporta o conjunto da economia. Dado que (7.3) é uma restrição de recursos desta natureza, o problema do planificador coincide com o problema das famílias produtoras. Em consequência, as equações dinâmicas que caracterizam a solução também são as mesmas.

7.2 Modelo AK com gastos públicos e impostos

Tendo em conta a análise anteriormente efetuada num contexto sem consideração de equilíbrio geral, discute-se agora os efeitos dos gastos públicos e dos impostos necessários para os financiar no crescimento económico, num contexto de equilíbrio geral. Como se verá, ainda que o governo dedique o seu esforço a patrocinar a atividade produtiva, é necessário limitar a dimensão do governo, dado que este financia as suas atividades com impostos que reduzem a rentabilidade do investimento privado e, por isso, afetam negativamente o crescimento da economia.

O governo pode influenciar a economia por via de muitos canais. Para começar, decide a dimensão (elevada ou reduzida) e a forma (sobre o valor acrescentado, sobre o rendimento, sobre transmissões patrimoniais, ...) dos impostos. O governo decide também a dimensão (elevada ou reduzida) e o tipo (compra de armamento, empresas, conhecimento tecnológico, ...) de gastos públicos. O governo pode ainda afetar a economia via regulação/leis, défices, política de redistribuição, entre outros.

Uma vez que a análise se centrará no estudo da dimensão dos gastos públicos e na sua relação com o crescimento económico, a maioria das políticas não será considerada. Compara-se os aspetos positivos associados a um gasto público elevado com os aspetos negativos e as distorções decorrentes do financiamento do referido gasto. De novo, a análise é feita no pressuposto de que o gasto público é desejável — caso contrário, a conclusão seria imediata: o melhor seria reduzir o gasto público a zero, já que não gera benefícios e o seu financiamento implica perdas. Tendo em conta os modelos de crescimento apresentados, uma maneira de considerar o gasto público como desejável passa por introduzi-lo como argumento positivo na função produção — por exemplo, gastos em estradas e em I&D nas universidades públicas aumentam a produção e a produtividade das empresas privadas.[41]

Estrutura do modelo — Seguindo Barro (1990), considera-se então que o gasto público é produtivo. Neste contexto, a produção depende das quantidades existentes dos fatores de produção: capital privado, K, e um fator de produção fornecido pelo setor público, G. A função produção apresenta rendimentos constantes à escala e rendimentos decrescentes de cada um dos *inputs*.

Uma vez decidido que o bem proporcionado pelo estado é produtivo, deve decidir-se se é um bem público — no sentido de Samuelson (1954) — ou não; ou seja, deve decidir-se se o gasto público é um bem rival e exclusivo ou não. Alguns bens fornecidos pelo governo podem ser utilizados por todos os indivíduos e por todas as empresas ao mesmo tempo, sem que a utilização por parte de uns impeça a utilização por parte de outros e sem que se possa evitar que alguém os utilize. Este é o caso do conhecimento tecnológico gerado pela I&D em universidades públicas; decidindo utilizar este tipo de bens no modelo, a função produção para a empresa j seria — e.g., (6.16):

$$y_j = Ak_j^{\alpha}G^{1-\alpha} \, . \tag{7.19}$$

em que k_j é a quantidade de capital privado utilizado pela empresa j e G é o bem público agregado.[42] Outros bens fornecidos pelo governo são privados no sentido em que são rivais e exclusivos. Decidindo introduzir este tipo de bens na função produção então viria:

$$y_j = Ak_j^{\alpha}g_j^{1-\alpha} \tag{7.20}$$

com g_j a representar a quantidade de bem público fornecida pelo governo à empresa j. A quantidade total de bem público fornecido seria a soma de todos os fornecimentos a empresas privadas, $G = \sum_{j=1}^{M} g_j$.

---

[41] Uma segunda alternativa passaria por introduzir o gasto público diretamente na função utilidade dos consumidores — por exemplo, os parques nacionais ou piscinas afetam positivamente a felicidade dos indivíduos.

[42] Assim, considera-se que a produção da empresa j não depende somente da quantidade de bem público fornecido à empresa j, mas também da quantidade agregada de bem público fornecido.

Finalmente, poderia tratar-se de um bem público parcialmente exclusivo; ou seja, um bem sujeito a fenómenos de congestionamento como é o caso de auto-estradas, tribunais e aeroportos. Uma via de modelizar os bens públicos sujeitos a congestionamento é a proposta por Barro & Sala-i Martin (1992b), segundo a qual a função produção pode ser escrita na forma:

$$y_j = Ak_j^{\alpha}\left(\frac{G}{K}\right)^{1-\alpha}. \tag{7.21}$$

Esta função produção indica que, para uma dada quantidade de capital, um aumento na quantidade de bem público fornecido gera um aumento de produção (para um dado número de camiões, um aumento do número de auto-estradas aumenta a produção). O congestionamento aparece porque, dado G, um aumento do capital agregado, K, gera uma diminuição da produção da empresa j (um aumento no número de camiões das outras empresas congestiona as auto-estradas e reduz a produtividade de j).

Parte-se do enfoque de Barro (1990) e considera-se que g é um bem privado (rival e exclusivo) fornecido pelo setor público, pelo que a função produção é a descrita em (7.20).[43] Finalmente e antes de resolver o modelo, deve decidir-se se o bem público é um bem de capital (no sentido em que deve ser acumulado) ou é um *input* de produção que deve ser fornecido novamente em cada momento do tempo. Por exemplo, as auto-estradas são um bem de capital no sentido em que o gasto presente do estado aumenta o *stock* de auto-estradas disponíveis (ou repara as depreciadas) enquanto o gasto salarial da polícia ou dos professores em t afeta diretamente a produção de t. Também a este nível será seguido Barro (1990) e introduz-se os bens públicos como fluxos produtivos e como bens de capital acumuláveis.

Solução das famílias produtoras — Supõe-se que cada indivíduo representa uma parte muito reduzida da dimensão da economia, de modo que toma o gasto público como dado. Supõe-se também que o governo tem de equilibrar o saldo orçamental em todos os momentos do tempo. Ainda que na vida real o governo tenha muitas fontes de receita, simplificaremos a análise com o pressuposto de que apenas existe um imposto constante sobre o produto, τ. Como habitual, os indivíduos maximizam a função utilidade:

[43] Barro & Sala-i Martin (2004) analisam os casos de bens públicos e bens sujeitos a congestionamento.

$$\max U(0) = \int_0^{\infty} e^{-(\rho - n)t} \left(\frac{c(t)^{1-\theta} - 1}{1 - \theta} \right) dt. \tag{7.22}$$

A restrição da família representativa diz que a produção obtida menos a produção paga ao governo em impostos deve repartir-se entre consumo e investimento bruto (que, por sua vez, é igual a investimento líquido, $\dot{k}$, mais depreciação, $(\delta + n) k$):

$$\dot{k} = (1 - \tau)Ak^{\alpha}g^{1-\alpha} - c - (\delta + n) k. \tag{7.23}$$

Ainda que na vida real os governos possam ter défice ou superavit fiscal, no longo prazo o orçamento público deve naturalmente ser equilibrado. Como interessa o longo prazo, o pressuposto de equilíbrio fiscal é razoável. O governo arrecada $\tau Ak^{\alpha}g^{1-\alpha}$ unidades de rendimento e transforma-as no volume de bens públicos g. A restrição orçamental do governo pode expressar-se como:

$$g = \tau y = \tau Ak^{\alpha}g^{1-\alpha}. \tag{7.24}$$

Os agentes individuais tomam o gasto público como um dado.[44] O problema é maximizar (7.22) sujeito a (7.23). O Hamiltoniano vem:

$$H(.) = e^{-(\rho - n)t} \left(\frac{c(t)^{1-\theta} - 1}{1 - \theta} \right) + \nu(t) \left[(1 - \tau)Ak^{\alpha}g^{1-\alpha} - c - (\delta + n) k \right] \tag{7.25}$$

e as condições de primeira ordem são:

$$\frac{\partial H(.)}{\partial c} = 0 \Longleftrightarrow e^{-(\rho - n)t} c(t)^{-\theta} = \nu(t) \tag{7.26}$$

$$\frac{\partial H(.)}{\partial k} = -\dot{\nu}(t) \Longleftrightarrow -\dot{\nu}(t) = \nu(t) \left((1 - \tau)A\alpha \left(\frac{g}{k} \right)^{1-\alpha} - (\delta + n) \right) \tag{7.27}$$

$$\lim_{t \to \infty} k(t) \nu(t) = 0. \tag{7.28}$$

Tomando logaritmos e derivadas de (7.26) e substituindo em (7.27), resulta:

[44] Ou seja, quando os indivíduos resolvem o problema de otimização não estão conscientes do efeito das suas decisões de investimento, via (7.24), sobre a quantidade gasta pelo governo.

$$\frac{\dot{c}}{c} = \frac{1}{\theta}\left((1-\tau)A\alpha\left(\frac{g}{k}\right)^{1-\alpha} - \delta - \rho\right) \tag{7.29}$$

Ou seja, o crescimento do consumo é proporcional à diferença entre a taxa de rendimento — ou produtividade marginal líquida do capital depois de impostos — e o termo ρ.

Com (7.24) pode expressar-se a taxa de imposto, τ, como função de $\frac{g}{k}$:

$$\tau = \frac{g}{y} = \frac{g}{Ak^{\alpha}g^{1-\alpha}} = \frac{\left(\frac{g}{k}\right)^{\alpha}}{A}$$

o que, resolvendo em ordem a $\frac{g}{k}$, resulta em:

$$\frac{g}{k} = (\tau A)^{\alpha}. \tag{7.30}$$

Finalmente, substituindo (7.30) em (7.29), obtém-se a taxa de crescimento como função dos parâmetros τ, ρ, δ, θ, α, e A:

$$\frac{\dot{c}}{c} = \frac{1}{\theta}\left((1-\tau)\alpha A^{\frac{1}{\alpha}}\tau^{\frac{1-\alpha}{\alpha}} - \delta - \rho\right). \tag{7.31}$$

Assim, a taxa de crescimento do consumo é sempre constante, como no caso do modelo AK *standard*. Como vem sendo habitual, dividindo a restrição dinâmica por k, $\frac{\dot{k}}{k} = (1-\tau)Ak^{\alpha-1}g^{1-\alpha} - \frac{c}{k} - (\delta + n)$, e de seguida logaritmizando-a e derivando ambos os membros em ordem ao tempo, resulta que, no estado estacionário, a taxa de crescimento do consumo é igual à taxa de crescimento do capital, $\frac{\dot{c}}{c} = \frac{\dot{k}}{k}$. Conclui-se que o consumo é sempre — e não apenas no estado estacionário — proporcional ao capital, pelo que o capital cresce permanentemente a uma taxa constante. Devido à restrição orçamental do governo, o facto de τ ser constante e k crescer a uma taxa constante faz com que g deva crescer igualmente a uma taxa constante. Por fim, e dado que todos os fatores crescem à taxa $\frac{\dot{c}}{c}$, a produção também deve crescer a essa taxa. Consequentemente, e como sucedia no modelo AK, o novo modelo não apresenta transição dinâmica.

A razão intuitiva para que neste modelo haja crescimento endógeno é a seguinte: quando os indivíduos decidem poupar uma unidade de consumo e com ela comprar uma unidade de capital, aumentam o produto nacional; o imposto sobre a produção faz com que esse aumento eleve a receita pública que, por sua vez, permite um aumento do gasto. Deste modo, um aumento de k levará a um aumento proporcional de g, pelo que k e g crescem ao mesmo ritmo. É como se o *input* público fosse outro fator de produção suscetível de ser acumulado. Como se supõe rendimentos constantes de k e g conjuntamente, a produção apresenta rendimentos constantes à escala nos fatores que podem ser acumulados. Em suma, a função produção passa a ser AK.[45]

Solução de mercado — A (anterior) solução do modelo com famílias produtoras é equivalente à solução de mercado competitivo. Para o comprovar, basta recordar que as empresas maximizam benefícios líquidos de impostos:

$$\pi_{Líq} = (1-\tau)Ak^{\alpha}g^{1-\alpha} - Rk$$

em que R é o preço do capital que, como já se disse, é igual à taxa de juro mais a taxa de depreciação, $R = r + \delta$. A maximização dos benefícios comporta a igualização do produto marginal líquido do capital com o seu preço:

$$(1-\tau)A\alpha k^{\alpha-1}g^{1-\alpha} = R \equiv r + \delta.$$

Substituindo esta expressão na equação de otimização dos consumidores (5.17), fica:

$$\frac{\dot{c}}{c} = \frac{1}{\theta}\left((1-\tau)A\alpha\left(\frac{g}{k}\right)^{1-\alpha} - \delta - \rho\right).$$

Esta expressão é idêntica a (7.29). Substituindo a restrição orçamental do governo nesta condição do mesmo modo que foi feito anteriormente, a taxa de crescimento da economia vem dada por (7.31). A solução de mercado é pois idêntica à das famílias produtoras anteriormente apresentada.

A expressão (7.31) relaciona a taxa de crescimento da economia com τ. Da restrição orçamental do governo decorre que o imposto deve ser igual ao peso do setor público na economia, $\tau = \frac{g}{y}$. Dando mais um passo, pode determinar-se a relação entre a dimensão do governo e a taxa de crescimento.

---

[45] Para confirmar que assim é, substituía-se a restrição orçamental do governo na função produção: $y = Ak^{\alpha}g^{1-\alpha}$ e $\frac{g}{k} = (\tau A)^{\alpha} \Rightarrow y = \overline{A}k$.

Se τ é zero, a produtividade marginal do capital depois de impostos é também zero, pelo que a taxa de crescimento (7.31) é negativa: $\frac{\dot{c}}{c} = \frac{1}{\theta}(-\delta - \rho)$. Com efeito, quando $\tau = 0$, o governo não pode fornecer bens públicos, e não existindo bens públicos o rendimento do investimento privado é zero — como pode observar-se derivando a produção em ordem ao capital k e tomando $g = 0$.

No outro extremo, quando τ é um, o governo fornece uma quantidade enorme de bens públicos, o que faz com que o capital privado seja muito produtivo. Contudo, há que financiar esses bens e isso provoca distorções que reduzem o incentivo ao investimento e ao crescimento. O rendimento líquido depois de impostos é zero porque o governo recolhe a totalidade da produção via impostos. Por conseguinte, a taxa de crescimento será também negativa.

Para valores intermédios de τ, a relação entre τ e $\frac{\dot{c}}{c}$ terá a forma de U invertido — Figura 7.1.

FIGURA 7.1: RELAÇÃO ENTRE A TAXA DE CRESCIMENTO E τ.

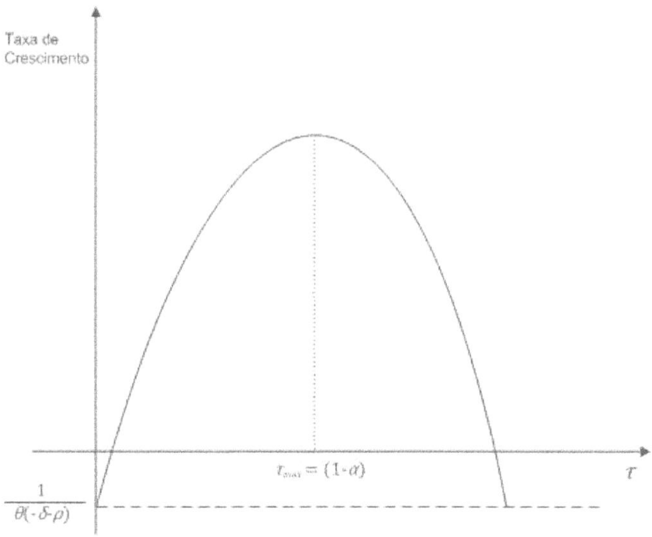

O máximo da função resulta de igualar a zero a derivada da taxa de crescimento em relação a τ:

$$\tau_{\max} = 1 - \alpha. \tag{7.32}$$

Esta equação indica que o governo pode maximizar o crescimento da economia adotando uma dimensão igual ao que resultaria do mercado em equilíbrio competitivo com fatores de produção privados. Dito de outro modo, a participação do produto proporcionado pelo governo deve ser igual à participação que vem determinada por $1-\alpha$ (observe-se que $1-\alpha$ corresponde ao expoente do fator de produção público na função produção). Para obter a intuição para este resultado, note-se que o bem físico y é idêntico ao bem físico g. Ou seja, o governo recolhe unidades de bem físico y e fornece essas unidades a empresas sob a forma de bem público, mas não há um processo de transformação dessas unidades, pelo que, em termos físicos, se trata do mesmo bem. Portanto, via tecnologia (7.19), o governo transforma uma determinada quantidade de bem físico, g, em outra quantidade do mesmo bem físico, y. Utilizando a função produção (7.19) e calculando o produto marginal de g, verifica-se que a condição de eficiência requer que $(1-\alpha)\frac{y}{g}=1$. Reescrevendo esta igualdade e tendo em conta que $\frac{g}{y}=\tau$, obtém-se $\tau=1-\alpha$, que é taxa de imposto que maximiza a taxa de crescimento em (7.31). Dito de outro modo, para maximizar a taxa de crescimento, o governo deve escolher a sua dimensão τ eficiente.

A taxa de crescimento que resultaria caso o governo escolhesse $\tau = 1-\alpha$ seria:

$$\left(\frac{\dot{c}}{c}\right)_{\max}=\frac{1}{\theta}\left(\alpha^2 A^{\frac{1}{\alpha}}(1-\alpha)^{\frac{1-\alpha}{\alpha}}-\delta-\rho\right). \tag{7.33}$$

Solução de planificador e crescimento ótimo — A solução adoptada pelo planificador neste caso será diferente da correspondente ao modelo AK. A razão intuitiva que explica essa diferença reside no facto do planificador atender às distorções causadas pelos impostos sobre o produto. O planificador maximiza a utilidade, sujeito apenas a uma restrição de recursos que informa que a quantidade de *output* produzida deve ser repartida entre consumo, investimento e gasto público:

$$\dot{k}=Ak^{\alpha}g^{1-\alpha}-c-(\delta+n)k-g. \tag{7.34}$$

Assim, o planificador maximiza a função utilidade do indivíduo (7.22) sujeita à nova restrição (7.34). O Hamiltoniano deste problema é:

$$H(.)=e^{-(\rho-n)t}\left(\frac{c(t)^{1-\theta}-1}{1-\theta}\right)+\nu(t)\left[Ak^{\alpha}g^{1-\alpha}-c-(\delta+n)k-g\right] \tag{7.35}$$

e as condições de primeira ordem são:

$$\frac{\partial H(.)}{\partial c} = 0 \Longleftrightarrow e^{-(\rho-n)t}c(t)^{-\theta} = \nu(t) \tag{7.36}$$

$$\frac{\partial H(.)}{\partial g} = 0 \Longleftrightarrow (1-\alpha)\frac{y}{g} = 1 \tag{7.37}$$

$$\frac{\partial H(.)}{\partial k} = -\dot{\nu}(t) \Longleftrightarrow -\dot{\nu}(t) = \nu(t)\left(A\alpha\frac{y}{k} - (\delta+n)\right) \tag{7.38}$$

$$\lim_{t\to\infty} k(t)\,\nu(t) = 0. \tag{7.39}$$

Note-se que a condição (7.37) indica que o planificador optará por escolher a dimensão do gasto público, $\frac{g}{y}$, eficiente: o produto marginal de g deve ser igual a 1. Efetuando as substituições habituais, resulta que a taxa de crescimento de uma economia regida por um planificador vem dada por:

$$\left(\frac{\dot{c}}{c}\right)_{\text{Planificador}} = \frac{1}{\theta}\left(\alpha A^{\frac{1}{\alpha}}(1-\alpha)^{\frac{1-\alpha}{\alpha}} - \delta - \rho\right). \tag{7.40}$$

Comparando esta taxa de crescimento com a obtida em equilíbrio competitivo quando o governo escolhe a taxa de imposto que maximiza o crescimento (7.33), verifica-se que a diferença reside no termo α: α^2 em (7.33) e α em (7.40). Ora, como $\alpha < 1$ é evidente que a solução competitiva proporciona uma taxa de crescimento da economia inferior para todo o τ. A razão intuitiva para este facto já foi adiantada anteriormente: ao tomar decisões de investimento, os agentes privados consideram o rendimento líquido depois de impostos. Como o rendimento líquido vem reduzido pelo facto de existir um imposto sobre o produto — recorde-se que $\tau_{\max} = 1-\alpha$ e, portanto, $1-\tau_{\max} = \alpha$ —, os agentes privados escolhem investir menos do que o ótimo — ou seja, menos que o planificador. A necessidade de financiar o gasto público com impostos faz com que a economia alcance um equilíbrio sub-ótimo.

Um aspeto que deve destacar-se nos resultados obtidos no presente capítulo é que o fornecimento de bens públicos afeta os incentivos para poupar e investir, dado que os impostos necessários para o seu financiamento introduzem distorções na taxa de rentabilidade do investimento. Este resultado é distinto do obtido no modelo de gastos públicos no contexto sem equilíbrio geral onde, recorde-se, os gastos públicos também afetam a taxa de crescimento. Nesse modelo introdutório, as famílias poupavam uma fração constante do rendimento disponível. Ao arrecadar impostos, o governo reduzia o rendimento disponível das famílias e, com isso, a poupança e o investimento. Observe-se que o impacto do governo na economia não decorria dos efeitos sobre os incentivos a investir, dado que a taxa de investimento era constante. Para ver este ponto, poderia substitui-se o imposto sobre o rendimento por um imposto de soma fixa. No contexto sem equilíbrio geral, a quantidade poupada seria a mesma porque o rendimento disponível não mudaria e as famílias poupariam a mesma fração do rendimento disponível, pelo que o investimento nacional não variaria. No presente caso, o produto marginal do capital depois de impostos seria superior com impostos de soma fixa. O investimento e, portanto, o crescimento seriam superiores com impostos de soma fixa. A razão está no facto dos impostos de soma fixa não reduzirem a rentabilidade marginal do investimento e, em consequência, não afetarem o investimento.

No modelo descrito, o bem público foi introduzido na função produção e isso deu lugar a um *trade-off* na taxa de crescimento: um maior gasto público favorece o crescimento porque o gasto é produtivo, mas reduz o crescimento porque os impostos necessários para financiamento reduzem a rentabilidade líquida.

Introduzindo bens públicos na função utilidade — em lugar da função produção — resultaria que uma maior quantidade desses bens iria reduzir a taxa de crescimento. A razão é simples: o benefício de um maior gasto público não estaria no aumento da produtividade das empresas, mas no aumento do bem-estar das famílias. O efeito prejudicial dos impostos continuaria a existir, pelo que um maior gasto público afetaria negativamente a taxa de crescimento económico. Tal não significa que o gasto público é prejudicial: haveria que comparar as perdas de utilidade derivadas de um menor crescimento com os ganhos em termos de utilidade derivados de uma maior quantidade de bens públicos.

CAPÍTULO 8
Acumulação de capital humano

Analisam-se agora modelos de crescimento endógeno com acumulação de capital humano. Trata-se de assumir que capital humano e capital físico são efetivamente bens distintos: não é possível transformar pessoas em capital físico — por exemplo, em fornos de produção de pão — e vice-versa. Por conseguinte, capital físico e humano são bens distintos produzidos por tecnologias distintas. Trata-se também de assumir que, adicionalmente ao progresso do conhecimento tecnológico (que será analisado com mais detalhe na secção seguinte), o crescimento económico é (ou pode ser) conduzido pela acumulação endógena de capital humano — i.e., quando os indivíduos melhoram as suas qualificações em resposta a incentivos, a produtividade agregada aumenta. Quando as decisões de aquisição de qualificações são incorporadas no modelo, a economia pode continuar a crescer mesmo que o nível de trabalho seja limitado (e mesmo sem progresso do conhecimento tecnológico).

A evidência empírica deste potencial mecanismo de crescimento foi apresentada por inúmeros autores; por exemplo, Romer (1990b), Barro (1991, 1999), Mankiw et al. (1992), Levine & Renelt (1992) e Barro & Sala-i Martin (2004). Estes autores geralmente concluem que o aumento no número de anos de escolaridade, que é tradicionalmente a principal medida empírica de capital humano, tem efeitos significativos positivos sobre o crescimento. Contudo, Benhabib & Spiegel (1994), por exemplo, observam que o crescimento económico está fortemente correlacionado com o nível de capital humano e não com mudanças no comportamento escolar; ou seja, segundo Benhabib & Spiegel (1994), o crescimento económico está relacionado com o nível e não com a acumulação de capital humano.

Os resultados empíricos podem, no entanto, ser distorcidos por uma série de fatores, como, por exemplo, erros de medida — e.g., Krueger & Lindahl (2001) —, o facto de alguns países, nomeadamente países em desenvolvimento, não serem considerados — e.g., Temple (1999) –, e a importância da população mais qualificada no setor público – e.g., Griliches (1997) e Pritchett (1999). Adicionalmente, algumas das estimações com dados em painel, considerando em conjunto diferenças ao longo do tempo e entre países, são compatíveis com a existência de uma relação negativa entre crescimento e capital humano – e.g., De Gregorio (1992), Knight et al. (1993), Islam (1995) e Caselli et al. (1996).

Outra potencial fonte de distorção dos resultados empíricos decorre da complexidade do papel do capital humano na produção. Benhabib & Spiegel (1994) e Engelbrecht (1997) obtiveram melhorias com a consideração de (novas) variáveis de aprendizagem e a interação entre níveis de conhecimento tecnológico e capital humano. Complexidade adicional resulta do próprio processo educacional, que converte dotações de trabalho em capital humano. Muitos autores enfatizam, com particular relevância para os países em desenvolvimento, outros modos de educação para além da escola, especialmente *on-the-job-training* (OJT) — e.g., Bartel & Lichtenberg (1987), Mincer (1993, 1994) e Bartel & Sicherman (1998).

A nível teórico, Lucas Jr (1988, 1993) propôs uma análise seminal de crescimento endógeno baseado na acumulação de capital humano e foi seguido por, por exemplo, Becker et al. (1990) e Stokey (1991). Em particular, relativamente aos novos países industrializados, Lucas Jr (1993) enfatizou a importância da acumulação do capital humano no trabalho, com um modelo em que o OJT é melhorado com a contínua introdução de novas linhas de produtos. Mincer (1993, 1994) explorou essas ideias, considerando explicitamente que o OJT, ao contrário do *learning-by-doing*, é custoso e depende das decisões dos indivíduos em interação com outras decisões económicas. De acordo com Mincer, pode afirmar-se que o custo de oportunidade do OJT corresponde ao salário perdido enquanto se adquire capital humano com cursos de formação técnicos e profissionais relacionados com o trabalho específico em escolas especializadas. Há, pois, três canais principais através dos quais se pode adquirir capital humano: (i) educação escolar; (ii) *learning-by-doing* no trabalho; e (iii) *on-the-job-training* via cursos de especialização sobre o trabalho efetuado.

Relativamente à heterogeneidade do capital humano, alguma literatura recente preocupada com a direção do progresso do conhecimento tecnológico e a desigualdade salarial (ponto analisado na parte final do livro) divide os trabalhadores em dois grupos heterogéneos, qualificados e não-qualificados — e.g., Kiley (1999), Thesmar & Thoenig (2000) e Acemoglu & Zilibotti (2001).

De seguida serão apresentadas duas análises simples. Na secção seguinte enfatiza-se o papel da educação escolar e depois, na secção 8.2, a acumulação com *learning-by-doing*. O capítulo termina na secção 8.3 com algumas considerações adicionais.

8.1 Modelo de Uzawa-Lucas: o papel da educação

Os primeiros esforços que consideraram o capital humano em modelos dinâmicos tiveram pouco sucesso na explicação do crescimento perpétuo — veja-se, por exemplo, os casos de Razin (1972a,b) e Findlay & Kierzkowski (1983). Para obter crescimento perpétuo, Uzawa (1965) propôs o crescimento do nível de conhecimento dos trabalhadores ao longo do tempo e Lucas Jr (1988) alargou essa ideia. Trata-se agora de apresentar uma versão simplista desses modelos.

8.1.1. Sem equilíbrio geral

Tomando, como primeira abordagem ao problema, um cenário de ausência de equilíbrio geral, considere-se, à luz do que já se referiu, que h representa o nível médio de capital humano em cada momento do tempo correspondente ao conhecimento geral disponível. Os indivíduos, possuidores deste conhecimento geral, podem adquirir uma maior quantidade via educação.

Para além do lazer, considera-se que cada indivíduo é dotado com uma unidade de tempo. A fração de tempo u é gasta com educação e a restante $1-u$ é despendida com trabalho. A acumulação de capital humano depende positivamente do montante de tempo gasto com educação e do nível de capital humano detido. Por simplicidade, assume-se que não existe depreciação do capital humano. Ou seja, postula-se que o capital humano cresce de acordo com a seguinte função:

$$\dot{h} = hg(u), \tag{8.1}$$

em que $g'(u) > 0$. Note-se que h corresponde ao *stock* médio de capital humano e ao *stock* de capital humano que cada indivíduo adquire via educação no período seguinte.

Tomando o capital humano e físico existentes como dados, os indivíduos escolhem u de modo a maximizar a sua utilidade — normalmente dependente do consumo intertemporal — e tendo em conta a restrição orçamental — variação do rendimento depende positivamente do rendimento obtido com ativos financeiros (propriedade de empresas existentes) e do rendimento do trabalho e depende negativamente do consumo — e a condição (8.1). Depois de um indivíduo acumular capital humano, o novo nível de conhecimento fica imediatamente disponível para todos os indivíduos.

Na presença de capital humano, uhH corresponde às unidades de eficiência do trabalho disponíveis e $L = hH$. Neste caso, a função produção (3.1) reduz-se a:

$$Y = AK^{\alpha}(uhH)^{1-\alpha} \tag{8.2}$$

e, em termos *per capita* (i.e., o rácio entre *Y* e o número de trabalhadores *H*):

$$\begin{aligned} y &= \frac{Y}{H} = \frac{AK^{\alpha}(uhH)^{1-\alpha}}{H} \\ &= AK^{\alpha}u^{1-\alpha}h^{1-\alpha}H^{-\alpha} \\ &= A\left(\frac{K}{H}\right)^{\alpha}u^{1-\alpha}h^{1-\alpha} \\ &= u^{1-\alpha}h^{1-\alpha}Ak^{\alpha}, \end{aligned} \tag{8.3}$$

com k a representar o rácio capital-trabalho por pessoa.

Ora, a partir de (8.3), a taxa de crescimento do *output per capita* vem dada por:

$$\widehat{y} = (1-\alpha)\widehat{u} + (1-\alpha)\widehat{h} + \widehat{A} + \alpha\widehat{k}, \tag{8.4}$$

i.e., a taxa de crescimento do *output per capita* depende da taxa de crescimento de u, *h*, *A*, e k.

Com $\widehat{A} = 0$ e com u constante no estado estacionário ($\widehat{\widetilde{u}} = 0$), a taxa de crescimento do capital humano $\widehat{\widetilde{h}} = g(\widetilde{u})$, em que $\widetilde{u}$ é o valor de u no estado estacionário — determinado endogenamente pelos indivíduos — desempenha um papel fundamental na taxa de crescimento de y. Por conseguinte, políticas ou fatores económicos que afetam u alteram a taxa de crescimento de longo prazo da economia.

Este modelo é muito mais rico que o neoclássico para explicar as diferenças de crescimento inter-países. Assim, dois países com o mesmo conhecimento tecnológico podem crescer a diferentes taxas no estado estacionário caso os indivíduos dos países afetem tempos distintos à educação.

Como informação adicional, diga-se ainda que o modelo de Uzawa-Lucas ou, mais genericamente, a consideração do motor educação foi estendido em diferentes direções. Entre as primeiras extensões destaque-se, por exemplo:

(i) Stokey (1991) desenvolve um modelo em que considera um *contínuum* de indivíduos com diferentes níveis de capital humano e um *contínuum* de produtos com diferentes qualidades. As empresas são competitivas e empregam indivíduos com maiores níveis de capital humano para produzir produtos de melhor qualidade.

(ii) Grossman & Helpman (1991a) endogeneizam a determinação da educação na presença de inovação. No seu modelo, o crescimento é conduzido não pela educação mas sim pela inovação, e é mostrado que um aumento na fração de trabalhadores qualificados afeta positivamente a taxa de inovação e, por conseguinte, a taxa de crescimento.

(iii) Eicher (1996) considera explicitamente um setor de educação, que, para além de permitir a acumulação de capital humano, gera também *spillovers* tecnológicos. Mostra que taxas superiores de progresso tecnológico e de crescimento podem ser acompanhadas por maiores salários relativos e menor oferta relativa de trabalho qualificado.

(iv) O modelo de Uzawa-Lucas (e muitas das suas extensões) assume que o único custo da educação é o custo de oportunidade do tempo gasto em educação. Shea & Woodfield (1996) e Eicher (1996), por exemplo, consideram um setor de educação que leva em conta que os estudantes são educados por professores. Galor & Stark (1994) assumem explicitamente que o investimento em capital humano requer recursos reais. Em Bond et al. (1996) são desenvolvidos modelos com um setor de educação com capital físico e tempo de trabalho no processo produtivo.

8.1.2 Com equilíbrio geral

Considerando agora uma análise mais detalhada de um cenário de equilíbrio geral, pode começar por referir-se que o produto final, resultante da combinação de capital físico e humano, pode ser consumido ou transformado em capital físico. Assim:

$$\dot{K} = AK_Y^{\alpha}\left(uhH\right)^{1-\alpha} - C - \delta_K K, \tag{8.5}$$

em que K_Y é o capital físico usado na produção do bem final *Y*. Por outro lado, considere-se que a produção e acumulação de capital humano decorrem da utilização de capital físico e humano e que a tecnologia para obtenção do capital humano é diferente da usada para obter produto final:

$$\dot{(hH)} = BK_h^{\eta}\left[\left(1-u\right)hH\right]^{1-\eta} - \delta_h\left(hH\right), \tag{8.6}$$

em que K_h é o *stock* de capital físico utilizado na produção de capital humano.

Ao contrário do conhecimento tecnológico que pode ser usado em mais do que um local ao mesmo tempo, o capital humano é um bem rival, pelo que não pode ser usado simultaneamente no setor de bens finais e no setor de educação, daí que em (8.5) e (8.6) se tenha considerado uhH e $(1-u)hH$, respetivamente (assim como K_Y e K_h, respetivamente). Dado que o capital — físico e humano — apenas se utiliza nos dois setores — produto final e educação — pode referir-se que $K = K_Y + K_h$ e $hH = uhH + (1-u)hH$.

Considerando que o setor de educação é relativamente mais intensivo em capital humano, então $\alpha > \eta$. Uzawa e Lucas levaram esta condição ao extremo ao supor que o setor de educação utiliza apenas capital humano como *input*; ou seja, $\alpha > \eta = 0$. Neste contexto, $K = K_Y$ e (8.5) e (8.6) podem escrever-se:

$$\dot{K} = AK^{\alpha}(uhH)^{1-\alpha} - C - \delta_K K, \tag{8.7}$$

e

$$(\dot{hH}) = B(1-u)hH - \delta_h(hH). \tag{8.8}$$

Finalmente, podem escrever-se as equações de acumulação em termos *per capita*, dividindo (8.7) e (8.8) por *H*. De seguida, tendo em conta as definições do *stock* de capital humano per pessoa, $h \equiv \frac{L}{H}$, e do *stock* de capital físico por pessoa, $k \equiv \frac{K}{H}$, pode escrever-se que $\dot{h} = \frac{\dot{L}H - \dot{H}L}{H^2} = \frac{\dot{L}}{H} - nh$ e $\dot{k} = \frac{\dot{K}H - \dot{H}K}{H^2} = \frac{\dot{K}}{H} - nk$, respetivamente. Utilizando estas duas condições e (8.7) e (8.8) resulta:

$$\begin{aligned}\frac{\dot{K}}{H} &= \frac{AK^{\alpha}(uhH)^{1-\alpha}}{H} - \frac{C}{H} - \frac{\delta_K K}{H} \\ &\Leftrightarrow \dot{k} = Ak^{\alpha}(uh)^{1-\alpha} - c - (\delta_K + n)k\end{aligned} \tag{8.9}$$

$$\begin{aligned}\frac{(\dot{hH})}{H} &= \frac{B(1-u)hH}{H} - \frac{\delta_h(hH)}{H} \\ &\Leftrightarrow \dot{h} + nh = B(1-u)h - \delta_h h \text{ pois } \frac{(\dot{hH})}{H} = \frac{\dot{L}}{H} \\ &\Leftrightarrow \dot{h} = B(1-u)h - (\delta_h + n)h.\end{aligned} \tag{8.10}$$

Como habitualmente, a taxa efetiva de depreciação das variáveis em termos *per capita* inclui o termo n, que incorpora o facto do aumento da população reduzir a quantidade do capital físico e humano por pessoa.

Descritas as funções de acumulação dos dois tipos de capital, o resto do modelo é idêntico aos modelos já descritos com equilíbrio geral. Em suma, os indivíduos decidem a trajetória temporal do consumo, c, e a fração do tempo que dedicam a cada um dos setores, u e $(1-u)$, com o objetivo de maximizar a função utilidade intertemporal habitual:

$$\max U(0) = \int_0^{\infty} e^{-(\rho-n)t} \left(\frac{c(t)^{1-\theta} - 1}{1-\theta} \right) dt$$

tendo em conta as restrições (8.9) e (8.10). Ao procederem deste modo, os indivíduos tomam como dados os valores iniciais, $k(0) > 0$ e $h(0) > 0$.

Do ponto de vista matemático, a diferença fundamental entre esta análise e a que se realizou até ao momento reside no facto de que agora há duas restrições dinâmicas e duas variáveis de controlo, c e u. Por este motivo, ao construir o Hamiltoniano há que incluir dois preços implícitos:

$$\begin{aligned} H(.) &= e^{-(\rho-n)t} \left(\frac{c(t)^{1-\theta} - 1}{1-\theta} \right) + \\ & \nu(t) \left[A k^{\alpha} (uh)^{1-\alpha} - c - (\delta_K + n) k \right] + \\ & \lambda(t) \left[B(1-u) h - (\delta_h + n) h \right] \end{aligned} \tag{8.11}$$

sendo ν e λ, precisamente, os preços implícitos ou preços sombra do investimento em capital físico e em capital humano, respetivamente. Antes de derivar as condições de primeira ordem deve realçar-se que as variáveis de controlo são o consumo, c, e a fração do capital humano utilizada na produção do *output* final, u, e as variáveis estado são o *stock* de capital físico, k, e o *stock* de capital humano, h.[46] As condições de primeira ordem para este problema são então:

$$\frac{\partial H(.)}{\partial c} = 0 \Longleftrightarrow e^{-(\rho-n)t} c^{-\theta} = \nu \tag{8.12}$$

[46] Recorde-se que é importante saber quais são as variáveis de controlo e de estado já que as condições de primeira ordem para as primeiras requerem que a derivada do Hamiltoniano seja igual a zero e para as segundas a derivada do Hamiltoniano seja igual a menos a derivada relativamente ao tempo do seu preço sombra.

$$\frac{\partial H(.)}{\partial u} = 0 \Longleftrightarrow \nu (1-\alpha) A k^{\alpha} u^{-\alpha} h^{1-\alpha} = \lambda B h \tag{8.13}$$

$$\frac{\partial H(.)}{\partial k} = -\dot{\nu} \Longleftrightarrow -\dot{\nu} = \nu \left[A\alpha k^{\alpha-1} (uh)^{1-\alpha} - (\delta_K + n) \right] \tag{8.14}$$

$$\frac{\partial H(.)}{\partial h} = -\dot{\lambda} \Longleftrightarrow -\dot{\lambda} = \nu \left[A k^{\alpha} u^{1-\alpha} (1-\alpha) h^{-\alpha} \right] + \lambda \left[B(1-u) - (\delta_h + n) \right] \tag{8.15}$$

$$\lim_{t\to\infty} k(t)\,\nu(t) = 0 \text{ e } \lim_{t\to\infty} h(t)\,\lambda(t) = 0. \tag{8.16}$$

As duas primeiras equações são as condições de primeira ordem relativamente às variáveis de controlo; as duas equações seguintes incluem as condições de primeira ordem relativamente às variáveis estado. A última equação incorpora as duas condições de transversalidade. Por simplificação, suponha-se que as taxas de depreciação dos dois tipos de capital são idênticas, $\delta = \delta_K = \delta_h$. Como habitualmente, a equação dinâmica do consumo obtém-se tomando logaritmos e derivadas de (8.12)

$$\frac{\dot{c}}{c} = \frac{1}{\theta} \left(\frac{-\dot{\nu}}{\nu} - (\rho - n) \right) \tag{8.17}$$

e tendo em conta (8.14) resulta:

$$\frac{\dot{c}}{c} = \frac{1}{\theta} \left[A\alpha k^{\alpha-1} (uh)^{1-\alpha} - (\delta + \rho) \right]. \tag{8.18}$$

Este resultado é semelhante ao obtido em casos anteriores: a taxa de crescimento do consumo depende do produto marginal do capital físico. A diferença é que este produto marginal não depende apenas do *stock* de capital físico; depende também do capital humano e da fração que se usa no setor de produção final, o que complica a solução do modelo. Dadas as complicações algébricas da solução, segue-se Lucas Jr (1988) e resolve-se o modelo apenas no estado estacionário. Recorde-se que neste estado, todas as variáveis crescem a um ritmo constante. A taxa de crescimento de estado estacionário de c, k e h não é desconhecida. Sabe-se que a taxa de crescimento de u deve ser zero, já que u é uma fração que deve permanecer entre zero e um, pelo que, no estado estacionário, deve ser constante — denote-se por $\widetilde{u}$. Colocando todas as constantes de (8.18) no primeiro membro da equação, obtém-se:

$$\frac{\theta\frac{\dot{c}}{c}+\delta+\rho}{A\alpha\widetilde{u}^{1-\alpha}}=k^{\alpha-1}h^{1-\alpha}. \tag{8.19}$$

Tomando logaritmos de ambos os lados e derivando em ordem ao tempo, obtém-se $0=(\alpha-1)\frac{\dot{\widetilde{k}}}{\widetilde{k}}+(1-\alpha)\frac{\dot{\widetilde{h}}}{\widetilde{h}}$. Observe-se que tal implica que as taxas de crescimento do capital físico e do capital humano são idênticas:

$$\frac{\dot{\widetilde{k}}}{\widetilde{k}}=\frac{\dot{\widetilde{h}}}{\widetilde{h}}. \tag{8.20}$$

No estado estacionário, os dois *stocks* de capital crescem à mesma taxa, sendo portanto a proporção $\frac{\widetilde{h}}{\widetilde{k}}$ constante. Dividindo a restrição dinâmica da acumulação de capital físico (8.9) por k, obtém-se a equação dinâmica do capital:

$$\frac{\dot{k}}{k}=Ak^{\alpha-1}(uh)^{1-\alpha}-\frac{c}{k}-(\delta+n). \tag{8.21}$$

Colocando os termos que, no estado estacionário, são constantes no segundo membro da equação e os outros no primeiro, pode escrever-se:

$$\frac{\widetilde{c}}{\widetilde{k}}=A\widetilde{u}^{1-\alpha}\left(\frac{\widetilde{h}}{\widetilde{k}}\right)^{1-\alpha}-(\delta+n)-\frac{\dot{k}}{k}. \tag{8.22}$$

Assim, no estado estacionário a proporção $\frac{\widetilde{c}}{\widetilde{k}}$ deve ser constante, pelo que as taxas de crescimento de $\widetilde{c}$ e $\widetilde{k}$ devem ser iguais e, como resulta de (8.20), ambas devem ser iguais à taxa de crescimento de $\widetilde{h}$:

$$\frac{\dot{\widetilde{k}}}{\widetilde{k}}=\frac{\dot{\widetilde{h}}}{\widetilde{h}}=\frac{\dot{\widetilde{c}}}{\widetilde{c}}. \tag{8.23}$$

Considerando (8.4), $\widehat{y}=(1-\alpha)\widehat{u}+(1-\alpha)\widehat{h}+\widehat{A}+\alpha\widehat{k}$, e tendo em conta que $\widehat{A}=\widehat{\widetilde{u}}=0$, $\widehat{\widetilde{k}}=\widehat{\widetilde{h}}$, resulta que $\widehat{\widetilde{k}}=\widehat{\widetilde{h}}=\widehat{\widetilde{c}}=\widehat{\widetilde{y}}$. Em suma, bastará falar numa destas taxas de crescimento para solucionar o modelo; por isso, multiplique-se ambos os membros de (8.13) por u e reescreva-se:

$$\nu(1-\alpha)Ak^{\alpha}u^{1-\alpha}h^{-\alpha}=\lambda Bu. \tag{8.24}$$

Como no estado estacionário os valores de u e de $\frac{k}{h}$ são constantes, todos os termos de (8.24) são constantes, à exceção dos preços implícitos ν e λ. Assim, logaritmizando e derivando em ordem ao tempo, os preços devem crescer à mesma taxa:

$$\frac{\dot{\widetilde{\nu}}}{\widetilde{\nu}} = \frac{\dot{\widetilde{\lambda}}}{\widetilde{\lambda}}. \tag{8.25}$$

Finalmente, pode observar-se que o termo da esquerda de (8.24) é idêntico ao primeiro termo da direita de (8.15). Substituindo (8.24) em (8.15), resulta:

$$\begin{aligned} \lambda B\widetilde{u} + \lambda\left[B\left(1-\widetilde{u}\right) - (\delta+n)\right] &= -\dot{\widetilde{\lambda}} \\ \widetilde{\lambda}B - \widetilde{\lambda}\left(\delta+n\right) &= -\dot{\widetilde{\lambda}} \\ -\frac{\dot{\widetilde{\lambda}}}{\widetilde{\lambda}} &= B-\delta-n. \end{aligned} \tag{8.26}$$

Como, de acordo com (8.25), os preços implícitos crescem ao mesmo ritmo e, de acordo com (8.17), a taxa de crescimento económico depende da taxa de crescimento de $\frac{\dot{\nu}}{\nu}$, a taxa de crescimento de estado estacionário de de c (k, h e y) vem:

$$\frac{\dot{\widetilde{y}}}{\widetilde{y}} = \frac{\dot{\widetilde{k}}}{\widetilde{k}} = \frac{\dot{\widetilde{h}}}{\widetilde{h}} = \frac{\dot{\widetilde{c}}}{\widetilde{c}} = \frac{1}{\theta}\left(B-\delta-\rho\right). \tag{8.27}$$

A taxa de crescimento no longo prazo é semelhante à obtida com os modelos AK, mas o parâmetro de produtividade que afeta o crescimento económico no longo prazo é não o do setor final mas sim o do setor educativo, B. A razão está no facto do setor educativo não usar capital físico, sendo a função produção de educação linear no capital humano. Ou seja, introduziu-se o pressuposto AK (ou, para ser mais preciso, introduziu-se o pressuposto Bh) na função produção de $\dot{h}$ e, portanto, não é surpreendente o resultado alcançado.

Desejando saber-se a fração de capital humano utilizada no setor final, divida-se a restrição (8.10) por h

$$\frac{\dot{h}}{h} = B\left(1-u\right) - \left(\delta+n\right).$$

e resolva-se em ordem a u:

$$\widetilde{u} = 1 - \frac{\frac{\dot{\widetilde{h}}}{\widetilde{h}} + \delta + n}{B}.$$

Tendo em conta as restrições habituais dos parâmetros, $0 < \widetilde{u} < 1$ e $\frac{\dot{\widetilde{c}}}{\widetilde{c}} > 0$, enfrenta-se um problema conhecido: a utilidade pode chegar a ser infinita. Assim, há que limitar o valor da utilidade, o que exige que

$$\rho - n > (1 - \theta) \frac{\dot{\widetilde{c}}}{\widetilde{c}},$$

donde os parâmetros que determinam $\frac{\dot{\widetilde{c}}}{\widetilde{c}}$ são os descritos em (8.27).

Ao contrário do modelo AK, neste modelo há um período de transição. Contudo, essa dinâmica de transição é tão complexa que o próprio Lucas não a investigou no seu artigo original. A título de exemplo, Caballé & Santos (1993) demonstraram que, na ausência de externalidades, o modelo apresenta uma trajetória estável até um ponto de sela. No entanto, devido à complexidade dos argumentos matemáticos, o comportamento qualitativo das diferentes variáveis continuou sem ser explicado. Barro & Sala-i-Martin (2004) usaram argumentos gráficos para analisar a transição mas com $\eta = 0$. Mulligan & Sala-i-Martin (1993) utilizaram um método numérico denominado de "método de eliminação do tempo" para calcular o comportamento exato das diferentes variáveis ao longo da transição. Este método tem a vantagem de poder aplicar-se ao modelo de Uzawa-Lucas com ou sem externalidades e com valores de η positivos ou nulos. A desvantagem dos métodos numéricos decorre do facto de se obter um único resultado para cada conjunto de parâmetros considerados.

A economia do planificador central — Dado que o modelo considerado não possui externalidades e não há concorrência imperfeita, o objetivo do planificador é igual ao acabado de descrever. Assim, o Hamiltoniano é o anteriormente apresentado, as condições de primeira ordem e as soluções apresentadas também. Em suma, na ausência de "fracassos" de mercado a solução obtida com o equilíbrio descentralizado é ótima (de Pareto).

8.2 Crescimento com *learning-by-doing*

Outro canal através do qual o capital humano e o conhecimento tecnológico se acumulam é o *learning-by-doing*. Como Arrow (1962) descreveu: *Learning is the product of experience. Learning can only take place through the attemp to solve a problem and therefore only takes place during activity* (Arrow, 1962: pp. 155).

A experiência que um trabalhador adquire via aprendizagem aumenta a sua produtividade. Assim, dada a dotação de fatores, o conjunto/curva das possibilidades de produção expande-se com a aprendizagem. Esta acumulação de experiência é similar à acumulação de capital humano via educação, exceto quanto aos recursos despendidos. Os recursos gastos são naturalmente menores no caso do *learning-by-doing*, já que, neste caso, os trabalhadores não param de trabalhar. Inclusivamente, a acumulação de experiência poderá ser modelizada de modo a depender positivamente da intensidade do trabalho.

Na formalização do conceito de *learning-by-doing*, Arrow (1962) postulou que a produtividade de uma dada firma é uma função crescente do investimento acumulado na indústria (note-se que a indústria do bem *X* consiste na soma/consideração da(s) firma(s) produtora(s) do bem *X*). No seu modelo, contudo, a taxa de crescimento do produto converge para zero porque se assume que, para a economia como um todo, a produtividade marginal do capital eventualmente tende para zero.

Numa formulação alternativa, Lucas Jr (1988) evita a assunção dos retornos decrescentes de Arrow, e mostra como o crescimento de uma economia pode depender positivamente da taxa de acumulação do capital humano obtido por via do *learning-by-doing*. Outras formulações seminais de crescimento endógeno com *learning-by-doing* foram sugeridas por Stokey (1991) e Young (1991, 1993).

8.2.1 Sem equilíbrio geral

Um primeiro pressuposto fundamental desta análise é a existência de aprendizagem com a prática; o segundo é que o capital humano é um bem público, ou seja, um aumento de conhecimentos de uma empresa beneficia todas as demais empresas. Para mostrar como o *learning-by-doing* sustenta o crescimento, podemos continuar a usar a função produção Cobb-Douglas. Dado que neste caso os trabalhadores não gastam tempo com a aprendizagem:[47]

[47] Note-se que com $Y = AK^{\alpha}(hH)^{1-\alpha}$ há rendimentos constantes à escala:

$$\begin{aligned} y &= hAk^{\alpha}\text{, pois:} \\ Y &= AK^{\alpha}(hH)^{1-\alpha} \\ &\Rightarrow \frac{Y}{H} = \frac{AK^{\alpha}(hH)^{1-\alpha}}{H} \\ &\Rightarrow y = hA\left(\frac{K}{hH}\right)^{\alpha} \\ &\Rightarrow y = hAk^{\alpha} \end{aligned} \tag{8.28}$$

ou, em termos de taxa de crescimento,

$$\widehat{y} = \widehat{h} + \widehat{A} + \alpha\widehat{k}. \tag{8.29}$$

Assumindo de novo que não existe progresso do conhecimento tecnológico e tendo em consideração que no estado estacionário $\widehat{k} = 0$, a taxa de crescimento do *output per capita* depende da taxa de crescimento do capital humano.

Como Arrow (1962) sugere, a experiência que o trabalhador adquire via aprendizagem depende do montante de atividade. Contudo, assume-se que a aprendizagem ocorre acidentalmente e que os indivíduos não tomam em consideração as decisões quanto ao consumo ou quanto à afetação de tempo.

Considere-se, por exemplo, que o *stock* de capital humano é uma função positiva da variável Z, que é um índice da experiência acumulada; i.e.,

$$h = g(Z), \tag{8.30}$$

em que $g'(Z) > 0$. Em termos de taxas de crescimento, (8.30) vem

$$\widehat{h} = \epsilon_g \widehat{Z}, \tag{8.31}$$

em que ϵ_g é a elasticidade da função $g(.)$. Neste caso, é requerido que o termo $\epsilon_g \widehat{Z}$ seja endogenamente determinado e que permaneça constante na trajetória de crescimento

---

$$A(\lambda K)^{\alpha}(h\lambda H)^{1-\alpha} = \lambda AK^{\alpha}(hH)^{1-\alpha} = \lambda Y,$$

mas com acumulação (endógena) de h pode dizer-se que a função produção passa a ser caracterizada por retornos crescentes:

$$A(\lambda K)^{\alpha}(\lambda h\lambda H)^{1-\alpha} = \lambda\lambda^{1-\alpha}AK^{\alpha}(hH)^{1-\alpha} = \lambda^{2-\alpha}Y$$

e $2 - \alpha > 1$.

equilibrado. Apresentam-se agora três formas de especificar Z que asseguram constância na trajetória de crescimento equilibrado.

A primeira é devida a Lucas Jr (1988, 1993). Suponha-se que o capital humano inicial é h_0. Seja Z o capital humano acumulado e

$$g(Z) = a \int_0^t uhdv, \tag{8.32}$$

em que $0 < a,\ u < 1$. A variável u representa a fração de tempo que o trabalhador representativo gasta no trabalho[48] e é determinada endogenamente. O parâmetro a representa a unidade de eficiência do trabalho.

De acordo com a equação (8.32), a taxa de crescimento do capital humano é igual a au $(\dot{h} = auh \Rightarrow \widehat{h} = au)$. Assim, a equação (8.32) implica que a taxa de crescimento do capital humano é proporcional ao montante de tempo que os indivíduos gastam a produzir o bem: quanto mais tempo gastam na produção do bem, mais rapidamente crescem o capital humano e o *output per capita*.

No estado estacionário, u é constante e, por conseguinte, a taxa de crescimento do capital humano e do *output per capita* na ausência do progresso tecnológico é igual a au.

Uma segunda forma de modelizar a acumulação do capital humano é assumir que Z é o *output* acumulado:

$$g(Z) = a \int_0^t Y\, d\tau, \tag{8.33}$$

em que $a > 0$ é um parâmetro e Y é o nível de *output*. A expressão (8.33) implica que o nível corrente de capital humano depende da experiência acumulada que, por sua vez, é representada pelo nível de *output* acumulado. Das expressões (8.28) e (8.33) resulta:

---

[48] O resto do tempo pode ser gasto em lazer. No modelo de Lucas Jr (1988) há dois setores e u_i é a fração de tempo que o trabalhador gasta a trabalhar no setor i.

$$\begin{aligned}
\dot{h} &= aY = aAK^{\alpha}(hH)^{1-\alpha} \\
\dot{h} &= aAk^{\alpha}(hH)^{1-\alpha}(hH)^{\alpha} \\
\dot{h} &= aAk^{\alpha}hH \\
\widehat{h} &= aAk^{\alpha}H.
\end{aligned} \tag{8.34}$$

Ora, na ausência de progresso tecnológico ou de crescimento da população, a taxa de crescimento do capital humano e do *output per capita* no estado estacionário é igual a $aA\widetilde{k}^{\alpha}H$, em que $\widetilde{k}$ é o rácio capital-trabalho no estado estacionário.[49]

A terceira forma decorre muito diretamente da análise de Arrow (1962), já que este autor considerava que uma boa medida de aumento da experiência era o investimento. Tal implica que o índice de experiência seja o investimento acumulado ou, o que é o mesmo, o *stock* de capital:

$$g(Z) = \int_0^t I(s)\, ds = K. \tag{8.35}$$

A expressão (8.35) indica que $h = K \Leftrightarrow \widehat{h} = \widehat{K}$. Na ausência de progresso tecnológico ou de crescimento da população, a taxa de crescimento do capital humano e do *output per capita* no estado estacionário é igual a $\widehat{K}$.

8.2.2. Com equilíbrio geral

Solução de mercado competitivo — Ao maximizar benefícios, as empresas tomam h como um dado, pelo que das condições de primeira ordem resulta:

$$\alpha h A k^{\alpha-1} = r + \delta. \tag{8.36}$$

O resto do modelo de mercado inclui consumidores idênticos aos descritos no âmbito do modelo de Ramsey-Cass-Koopmans. Sem necessidade de nova derivação, as condições de otimalidade requerem:

[49] Note-se que caso a taxa de crescimento da população seja positiva, a taxa de crescimento do capital humano dada por (8.34) não será constante. Neste caso, para se ter uma taxa de crescimento do capital humano constante, pode assumir-se que Z é uma função positiva do *output per capita*.

$$\frac{\dot{c}}{c} = \frac{1}{\theta}(r - \rho). \tag{8.37}$$

Como sempre, a taxa de juro de equilíbrio das empresas e dos consumidores deve ser idêntica, pelo que pode substituir-se r de (8.36) em (8.37) para obter:

$$\frac{\dot{c}}{c} = \frac{1}{\theta}\left(\alpha h A k^{\alpha-1} - \delta - \rho\right). \tag{8.38}$$

Utilizando a metodologia já desenvolvida e que consiste em partir de $\frac{\dot{k}}{k} = y - \frac{c}{k} - \delta - n \Leftrightarrow \frac{\dot{k}}{k} = hAk^{\alpha} - \frac{c}{k} - \delta - n$ pode obter-se a taxa de crescimento do *stock* de capital que, estando dependente de h, acaba por depender da forma como a acumulação do capital humano via *learning-by-doing* é modelada. De seguida, tendo em conta (8.29), pode obter-se a taxa de crescimento de y.

Assim, pode dizer-se que (8.38) é um resultado semelhante ao obtido em casos anteriores, com a taxa de crescimento do consumo a depender do produto marginal do capital físico. À semelhança do caso anterior com educação, o produto marginal do capital físico depende de k e h. Colocando todas as constantes de (8.14) no primeiro membro da equação, obtém-se:

$$\frac{\theta\frac{\dot{c}}{c} + \delta + \rho}{\alpha A} = hk^{\alpha-1}. \tag{8.39}$$

Resolvendo para o estado estacionário, tome-se logaritmos de ambos os lados e derive-se em ordem ao tempo. Obtém-se $0 = \frac{\dot{\tilde{h}}}{\tilde{h}} + (\alpha - 1)\frac{\dot{\tilde{k}}}{\tilde{k}}$. Tal implica que as taxas de crescimento do capital físico e do capital humano se relacionem do seguinte modo:

$$(1-\alpha)\frac{\dot{\tilde{k}}}{\tilde{k}} = \frac{\dot{\tilde{h}}}{\tilde{h}}. \tag{8.40}$$

Dividindo a restrição dinâmica do capital físico (8.43) por k, obtém-se a equação dinâmica do capital:

$$\frac{\dot{k}}{k} = hAk^{\alpha-1} - \frac{c}{k} - (\delta + n). \tag{8.41}$$

Logaritmizando e derivando em ordem ao tempo (8.41) resulta, no estado estacionário:

$$\begin{aligned} 0 &= \frac{\dot{\tilde{h}}}{\tilde{h}} + (\alpha - 1)\frac{\dot{\tilde{k}}}{\tilde{k}} - \frac{\dot{\tilde{c}}}{\tilde{c}} + \frac{\dot{\tilde{k}}}{\tilde{k}} \\ &\Rightarrow \frac{\dot{\tilde{c}}}{\tilde{c}} = \frac{\dot{\tilde{k}}}{\tilde{k}} \text{ tendo em conta (8.40)} \end{aligned} \tag{8.42}$$

Tendo em conta (8.29) e (8.40), $\hat{\tilde{y}} = \hat{\tilde{h}} + \hat{\tilde{A}} + \alpha\hat{\tilde{k}} = (1-\alpha)\hat{\tilde{k}} + \alpha\hat{\tilde{k}} = \hat{\tilde{k}} = \hat{\tilde{c}}$.

Solução das famílias produtoras — As famílias maximizam a utilidade tradicional

$$\max U(0) = \int_0^{\infty} e^{-(\rho - n)t} \left(\frac{c(t)^{1-\theta} - 1}{1-\theta} \right) dt$$

tendo em conta a restrição de recursos que sustenta que a produção deve repartir-se entre consumo e investimento bruto e em que o investimento bruto é igual a investimento líquido, $\dot{k}$, mais depreciação, $(\delta + n)\,k$:

$$\dot{k} = hAk^{\alpha} - c - (\delta + n)\,k \tag{8.43}$$

Na momento de decidir, as famílias produtoras tomam h como um dado. Para resolver o problema, constrói-se o respetivo Hamiltoniano:

$$H(.) = e^{-(\rho - n)t} \left(\frac{c(t)^{1-\theta} - 1}{1-\theta} \right) + \nu(t)\left[hAk^{\alpha} - c - (\delta + n)\,k\right] \tag{8.44}$$

e as condições de primeira ordem são:

$$\frac{\partial H(.)}{\partial c} = 0 \Longleftrightarrow e^{-(\rho - n)t} c(t)^{-\theta} = \nu(t) \tag{8.45}$$

$$\frac{\partial H(.)}{\partial k} = -\dot{\nu}(t) \Longleftrightarrow -\dot{\nu}(t) = \nu(t)\left(\alpha hAk^{\alpha - 1} - (\delta + n)\right) \tag{8.46}$$

$$\lim_{t \to \infty} k(t)\,\nu(t) = 0. \tag{8.47}$$

Tomando logaritmos e derivadas de (8.45) e substituindo em (8.46), resulta:

$$\frac{\dot{c}}{c} = \frac{1}{\theta}\left(\alpha h A k^{\alpha-1} - \delta - \rho\right) \tag{8.48}$$

que é exatamente igual a (8.38); ou seja, a solução das famílias produtoras é exatamente igual à solução de equilíbrio de mercado competitivo.

Solução do planificador central — Como se sabe, para analisar a otimalidade da solução de mercado competitivo é necessário derivar qual seria o comportamento de um hipotético planificador que apenas tivesse uma restrição de recursos e que, além disso, tivesse em conta todos os efeitos — internos e externos — existentes na economia. Em particular, o planificador central confrontado com a função produção (8.28) terá em conta o facto de que, quando uma empresa investe, aumenta a quantidade de conhecimentos à disposição de todas as outras. Por outras palavras, o planificador maximizará a função utilidade tradicional, sujeito à restrição de recursos (8.43) e tendo em conta o valor de h. Assim, por exemplo, no caso em que $h = K$, a restrição efetiva do planificador viria:

$$\begin{aligned} \dot{k} &= hAk^{\alpha} - c - (\delta + n)\, k \\ \dot{k} &= KAk^{\alpha} - c - (\delta + n)\, k \text{ e como } K = khH \\ \dot{k} &= hHAk^{1+\alpha} - c - (\delta + n)\, k. \end{aligned} \tag{8.49}$$

O Hamiltoniano deste problema é:

$$H(.) = e^{-(\rho-n)t}\left(\frac{c(t)^{1-\theta} - 1}{1-\theta}\right) + \nu(t)\left[hHAk^{1+\alpha} - c - (\delta + n)\, k\right] \tag{8.50}$$

e as condições de primeira ordem são:

$$\frac{\partial H(.)}{\partial c} = 0 \Longleftrightarrow e^{-(\rho-n)t} c(t)^{-\theta} = \nu(t) \tag{8.51}$$

$$\frac{\partial H(.)}{\partial k} = -\dot{\nu}(t) \Longleftrightarrow -\dot{\nu}(t) = \nu(t)\left[(1+\alpha)hHAk^{\alpha} - (\delta + n)\right] \tag{8.52}$$

$$\lim_{t\to\infty} k(t)\, \nu(t) = 0. \tag{8.53}$$

Efetuando as operações habituais, resulta que a taxa de crescimento do consumo de uma economia regida por um planificador central vem dada por:

$$\left(\frac{\dot{c}}{c}\right)_{Planificador} = \frac{1}{\theta}\left[(1+\alpha)hHAk^{\alpha} - \delta - \rho\right]. \tag{8.54}$$

Comparando (8.54) com (8.38) ou (8.48) e tendo em conta para estes casos que $h = K$, tem-se:

$$\begin{aligned}\frac{\dot{c}}{c} &= \frac{1}{\theta}\left(\alpha hAk^{\alpha-1} - \delta - \rho\right)\\ &= \frac{1}{\theta}\left(\alpha khHAk^{\alpha-1} - \delta - \rho\right)\\ &= \frac{1}{\theta}\left(\alpha hHAk^{\alpha} - \delta - \rho\right)\end{aligned}$$

versus

$$\left(\frac{\dot{c}}{c}\right)_{Planificador} = \frac{1}{\theta}\left[(1+\alpha)hHAk^{\alpha} - \delta - \rho\right].$$

Ora, como $(1+\alpha) > \alpha$, o planificador alcança uma taxa superior à de mercado; assim, pode afirmar-se que a taxa que o mercado alcança quando se deixa em liberdade é sub-ótima. Tal deve-se ao facto de o planificador internalizar a externalidade; ou seja, o planificador toma em consideração o facto de que quando há investimento individual em capital humano, aumenta o volume agregado de conhecimento (i.e., capital humano), o que faz aumentar a produtividade do resto dos agentes da economia. Na solução de mercado competitivo, as empresas não internalizam essa externalidade, pelo que percebem uma rentabilidade inferior. Ao realizar investimentos em função da taxa de rentabilidade percebida, decidem investir menos do que o ótimo, e é por isso que a taxa de crescimento do consumo na situação de mercado competitivo é inferior à ótima.

8.3. Outras considerações

Apesar do sucesso na endogeneização da taxa de crescimento e aparente relevância empírica de fenómenos de aprendizagem com a prática,[50] as formulações de *learning-by-doing* apresentam algumas fraquezas.

Por exemplo, é mais ou menos consensual que a curva de aprendizagem de um indivíduo aumenta rapidamente no início, mas que depois diminui. Arrow (1962) foi sensível a esse facto. O mesmo argumento foi usado por Lucas Jr (1988), mas sem que tenha explicitado a emergência contínua de novos bens. Stokey (1988) e Young (1991, 1993) assumem que há retornos decrescentes no *learning-by-doing* com respeito a um dado bem, mas que podem ser evitados devido à emergência de novos bens. Quer Stokey quer Young adotam o modelo em que há um conjunto infinito contínuo de bens produzíveis, mas que apenas um conjunto finito de bens é produzido em cada momento do tempo.

Os modelos de crescimento induzido pelo *learning-by-doing* incorporam efeitos de escala. Ou seja, um país ou uma indústria de maior dimensão experimenta maiores taxas de crescimento — e.g., Backus et al. (1992). No caso anterior — equação (8.34) — a taxa de crescimento no estado estacionário era $aA\widetilde{k}^{\alpha}H$. Suponha-se que o número de trabalhadores era duas vezes maior (ou que duplicava o número de trabalhadores; ou seja, que em vez de H se tinha $2H$), então a taxa de crescimento duplicava. A existência de efeitos de escala é um fenómeno pouco confortável para estes modelos.

De facto, a evidência empírica — evolução temporal para um país ou num dado período de tempo para vários países — sugere que os efeitos de escala devem ser removidos (e.g., Jones (1995b,a)). Por exemplo, a taxa de crescimento dos EUA não cresce ao longo do tempo com a sua população, e países como a Índia não apresentam taxas de crescimento superiores às observadas em países pequenos como Singapura.

Note-se, contudo, que nem todos os modelos de crescimento endógeno têm efeitos de escala. Por exemplo, o modelo com educação representado pela expressão (8.1) ou o modelo de *learning-by-doing* sugerido por (8.32) não apresentam efeitos de escala.

---

[50] Arrow (1962), por exemplo, cita evidência empírica para a indústria de aeronáutica para demonstrar que a produtividade na produção de aviões aumenta ao aumentar o número de unidades produzidas pela empresa (ou seja, a aprendizagem).

CAPÍTULO 9
Inovação Tecnológica

Até ao momento, assumiu-se que o nível de conhecimento tecnológico geral era fixo ou exógeno, ou baseado em processos *ad-hoc*; ou seja, genericamente a variável A era tida como exógena. Numa série de artigos escritos nos anos 50 e 60, Kaldor criticou a assunção neoclássica de progresso do conhecimento tecnológico exógeno. Kaldor & Mirrlees (1962), por exemplo, sugerem um modelo formal com crescimento perpétuo que é dependente de novo investimento e poupança. Estes autores consideraram que a taxa de crescimento da produtividade por trabalhador operando em novo equipamento é uma função positiva da taxa de crescimento do investimento por trabalhador. Por conseguinte, políticas que afetassem diretamente o novo investimento poderiam ter efeitos de crescimento. Na verdade, o conhecimento tecnológico permaneceu como uma "caixa negra" durante muito tempo. Mas, sobretudo a partir dos anos 80, novos desenvolvimentos passaram a considerar o conhecimento tecnológico nos modelos de crescimento.

O progresso tecnológico decorrente de atividade de Investigação & Desenvolvimento (I&D) representa a capacidade de inovação das sociedades e geralmente ocorre através da introdução de novos bens ou da melhoria dos existentes. Em ambos os casos, o progresso tecnológico contribui para melhorar as condições de vida das populações e é desencadeado através da criação de condições propícias ao aparecimento das mudanças necessárias no espírito empresarial. As novas ideias só por si não bastam, é necessário que os empresários estejam dispostos a correr o risco de as pôr em prática, para que elas se tornem rentáveis.

Na verdade, atualmente considera-se que o progresso do conhecimento tecnológico é indubitavelmente a principal fonte de crescimento económico. No entanto, o facto de uma multiplicidade de inovações tecnológicas ocorridas não se ter traduzido em aumentos de produtividade esperados tem permanentemente renovado o interesse pelas relações entre progresso tecnológico e *performances* económicas.

A estrutura do capítulo é a seguinte. A secção 9.1 informa sobre o porquê do conhecimento tecnológico ser um bem económico. Na secção 9.2 é efetuada uma introdução aos modelos de I&D. Na secção 9.3 o conhecimento tecnológico materializa-se em melhorias da Produtividade Total dos Fatores (PTF). A secção 9.4 analisa o conhecimento tecnológico endógeno (horizontal e vertical). Finalmente, a secção 9.5 conclui o capítulo com algumas considerações importantes sobre os diferentes tipos de inovação tecnológica e os efeitos de escala da I&D.

9.1 Conhecimento tecnológico como bem económico

Em crescimento económico, o termo tecnologia corresponde à forma como os *inputs* ou fatores são transformados em *output* ou produção. Considerando, por exemplo, uma função produção geral $Y = F(K, L, ...)$, a tecnologia de produção é dada pela função $F(.)$. No caso da função produção Cobb-Douglas, $Y = AK^{\alpha}L^{1-\alpha}$, $F(.) = AK^{\alpha}L^{1-\alpha}$ corresponde à tecnologia de produção e o termo *A* poderá representar o nível de conhecimento tecnológico.

Há pois uma clara distinção entre tecnologia e conhecimento tecnológico: tecnologia é a forma de combinação dos *inputs* (função produção) e conhecimento tecnológico é uma das componentes da função produção. Um nível de conhecimento tecnológico superior (um *A* maior) permite a produção de mais e/ou melhor *output*. Esse conhecimento tecnológico resulta das inovações obtidas por via das atividades de I&D que, segundo inúmeros autores, é um dos principais motores do crescimento económico (desde o modelo de Solow com o progresso do conhecimento tecnológico exógeno até aos modelos endógenos recentes com I&D).

Pode entender-se por conhecimento tecnológico a "fórmula" ou "manual de instruções" que, normalmente com numerário e/ou capital e/ou trabalho, permite às empresas produzir um produto atrativo para os consumidores.

Foi em meados dos anos 80 que Paul Romer iniciou a formalização da relação entre conhecimento tecnológico e crescimento económico. De acordo com Romer, o conhecimento tecnológico é muito diferente da maioria dos bens económicos. Na maioria dos bens económicos, o seu uso por um agente impede que outro(s) agente(s) o utilize(m). Pelo contrário, uma característica física importante do conhecimento tecnológico é que se trata de um bem não-rival; ou seja, pode ser usado por mais do que um agente ao mesmo tempo.

O conceito de rivalidade não deve ser confundido com o conceito de capacidade de exclusão. Este segundo conceito refere-se à possibilidade de evitar que alguém utilize um determinado bem. Caso se possa evitar, o bem diz-se exclusivo; caso tal não seja possível, o bem diz-se não-exclusivo. Para facilitar conceitos, é útil comparar bens atendendo à classificação pelo seu grau de exclusão e de rivalidade:

(i) Bens rivais e exclusivos. Os bens que normalmente consideramos — produtos alimentares, bebidas, têxteis, vestuário, calçado, ... — são exclusivos e rivais: um comerciante, por via do preço praticado, pode evitar que o senhor *X* — indisponível para pagar o preço praticado — coma um determinado pacote de batatas fritas, pelo que o pacote de batatas fritas é um bem exclusivo; o facto do senhor *Y* comer o pacote de batatas fritas impede que mais alguém o coma.

(ii) Bens rivais e não-exclusivos. Por exemplo, animais de caça e peixes do mar. Se o Senhor *X* pescar um peixe e o desejar comer, ninguém mais poderá comer esse peixe e, por isso, o peixe é um bem rival. É muito difícil, contudo, impedir alguém de caçar ou de pescar, pelo que esses animais não são exclusivos.

(iii) Bens não-rivais e exclusivos. Por exemplo, imagens transmitidas por cabo ou satélite. O facto do senhor *X* ver as imagens não impede que o senhor *Y* as veja também, pelo que são claramente não-rivais. Contudo, a empresa proprietária das imagens pode impedir que o senhor *Z*, que não pagou a fatura correspondente, as veja por via da sua codificação, pelo que as imagens são exclusivas.

(iv) Bens não-rivais e não-exclusivos. Por exemplo, conhecimento divulgado no ensino obrigatório (caso da fórmula resolvente) e a defesa nacional. A fórmula resolvente pode ser utilizada por muita gente, pelo que é um bem não rival. Além disso, é praticamente impossível impedir que alguém a utilize e, por isso, é um bem não-exclusivo.

O conhecimento tecnológico é não-rival e o grau de exclusão é parcial. Ao contrário da rivalidade, o conceito de capacidade de exclusão permite situações intermédias: é este o caso do conhecimento tecnológico. Pense-se, por exemplo, nos programas informáticos. Em princípio, a lei proíbe que se copie o programa *Word* em mais de um computador sem uma licença múltipla e, nesse sentido, poderia considerar-se um bem exclusivo. No entanto, é do conhecimento geral que há cópia de programas comprados por familiares ou amigos. É muito difícil a empresa produtora dos programas evitar que tal aconteça, pelo que os programas são apenas parcialmente exclusivos.

O conhecimento tecnológico pode ser considerado parcialmente exclusivo com um outro argumento. A ideia é a seguinte: o conhecimento tecnológico que permite a produção de um novo (melhor) programa informático pertence ao seu inventor que suportou o custo da I&D e que solicita essa exclusividade por via de um sistema de patentes (direitos de propriedade intelectual). Assim, só esse agente fica habilitado a produzir o novo programa e, nesse sentido, o conhecimento tecnológico é exclusivo. Contudo, o conhecimento tecnológico que permitiu produzir o novo programa pode ser usado para o desenvolvimento de novo conhecimento tecnológico (novo programa, melhor que o anterior) e nesse sentido é não-exclusivo.

Os retornos do investimento privado são parcialmente privados e parcialmente públicos. Por um lado, o conhecimento tecnológico é propriedade — investimento privado resulta em monopólio temporário, caso alguma proteção (usualmente na forma de patentes) exista.[51] Por outro lado, o conhecimento tecnológico criado adiciona o *stock* de conhecimento tecnológico, induzindo, por isso, externalidades positivas que não são apropriadas pelos criadores. Estas externalidades positivas fornecem uma boa razão para a intervenção governamental no sentido de financiar a criação de conhecimento tecnológico.

Os bens rivais devem produzir-se continuamente: cada vez que alguém come um bolo, um novo bolo deve ser produzido. Pelo contrário, a fórmula resolvente inventou-se uma única vez. A criação do *Word* custou muitas horas de esforço a programadores. Mas, uma vez criado, pode reproduzir-se vezes sem conta de forma quase gratuita. Por isso, ao contrário dos bens materiais, a produção de conhecimento tecnológico requer um custo fixo elevado, o custo de I&D, que é muito superior ao custo marginal de produzir unidades adicionais. Ora, quando existem custos fixos, os custos médios são sempre superiores aos custos marginais.[52]

Como em concorrência perfeita o preço é igual ao custo marginal, empresas competitivas produtoras de conhecimento tecnológico sofreriam perdas. Assim, o conhecimento tecnológico terá de ser produzido por empresas com poder de mercado. Resulta pois da teoria do crescimento endógeno que o governo deve garantir ao inventor de conhecimento tecnológico a capacidade legal de praticar um preço superior ao custo marginal — ainda que tal signifique dar-lhe (algum) poder de monopólio — para permitir que possa recuperar os custos iniciais de inventar o conhecimento.[53]

---

[51] O sistema de direitos de propriedade intelectual (patentes) não é mais do que influenciar com leis o grau de exclusão do conhecimento tecnológico.

[52] Custo Total (*CT*) = Custo Fixo (*CF*) + Custo Variável (*CV*); Custo Médio (*CMd*) = Custo total/Quantidade; Custo Marginal (*CMg*) = Custo (Variável) decorrente da produção da última unidade e, por isso, *CMd* > *CMg*:

$$CMd = \frac{CT}{Q} > CMg = \frac{\partial CT}{\partial Q} = \frac{\partial CV}{\partial Q}, \text{ já que } \frac{\partial CF}{\partial Q} = 0.$$

[53] North (1981), por exemplo, argumenta que a revolução industrial ocorreu no século XVIII

9.2 Introdução aos modelos de I&D

O conhecimento tecnológico pode assumir uma ou mais das seguintes formas: (i) melhorar a produtividade — total — dos fatores (ou diminuir o custo de produção); (ii) levar à emergência de novos bens (geralmente bens intermédios ou de capital usados na produção de bens finais); (iii) melhorar a qualidade/produtividade dos bens existentes (geralmente dos bens intermédios usados na produção dos bens finais).

Começa-se por apresentar dois modelos muito simples em que o conhecimento tecnológico conduz à melhoria da produtividade — total — dos fatores. Neste caso, em termos da função produção (3.1) que tem vindo a ser mais frequentemente usada, o progresso tecnológico traduz-se num aumento endógeno do valor da variável A. Ou seja, a trajetória da variável A está dependente dos recursos afetos à I&D.[54] Este tipo de modelos, e em particular o modelo de Chipman (1970) brevemente esboçado, suscita as seguintes questões relacionadas: Quem conduz a I&D? Como é apropriado o resultado da I&D? Como é transferido o novo conhecimento tecnológico para as firmas? Especificamente, na ausência de transferência de conhecimento tecnológico com origem no estrangeiro, melhorias tecnológicas podem ser obtidas via I&D por firmas correntemente em atividade (i.e., a produzir bens), que são produtores potenciais ou agentes especializados na I&D, ou pelo governo.

Tendo por ponto de partida a consideração de que a atividade de I&D é essencial para o progresso do conhecimento tecnológico e que essa atividade é conduzida ou suportada por firmas que buscam o lucro, surgiram novos modelos que, para

---

e em Inglaterra porque nessa altura e nesse país houve um governo capaz de garantir os direitos de propriedade intelectual necessários para que os investigadores decidissem dedicar recursos à I&D. Se for permitido a qualquer indivíduo copiar e produzir bens resultantes de invenções de outros a menor preço (por não suportar o custo de I&D), quem estaria disposto a suportar os custos de I&D? Até então, os avanços tecnológicos resultaram de pensadores "altruístas" financiados por mecenas. No século XVIII em Inglaterra, os inventores potenciais viram a possibilidade de obter ganhos significativos com os seus inventos e assim começa o progresso do conhecimento tecnológico nunca até então visto. A revolução industrial começou pois quando a sociedade foi capaz de garantir ganhos às empresas capazes de inventar atrativos para os indivíduos. As empresas criadoras de novos conhecimentos tecnológicos não agem por altruísmo a favor da espécie humana, mas sim porque acreditam que as vendas dos bens resultantes lhes trarão benefícios.

[54] Neste caso, distinguem-se, como já foi dito, três tipos de progresso tecnológico: Hicks-neutral, *labour-augmenting* (Harrod-neutral) e *capital-augmenting* (Solow-neutral), mas normalmente apenas o progresso tecnológico *labour-augmenting* é consistente com crescimento equilibrado (veja-se, por exemplo, Barro e Sala-i-Martin, 2004, págs. 54-55). Com a função produção Cobb-Douglas e considerando progresso tecnológico exógeno, então não há (grande) distinção entre os três tipos de progresso tecnológico.

transformar a endogeneização do conhecimento tecnológico num problema tratável, propõem dois enfoques fundamentais: a I&D conduz à emergência de novos bens ou à melhoria da qualidade/produtividade dos bens existentes. Por vezes, uma melhor qualidade do bem pode ser entendida como um novo produto, havendo, por isso, pouca diferença entre a fonte geradora do conhecimento tecnológico. Contudo, a distinção é geralmente útil, porque a emergência de novos produtos é considerada *horizontal-product differention* — I&D horizontal — e a melhoria dos bens existentes é tida como *vertical-product differentiation* — vertical I&D. Evidência empírica deste mecanismo de crescimento foi apresentada por Griliches & Lichtenberg (1984), Lichtenberg (1992) e Coe & Helpman (1995).

Na I&D horizontal, a I&D é direcionada, como já referido, para o desenvolvimento de novos bens e, por isso, geralmente o progresso do conhecimento tecnológico toma a forma de um aumento do número de bens de capital (intermédios) disponíveis como fatores de produção. Neste caso, a diferença entre os EUA e Angola está no facto de os Estados Unidos utilizarem uma maior variedade de *inputs* para produzir o mesmo bem. Outra diferença reside no facto de o número de bens de consumo dos países desenvolvidos ser maior. Por isso, há um conjunto de modelos de crescimento em que o progresso do conhecimento tecnológico se materializa no aumento de bens de consumo. Estes modelos, ao serem formalmente semelhantes aos modelos em que o progresso do conhecimento tecnológico se materializa no aumento do número de *inputs*, não serão tratados no texto. Este ponto de vista foi seguido em proeminentes trabalhos de Romer (1990a), Rivera-Batiz & Romer (1991), Grossman & Helpman (1989a, 1991a,c) e Barro & Sala-i Martin (2004), por exemplo. O pressuposto fundamental deste tipo de modelos reside no facto de não existirem rendimentos decrescentes no número de bens de capital (intermédios), pelo que o modelo é capaz de gerar crescimento económico sustentado, já que as empresas de I&D sempre desejam descobrir novos bens. Dado que não são consideradas melhorias de qualidade, nenhum bem se torna obsoleto. Firmas que se tornam produtores de um novo bem permanecem líderes para sempre e sem necessidade de suportar custos adicionais de I&D, porque são protegidas por um sistema de patentes que permanece para sempre.

No caso da I&D vertical, esta é direcionada para o desenvolvimento de novas qualidades dos bens existentes, um ponto de vista que em primeiro lugar foi seguido, por exemplo, por Segerstrom et al. (1990), Grossman & Helpman (1991a) e Aghion & Howitt (1992). Assim, neste segundo tipo de modelização, o progresso do conhecimento tecnológico materializa-se na melhoria da qualidade de um número limitado de bens. De acordo com este ponto de vista, o progresso do conhecimento tecnológico experimentado pelas economias modernas do Século XX resultou, em grande medida, na melhoria da qualidade dos bens. Um aspeto fundamental destes modelos, também denominados de "escadas de qualidade" (*quality ladders*), é o que Schumpeter denominou de destruição criativa: quando uma empresa melhora a qualidade de certo bem (inova), faz com que o bem que se viu superado fique obsoleto (destruído) e, portanto, acaba por se apropriar do mercado. O objetivo das empresas que investem em I&D é, pois, apropriar-se dos mercados das empresas que já estão instaladas. Estas, por sua vez, investem em I&D para manter a sua liderança tecnológica e, nesse sentido, o seu mercado. Estabelece-se pois uma *guerra tecnológica* entre líderes e seguidores que é a base do progresso do conhecimento tecnológico. Ou seja, a liderança das firmas é temporária — permanentemente sujeita a destruição por novas qualidades resultantes de I&D bem-sucedida.

A vantagem da I&D horizontal é a sua tratabilidade analítica; contudo, a I&D vertical é mais apropriada para estudar os efeitos de competição entre líderes e seguidores no processo de crescimento económico — e.g., Gancia & Zilibotti (2005).

A maioria dos modelos da I&D vertical assume que, dado que as firmas em cada indústria têm acesso à mesma tecnologia de I&D, quando uma firma tem sucesso e obtém um monopólio temporário, não suporta nova I&D para melhorar o seu bem. Apesar da coerência do argumento, a implicação de que as firmas líderes não investem em I&D é contrafactual. Por isso, alguns modelos assumem que as firmas líderes possuem, sobre as seguidoras, uma vantagem em termos de custos e/ou que há retornos decrescentes no esforço de I&D ao nível da firma de modo que as líderes afetem recursos à I&D — e.g., Segerstrom & Zolnierek (1999) e Segerstrom (2007). Outros, como por exemplo Dinopoulos & Syropoulos (2001), Dinopoulos et al. (2004) e Sener (2003), desenvolvem modelos em que as líderes afetam recursos a atividades de proteção da sua posição no mercado (*rent-protecting activities*) de modo a aumentar a duração esperada da sua situação de liderança. No caso extremo, Thompson & Waldo (1994) apresentaram um modelo sem entrada, em que a I&D é conduzida exclusivamente por firmas monopolísticas. Dado que o objetivo do texto não é explicar o processo de I&D, optou-se por apresentar um exemplo de um modelo com I&D vertical em que, na linha nos modelos *standard*, toda a I&D é conduzida por firmas seguidoras. Além disso, deve ter-se presente que a evidência empírica relativa aos rendimentos à escala das despesas de I&D ao nível da firma é inconclusiva — e.g., Bound et al. (1982), Kortum (1993) e Thompson (1996).

Com base na tecnologia da I&D, Rivera-Batiz & Romer (1991) propuseram uma classificação diferente para os modelos de I&D. Quando os *inputs* da I&D são trabalho (ou capital humano) e o nível de conhecimento tecnológico, o modelo é denominado *knowledge-driven* — e.g., Grossman & Helpman (1989a, 1991a) e Romer (1990a). Quando a tecnologia da I&D usa os mesmos *inputs* e na mesma proporção que o *output* agregado ou, o que é equivalente, se o *output* agregado é o input da I&D, o modelo é denominado *lab-equipment* — e.g., Rivera-Batiz & Romer (1991) e Barro & Sala-i Martin (2004). Em geral, opta-se por apresentar modelos do tipo *lab-equipment*, dado que considerando uma nova função produção apenas complicaria a álgebra sem alterar os resultados qualitativamente — e.g., Papageorgiou (2002).

Quando integradas em modelos de crescimento endógeno, as atividades de I&D — horizontal ou vertical, *knowledge-driven* ou *lab-equipment* — dão origem ao progresso do conhecimento tecnológico, que, por sua vez, é tido como o determinante chave do crescimento.

Em linha com a descrição efetuada, depois da apresentação simplista — em particular, fora do contexto de equilíbrio geral — de um modelo baseado em Chipman (1970) e de outro em linha com Romer (1990a), nas subsecções seguintes apresentam-se modelos em que o crescimento económico é induzido pelo progresso do conhecimento tecnológico endógeno horizontal e vertical. Geralmente, neste tipo de modelos considera-se que há (potencialmente) quatro tipos de agentes: (i) os produtores de bens finais, que utilizam uma tecnologia que emprega trabalho e uma série de bens intermédios; (ii) os produtores de bens intermédios, que usam recursos e protótipos fornecidos pelo setor de I&D; (iii) os inventores dos protótipos dos bens intermédios ou da sua melhoria de qualidade, que, para o efeito, investem uma certa quantidade de recursos em I&D e são protegidos por um sistema de patentes; (iv) os consumidores, que decidem a quantidade que desejam consumir e poupar para maximizar a sua função utilidade habitual tendo em conta a restrição orçamental.

9.3 Conhecimento tecnológico como melhoria da produtividade total dos fatores

Modelo baseado em Chipman

Chipman (1970) reconhece que melhorias no conhecimento tecnológico requerem o uso de recursos: engenheiros, investigadores, programadores de computadores, computadores, laboratórios, ... Assim, considera que a taxa de progresso do conhecimento tecnológico está diretamente relacionada com o montante de recursos afetos à I&D. Como resultado, políticas governamentais encorajadoras da I&D terão um efeito positivo no crescimento da economia. Nesta subsecção desenvolve-se um modelo simples, baseado em Chipman (1970), assumindo-se explicitamente que a I&D é conduzida pelo governo.

Seja a força de trabalho agregada, H, constante ao longo do tempo. Como a acumulação de capital humano não é considerada, tem-se que $h = 1$. Os trabalhadores são empregues pelas firmas na produção do bem final homogéneo ou pelo governo na I&D. Considere-se, agora, que a fração ϕ da força de trabalho é empregue no setor produtivo (setor de produção do bem final homogéneo), enquanto a fração $1 - \phi$ é empregue pelo governo na condução da I&D. Assim, a força de trabalho empregue no setor produtivo é $L = \phi H$ (note-se que $h = 1$), e a função produção pode ser escrita como:

$$Y = AK^{\alpha}(\phi H)^{1-\alpha}. \tag{9.1}$$

Ora, para um dado nível de conhecimento tecnológico, A, a função produção (9.1) apresenta rendimentos constantes à escala em K e H:

$$A(\lambda K)^{\alpha}(\phi\lambda H)^{1-\alpha} = \lambda AK^{\alpha}(\phi H)^{1-\alpha} = \lambda Y.$$

Contudo, reconhecendo que o conhecimento tecnológico A é um *input* importante em (9.1), passa a haver retornos crescentes - por exemplo, duplicando capital, trabalho e conhecimento tecnológico, o *output* mais do que duplica:

$$(2A)(2K)^{\alpha}(\phi 2H)^{1-\alpha} = 4AK^{\alpha}(\phi H)^{1-\alpha} = 4Y.$$

A função produção (9.1) implica que o *output* por trabalhador, $\frac{Y}{H}$, seja igual a:

$$\begin{aligned}
\frac{Y}{H} &= \frac{AK^{\alpha}(\phi H)^{1-\alpha}}{H} \\
&\Rightarrow\ y = AK^{\alpha}\phi^{-\alpha}H^{-\alpha}\phi \\
&\Rightarrow\ y = A\left(\frac{K}{\phi H}\right)^{\alpha}\phi \\
&\Rightarrow\ y = \phi Ak^{\alpha},
\end{aligned} \tag{9.2}$$

em que: $k = \frac{K}{\phi H}$ é o rácio capital-trabalho (como, usualmente, considerando o trabalho empregue na produção do bem final homogéneo). A taxa de crescimento do *output* por trabalhador é

$$\widehat{y} = \widehat{\phi} + \widehat{A} + \alpha\widehat{k}.$$

Ao empregar a fração $1 - \phi$ da força de trabalho em I&D, considere-se que o governo melhora o conhecimento tecnológico de acordo com:

$$\dot{A} = \sigma A(1 - \phi)H, \tag{9.3}$$

em que $\sigma > 0$ é um índice que representa a efetividade/produtividade da força de trabalho na I&D ou ainda a taxa a que a força de trabalho empregue em I&D descobre novas inovações. Como $\dot{A} = f(H)$, então está implicitamente a assumir-se que a produção de inovações é similar à produção dos demais bens: como mais trabalhadores produzem mais camisas, também mais investigadores podem produzir mais inovações. Posteriormente, o governo distribui o "fruto" da I&D por todas as firmas da economia. Dada a sua propriedade de não-rivalidade, o conhecimento tecnológico é um bem público no sentido em que o governo o pode fornecer a mais uma firma sem prejudicar o nível de conhecimento tecnológico das restantes firmas. O custo da I&D é $w(1 - \phi)H$, sendo w o salário (pode assumir-se que os salários pagos na I&D conduzida pelo governo são financiados por impostos fixos sobre todos os indivíduos).

A taxa a que a força de trabalho empregue em I&D descobre novas inovações pode simplesmente considerar-se uma constante como em (9.3).[55] Por um lado, pode considerar-se que depende do *stock* de inovações existente: as invenções passadas aumentam a produtividade dos investigadores no presente e, neste sentido, σ deveria ser crescente.[56] Por outro lado, pode considerar-se que as inovações mais óbvias são descobertas em primeiro lugar e que inovações subsequentes são mais difíceis de descobrir. Assim, σ deveria ser decrescente.

No estado estacionário, ϕ e k são constantes. Assim, a taxa de crescimento de A e, por isso, do *output per capita* é igual a $\sigma(1 - \widetilde{\phi})H$, com $\widetilde{\phi}$ a representar o nível de ϕ no estado estacionário.

---

[55] Note-se ainda que se supõe que não há crescimento populacional; caso contrário, as inovações aumentariam com o aumento do número de trabalhadores, havendo, por isso, que definir uma nova variável estado.

[56] A invenção e o desenvolvimento de circuitos integrados é um exemplo de uma inovação que aumentou a produtividade da I&D seguinte.

Neste caso, se o governo expande a atividade de I&D, pode aumentar a taxa de progresso do conhecimento tecnológico, mas diminui o montante de trabalho disponível para produção pelas firmas. Há pois um *trade-off*. Assume-se que o governo escolhe a dimensão da atividade de I&D, ou ϕ, que, no estado estacionário, maximiza uma função objetivo (consumo *per capita* ou a soma atualizada dos níveis de utilidade do consumidor representativo).

Este modelo, apesar de simples, revela importantes características da I&D. Primeiro, o novo conhecimento tecnológico desenvolvido pelo governo é um tipo de bem público: é fornecido livremente às firmas, e é não-rival e (pelo menos parcialmente) "exclusivo". Pode pois considerar-se que bens públicos similares podem também possuir efeitos de crescimento. Este modelo pode igualmente ser usado para explicar as diferentes taxas de crescimento dos países. Como o conhecimento tecnológico é controlado pelo governo, a menos que diferentes governos escolham as mesmas políticas, não será de esperar que os diferentes países cresçam à mesma taxa. Fica em *stand by* a seguinte questão: porque é que os países escolhem políticas que os fazem crescer mais/menos? Para já, diga-se que possuem preferências diferentes.

Em geral, com tudo mais constante, um país com uma taxa de desconto do consumo futuro superior prefere ter uma taxa de crescimento inferior; ou seja, uma taxa de crescimento superior não significa necessariamente um nível de bem-estar superior.

Além disso, note-se que os diferentes governos estão sujeitos a diferentes restrições orçamentais. Caso seja difícil (muito custoso) financiar a I&D, a taxa de crescimento do país virá diminuída. Este argumento é compatível com a observação de que países que crescem mais usualmente possuem superavit orçamental. Neste sentido, parece poder dizer-se que crescimento e superavit orçamental tendem a estar relacionados.

Modelo baseado em Romer

Tal como no caso do modelo de Solow, por exemplo, há genericamente dois elementos centrais no modelo de Romer (1990a): (i) uma equação para descrever a função produção e (ii) um conjunto de equações para descrever como os *inputs* da função produção evoluem ao longo do tempo.

A função produção agregada descreve a forma de combinação dos *inputs* capital, K, e trabalho, L_Y, usando o *stock* de conhecimento tecnológico A:[57]

[57] Note-se que, não havendo acumulação de capital humano, é indiferente usar H ou L.

$$Y = K^{\alpha} (AL_Y)^{1-\alpha}. \tag{9.4}$$

Para um dado nível de conhecimento tecnológico, *A*, a função produção (9.4) exibe rendimentos constantes à escala em *K* e L_Y:

$$(\lambda K)^{\alpha} (A\lambda L_Y)^{1-\alpha} = \lambda K^{\alpha} (AL_Y)^{1-\alpha} = \lambda Y.$$

Contudo, quando se reconhece que o conhecimento tecnológico, *A*, é também um input importante na produção, então há retornos crescentes:

$$\begin{aligned}(\lambda K)^{\alpha} (\lambda A\lambda L_Y)^{1-\alpha} &= \lambda^{\alpha}\lambda^{1-\alpha}\lambda^{1-\alpha}K^{\alpha} (AL_Y)^{1-\alpha} = \\ &= \lambda^{1}\lambda^{1-\alpha}K^{\alpha} (AL_Y)^{1-\alpha} = \lambda^{2-\alpha}Y, \text{ e } 2-\alpha > 1.\end{aligned}$$

As equações de acumulação do capital e do trabalho são idênticas às do modelo de Solow. O capital acumula-se à medida que as pessoas na economia sacrificam consumo a uma taxa, s_K, tendo em conta também que o capital se deprecia com o uso a uma taxa δ:

$$\dot{K} = s_K Y - \delta K.$$

O trabalho, que é equivalente à população, cresce exponencialmente à taxa constante n:

$$\dot{L} = nL.$$

A equação "chave" é a equação que descreve o progresso do conhecimento tecnológico. Tal como mais trabalhadores produzem mais bens, assume-se que também mais investigadores podem produzir mais inovações. A variável *A* representa o *stock* de conhecimento tecnológico ou o número de inovações existentes até ao momento atual. Assim, $\dot{A}$ corresponde ao produto entre o número de investigadores, L_A, e a taxa de inovação, $\overline{\psi}$:

$$\dot{A} = \overline{\psi} L_A. \tag{9.5}$$

A taxa de descoberta de novas inovações poderá ser uma constante. Pode no entanto imaginar-se que depende do *stock* de inovações já existente. É possível que as inovações passadas aumentem a produtividade dos investigadores no presente e, por isso, $\overline{\psi}$ deveria ser uma função de *A*. Por outro lado, é também correto admitir que as inovações mais básicas surgem primeiro e que inovações subsequentes são mais difíceis de obter, sendo que, neste caso, $\overline{\psi}$ deveria ser uma função decrescente de A. Este raciocínio sugere que se modelize a taxa a que novas inovações são produzidas como:

$$\overline{\psi} = \psi A^{\phi}, \tag{9.6}$$

em que ψ e ϕ são constantes. Note-se que ao considerar que $\phi > 0$ ($\phi < 0$ e $\phi = 0$) está-se a admitir que a produtividade na I&D cresce (decresce e não varia, respetivamente) com o *stock* de inovações já descobertas.

É igualmente possível que a produtividade média da I&D dependa do número de investigadores em cada momento do tempo. Neste sentido, em vez de considerar L_A em (9.5) talvez faça mais sentido considerar L_A^{λ}, em que λ é um parâmetro entre 0 e 1. Esta informação, conjuntamente com (9.5) e (9.6), sugere que se considere mais genericamente:

$$\dot{A} = \psi A^{\phi} L_A^{\lambda}. \tag{9.7}$$

Alternativamente para obter (9.7), pode começar-se por considerar que $\overline{\psi} = \psi A^{\phi} L_A^{\lambda-1}$. Tendo em conta esta expressão e (9.5), resulta que $\dot{A} = \overline{\psi} L_A = \overline{\psi} L_A = \psi A^{\phi} L_A^{\lambda-1} L_A = \psi A^{\phi} L_A^{\lambda}$; ou seja, obtém-se (9.7).

Daqui em diante assume-se que $\phi < 1$. As equações (9.5) e (9.7) ilustram um importante aspeto da modelização do crescimento económico. Com base em (9.5), os investigadores individuais, sendo pequenos relativamente à economia como um todo, tomam $\overline{\psi}$ como um dado e observam retornos constantes na I&D. Para a economia como um todo, contudo, a função produção de ideias pode não ser caracterizada por retornos constantes à escala. Embora se possa considerar que a variação de $\overline{\psi} = \psi A^{\phi}$ face à ação de um investigador individual é insignificante, o mesmo não é verdade face à ação de todos os investigadores (muitos investigadores podem afetar significativamente A na expressão).

Para discutir a afetação de recursos, há duas afetações "chave". Primeiro, assume-se (como até aqui!) que uma fração constante do *output*, s_K, é investida em capital. Segundo, há que decidir a afetação de trabalho entre produção e investigação, tendo em consideração que ambas as atividades empregam a totalidade do trabalho:

$$L = L_Y + L_A.$$

Em modelos mais sofisticados (como, aliás, em Romer), a afetação de trabalho é determinada pela maximização da utilidade e pelos mercados. Contudo, para já, é conveniente manter o estilo subjacente ao modelo de Solow e considerar que a afetação do trabalho é constante. Assim, assume-se que uma fração constante, $l_A = \frac{L_A}{L}$, da força de trabalho é empregue na atividade de I&D e, consequentemente, que a restante fração, $1 - l_A = l_Y$, produz *output*. Finalmente, considera-se que a economia tem um certo nível inicial de todos os *inputs*: K_0, L_0 e A_0.

Definida a estrutura do modelo, coloca-se agora a questão: qual é a taxa de crescimento ao longo da trajetória de crescimento equilibrado?

Considerando que uma fração constante da população é empregue na I&D — que, como se verá, é sempre o caso em estado estacionário —, o modelo segue as previsões do modelo neoclássico de que todo o crescimento *per capita* é devido ao progresso do conhecimento tecnológico. De facto, conclui-se que:

$$g_y = g_k = g_A.$$

Efetivamente, começando por escrever (9.4) em termos *per capita* , $\frac{Y}{L}$, resulta:

$$\begin{aligned} \frac{Y}{L} &= K^{\alpha}(AL_Y)^{1-\alpha}L^{-1} \Leftrightarrow y = K^{\alpha}A^{1-\alpha}L_Y^{1-\alpha}\left(\frac{L_Y}{1-l_A}\right)^{-1} \\ y &= K^{\alpha}A^{1-\alpha}L_Y^{-\alpha}(1-l_A) \Leftrightarrow y = k^{\alpha}A^{1-\alpha}(1-l_A). \end{aligned}$$

Logaritmizando e diferenciando em ordem ao tempo (note-se que o rácio capital-trabalho é $k = \frac{K}{L_Y}$):

$$\frac{\dot{y}}{y} = \alpha\frac{\dot{k}}{k} + (1-\alpha)\frac{\dot{A}}{A}.$$

A partir de $\dot{K} = s_K Y - \delta K \Leftrightarrow \frac{\dot{K}}{K} = s_K\frac{Y}{K} - \delta$, a taxa de crescimento de *K* será constante se e só se $\frac{Y}{K}$ for constante (o que terá de acontecer no estado estacionário). Ora, se $\frac{Y}{K}$ for constante, então também $\frac{y}{k} = \frac{\frac{Y}{L_Y}}{\frac{K}{L_Y}}$ o será e, consequentemente, y e k crescerão à mesma taxa. Sendo g_x a taxa de crescimento da variável x ao longo da trajetória de crescimento equilibrado, então, ao longo desta trajetória, $g_y = g_k$ de acordo com o argumento acima. Tendo em conta que $g_y = g_k$, $g_A = \frac{\dot{A}}{A}$ e $\frac{\dot{y}}{y} = \alpha\frac{\dot{k}}{k} + (1-\alpha)\frac{\dot{A}}{A}$, resulta que $g_y = g_k = g_A$. Ou seja, ao longo da trajetória de crescimento equilibrado, o *output* por trabalhador e o rácio capital-trabalho (empregue na produção de Y) crescem à taxa do progresso do conhecimento tecnológico, g.

Ou seja, o *output* por trabalhador, o rácio capital-trabalho e o nível de conhecimento tecnológico devem crescer à mesma taxa ao longo da trajetória de crescimento equilibrado. Não havendo progresso no conhecimento tecnológico também não haverá crescimento. Assim, a questão importante a saber é: qual é a taxa de progresso do conhecimento tecnológico ao longo da trajetória de crescimento equilibrado? A resposta a esta questão requer que se reescreva a função produção de inovações (9.7) na forma:

$$\frac{\dot{A}}{A} = \frac{\psi L_A^{\lambda}}{A^{1-\phi}}. \tag{9.8}$$

Ao longo da trajetória de crescimento equilibrado, $\frac{\dot{A}}{A} \equiv g_A$ é constante. Esta taxa de crescimento será constante se $\frac{\psi L_A^{\lambda}}{A^{1-\phi}}$ for constante. Logaritmizando e derivando em ordem ao tempo (9.8), tendo em conta que no *steady state* $\frac{\dot{A}}{A}$ = *constante*, obtém-se:

$$0 = \lambda \frac{\dot{L}_A}{L_A} - (1-\phi)\frac{\dot{A}}{A}. \tag{9.9}$$

Ao longo da trajetória de crescimento equilibrado, a taxa de crescimento do número de investigadores deve ser igual à taxa de crescimento da população;[58] ou seja,

$$\frac{\dot{L}}{L} = \frac{\dot{L}_A}{L_A} = n.$$

Substituindo esta expressão em (9.9) obtém-se:

$$0 = \lambda n - (1-\phi)\frac{\dot{A}}{A} \Leftrightarrow (g_A =)\frac{\dot{A}}{A} = \frac{\lambda n}{1-\phi}. \tag{9.10}$$

Portanto, a taxa de crescimento de longo prazo da economia é determinada por parâmetros da função produção de inovações e pela taxa de crescimento de investigadores. A intuição da expressão (9.10) pode ser facilmente compreendida considerando o caso especial em que $\lambda = 1$ e $\phi = 0$. Neste caso, a produtividade dos

[58] Note-se que se a taxa de crescimento do número de investigadores fosse significativa (i.e., maior que a taxa de crescimento da população), então o número de investigadores poderia superar a população, o que é impossível.

investigadores é dada pela constante ψ; i.e., a produtividade dos investigadores atuais é independente do *stock* de inovações já descobertas. A função produção de inovações resume-se a:

$$\dot{A} = \psi L_A.$$

Suponha-se agora que o número de pessoas empregues na I&D é constante. Como ψ também é constante, esta economia gera um número constante de novas ideias, ψL_A, em cada período. Para se ser mais concreto, suponha-se que $\psi L_A = 100$. A economia começa com um dado número de inovações, A_0, resultante de inovações passadas. Inicialmente, as 100 novas inovações por período podem ser significativas tendo em conta A_0. Contudo, com o aumento do *stock* ao longo do tempo, as 100 inovações são cada vez menos significativas face ao *stock*. Assim, a taxa de crescimento do *stock* de inovações diminui com o tempo, aproximando-se eventualmente de zero.

De modo a haver crescimento sustentado, o número de novas ideias deve aumentar ao longo do tempo. Tal ocorre caso o número de investigadores seja crescente — por exemplo, porque a população mundial cresce. Mais investigadores significa mais ideias, sustentando o crescimento. O crescimento de inovações está claramente relacionado com o crescimento da população.

É interessante comparar este resultado com o efeito da taxa de crescimento da população no modelo neoclássico. Neste modelo, uma taxa de crescimento da população mais significativa reduz o nível de rendimento ao longo da trajetória de crescimento equilibrado. Mais população significa que mais capital é requerido para manter $\frac{K}{L}$ constante. No caso do modelo atual, há um efeito adicional. As pessoas são um *input* chave no setor de I&D; mais população gera mais inovações e, porque inovações são não-rivais, toda a economia beneficia.

Mas então que evidência pode ser apresentada para suportar o facto de que a taxa de crescimento *per capita* depende da taxa de crescimento da população? Até se referiu anteriormente que, *ceteris paribus* e em média, as economias com taxas de crescimento da população mais significativas são também aquelas que apresentam menor produto *per capita*, em linha com o modelo de Solow. Contudo, deve também ter-se presente que este modelo é adequado para economias desenvolvidas — i.e., inovadoras. Assim, a evidência sobre a taxa de crescimento da população entre países não poderá/deverá ser usada para testar o modelo.

Dizer-se que a taxa de crescimento das inovações e, consequentemente, da economia depende da taxa de crescimento da população implica admitir que caso a população (ou pelo menos o número de investigadores) pare de crescer, então o crescimento de longo prazo cessará.

Como já se viu, um esforço de investigação constante não permite o contínuo aumento do *stock* de inovações necessário para gerar crescimento de longo prazo. Há, no entanto, um caso especial em que um esforço de investigação constante pode sustentar crescimento de longo prazo. Considere-se que $\lambda = 1$ e $\phi = 1$; i.e., que $\dot{A} = \psi A L_A$, tal como é efetivamente proposto por Romer. Neste caso, a taxa de crescimento do *stock* de inovações é igual a:

$$\frac{\dot{A}}{A} = \psi L_A. \tag{9.11}$$

Romer assume que a produtividade da I&D é proporcional ao *stock* de inovações existente, $\overline{\psi} = \psi A$; assim, a produtividade dos investigadores cresce ao longo do tempo, mesmo que o número de investigadores seja constante. Mas estará esta especificação em conformidade com a evidência empírica? Aparentemente não. Com efeito, pelo menos desde meados do Século XX, L_A tem crescido ao longo do tempo nas economias desenvolvidas sem que tal tenha acontecido à taxa de crescimento dessas economias. Perante este cenário, pode dizer-se que é um erro considerar $\phi \geq 1$.

Um último comentário para referir que os resultados do modelo são semelhantes aos do modelo neoclássico num sentido. No modelo neoclássico, variações na política governamental e na taxa de investimento não têm implicações na taxa de crescimento de longo prazo, pois todo o crescimento no modelo neoclássico é devido ao progresso do conhecimento tecnológico exógeno. Neste modelo tem-se o mesmo resultado. A taxa de crescimento de longo prazo não é afetada por variações na política governamental ou na taxa de investimento, como é visível na expressão (9.10) — onde é claro que a taxa de crescimento depende de parâmetros. Porém, essas variações afetam a taxa de crescimento ao longo da dinâmica de transição para o novo estado estacionário, alterando o nível de rendimento. Ou seja, mesmo depois de endogeneizar o conhecimento tecnológico, a taxa de crescimento de longo prazo não pode ser manipulada por políticas, como, por exemplo, subsídios à I&D.

O que acontece nas economias mais avançadas do mundo caso a percentagem de população empregue na I&D cresça permanentemente? Por exemplo, suponha-se que há um subsídio governamental para I&D que aumenta a fração da força de trabalho na I&D permanentemente. Para simplificar, suponha-se que $\lambda = 1$ e $\phi = 0$; i.e., que

$\dot{A} = \psi L_A$ – note-se que esta assunção simplifica cálculos, mas não altera os resultados qualitativamente. Escreva-se a equação (9.8) na forma:

$$g_A = \frac{\dot{A}}{A} = \frac{\psi l_A L}{A}, \tag{9.12}$$

em que l_A (relembre-se) representa a percentagem de população empregue na I&D, tal que $L_A = l_A L$.

A Figura 9.1 ilustra o que acontece ao progresso do conhecimento tecnológico quando l_A aumenta permanentemente para $l_A^{'}$, assumindo que a economia começa no estado estacionário.

FIGURA 9.1: EFEITO DE UM AUMENTO NA PROPORÇÃO DO TRABALHO AFETO A I&D.

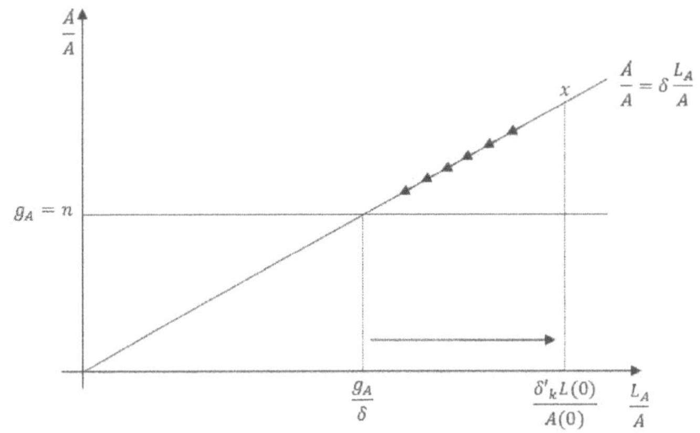

No estado estacionário, a economia cresce ao longo da trajetória de crescimento equilibrado à taxa de progresso do conhecimento tecnológico, g_A, que, face às hipóteses simplificadoras consideradas, corresponde à taxa de crescimento da população – pois, de (9.10):

$$g_A = \frac{\dot{A}}{A} = \frac{1n}{1-0} = n.$$

O rácio $\frac{L_A}{A}$ é pois igual a $\frac{g_A}{\psi}$ – note-se que, de (9.12), resulta $g_A = \frac{\psi L_A}{A} \Leftrightarrow \frac{g_A}{\psi} = \frac{L_A}{A}$.

Suponha-se que ocorre um aumento de l_A no momento $t = 0$. Com o nível de população L_0, o número de investigadores aumenta, pois l_A aumenta, pelo que o rácio $\frac{L_A}{A}$

salta para um nível superior. O número adicional de investigadores gera um aumento do número de inovações, pelo que a taxa de crescimento do conhecimento tecnológico aumenta para "x" na figura.

Nesse ponto "x", o progresso do conhecimento tecnológico $\frac{\dot{A}}{A}$ excede a taxa de crescimento da população, pelo que o rácio $\frac{L_A}{A}$ diminui ao longo do tempo. Com a diminuição deste rácio, a taxa de crescimento do conhecimento tecnológico vai diminuindo gradualmente, até que a economia retorne à trajetória de crescimento equilibrado, onde $g_A = n$. Por conseguinte, um aumento permanente na percentagem de população afeta à I&D aumenta a taxa de crescimento do conhecimento tecnológico temporariamente, mas não no longo prazo. Este comportamento é, porventura, mais visível na Figura 9.2:

FIGURA 9.2: TAXA DE CRESCIMENTO DO PROGRESSO TECNOLÓGICO AO LONGO DO TEMPO.

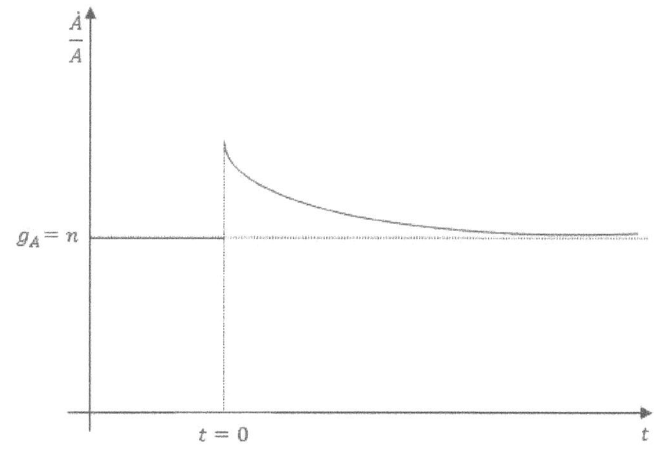

O que acontece ao nível de conhecimento tecnológico?

A Figura 9.3 responde a esta questão. O nível de conhecimento tecnológico cresce ao longo da trajetória de crescimento equilibrado à taxa g_A até ao momento $t = 0$. Neste momento, a taxa de crescimento e, por conseguinte, o nível de conhecimento tecnológico aumentam mais rapidamente do que antes. Com o tempo, contudo, a taxa de crescimento diminui até que retorna a g_A. No entanto, face à aceleração temporária da taxa de crescimento, o nível de conhecimento tecnológico passa a ser permanentemente mais elevado.

O aumento de l_A no modelo de Romer gera dinâmica de transição e esta dinâmica é qualitativamente similar à dinâmica gerada pelo aumento da taxa de investimento no modelo de Solow.

FIGURA 9.3: NÍVEL DE CONHECIMENTO TECNOLÓGICO.

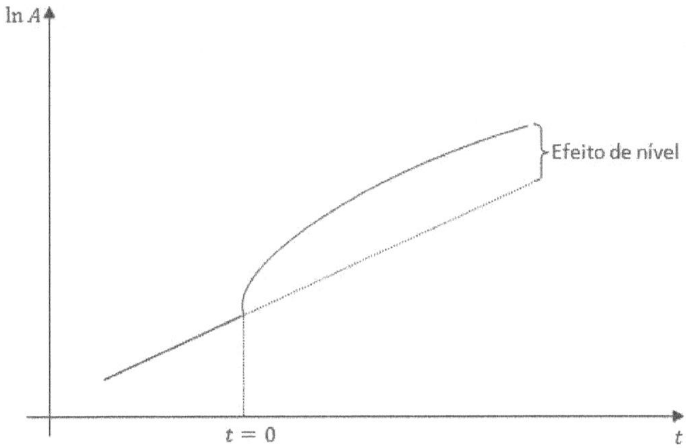

Agora que se conhece a evolução do conhecimento tecnológico ao longo do tempo, pode analisar-se o modelo tendo em conta a análise efetuada no âmbito do modelo de Solow: como a taxa de crescimento de longo prazo é constante, muita da álgebra usada para analisar o modelo de Solow pode ser aplicada. Por exemplo, o rácio $\frac{y}{A}$ é constante ao longo da trajetória de crescimento equilibrado e é dado por uma equação similar à equação (4.11) no modelo de Solow:

$$\widetilde{y}(t) = \widetilde{A}(t) \left(\frac{s_K}{\delta + g_A + n} \right)^{\frac{\alpha}{1-\alpha}} (1 - l_A). \tag{9.13}$$

A única diferença é a presença do termo $(1 - l_A)$, que ajusta a expressão para a diferença entre o *output* por trabalhador empregue no setor do bem final, $\frac{Y}{L_Y}$, e o *output* por trabalhador da economia, $\frac{Y}{L}$. Com efeito, note-se que a função produção pode ser escrita em termos *per capita* na forma:

$$
\begin{aligned}
Y &= K^{\alpha}(AL_Y)^{1-\alpha} \\
&= K^{\alpha}A^{1-\alpha}L_Y^{-\alpha}L_Y AA^{-1} \\
\frac{Y}{L_Y} &= K^{\alpha}A^{-\alpha}L_Y^{-\alpha}A \\
\frac{Y}{(1-l_A)L} &= K^{\alpha}A^{-\alpha}L_Y^{-\alpha}A \\
y &= k_{AL_Y}^{\alpha}A(1-l_A),
\end{aligned}
$$

em que $y = \frac{Y}{L}$ e $k_{AL_Y} = \frac{K}{AL_Y}$. Tendo em conta a equação de acumulação de capital sabe-se que

$$
\frac{\dot{k}_{AL_Y}}{k_{AL_Y}} = \frac{\dot{K}}{K} - \frac{\dot{A}}{A} - \frac{\dot{L}_Y}{L_Y},
$$

pelo que, como no estado estacionário, $\frac{\dot{L}}{L} = \frac{\dot{L}_Y}{L_Y} = \frac{\dot{L}_A}{L_A} = n$:

$$
\begin{aligned}
\frac{\dot{k}_{AL_Y}}{k_{AL_Y}} &= \frac{s_K Y - \delta K}{K} - \frac{\dot{A}}{A} - \frac{\dot{L}_Y}{L_Y} \\
&= \frac{s_K Y}{K} - \delta - g_A - n \\
&= \frac{s_K \frac{Y}{AL_Y}}{\frac{K}{AL_Y}} - \delta - g_A - n \\
&= \frac{s_K \frac{Y}{A(1-l_A)L}}{\frac{K}{AL_Y}} - \delta - g_A - n \\
&= \frac{s_K \frac{y}{A(1-l_A)}}{k_{AL_Y}} - \delta - g_A - n \\
&= \frac{s_K k_{AL_Y}^{\alpha}}{k_{AL_Y}} - \delta - g_A - n \\
\iff \dot{k}_{AL_Y} &= s_K k_{AL_Y}^{\alpha} - (\delta + g_A + n)k_{AL_Y}.
\end{aligned}
$$

Como, no estado estacionário, $\dot{k}_{AL_Y} = 0$, tem-se:

$$\begin{aligned}
s_K k_{AL_Y}^{\alpha} &= (\delta + g_A + n)k_{AL_Y} \\
s_K k_{AL_Y}^{\alpha} k_{AL_Y}^{-1} k_{AL_Y} &= (\delta + g_A + n)k_{AL_Y} \\
s_K k_{AL_Y}^{\alpha} k_{AL_Y}^{-1} &= (\delta + g_A + n) \\
k_{AL_Y} &= \left(\frac{s_K}{\delta + g_A + n}\right)^{\frac{1}{1-\alpha}}.
\end{aligned}$$

Substituindo na função produção escrita em termos *per capita* o valor de k_{AL_Y}, obtém-se o valor de y desejado:

$$\widetilde{y}(t) = \widetilde{A}(t)\left(\frac{s_K}{\delta + g_A + n}\right)^{\frac{\alpha}{1-\alpha}}(1 - l_A).$$

Note-se que ao longo da trajetória de crescimento equilibrado, a equação (9.12) pode ser resolvida para o nível de A em termos de força de trabalho:

$$A = \frac{\psi l_A L}{g_A}.$$

E combinando esta equação com (9.13), obtém-se:

$$\widetilde{y}(t) = \left(\frac{s_K}{\delta + g_A + n}\right)^{\frac{\alpha}{1-\alpha}}(1 - l_A)\frac{\psi l_A}{g_A}\widetilde{L}(t). \tag{9.14}$$

Nesta versão simples do modelo, o *output per capita* é proporcional à população ao longo da trajetória de crescimento equilibrado. Por outras palavras, o modelo apresenta efeitos de escala: quanto maior a dimensão da economia, mais rico será o país. Este efeito de escala resulta fundamentalmente da natureza não-rival do conhecimento tecnológico: quanto maior a dimensão da economia, maior o mercado para o conhecimento tecnológico; ora, um mercado alargado representa mais retornos para a I&D ("efeito procura"). Adicionalmente, quanto mais populosa for a economia, mais potencial para a criação de novas inovações apresenta ("efeito oferta").

Os outros termos em (9.14) possuem a seguinte interpretação:

(i) O primeiro termo é familiar (tenha-se em conta o modelo original de Solow): as economias que investem mais em capital serão mais ricas, por exemplo.

(ii) Os dois termos seguintes envolvem o peso do trabalho afeto à I&D. Em $(1 - l_A)$ o peso do trabalho na I&D "entra" negativamente, refletindo o facto de que mais investigadores representam menos trabalhadores para a produção.

Em $\frac{\psi l_A}{g_A}$ o peso do trabalho na I&D "entra" positivamente, refletindo o facto de que mais investigadores significam mais inovações que, por sua vez, aumentam a produtividade da economia.

9.4 Progresso do conhecimento tecnológico endógeno

Anteriormente, o enfoque foi no progresso do conhecimento tecnológico que melhora a produtividade dos fatores.[59] Agora trata-se de analisar os outros dois tipos de progresso do conhecimento tecnológico; i.e., (i) o que leva à emergência de novos bens e (ii) o que melhora a qualidade dos bens existentes. Como já se referiu, o primeiro tipo de progresso do conhecimento tecnológico dá lugar aos denominados modelos de "inovação horizontal" ou "variedades crescentes" e o segundo origina modelos de "inovação vertical" ou *quality ladders.*

O tipo de modelo descrito anteriormente com um bem homogéneo não é adequado para analisar a inovação horizontal e vertical. Algumas formas de estender o modelo neoclássico nesse sentido são agora explicitadas. Essas extensões só foram possíveis com a consideração de fundamentos microeconómicos (ignorados até aos anos 80) na sequência dos trabalhos de Dixit & Stiglitz (1977) e Ethier (1982). Na verdade, estes trabalhos permitiram a modelização da concorrência imperfeita numa estrutura de equilíbrio geral.

9.4.1 Inovação horizontal

A forma mais comum de estender o modelo neoclássico para permitir a emergência de novos bens é considerar um setor de bens diferenciados tal como foi originalmente sugerido por Dixit & Stiglitz (1977). A vantagem do ponto de vista de Spence-Dixit-Stiglitz é que os bens entram na função utilidade do consumidor representativo de forma aditiva, de tal modo que a utilidade é uma função crescente do número de variedades. Além disso, ao tratar os bens simetricamente e ao assumir um número muito alargado de variedades, o modelo pode ser resolvido de forma simples.

---

[59] Refira-se que, nos anos 60, outros autores desenvolveram modelos com características macroeconómicas similares; por exemplo, Uzawa (1965), Phelps (1966) e Shell (1967).

Ethier (1982) estendeu o ponto de vista de Spence-Dixit-Stiglitz ao tratar os bens diferenciados como bens intermédios usados pelas firmas produtoras do(s) bem(ns) final(is). Este novo ponto de vista foi seguido por Romer (1990a), Grossman & Helpman (1991a) e Rivera-Batiz & Romer (1991). A modelização das economias, seguindo por exemplo Romer (1990a) e Rivera-Batiz & Romer (1991), passa por considerar três setores produtivos: (i) o setor de bens finais, (ii) o setor de bens intermédios e (iii) o setor de I&D. O modelo base apresentado assenta numa especificação *lab-equipment*, os bens intermédios são bens não duráveis usados na produção de bens finais e o nível de conhecimento tecnológico passado afeta a I&D presente.

A razão para a existência do setor de bens finais e para o setor de I&D é clara: algumas firmas devem produzir *output* e outras devem produzir inovações. O bem final (considerando que é um bem compósito; i.e., que é o bem de consumo) é homogéneo e produzido em concorrência perfeita. A existência do setor de bens intermédios (diferenciados) está relacionada com a presença de retornos crescentes. Basicamente, o setor de I&D vende o direito exclusivo de produzir um novo bem intermédio ou uma nova qualidade de um dos bens intermédios existentes; i.e., vende o protótipo.

Cada firma de bens intermédios, sendo monopolista (note-se que tem o direito exclusivo na produção que realiza), produz o bem intermédio novo ou a nova qualidade de um dos bens intermédios existentes e vende essa produção às firmas de bens finais que, por sua vez, produzem o *output*. Nestes modelos, o fator trabalho é considerado constante ao longo do tempo; ou seja, não há acumulação de capital humano, deixando-se assim para o progresso do conhecimento tecnológico a fonte do crescimento.

Solução de mercado com especificação *lab-equipment*

Setor de bens finais — O setor de bens finais do modelo de Romer é semelhante ao setor de bens finais do modelo de Solow. O setor é composto por um número alargado de firmas operando em concorrência perfeita que, para produzir o bem final homogéneo, Y, combinam trabalho, H_f, e capital, K:

$$Y = AH_f^{1-\alpha}K^{\alpha}, \tag{9.15}$$

em que A pode considerar-se que representa/reflete o estado das instituições do país, ou, dito de outro modo, a produtividade exógena; e α, que varia entre 0 e 1, corresponde à *share* do capital na produção. O capital é um composto de bens intermédios da seguinte forma:

$$K = \left(\sum_{i=1}^{\infty} X_j^{\alpha} \right)^{\frac{1}{\alpha}}, \tag{9.16}$$

com X_j a representar a quantidade do bem intermédio j.[60] Substituindo (9.16) em (9.15) resulta:

$$Y = AH_f^{1-\alpha} \sum_{i=1}^{\infty} X_j^{\alpha}. \tag{9.17}$$

Esta função produção é pois uma Cobb-Douglas modificada, em que todos os bens intermédios entram na função produção simetricamente. Como em cada momento do tempo *t* há *N* bens intermédios disponíveis, na função produção (9.17), $X_j = 0$ para $i = N + 1, ..., \infty$. Contudo, a aditividade dos *inputs* na função produção (9.17) permite a inclusão de bens intermédios que correntemente não existem e que resultam de inovações; i.e., da I&D. De facto, a forma aditiva como os bens intermédios são considerados significa que o produto marginal do bem intermédio j é independente da quantidade empregue de outro qualquer bem intermédio.[61] Neste sentido, um novo bem intermédio não é nem substituto direto nem complementar direto dos bens intermédios já existentes. Esta assunção de independência de bens intermédios é importante porque implica que as descobertas de novos bens intermédios não tornam nenhum dos existentes obsoletos.

Assim, a função produção (9.17) pode ser escrita na forma:

$$Y = AH_f^{1-\alpha} \sum_{j=1}^{N} X_j^{\alpha}. \tag{9.18}$$

---

[60] Em alternativa, poderia modelizar-se a utilidade como função da variedade dos bens de consumo. Esta alternativa foi considerada por, por exemplo, Grossman & Helpman (1991a, Cap. 4), originado idênticos resultados.

[61] Uma alternativa a (9.17) seria:

$$Y = AH_f^{1-\alpha} \left[\sum_{j=1}^{\infty} X_j^{\sigma} \right]^{\frac{\alpha}{\sigma}},$$

em que: $0 < \sigma < 1$. Neste caso, o parâmetro σ, que pode diferir de α, governa o poder de monopólio possuído pelo proprietário dos direitos do bem intermédio j. O caso considerado no texto corresponde a ter $\alpha = \sigma$.

Pode dizer-se que a função produção (9.18) apresenta rendimentos decrescentes nos *inputs* H_i e X_{ij} individualmente considerados e rendimentos constantes à escala considerando os *inputs* conjuntamente.

É então o número de bens intermédios, e não *A*, que representa o nível do conhecimento tecnológico. Para observar o efeito decorrente do aumento de *N* (progresso do conhecimento tecnológico), suponha-se que os bens intermédios podem ser medidos em unidades comuns de capital físico e que todos os bens intermédios são empregues na mesma quantidade, $X_j = X$ — o que sucede em equilíbrio. Neste caso, (9.18) pode ainda ser escrita na forma:

$$\begin{aligned} Y &= AH_f^{1-\alpha}X_1^\alpha + AH_f^{1-\alpha}X_2^\alpha + ... + AH_f^{1-\alpha}X_N^\alpha = \\ &= AH_f^{1-\alpha}(X_1^\alpha + X_2^\alpha + ... + X_N^\alpha) = \\ &= AH_f^{1-\alpha}NX^\alpha, \text{ caso } X_1 = X_2 = ... = X_N \qquad (9.19) \\ &= AH_f^{1-\alpha}(NX)^\alpha N^{1-\alpha}. \qquad (9.20) \end{aligned}$$

Facilmente se verifica que, para um dado *N*, a função produção exibe rendimentos decrescentes relativamente a cada um dos *inputs*, *H* e *NX* (*NX* é o montante total de bens intermédios comprados), e rendimentos constantes à escala relativamente a H_f e *NX*. Por exemplo, duplicando H_f e o montante total de bens intermédios, o *output* também duplica:

$$A(2H_f)^{1-\alpha}(2NX)^\alpha N^{1-\alpha} = 2AH_f^{1-\alpha}(NX)^\alpha N^{1-\alpha} = 2Y.$$

Para um determinado valor de H_f e *NX*, (9.20) indica que a produção aumenta ao aumentar o número de bens intermédios. Tomando H_f como um dado, a produção apresenta rendimentos decrescentes relativamente a *NX* caso o aumento de *NX* proceda de um aumento de *X* — resulta diretamente de (9.20) — mas não é assim caso o aumento decorra do aumento de *N* — veja-se (9.19). Esta propriedade da função produção fornece a base para o crescimento endógeno: é precisamente a constância de rendimentos de *N* que permite à economia gerar taxas de crescimento positivas para sempre; neste sentido, este modelo não é mais que um modelo AK, no qual o bem que se acumula é o número de bens intermédios.

A função produção é frequentemente escrita em termos contínuos. Ou seja, frequentemente substitui-se o somatório por um integral:

$$Y = AH_f^{1-\alpha} \int_0^N X_j^\alpha dj.$$

Neste caso, *N* mede o contínuo de bens de capital que estão disponíveis para o setor de bens finais e corresponde ao intervalo real $[0, N]$. A interpretação básica da função produção não é, contudo, afetada por esta alteração.

Na análise desenvolvida normaliza-se o preço do bem final, *Y*, para 1 (numerário). As empresas no setor de bens finais têm de decidir a quantidade de trabalho e de cada bem de capital (intermédio) a usar na produção, tendo em conta que contratam trabalho num mercado competitivo e compram o bem intermédio j ao preço p_j. Assim, resolvem o problema de maximização (de lucros) com o objetivo de maximizar o valor presente de todos os lucros futuros:

$$\max_{H_f,\, X_J} \int_0^\infty \left(P_Y Y - w_f H_f - \int_0^N p_j X_j dj \right) dt, \tag{9.21}$$

em que w_f é o salário pago por trabalho no setor de bens finais. Dado que este problema não incorpora elementos de tipo intertemporal — não existem custos de ajustamento nem nenhum bem acumulável —, a maximização de (9.21) é equivalente à maximização dos benefícios correntes em cada momento do tempo:

$$\max_{H_f,\, X_J} P_Y Y - w_f H_f - \int_0^N p_j X_j dj;$$

$$\Leftrightarrow \quad \max_{H_f,\, X_j} AH_f^{1-\alpha} \int_0^N X_j^\alpha dj - w_f H_f - \int_0^N p_j X_j dj.$$

As condições de primeira ordem caracterizadoras da solução deste problema impõem que, tendo em vista a maximização do lucro, as empresas empregam (i) trabalho até "ao ponto" em que a sua produtividade marginal iguala o salário:

$$\begin{aligned}
\frac{\partial(.)}{\partial H_f} &= 0 \\
&\Leftrightarrow (1-\alpha)AH_f^{-\alpha}\int_0^N X_j^\alpha dj - w_f = 0 \\
&\Leftrightarrow (1-\alpha)A\frac{H_f^{1-\alpha}}{H_f}\int_0^N X_j^\alpha dj - w_f = 0 \\
&\Leftrightarrow (1-\alpha)\frac{Y}{H_f} - w_f = 0 \\
&\Leftrightarrow (1-\alpha)\frac{Y}{H_f} = w_f; \qquad (9.22)
\end{aligned}$$

(ii) bens de capital até "ao ponto" em que a produtividade de cada um dos bens de capital iguala o respetivo preço:

$$\begin{aligned}
\frac{\partial(.)}{\partial X_j} &= 0 \\
&\Leftrightarrow \alpha AH_f^{1-\alpha}X_j^{\alpha-1} - p_j = 0 \\
&\Leftrightarrow \alpha AH_f^{1-\alpha}X_j^{\alpha-1}\frac{X_j}{X_j} - p_j = 0 \\
&\Leftrightarrow \alpha AH_f^{1-\alpha}\frac{X_j^\alpha}{X_j} - p_j = 0 \\
&\Leftrightarrow \alpha\frac{Y}{X_j} = p_j. \qquad (9.23)
\end{aligned}$$

Note-se que a função produção implica que o produto marginal de cada bem intermédio, $\frac{\partial Y}{\partial X_j}$, é infinito quando $X_j = 0$ e diminui com o aumento de X_j. Caso *N* tipos de bens intermédios estejam disponíveis a preço finito no momento corrente, a firma usará todos os *N* tipos. Esta última expressão pode ser reescrita para apresentar a procura de j como função do seu preço, do parâmetro α e das variáveis (exógenas) *A* e H_f:

$$X_j = H_f\,(\alpha A)^{\frac{1}{1-\alpha}}\,p_j^{-\frac{1}{1-\alpha}}. \qquad (9.24)$$

Por sua vez, de acordo com (9.24), a procura do bem intermédio j está negativamente relacionada com o seu preço, p_j, e a elasticidade preço da procura é $-\frac{1}{1-\alpha}$ (obtida diretamente), como pode comprovar-se por:

$$\frac{\frac{\partial X_j}{X_j}}{\frac{\partial p_j}{p_j}} = \frac{\partial X_j}{\partial p_j}\frac{p_j}{X_j} = \left(-\frac{1}{1-\alpha}\right) H_f (\alpha A)^{\frac{1}{1-\alpha}} p_j^{-\frac{1}{1-\alpha}-1}\frac{p_j}{X_j} =$$

$$= \left(-\frac{1}{1-\alpha}\right) H_f (\alpha A)^{\frac{1}{1-\alpha}} p_j^{-\frac{1}{1-\alpha}}\frac{1}{X_j} =$$

$$= \frac{\left(-\frac{1}{1-\alpha}\right) H_f (\alpha A)^{\frac{1}{1-\alpha}} p_j^{-\frac{1}{1-\alpha}}}{H_f (\alpha A)^{\frac{1}{1-\alpha}} p_j^{-\frac{1}{1-\alpha}}} = -\frac{1}{1-\alpha}.$$

Alternativamente, poderia ainda considerar-se a existência de várias firmas produtoras do bem final. Neste caso, a função produção para a firma i seria:

$$Y_i = AH_{fi}^{1-\alpha}\sum_{j=1}^{N} X_{ji}^{\alpha}, \tag{9.25}$$

em que (de novo): (i) α está entre 0 e 1; (ii) Y_i é o *output* da firma i; (iii) H_{fi} é a quantidade de trabalho empregue pela firma i; (iv) X_{ji} corresponde à quantidade do bem intermédio j usado pela firma produtora do bem final i;[62] (v) N e A representam, igualmente, o número de variedades de bens intermédios e a produtividade exógena, respetivamente. Pensando no número de variedades, N, como um contínuo, os resultados obtidos são essencialmente os mesmos; a função produção seria reescrita na forma:

$$Y_i = AH_{fi}^{1-\alpha}\int_0^N X_{ji}^{\alpha} dj.$$

[62] Pode considerar-se X_{ij} como fluxos de serviços de bens duráveis. Neste caso, $K_i = \sum_{j=1}^{N} K_{ij}$ corresponderia ao *input* capital nos modelos com capital físico, e K e N seriam variáveis estado. Considera-se, contudo, que X_{ij} corresponde a bens não duráveis e serviços, porque: (i) independentemente do ponto de vista considerado, os resultados obtidos são similares; (ii) este caso envolve apenas uma variável estado, N.

Os bens finais, Y_i, produzidos por todas as firmas são fisicamente idênticos e, por conseguinte, a agregação do *output* de todas as firmas resultaria no *Y*,[63] que pode ser usado para vários propósitos: para consumo, *C*, para produção de bens intermédios, *X*, e para a I&D que, por sua vez, gerará a possibilidade de produzir novos bens intermédios (i.e., que permitirá expandir *N*). Com o preço do bem final compósito, *Y*, normalizado para 1 (numerário), todos os preços são medidos em unidades de *Y*.

Setor de bens intermédios e de I&D — Para produzir novos bens intermédios, os inovadores terão de investir recursos em I&D. Uma vez inventado o protótipo para produzir o novo produto, o seu inovador terá o direito a produzir a quantidade desejada (essas unidades terão um custo marginal pequeno) ao preço perpétuo p_j. Considerando que as firmas de I&D consistem em departamentos das firmas de bens intermédios, supõe-se, pois, que existe um sistema legal que garante a perpetuidade dos direitos de propriedade da inovação e que esses direitos de propriedade permitem ao inovador obter o monopólio perpétuo na produção do bem.[64] O setor de bens intermédios é então composto por monopolistas que produzem os bens intermédios e os vendem ao setor de bens finais.[65] Note-se, porém, que embora só a firma detentora da patente possa produzir o bem intermédio, o conhecimento incorporado do bem intermédio que produz é público e pode, pois, ser usado na obtenção de nova(s) inovação(ões).

Por outras palavras, para motivar a I&D, os inovadores têm de ser compensados. O problema básico é que a criação da nova ideia ou protótipo para a produção do

---

[63] A análise com várias firmas é pois similar. Por exemplo, (i) os lucros para o produtor i são $Y_i - wH_{fi} - \sum_{i=1}^{N} p_j X_{ij}$, em que novamente w (salário) e p_j (preço de j) são dados, pois no setor de bens finais os produtores operam em concorrência perfeita; (ii) a função produção (9.25) implica que o produto marginal do bem intermédio j seja $\frac{\partial Y_i}{\partial X_{ij}} = A\alpha H_{fi}^{1-\alpha} X_{ij}^{\alpha-1}$, que, igualado a p_j, resulta em $X_{ij} = H_{fi} \left(\frac{A\alpha}{p_j}\right)^{\left(\frac{1}{1-\alpha}\right)}$; obtendo-se assim a quantidade do j-ésimo bem intermédio procurado, X_{ij} como função do preço, p_j.

[64] Estes pressupostos são um pouco exagerados porque, no mundo real, os direitos de propriedade prescrevem por diversas razões. Em primeiro lugar, porque em alguns setores as leis apenas garantem direitos monopolistas durante alguns anos; por exemplo, na indústria farmacêutica nos EUA, os inventores de novos medicamentos obtêm o direito de ser os únicos produtores durante alguns anos e, portanto, apenas nesse período fica assegurada a possibilidade do preço praticado ser superior ao seu custo marginal (para recuperar os custos associados com a invenção do medicamento). Em segundo lugar, uma outra firma pode inventar um bem substituto tecnologicamente superior ou mais barato que torne a firma original não competitiva; esta é a possibilidade explorada pelos modelos de I&D vertical.

[65] Em alternativa pode considerar-se que as firmas produtoras de bens intermédios suportam o custo da I&D conduzida por firmas específicas ou compram o protótipo ao setor de I&D.

bem intermédio j é custosa, mas pode ser usada por qualquer firma (bem não-rival). Em termos *ex-post* pode até ser eficiente tornar as descobertas existentes livremente disponíveis para todos os potenciais interessados na produção. Em termos *ex-ante*, contudo, essa prática falharia. Com efeito, deixaria de haver incentivos para a realização de investigação. Há aqui, pois, um *trade-off*, como aliás na análise genérica de patentes, entre restrições ao uso de ideias/protótipos existentes — i.e., entre a concessão de (alguma) exclusividade — e as recompensas à atividade de I&D. Assim, embora os possíveis ganhos associados às patentes como suporte das inovações sejam compreensíveis, não deixa de haver problemas associados à manutenção de direitos de monopólio.

Os direitos de monopólio podem ser conseguidos via uma proteção explícita conferida pela patente ou via sigilo. Há, em qualquer dos casos, que ser realista e ter consciência que a posição de monopólio permanecerá efetivamente por um período finito ou que se irá desgastando com o decorrer do tempo.

Relativamente à modelização do setor de bens intermédios, considera-se, por simplificação, uma estrutura institucional em que o inovador do bem j obtém o direito de monopólio perpétuo na produção e venda do bem, X_j, que usa o protótipo detido. O fluxo de rendimentos de monopólio fornecerá então o incentivo para a inovação. Em particular, como se referiu antes, relativamente ao setor de I&D, há essencialmente duas formulações, com diferentes interpretações, embora implicações matemáticas similares: na primeira, denominada *lab-equipment*, o bem-final compósito é o *input*; na segunda, conhecida como *knowledge-driven*, o trabalho é *input* no setor de I&D. Enfatiza-se a especificação *lab-equipment* e, nesse sentido, pode passar a considerar-se $H_f \equiv H$.

Tomando em conjunto os setores de bens intermédios e de I&D, pode dizer-se que o inventor enfrenta duas decisões/passos importantes. No primeiro passo, as firmas decidem se afetam ou não recursos à invenção de novas inovações. Para o efeito, devem comparar os custos de I&D com os respetivos benefícios, considerando que o bem é inventado. A resposta é positiva caso o valor atual líquido dos lucros futuros esperados seja pelo menos tão significativo como o valor das despesas em I&D suportadas no momento da realização da I&D. No segundo passo, as firmas determinam o preço ótimo de venda do novo bem aos produtores do bem final. Este preço determina o fluxo de lucros em cada momento e, por conseguinte, o valor atual líquido dos benefícios esperados considerado no primeiro passo.

Por conseguinte, a decisão tomada no primeiro passo requer saber o preço do novo bem inventado e, por isso, a solução do problema passa por solucionar primeiro o segundo passo. A análise prossegue pois com a resolução do modelo da frente para trás: em primeiro lugar, deriva-se o preço ótimo, assumindo que o novo protótipo para produção do novo bem intermédio já foi inventado. Depois calcula-se o valor atual líquido dos lucros futuros e compara-se com o custo das despesas de I&D; se o valor atual dos lucros futuros for superior ao custo da I&D, as firmas suportam as despesas de I&D. Por fim, observa-se o equilíbrio com livre entrada no setor de I&D.

O bem intermédio, uma vez inventado, pode ser vendido a um preço desejado, tendo em conta que cada unidade produzida custará uma determinada quantidade denominada de custo marginal. A restrição a ter em conta é que, com um preço demasiado alto, a procura (ou seja, os produtores de bens finais) não comprarão demasiadas unidades.[66] Assim, uma vez inventado o produto, o inovador deve decidir p_j com o objetivo de maximizar o valor atual líquido de todos os benefícios futuros. Em cada momento do tempo *t*, a receita total de cada monopolista é igual ao preço, p_j, vezes o montante de bem vendido, X_j, e o fluxo de benefícios líquidos é igual à receita total menos os custos de produção. Considerando que, uma vez inventado, o bem intermédio j requer uma unidade de *Y* para ser produzido (i.e., o produtor do bem j converte uma unidade de numerário — assumindo que o preço do bem final é 1 — numa unidade do bem intermédio), cada firma neste setor terá, em cada momento do tempo *t*, um fluxo de benefícios líquidos igual a $(p_j - 1)X_j$, com X_j dado por (9.24).

Assim, o problema de maximização dos inovadores para decidir o preço do bem intermédio inventado no momento s é:

$$
\begin{aligned}
& \max_{p_j(t)} \int_s^{\infty} \exp\left[-\overline{r}\,(t-s)\right] \pi_j(t) dt \\
\Leftrightarrow\ & \max_{p_j(t)} \int_s^{\infty} \exp\left[-\overline{r}\,(t-s)\right] (p_j - 1) X_j dt \text{ - considerando (9.24)} \\
& \max_{p_j(t)} \int_s^{\infty} \exp\left[-\overline{r}\,(t-s)\right] \left[(p_j - 1) H \left(\alpha A\right)^{\frac{1}{1-\alpha}} p_j^{-\frac{1}{1-\alpha}}\right] dt \qquad (9.26)
\end{aligned}
$$

em que $\overline{r}(s,t) \equiv \frac{1}{t-s}\int_s^t r(\omega)d\omega$ é a taxa de juro média entre o tempo s e *t*. Caso a taxa de juro iguale a constante r — o que acontece em equilíbrio — então o fator de atualização é exp $r(t-s)]$. A quantidade H_f corresponde, como se sabe, à quantidade agregada de trabalho, sendo esta quantidade considerada constante. Dado que não

[66] Como é normal no caso do monopólio, o poder de mercado do monopolista está limitado pela procura.

há variáveis estado no lado da produção nem elementos inter-temporais na função procura, não há restrições dinâmicas no problema e a maximização de (9.26) é equivalente à maximização dos benefícios correntes em cada momento do tempo:

$$\max_{p_j} \pi_j = \max_{p_j} (p_j - 1) X_j = \max_{p_j} (p_j - 1) H (\alpha A)^{\frac{1}{1-\alpha}} p_j^{-\frac{1}{1-\alpha}} . \tag{9.27}$$

A condição de primeira ordem caracterizadora da solução deste problema impõe que, tendo em vista a maximização do lucro, a derivada da expressão a maximizar relativamente ao preço seja igual a zero. Assim,[67]

$$\begin{aligned}
\frac{\partial (.)}{\partial p_j} &= 0 \\
&\Leftrightarrow H (A\alpha)^{\left(\frac{1}{1-\alpha}\right)} \left[(p_j)^{\left(\frac{-1}{1-\alpha}\right)} + \left(\frac{-1}{1-\alpha}\right) (p_j)^{\left(\frac{-1}{1-\alpha}\right)-1} (p_j - 1) \right] = 0 \\
&\Leftrightarrow (p_j)^{\left(\frac{-1}{1-\alpha}\right)} + \left(\frac{-1}{1-\alpha}\right) (p_j)^{\left(\frac{-1}{1-\alpha}\right)} + \left(\frac{1}{1-\alpha}\right) (p_j)^{\left(\frac{-1}{1-\alpha}\right)-1} = 0 \\
&\Leftrightarrow (p_j)^{\left(\frac{-1}{1-\alpha}\right)} \left[1 + \frac{-1}{1-\alpha} + \frac{1}{1-\alpha} \frac{1}{p_j} \right] = 0 \\
&\Leftrightarrow 1 + \frac{-1}{1-\alpha} + \frac{1}{1-\alpha} \frac{1}{p_j} = 0 \\
&\Leftrightarrow \frac{1}{1-\alpha} \frac{1}{p_j} = \frac{\alpha}{1-\alpha} \\
&\Leftrightarrow p_j = p = \frac{1}{\alpha} > 1 \qquad \forall j, \quad \forall t.
\end{aligned} \tag{9.28}$$

Donde, o preço p_j corresponde a um *mark-up* sobre o custo marginal (pelo que há a possibilidade dos inovadores conseguirem recuperar os custos de I&D), é constante ao longo do tempo e idêntico para todos os bens intermédios. O preço é o mesmo para todos os bens intermédios porque o custo de produção é também o mesmo para todos os bens intermédios, e cada bem intermédio entra simetricamente na função produção. Substituindo $p_j = p = \frac{1}{\alpha}$ de (9.28) em (9.24), pode determinar-se a quantidade agregada produzida de cada bem intermédio:

[67] Alternativamente, tendo em conta (9.26), poderia construir-se o Hamiltoniano e considerar a condição de primeira ordem relativamente a p_j; dado que p_j é uma variável de controlo, a condição requer a igualização a zero da derivada do Hamiltoniano relativamente a p_j.

$$X_j = X = HA^{\left(\frac{1}{1-\alpha}\right)}\alpha^{\left(\frac{2}{1-\alpha}\right)} \qquad \forall j, \quad \forall t \tag{9.29}$$

que, como referido, é também constante ao longo do tempo e igual para todos os bens intermédios. É importante notar que, porque o preço excede o custo marginal, a quantidade X_j é menor do que a que existiria caso os bens intermédios fossem vendidos ao custo marginal.

Substituindo X_j em (9.29) na função produção (9.18) e tendo em conta que $H_f \equiv H$, a produção de bens finais da economia é:

$$\begin{aligned} Y &= AH^{1-\alpha}\sum_{j=1}^{N}\left[HA^{\left(\frac{1}{1-\alpha}\right)}\alpha^{\left(\frac{2}{1-\alpha}\right)}\right]^{\alpha} \\ &= AH^{1-\alpha}NH^{\alpha}A^{\left(\frac{\alpha}{1-\alpha}\right)}\alpha^{\left(\frac{2\alpha}{1-\alpha}\right)} \\ &= A^{\left(\frac{1}{1-\alpha}\right)}\alpha^{\left(\frac{2\alpha}{1-\alpha}\right)}HN. \end{aligned} \tag{9.30}$$

Alternativamente, poderia calcular-se *Y* a partir de (9.25). Neste caso, note-se que $Y = \sum_{i=1} Y_i$ e que, porque $X = X_j$, $\sum_{j=1}^{N} X_{ji}^{\alpha}$, em (9.25) é igual a $\sum_{j=1}^{N} X_i^{\alpha} = NX_i^{\alpha}$. Assim,

$$Y = \sum_{i=1} Y_i = \sum_{i=1} AH_i^{1-\alpha}NX_i^{\alpha} = AH^{1-\alpha}NX^{\alpha}$$

donde, tendo em conta (9.29), resulta:

$$\begin{aligned} Y &= AH^{1-\alpha}N\left[HA^{\left(\frac{1}{1-\alpha}\right)}\alpha^{\left(\frac{2}{1-\alpha}\right)}\right]^{\alpha} \\ &= AH^{1-\alpha}NH^{\alpha}A^{\left(\frac{\alpha}{1-\alpha}\right)}\alpha^{\left(\frac{2\alpha}{1-\alpha}\right)} \\ &= A^{\left(\frac{1}{1-\alpha}\right)}\alpha^{\left(\frac{2\alpha}{1-\alpha}\right)}HN. \end{aligned}$$

Substituindo p_j e X_j, respetivamente, por (9.28) e (9.29) em

$$\pi_j = (p_j - 1)H\,(\alpha A)^{\frac{1}{1-\alpha}}\,p_j^{-\frac{1}{1-\alpha}}$$

obtém-se a seguinte expressão para o fluxo de lucros:

$$\pi_j = \pi = \left(\frac{1-\alpha}{\alpha}\right)HA^{\left(\frac{1}{1-\alpha}\right)}\alpha^{\left(\frac{2}{1-\alpha}\right)} \qquad \forall j, \quad \forall t. \tag{9.31}$$

que é, pois, constante ao longo do tempo e para todos os bens intermédios.

Fica claro que os benefícios (líquidos) obtidos pelos inovadores serão idênticos e constantes ao longo do tempo. Porque os benefícios (líquidos) são constantes ao longo do tempo, em equilíbrio, o valor atual descontado desses benefícios — ou seja, de todos os benefícios líquidos que o inovador obtém durante o tempo de duração da posição de monopólio, que, neste caso, é a eternidade — é facilmente integrável. O resultado dessa integração, que corresponde ao valor atual dos benefícios líquidos associados à produção do bem intermédio j, é:

$$V(t) = \int_s^{\infty} \exp\left[-r \times (t-s)\right] \pi_j(t) dt = \int_s^{\infty} \exp\left[-r \times (t-s)\right] \pi dt = \frac{\pi}{r} \quad \forall j \tag{9.32}$$

em que $\pi_j(t)$ é o fluxo de lucros no momento *t*, e em equilíbrio a taxa de juro média entre s e *t* é r, $\overline{r}(s,t) \equiv r$. Em suma, uma vez inventado um novo bem, o inovador sabe que a patente que obtém gerará, em valor atual, a quantidade $\frac{\pi}{r}$; ou, tendo em conta (9.31) e (9.32) pode ser escrita na forma:

$$V(t) = \frac{HA^{\left(\frac{1}{1-\alpha}\right)}\left(\frac{1-\alpha}{\alpha}\right)\alpha^{\left(\frac{2}{1-\alpha}\right)}}{r(t)}. \tag{9.33}$$

A decisão de afetar ou não recursos à inovação passa por comparar o valor atual líquido dos lucros futuros com o custo das despesas de I&D. O inovador sabe que, uma vez inventado o bem, o sistema legal lhe garante benefícios líquidos permanentes que, em valor atual, correspondem a $\frac{\pi}{r}$. Com base nesta informação, o inovador decidirá se suporta ou não o custo fixo da I&D. Naturalmente que o inovador decidirá proceder com o investimento na I&D caso o que espera obter, $\frac{\pi}{r}$, exceda o custo do investimento; assim, o inovador considerará o investimento em I&D atrativo caso o valor atual dos lucros *V* seja pelo menos igual ao custo de I&D e, por conseguinte, o investimento em I&D depende da natureza dos custos de I&D.

Porque o processo de invenção é incerto, uma descrição realística do processo de I&D terá que incluir incerteza; ou seja, frequentemente empresas dedicam recursos à I&D e não obtêm sucesso, outras vezes esperam gastar um determinado montante e obtêm sucesso na I&D com menos recursos. A introdução da incerteza no modelo aumentaria a complicação matemática, pelo que, por simplificação, supõe-se que para obter um novo protótipo, o inventor deve suportar o montante determinístico de recursos η, medidos em termos de unidades de *Y*.[68] Suportando η, o inovador adquire o

[68] A consideração de uma estrutura determinística para a invenção de novos bens implicará uma trajetória para a taxa de crescimento ausente de elementos cíclicos.

direito a produzir e vender o novo bem intermédio perpetuamente e a obter os benefícios líquidos correspondentes.[69]

Assim, face às assunções consideradas, serão afetados recursos à I&D caso $V \geq \eta$. Considerando, adicionalmente, concorrência perfeita no setor de I&D, a condição de livre entrada no setor de I&D assegura que qualquer agente pode pagar o custo de I&D η para obter o valor atual *V*. Então, caso: (i) $V > \eta$, um montante infinito de recursos seria canalizado para I&D e, por isso, em equilíbrio não acontece $V > \eta$; (ii) $V < \eta$, então não haveria recursos afetos à I&D e, por conseguinte, o número de bens intermédios, *N*, não variaria. Concentrando a análise no equilíbrio, haverá I&D e, portanto, crescimento de *N* em todos os momentos do tempo. Nestes casos, em todo t,

$$V(t) = \frac{\pi}{r(t)} = \eta. \tag{9.34}$$

A condição de livre entrada requer que (9.34) se cumpra e que η seja constante, pelo que $r(t)$ também será constante. Especificando um pouco mais, diferencie-se a condição de livre entrada — informação implícita em (9.34) — em ordem ao tempo e tenha-se em conta a condição $\overline{r}(s,t) \equiv \frac{1}{t-s}\int_s^t r(\omega)d\omega$ usada na obtenção de V(t). Neste caso, resulta:

$$r(t) = \frac{\pi}{V(t)} + \frac{\dot{V}(t)}{V(t)}. \tag{9.35}$$

A equação (9.35) informa que a taxa de retorno dos ativos, $r(t)$, iguala a taxa de retorno do investimento em I&D. A taxa de retorno da I&D corresponde à soma da

[69] Poderia imaginar-se que o custo de criar uma nova variedade depende do número de variedades previamente inventadas; neste caso, o custo seria função de $\eta(N)$. Como, por um lado, novas inovações tornam as seguintes mais fáceis e, por outro, as inovações mais fáceis de inventar surgem primeiro, está a considerar-se que esses efeitos se compensam. Especificando um pouco mais, quando se diz que novas inovações tornam as seguintes mais fáceis, está-se em linha com Isaac Newton que, em resposta à questão sobre o número alargado de ideias ao longo da sua vida, respondeu: "a razão que me permitiu ver mais do que os outros foi o facto de estar nos ombros dos gigantes". Newton referia-se aos cientistas do passado que, com as suas invenções, facilitaram o seu trabalho. Newton acreditava, pois, que as invenções passadas reduziam o custo das invenções presentes. Por conseguinte, Newton considerava que o custo da I&D depende do que está inventado, $\eta(N)$, e que, além disso, esse custo se reduz à medida que *N* aumenta, $\eta' < 0$. Outros economistas pensam o contrário. Implicitamente, estes consideram que há um número fixo de ideias no universo e que primeiro foram inventadas as mais fáceis. Neste caso, o custo de invenção aumenta com o número de bens já inventados, pelo que $\eta' > 0$. Considerando válidos ambos os pontos de vista, considera-se que o custo da I&D é constante.

taxa de lucros, $\frac{\pi}{V(t)}$, com a taxa de ganhos ou perdas de capital decorrentes da variação de valor da firma inovadora, $\frac{\dot{V}(t)}{V(t)}$. Dado que η é constante, a condição de livre entrada em (9.34) implica que $\dot{V}(t) = 0$. Decorre portanto de (9.35) que a taxa de juro é constante e igual a $r = r(t) = \frac{\pi}{\eta}$. Assim, r ajusta-se para que $r = \frac{\pi}{\eta}$; por exemplo, se η é inferior a $\frac{\pi}{r}$, um grande número de inovadores potenciais entrará no mercado, pedindo emprestado para poder pagar η, e então o aumento dos empréstimos fará aumentar r até que $r = \frac{\pi}{\eta}$. Substituindo π pela expressão em (9.31), obtém-se:

$$r = \frac{H}{\eta} A^{\left(\frac{1}{1-\alpha}\right)} \left(\frac{1-\alpha}{\alpha}\right) \alpha^{\left(\frac{2}{1-\alpha}\right)}. \tag{9.36}$$

Em síntese, o retorno do bem intermédio decorrente da inovação gera o valor atual dos benefícios de monopólio que cobrem justamente o custo de I&D, η. Ou seja, $V(t) = \eta$ em (9.33). Dado que "velhos" e "novos" bens recebem o mesmo fluxo de benefícios de monopólio, o valor atual dos benefícios para cada bem intermédio existente deve também igualar η. Donde, η é o valor de mercado da firma que possui o protótipo ou "manual de instruções" para produzir um bem intermédio, e o valor de mercado das firmas produtoras de bens intermédios é então ηN.

Consumidores — Para "fechar" o modelo, é preciso especificar o comportamento temporal dos consumidores, considerando, por simplificação, que a taxa de crescimento da população, n, é 0. Os consumidores têm acesso ao mercado de ativos que gera a taxa de juro r e, por conseguinte, recebem rendimento dos ativos financeiros que possuem (o rendimento financeiro é igual a rb, em que b, recorde-se, são os ativos financeiros detidos pelos consumidores) e do trabalho (igual a wH), e decidem entre consumir e poupar para maximizar a sua função utilidade. Considerando que a função utilidade tem a forma habitual, as famílias maximizam a utilidade num horizonte de tempo infinito:

$$U = \int_0^\infty \left(\frac{c^{1-\theta} - 1}{1-\theta}\right) \exp(-\rho t)\, dt, \tag{9.37}$$

tendo em conta a restrição orçamental:

$$\dot{b} = rb + wH - c. \tag{9.38}$$

Dado que o problema já foi resolvido, não é de novo reproduzido. Diga-se, contudo, que da resolução do problema das famílias resulta a tradicional equação de Euler:[70]

$$\frac{\dot{c}}{c} = \frac{1}{\theta}(r - \rho) \tag{9.39}$$

e que as condições usuais de transversalidade implicam que a taxa de juro, r, exceda a taxa de crescimento de longo prazo do *output*, *Y*.

Equilíbrio geral e taxa de crescimento da economia — Substituindo r em (9.36) na expressão (9.39), resulta a seguinte taxa de crescimento do consumo:

$$g = \frac{\dot{c}}{c} = \frac{1}{\theta}\left[\frac{H}{\eta}A^{\left(\frac{1}{1-\alpha}\right)}\left(\frac{1-\alpha}{\alpha}\right)\alpha^{\left(\frac{2}{1-\alpha}\right)} - \rho\right]. \tag{9.40}$$

Observe-se que a taxa de crescimento (9.40) é constante. Este crescimento do consumo está:

(i) Inversamente relacionado com o custo (fixo) da atividade de I&D, η; um decréscimo de η, por exemplo, aumenta a taxa de retorno, r, em (9.36) e, consequentemente, a taxa de crescimento em (9.40).

(ii) Positivamente relacionado com a dimensão da população, *H*, e, por isso, este modelo "sofre" de efeitos de escala. O motivo é que o conhecimento tecnológico é um bem não-rival: o custo de desenvolver um novo bem, η, é independente do número de utilizadores. Deste modo, como a proporção de recursos destinados à I&D permanece constante, todo o aumento da população leva a um aumento do progresso do conhecimento tecnológico: quanto maior a economia — representada por *H* — menor o custo de invenção por unidade de *H* (ou *Y*). Por conseguinte, tal como uma diminuição em η, um aumento em *H* aumenta a taxa de crescimento.

(iii) Positivamente da margem preço menos custo marginal, $\frac{1-\alpha}{\alpha}$, e da quantidade de bem intermédio que as empresas produtoras do bem final procuram, $A^{\left(\frac{1}{1-\alpha}\right)}\alpha^{\left(\frac{2}{1-\alpha}\right)}H$. Note-se, contudo, que, como esta quantidade depende

[70] Dado que a população, *H*, é constante, a taxa de crescimento do consumo agregado corresponde à taxa de crescimento do consumo individual.

negativamente do preço, quanto maior for o preço menor é a quantidade e, portanto, menor é a taxa de crescimento.

(iv) Depende dos parâmetros que afetam a taxa de poupança através do seu efeito sobre a impaciência e o desejo de alisar o consumo no tempo, θ e ρ; uma grande vontade de poupar – i.e., baixos ρ e θ – (e já agora também uma boa produtividade exógena – i.e., alto A) aumentam a taxa de crescimento.

Para finalizar, há que demonstrar que, em equilíbrio geral, as taxas de crescimento do produto, Y, e do conhecimento tecnológico são iguais à taxa de crescimento do consumo. A condição de equilíbrio no mercado financeiro requer, como sempre, que os ativos totais dos consumidores, b, correspondam ao valor de mercado das firmas – em economia fechada tal implica que a soma de todas as dívidas é igual à soma de todos os créditos. Os ativos que possuem valor positivo no modelo são as empresas inovadoras. Segundo (9.34), cada uma das inovadoras tem um valor igual a η. Como no momento t há $N(t)$ empresas inovadoras, o valor total dos ativos é ηN, pelo que a condição de equilíbrio no mercado financeiro requer que $b = \eta N$. Como η é constante, a variação nos ativos corresponde a $\dot{b} = \eta \dot{N}$. Por sua vez, recordando que o salário por unidade de trabalho, w, é dado pela expressão $w = \frac{\partial Y}{\partial H} \Leftrightarrow w = (1-\alpha)\frac{Y}{H}$, podemos usar estes valores na restrição dos consumidores (9.38) para obter:[71]

$$\eta \dot{N} = r\eta N + (1-\alpha)\frac{Y}{H}H - c. \tag{9.41}$$

Por sua vez, o valor de r encontrado em (9.36) pode ser escrito na forma:

$$\begin{aligned} r &= \frac{H}{\eta}A^{\left(\frac{1}{1-\alpha}\right)}\left(\frac{1-\alpha}{\alpha}\right)\alpha^{\left(\frac{2}{1-\alpha}\right)}NN^{-1} \\ &= \frac{1}{\eta}(1-\alpha)\,\alpha\frac{Y}{N}. \end{aligned} \tag{9.42}$$

Substituindo (9.42) em (9.41) resulta:

[71] Recorde-se que as variáveis c, Y e N dependem do tempo t, embora, por simplificação, o tempo tenha sido omitido.

$$\begin{aligned}\eta \dot{N} &= \frac{1}{\eta}(1-\alpha)\alpha\frac{Y}{N}\eta N + (1-\alpha)\frac{Y}{H}H - c \\ &= (1-\alpha)\alpha Y + (1-\alpha)Y - c \\ &= (1-\alpha)\alpha Y + Y - \alpha Y - c \\ &= \alpha Y - \alpha^2 Y + Y - \alpha Y - c \\ &= Y - \alpha^2 Y - c \\ &= Y - NX - c, \end{aligned} \tag{9.43}$$

pois, tendo em conta (9.29) e (9.30), $\alpha^2 Y = NX$. Assim, a produção total, *Y*, tem três destinos ou usos: consumo, *c*, produção da quantidade *X* de cada um dos bens intermédios inventados, *N*, o que totaliza *NX*, e gastos em I&D no momento em que se inventam $\dot{N}$ bens.[72] O somatório de *NX* com $\eta\dot{N}$ corresponde ao investimento. Como o custo de inovação de cada bem é η unidades de *Y*, o custo total das unidades inventadas em cada instante é $\eta\dot{N}$. Recorde-se que, segundo (9.30), o produto final é proporcional a *N*, pelo que dividindo ambos os membros de (9.43) por *N*, resulta que, no estado estacionário (quando a taxa de crescimento de *N* é constante), todos os termos da equação resultante são constantes à exceção de $\frac{c}{N}$, pelo que este termo também terá de ser constante. Por conseguinte, $\frac{\dot{c}}{c} = \frac{\dot{N}}{N}$.[73] Como a produção é proporcional a *N*, a taxa de crescimento do produto, $\frac{\dot{Y}}{Y}$, é também igual à taxa de crescimento do consumo, $\frac{\dot{c}}{c}$. Em suma, todas as variáveis relevantes da economia crescem à taxa (9.40).[74]

[72] Ainda que *N* seja um número discreto, faz-se uma aproximação ao tempo contínuo considerando que em cada instante *N* pode aumentar de modo contínuo, pelo que o aumento de *N* nesse instante é $\dot{N}$. Este problema não se colocaria considerando um modelo em que *N* tenha uma magnitude contínua; tal aconteceria usando a função produção em tempo contínuo, com o somatório substituído pelo integral. O tratamento matemático seria parecido, embora um pouco mais complicado.

[73] Alternativamente, poderia determinar-se o nível de consumo, *c*, a partir da restrição agregada da economia (9.43): $c = Y - NX - \eta\dot{N} \Leftrightarrow c = Y - NX - \eta N\frac{\dot{N}}{N}$. Substituindo *Y* pela expressão (9.30), *X* pela expressão (9.29), e $\frac{\dot{N}}{N}$ pela expressão (9.40), resultaria uma expressão reveladora do facto de *C* e *N* crescerem à mesma taxa.

[74] Dado que o modelo é muito parecido com o modelo AK, a taxa de crescimento de todas as variáveis é idêntica não apenas no estado estacionário como também durante a transição. Para demonstrar que assim é, há que recorrer ao procedimento já usado anteriormente. A equação (9.40) é apenas válida se os parâmetros conduzirem a $g \geq 0$. Caso $g < 0$, os potenciais inovadores não teriam incentivo suficiente para afetar recursos na I&D e, portanto, *N* permaneceria constante ao longo do tempo.

Solução do planificador — Para verificar se a solução alcançada pelo mercado competitivo é "boa", deve perguntar-se o que faria o hipotético planificador que maximiza a mesma função utilidade que os indivíduos e enfrenta apenas uma restrição de recursos. Ou seja, o planificador maximiza a função utilidade do consumidor sujeito à restrição de recursos da economia, que requer que a produção total, Y, seja igual à utilização total de bens finais. Os bens finais devem repartir-se entre consumo, c, a produção de bens intermédios já existentes — como se produzem X unidades de cada um dos N bens inventados e cada um deles tem um custo marginal igual a 1, o montante total é NX — e o custo de I&D. Num determinado instante são inventados $\dot{N}$ novos bens e cada um deles custa η unidades de Y. Por conseguinte, o custo total da I&D para o planificador em cada instante é igual a $\eta\dot{N}$. Somando todos os termos, a restrição do planificador é:

$$Y = ANX^{\alpha}H^{1-\alpha} = c + NX + \eta\dot{N}. \tag{9.44}$$

Observe-se que esta restrição é idêntica à encontrada na economia de mercado (descentralizada), (9.43). Em suma, o problema do planificador é:[75]

$$\max \int_0^{\infty} e^{-\rho t}\left(\frac{c(t)^{1-\theta}-1}{1-\theta}\right)dt \tag{9.45}$$

$$\text{sujeito a: } \dot{N}(t) = \frac{1}{\eta}\left[AN(t)X(t)^{\alpha}H^{1-\alpha} - c(t) - N(t)X(t)\right].$$

O Hamiltoniano é dado por:

$$H(.) = e^{-\rho t}\left(\frac{c(t)^{1-\theta}-1}{1-\theta}\right) + \lambda\frac{1}{\eta}\left[AN(t)X(t)^{\alpha}H^{1-\alpha} - c(t) - N(t)X(t)\right] \tag{9.46}$$

em que as variáveis de controlo são c e X e a variável de estado é N. As condições de primeira ordem, neste caso, são as seguintes:

[75] Note-se que ao descrever o problema do planificador já se teve em conta que, tal como no equilíbrio de mercado (descentralizado), o planificador deseja produzir a mesma quantidade de todos os bens intermédios.

$$\frac{\partial H(.)}{\partial c}=0 \Longleftrightarrow e^{-\rho t}c(t)^{-\theta}=\lambda(t)\frac{1}{\eta} \tag{9.47}$$

$$\frac{\partial H(.)}{\partial X}=0 \Longleftrightarrow \lambda(t)\frac{1}{\eta}AN(t)\alpha X(t)^{\alpha-1}H^{1-\alpha}=\lambda(t)\frac{1}{\eta}N(t) \tag{9.48}$$

$$\frac{\partial H(.)}{\partial N}=-\dot{\lambda} \Longleftrightarrow -\dot{\lambda}(t)=\lambda(t)\frac{1}{\eta}\left[AX(t)^{\alpha}H^{1-\alpha}-X(t)\right] \tag{9.49}$$

mais uma condição de transversalidade, $\lim_{t\to\infty}\lambda(t)N(t)=0$. Resolvendo (9.48) em ordem a X obtém-se a respetiva quantidade produzida pelo planificador:

$$\begin{aligned} A\alpha X(t)^{\alpha-1}H^{1-\alpha} &= 1 \\ X(t) &= \left(\frac{1}{A\alpha H^{1-\alpha}}\right)^{\frac{1}{\alpha-1}} \\ X(t) &= X=(A\alpha)^{\frac{1}{1-\alpha}}H\,. \end{aligned} \tag{9.50}$$

Comparando (9.50) — i.e., $X=(A\alpha)^{\frac{1}{1-\alpha}}H$ — com (9.29) — i.e., $X=HA^{\left(\frac{1}{1-\alpha}\right)}\alpha^{\left(\frac{2}{1-\alpha}\right)}$ —, verificamos que as duas equações diferem no termo $\alpha^{\left(\frac{1}{1-\alpha}\right)}$ para o planificador e $\alpha^{\left(\frac{2}{1-\alpha}\right)}$ para a economia de mercado. Como $\alpha<1$, resulta que a quantidade produzida pelo mercado é inferior à ótima e a razão é simples: a economia de mercado fixa um preço superior ao custo marginal, pelo que a quantidade procurada é inferior à quantidade procurada com preço igual ao custo marginal.[76] O planificador decide produzir a quantidade que corresponderia ao mercado caso o preço fosse exatamente igual ao custo marginal.

Logaritmizando e derivando (9.47), obtém-se $\frac{\dot{c}}{c}=\frac{1}{\theta}\left(-\frac{\dot{\lambda}}{\lambda}-\rho\right)$. Substituindo o termo $-\frac{\dot{\lambda}}{\lambda}$ de acordo com (9.49), e na expressão resultante substituindo X utilizando (9.50), a taxa de crescimento do planificador é dada por:

$$g=\frac{\dot{c}}{c}=\frac{1}{\theta}\left[\frac{1}{\eta}\left(\frac{1-\alpha}{\alpha}\right)(\alpha A)^{\left(\frac{1}{1-\alpha}\right)}H-\rho\right]. \tag{9.51}$$

[76] Note-se que fixando o preço igual a 1 — igual ao custo marginal — na procura de mercado (9.29), resultaria que a quantidade efetivamente procurada pelo mercado seria idêntica à do planificador.

Comparando esta taxa de crescimento com a obtida pelo mercado, verifica-se que todos os termos são idênticos, à exceção de um: onde no planificador aparece $\alpha^{\left(\frac{1}{1-\alpha}\right)}$, no mercado consta $\alpha^{\left(\frac{2}{1-\alpha}\right)}$. Porque $\alpha < 1$, a taxa de crescimento do mercado é inferior à ótima (ou do planificador). Ou seja, a taxa de retorno do mercado é inferior à ótima, o investimento realizado é inferior ao ótimo e a taxa de crescimento é inferior à ótima.

Políticas a seguir — Um tipo de políticas que parece bastante natural neste modelo, mas que na prática não funciona, consiste em atribuir subsídios à I&D. Com efeito, observa-se que a taxa de rendimento privado depende do custo das atividades de I&D via termo η. É possível então aumentar a taxa privada de rendimento via atribuição de subsídios à I&D. Ou seja, se o custo (fixo) da I&D fosse $\eta\alpha^{\frac{1}{1-\alpha}} < \eta$ e $\alpha^{\frac{1}{1-\alpha}}$ fosse um subsídio por parte do governo (financiado por impostos fixos), então a taxa de crescimento conseguida pela economia de mercado (competitiva) seria idêntica à conseguida pelo planificador, pelo que poderia pensar-se que se alcançaria o ótimo.

O problema é que esta política é insuficiente para corrigir a distorção (associada à quantidade X comprada pelos produtores finais) e, por isso, a quantidade X continuará sem ser ótima. Ou seja, neste modelo existe uma distorção estática (o preço monopolístico conduz a uma procura "demasiado" reduzida de bens intermédios) que se transforma numa taxa de rendimento inferior (o valor atual descontado das vendas de X é inferior ao que se conseguiria se se vendesse a quantidade ótima, que é superior). A introdução de um subsídio à I&D corrige a taxa de crescimento, mas não o nível de X. Assim, a quantidade de *output* produzido na economia continua a não ser ótima.

Uma política que leva a economia ao ótimo requer que as compras de bens intermédios por parte dos produtores finais sejam subsidiadas, de maneira a que estes enfrentem um preço competitivo. Nesse cenário, a quantidade procurada pelos produtores finais seria exatamente a quantidade procurada pelo planificador — pode comprovar-se que assim é substituindo $p = 1$ em (9.24) e comparando X resultante, $X = H(\alpha A)^{\frac{1}{1-\alpha}}$, com X obtido no caso do planificador em (9.50).

Solução de mercado com especificação *knowledge-driven*

Explora-se agora a hipótese da tecnologia de I&D utilizar unicamente trabalho ou capital humano. Considere-se então, agora, que as novas inovações são descobertas de acordo com (9.7); i.e.,

$$\dot{N} = \psi N^{\phi} H_N^{\lambda}$$

ou seja, devido à notação usada em cada caso, a diferença de (9.7) para a situação atual está na consideração de *N* em lugar de *A* e de H_N em vez de L_A para representar a força de trabalho empregue na I&D.[77] Nesta formulação do setor de I&D – *knowledge-driven specification* para usar as palavras de Rivera-Batiz & Romer (1991) –, cada firma de I&D emprega trabalhadores e origina com isso novas inovações para produzir novos bens intermédios.

A taxa de crescimento do número de bens intermédios depende: (i) do conhecimento tecnológico existente – que se assume ser proporcional ao número de bens intermédios existentes e a que todas as firmas de I&D acedem; e (ii) do número de trabalhadores empregues; i.e.,[78]

$$\frac{\dot{N}}{N} = \psi N^{\phi - 1} H_N^{\lambda}.$$

Quando uma nova inovação, protótipo ou "o manual de instruções" que permite produzir o novo bem intermédio surge, o inovador recebe, como se referiu, uma patente do governo que lhe confere o direito exclusivo de produzir o novo bem intermédio. Caso não corresponda ao departamento de uma firma capaz de produzir bens intermédios – i.e., caso seja uma firma especializada na I&D –, o inovador vende a patente a uma firma que irá produzir o bem intermédio e usa o resultado dessa venda para consumo e poupança, tal como qualquer outro agente.

Neste tipo de modelos assume-se, pois, que há perfeito conhecimento do nível de conhecimento tecnológico no setor de I&D e há perfeito desconhecimento (ou impossibilidade de o usar) no setor de bens intermédios pelas firmas não autorizadas. Mas a questão que agora se coloca é a seguinte: qual o preço de patentear uma nova inovação?

---

[77] Note-se que ψ pode ser entendido como um índice representando a produtividade do trabalho na I&D.

[78] Outra formulação possível consiste em considerar que o número de bens intermédios varia de acordo com a seguinte expressão:

$$\dot{N} = \psi N H_N,$$

em que, face à formulação anterior, se considera $\phi = \lambda = 1$. Em todo o caso, não haveria alterações significativas já que os mecanismos de funcionamento do modelo permanecem independentemente da formulação considerada.

Assume-se que qualquer agente pode licitar para uma patente. Mas quanto estará um licitador disposto a pagar? A resposta é o valor atual dos lucros obtidos pela firma monopolista produtora do bem intermédio. Oferecendo de menos haverá sempre alguém que está disposto a oferecer mais e oferecendo de mais não haverá ninguém a oferecer tanto. Seja p_N o preço (valor atual) de uma nova inovação. Como variará p_N ao longo do tempo? A resposta está numa linha de raciocínio muito útil em economia e finanças denominada método de arbitragem. O argumento subjacente ao método de arbitragem consiste em considerar o seguinte. Suponha-se que há uma determinada quantia para investir por um período. Neste caso, há duas opções:

(i) ou colocar o dinheiro no banco (no modelo, equivale a comprar uma unidade de capital — uma ação/titulo financeiro; o somatório dos ativos financeiros corresponde ao valor das empresas produtoras dos bens intermédios) e ganhar o decorrente da aplicação da taxa de juro, *r*;

(ii) ou obter uma patente por um período, ganhar o lucro desse período, e depois vender a patente.

Em equilíbrio, o resultado deverá ser o mesmo, pois caso contrário haveria mais investimento na aplicação mais rentável (conduzindo à diminuição do respetivo retorno). Matematicamente, a equação de arbitragem sustenta que os retornos são os mesmos:

$$r\, p_N = \pi + \dot{p}_N. \tag{9.52}$$

O primeiro membro desta equação corresponde ao rendimento obtido com o investimento p_N no banco e o segundo membro corresponde ao lucro mais ao ganho ou perda de capital (decorrente da variação no preço da patente). O que a equação sustenta é que os valores deverão ser iguais. Reescrevendo (9.52) obtém-se:

$$r = \frac{\pi}{p_N} + \frac{\dot{p}_N}{p_N}.$$

Ao longo da trajetória de crescimento equilibrado, r é constante.[79] Por conseguinte, tendo em conta essa informação e o segundo membro da expressão, $\frac{\pi}{p_N}$ deve ser também constante, o que implica que π e p_N crescem à mesma taxa; esta taxa corresponde à taxa de crescimento da população, n. Como prova, note-se que

[79] A taxa de juro *r* é constante pelas razões usuais: corresponde ao preço que iguala a oferta e a procura de capital.

$$
\begin{aligned}
\pi &= p(X)X - rX = \\
&= \left[\alpha A H_f^{1-\alpha} X_j^{\alpha-1}\right] X_j - (p_j\alpha)X_j \\
&= \alpha A H_f^{1-\alpha} X_j^{\alpha} - \left[\alpha A H_f^{1-\alpha} X_j^{\alpha-1}\right] \alpha X_j \\
&= \alpha A H_f^{1-\alpha} X_j^{\alpha} - \alpha^2 A H_f^{1-\alpha} X_j^{\alpha} \\
&= \alpha A H_f^{1-\alpha} N X_j^{\alpha} N^{-1} - \alpha^2 A H_f^{1-\alpha} N X_j^{\alpha} N^{-1} \\
&= \alpha \frac{Y}{N} - \alpha^2 \frac{Y}{N} = \\
&= \alpha(1-\alpha)\frac{Y}{N}
\end{aligned} \tag{9.53}
$$

é proporcional a $\frac{Y}{N}$. Relembre-se (9.53):

$$\pi = \alpha(1-\alpha)\frac{Y}{N}$$

O produto *per capita*, y, e *N* crescem à mesma taxa; i.e.:

$$\frac{\dot{y}}{y} = \frac{\dot{N}}{N}.$$

Com efeito,

$$
\begin{aligned}
Y &= AK^{\alpha}(NH_f)^{1-\alpha} \\
\frac{Y}{H_f} &= AK^{\alpha}N^{-\alpha}H_f^{-\alpha}N \\
\frac{Y}{(1-l_N)H} &= AK^{\alpha}N^{-\alpha}H_f^{-\alpha}N \\
\frac{Y}{H} &= AK^{\alpha}N^{-\alpha}H_f^{-\alpha}N(1-l_N) \\
y &= A\left(\frac{K}{NH_f}\right)^{\alpha} N(1-l_N) \\
y &= Ak_{NH_f}^{\alpha}N(1-l_N).
\end{aligned}
$$

Logaritmizando e derivando em ordem ao tempo esta última expressão resulta:

$$\frac{\dot{y}}{y} = \frac{\dot{A}}{A} + \frac{\dot{k}_{NH_f}}{k_{NH_f}} + \frac{\dot{N}}{N} + \frac{(1 \dot{-} l_N)}{(1-l_N)}.$$

Ora, no estado estacionário, $\frac{(\dot{1-l_N})}{(1-l_N)} = 0$; i.e., a afetação do trabalho entre setores deverá ser constante. Além disso, a produtividade exógena é, por definição, constante e, portanto, $\frac{\dot{A}}{A} = 0$. E, finalmente, no estado estacionário, $\frac{\dot{k}_{NH_f}}{k_{NH_f}} = 0$, em linha com os modelos anteriormente estudados (e.g., o modelo de Solow). Assim,

$$\frac{\dot{y}}{y} = \frac{\dot{N}}{N} = g_N.$$

Face ao exposto, $\frac{Y}{N}$ crescerá à taxa de crescimento da população:

$$\frac{Y}{N} = \frac{yH}{N} \Rightarrow \underbrace{\frac{\dot{y}}{y} + \frac{\dot{H}}{H}}_{\frac{\dot{Y}}{Y}} - \frac{\dot{N}}{N} = \frac{\dot{N}}{N} + n - \frac{\dot{N}}{N} = n$$

e, portanto, como, por um lado — i.e., da condição de arbitragem

$$\frac{\dot{\pi}}{\pi} = \frac{\dot{p}_N}{p_N},$$

e, por outro lado — i.e., de (9.53)

$$\begin{aligned} \pi &= \alpha(1-\alpha)\frac{Y}{N} \\ &\Rightarrow \frac{\dot{\pi}}{\pi} = \frac{\dot{Y}}{Y} - \frac{\dot{N}}{N} = n, \end{aligned}$$

então, pode reescrever-se a condição de arbitragem na forma:

$$\begin{aligned} r &= \frac{\pi}{p_N} + n; \\ &\Leftrightarrow p_N = \frac{\pi}{r-n}. \end{aligned} \tag{9.54}$$

Esta equação (9.54) dá o valor da patente ao longo da trajetória de crescimento equilibrado.[80]

[80] Nos modelos seguintes, o valor da patente poderá ser derivado de modo diferente, mas tendo subjacente naturalmente a mesma intuição.

Resolução do modelo — Em primeiro lugar, a função produção agregada exibe retornos crescentes. Com efeito, embora haja retornos constantes face ao capital e ao trabalho, há retornos crescentes tendo em consideração que o conhecimento tecnológico (decorrente das ideias, *N*) é também um *input* na produção. Por exemplo:

$$A(2K)^{\alpha}(2N2H_f)^{1-\alpha} = 2^{\alpha}2^{1-\alpha}2^{1-\alpha}Y = 2^{2-\alpha}Y > 2Y.$$

Em segundo lugar, os retornos crescentes requerem/impõem concorrência imperfeita. Esta estrutura de mercado caracteriza o setor de bens intermédios. As firmas neste setor são monopolistas e vendem os bens intermédios a um preço superior ao custo marginal; $p = \frac{1}{\alpha}r > r$. Contudo, os lucros obtidos por estas firmas são apropriados pelos inventores das inovações e apenas os compensam pelo tempo que gastam na prospeção de novas inovações. Por esta razão — ausência de lucros tendo em conta a economia como um todo — é frequente considerar que o modelo é caracterizado por concorrência monopolística. Ou seja, todos os rendimentos gerados compensam algum *input*. Em síntese: salários, juros e lucros no setor de bens intermédios compensam o trabalho, o capital e as inovações, respetivamente.

Note-se que, abandonando a concorrência perfeita, deixa de haver motivo para pensar que os mercados geram o "melhor dos mundos". Este ponto será tratado mais cuidadosamente na secção seguinte, em que se aborda a questão da I&D ótima.

Já se referiu a taxa de crescimento da economia no estado estacionário: $\frac{\dot{y}}{y} = \frac{\dot{N}}{N}$. A parte do modelo que permanece por resolver corresponde à afetação do trabalho entre o setor de bens finais e a I&D. Em vez de considerar a *share*/peso da população empregue no setor de I&D, l_N, constante — como acontecia em modelos anteriores —, permite-se agora que esta seja determinada endogenamente pelo modelo.

Uma vez mais, há que apelar ao conceito de arbitragem. Neste caso, o raciocínio subjacente a esse conceito é o seguinte: na margem, os indivíduos deverão estar indiferentes entre trabalhar no setor de bens finais ou no setor de I&D. O trabalho empregue no setor de bens finais ganha um salário que é igual ao respetivo produto marginal nesse setor:

$$(1-\alpha)\frac{Y}{H_f} = w_f.$$

Por sua vez, os investigadores ganham um salário baseado no valor das inovações descobertas. Assume-se que os investigadores tomam a respetiva produtividade no setor de I&D, $\overline{\psi}$ $(\equiv \psi N^{\phi} H_N^{\lambda-1})$, como um dado e não reconhecem que a produtividade diminui com a entrada de mais trabalho. Além disso, considera-se que não internalizam os *spillovers* do conhecimento tecnológico associados com ϕ. Assim, o salário ganho pelo trabalho no setor de I&D é igual ao respetivo produto marginal, $\overline{\psi}$, multiplicado pelo valor de novas inovações, p_N:

$$\overline{\psi}\, p_N = w_N.$$

Como há livre entrada nos setores de I&D e de bens finais, esses salários devem ser iguais:

$$w_f = w_N.$$

Tendo em conta esta última condição,

$$w_f = (1-\alpha)\frac{Y}{H_f} = \overline{\psi}\, p_N = w_N,$$

a *share* da população que trabalha no setor de I&D, l_N, pode facilmente ser derivada. Para o efeito, começa por se substituir p_N pelo valor constante na expressão (9.54):

$$(1-\alpha)\frac{Y}{H_f} = \overline{\psi}\, \frac{\pi}{r-n}.$$

Ora, sendo π proporcional a $\frac{Y}{N}$ em (9.53), pode escrever-se:

$$\begin{aligned} (1-\alpha)\frac{Y}{H_f} &= \frac{\overline{\psi}}{r-n}\alpha(1-\alpha)\frac{Y}{N} \\ \Leftrightarrow \quad \frac{1}{H_f} &= \frac{\alpha}{r-n}\frac{\overline{\psi}}{N}. \end{aligned}$$

Sabendo/considerando que $\frac{\dot{N}}{N} = \frac{\overline{\psi} H_N}{N} \Leftrightarrow \frac{g_N}{H_N} = \frac{\overline{\psi}}{N}$ ao longo da trajetória de crescimento equilibrado, então:

$$\begin{aligned} \frac{1}{H_f} &= \frac{\alpha}{r-n}\frac{g_N}{H_N} \\ &\Leftrightarrow \frac{H_N}{H_f} = \frac{\alpha g_N}{r-n}. \end{aligned}$$

E, finalmente, como $\frac{H_N}{H_f} = \frac{l_N}{1-l_N}$, resulta:

$$l_N = \frac{1}{1+\frac{r-n}{\alpha g_N}}. \tag{9.55}$$

Assim, com base em (9.55) pode dizer-se que quanto: (i) mais a economia cresce; i.e., quanto maior g_N, maior será a fração de população a trabalhar no setor de I&D; (ii) maior a taxa de desconto que se aplica aos lucros correntes para obter o valor atual, $r-n$, menor a fração de população a trabalhar na I&D.

Dado que $r = \alpha^2 \frac{Y}{K}$, pode concluir-se que r é menor que a produtividade marginal do capital, que é igual à familiar expressão $\frac{\partial Y}{\partial K} = \alpha A K^{\alpha-1}(NH_f)^{1-\alpha} = \alpha \frac{Y}{K}$. Esta diferença reflete uma questão importante. No modelo de Solow com concorrência perfeita e rendimentos constantes à escala, todos os fatores eram pagos de acordo com o respetivo produto marginal — $r = \alpha\frac{Y}{K}$ e $w = (1-\alpha)\frac{Y}{L}$, e então $Y = rK + wL$. No modelo de Romer, contudo, a produção é caracterizada por retornos crescentes e nem todos os fatores são (podem ser) pagos de acordo com o respetivo produto marginal.

Tal é bem claro tendo em conta o que se acabou de referir a propósito do modelo de Solow: como $Y = rK + wL$, não resta produção neste modelo para compensar os indivíduos pelo seu esforço na criação de novas inovações (i.e., novo *N*). É precisamente por isso que se necessita de concorrência imperfeita no modelo. Assim, no presente modelo, o capital é pago a um valor inferior ao seu produto marginal, e o diferencial resultante é usado para compensar os investigadores pela criação de novas inovações.

Solução do planificador — Tendo em conta a estrutura do modelo, a questão que agora se coloca é a seguinte: A fração de população que trabalha no setor de I&D é a fração ótima? Em geral, a resposta a esta questão no modelo de Romer é não! Neste caso, o mercado dificilmente conduz ao valor correto para o trabalho a empregar na I&D. Mas, porque não? Onde estará errada a mão invisível de Adam Smith? Há, neste modelo, três distorções que fazem com que l_N não corresponda ao nível ótimo. Duas das distorções são fáceis de observar a partir da função produção de I&D.

Em primeiro lugar, o mercado investiga de acordo com o fluxo de lucros obtido com a nova inovação; contudo, geralmente, o mercado ignora que a nova inovação afeta a produtividade da investigação futura. Note-se que $\phi > 0$ implica que a produtividade aumenta com o *stock* de inovações, e os investigadores bem sucedidos não são compensados pela sua contribuição para a melhoria da produtividade dos investigadores futuros. Por conseguinte, com $\phi > 0$, há a tendência para que, com tudo mais constante, o mercado conduza a um nível de I&D abaixo do nível devido; esta distorção é frequentemente denominada de *spillover* do conhecimento/*knowledge spillover* porque algum do conhecimento criado *spills over* ("transborda") para outros investigadores e corresponde ao também denominado *standing on shoulders effect*. Neste sentido, é semelhante a uma externalidade positiva (clássica): "se as abelhas que um agricultor possui para gerar mel provocarem um benefício extra à comunidade (ao polonizarem as árvores de fruto circundantes), então o número de abelhas existentes será inferior ao que deveria existir."[81]

A segunda distorção, *the stepping on toes effect*, corresponde também a uma externalidade clássica. Ocorre porque os investigadores não levam em consideração o facto de que diminuem a produtividade da I&D via duplicação quando $\lambda < 1$ (ou seja, pode haver vários investigadores a investigar o mesmo). Neste caso, no entanto, com tudo mais constante, a externalidade é negativa. Por conseguinte, o mercado tende a gerar mais investigação do que a devida.

Finalmente, a terceira distorção pode ser denominada de *consumer-surplus effect* (efeito no excedente do consumidor). A intuição para esta distorção é simples e pode ser vista considerando o problema do monopólio *standard*. O incentivo para inovar, o lucro de monopólio, é menor que o ganho para a sociedade e, com tudo mais constante, este efeito tende a gerar menos inovação que a devida.

Na prática, estas distorções podem ser significativas. Considere-se o excedente do consumidor associado às "grandes" inovações como a cura para a malária ou para a cólera. Para estas inovações, o *knowledge spillover* e o *consumer-surplus effects* são geralmente mais significativos que os fundos do governo orientados para esse tipo de inovações — em universidades e/ou em centros específicos. Estas distorções podem também ser importantes no caso da I&D levada a cabo pelas firmas. Considere-se o benefício em termos de excedente do consumidor decorrente da invenção do telefone,

[81] Por outro lado, se $\phi < 0$, o inverso pode ser verdadeiro.

da eletricidade, do laser e do transístor. Muitos estudos procuram estimar a taxa de retorno "social" da investigação conduzida pelas firmas. Griliches & Lichtenberg (1984) analisam essa literatura e encontram taxas de retorno sociais que excedem as taxas de retorno privadas, na ordem dos 40 a 60%. Ou seja, tal sugere que as externalidades positivas excedem as externalidades negativas, pelo que, apesar do sistema de patentes, o mercado conduz a um nível de investigação abaixo do desejado.

Para finalizar este ponto, um comentário final merece ser referido. A teoria económica clássica argumenta que os monopólios são maus para o bem-estar e a eficiência porque geram "perdas mortas" na economia. Este raciocínio é usado para implantar entidades reguladoras capazes de evitar/suavizar o poder dos monopólios. Pelo contrário, no caso da I&D parece poder concluir-se que a concorrência imperfeita/monopólios são positivos, havendo razões plausíveis para subsidiar a I&D.

9.4.2 Inovação vertical

No caso da inovação horizontal, o progresso do conhecimento tecnológico materializava-se no aumento do número de bens intermédios, N. Neste caso, com inovação vertical, o progresso do conhecimento tecnológico vai materializar-se em melhorias da qualidade dos bens intermédios existentes. Este ponto de vista ficou conhecido como ponto de vista Schumpeteriano para endogeneizar o crescimento.

Neste caso há N bens intermédios cuja qualidade líder pode melhorar. Dado que o processo de melhoria das qualidades ocorre a diferentes taxas, os níveis correntemente obtidos variam de modo irregular entre setores. Um aspeto importante dos modelos Schumpeterianos reside no facto de novas melhorias/qualidades substituírem qualidades antigas. Geralmente, assume-se que novas e velhas qualidades de um bem intermédio são substitutas perfeitas, pelo que as novas substituem completamente as antigas. Por esta razão, inovadores bem-sucedidos eliminam — i.e., destroem — rendas de monopólio obtidas com a qualidade anterior. Está-se, pois, perante a "criação destrutiva" de Schumpeter et al. (1983) e Aghion & Howitt (1992), entre outros.

Tal como no caso anterior, consideram-se três setores produtivos: o setor de bens finais, o setor de bens intermédios e o setor de I&D. Para obter equilíbrio geral, consideram-se ainda os indivíduos.

Os produtores de bens finais procuram bens intermédios produzidos pelas firmas produtoras desses bens. Os produtores de bens intermédios podem suportar — direta ou indiretamente — a I&D, cujo objetivo é melhorar a qualidade dos bens intermédios.

A aquisição de uma patente confere o direito exclusivo pela produção do bem intermédio de melhor qualidade e, portanto, o seu produtor vende o bem aos produtores de bens finais a um preço de monopólio. No caso que se apresentará, considera-se que cada nova melhoria é produzida por uma firma diferente, pelo que uma inovação bem-sucedida elimina os fluxos de lucros do produtor anterior. Por conseguinte, na decisão de quantos recursos afetar a I&D, as firmas consideram a dimensão dos lucros por unidade de tempo e a duração dessa posição monopolista. Esta duração é aleatória, porque depende da incerteza associada aos esforços de I&D.

A natureza temporária associada aos lucros de monopólio confere algumas especificidades ao modelo. Com efeito, quanto menor a duração da posição de monopólio, menor o montante de recursos disponíveis para I&D — i.e., menor o incentivo para a I&D. Além disso, parte dos fluxos de lucros associados à nova qualidade corresponde a fluxos de lucros "roubados" à anterior firma líder; ou seja, há transferência de lucros entre incumbentes — esta transferência funciona a favor da intensificação da I&D.

Como se disse, neste tipo de modelos considera-se que a nova firma produtora é diferente da anterior. Na verdade, deve ter-se em consideração que tal decorre do facto de se assumir que todas as empresas possuem a mesma — ou não muito diferente — dificuldade na I&D. Assim, caso, por exemplo, se considere que a firma líder tem vantagem significativa na I&D sobre as demais — potenciais entrantes — a firma líder suportaria toda a I&D.

O tratamento rigoroso de sucessivas melhorias dos bens existentes foi primeiramente desenvolvido por Segerstrom et al. (1990) e Aghion & Howitt (1992). Os primeiros autores assumem que o tempo de chegada de uma nova melhoria que substitui a existente é uma função determinística da despesa agregada em I&D na indústria, mas a identidade de um inovador bem-sucedido é uma variável aleatória. Outra particularidade é que as patentes seguem uma sequência pré-determinada pelas diferentes indústrias (primeiro numa, depois noutra, depois outra, ...). Aghion & Howitt (1992) assumem que o tempo de chegada é estocástico, mas que existe apenas uma firma a produzir o bem intermédio em cada momento do tempo; ou seja, cada firma produtora de um bem intermédio é substituída por outra com a chegada de uma nova melhoria do bem. Há assim uma sequência de monopolistas com os novos a "roubar" os negócios aos antigos.

Solução de mercado com especificação *lab-equipment*

Apresenta-se uma versão simples do modelo de inovação vertical *à la* Schumpeter com tecnologia *lab-equipment* no setor de I&D. Em particular, segue-se de muito perto Barro & Sala-i Martin (2004) e Afonso (2006).

Setor de bens finais — A função produção para a firma i neste caso vem dada por:

$$Y_i = AH_i^{1-\alpha} \sum_{j=1}^{N} \widetilde{X}_{ij}^{\alpha}, \tag{9.56}$$

em que, H_i é o trabalho, e α está igualmente compreendida entre 0 e 1. O novo elemento é que X_{ij} corresponde ao montante ajustado pela qualidade do bem intermédio j usado pela firma i. Os patamares potenciais de cada bem intermédio são medidos por $q > 1$.[82] Em particular, considera-se que cada bem começa, quanto inventado, com qualidade 1. Os patamares subsequentes correspondem aos níveis q, q^2, e assim sucessivamente. Por conseguinte, se já ocorreram k_j melhorias em j, as qualidades disponíveis do bem são 1, q, q^2, ..., q^{k_j}. Melhorias na qualidade dos bens — i.e., aumentos em k_j — resultam de esforços de I&D bem-sucedidos; a melhor qualidade disponível de j é igual a 1 no momento t_0 (quando descoberto), aumenta para q no momento t_1, para q^2 no momento t_2, para q^k no momento t^k, e assim sucessivamente. Por conseguinte, $t_{k+1} - t_k$ é o intervalo durante o qual a melhor qualidade é q^k.

O bem intermédio é não durável e o seu custo marginal de produção é 1 (em termos do *output*, *Y*). Ou seja, o custo de produção é o mesmo para todas as qualidades q^k, em que $k = 0$, ..., k_j. Assim, o último inovador tem uma vantagem em termos de eficiência sobre o inovador anterior, mas uma desvantagem sobre o futuro inovador. Como já se referiu, assume-se que cada inovador é diferente. Pode desde já dizer-se que se está a considerar que o custo da inovação é semelhante ou não muito diferente entre empresas líderes e seguidoras. O inovador responsável por cada melhoria em j obtém um direito de monopólio de produzir o j-ésimo bem intermédio. Em particular, se os patamares de qualidade $k = 1, ..., k_j$ já foram alcançados, o k-ésimo inovador é o único produtor do bem intermédio com o nível de qualidade q^k.

---

[82] Segue-se pois o ponto de vista de Aghion & Howitt (1992) e Grossman & Helpman (1989a).

Assume-se que apenas a melhor qualidade de cada bem intermédio disponível é produzida e usada.[83] Assim, o bem intermédio j terá a qualidade q^{k_j}. Como X_{ij} corresponde à qualidade física deste bem intermédio empregue pela firma i, a quantidade ajustada pela qualidade deste *input* é dada por:

$$\widetilde{X}_{ij} = q^{k_j} X_{ij}. \tag{9.57}$$

Donde, a função produção decorrente de (9.56) vem:

$$Y_i = AH_i^{1-\alpha} \sum_{j=1}^{N} \left(q^{k_j} X_{ij} \right)^{\alpha}. \tag{9.58}$$

No caso da inovação horizontal, as melhorias de qualidade não eram consideradas. Por isso, avanços do conhecimento tecnológico em (9.58) apenas poderiam resultar de aumentos em *N*. Como *N* é agora constante, assume-se implicitamente que todos os tipos de bens intermédios existentes foram descobertos algures num passado distante. Contudo, permite-se que k_j evolua no tempo em resposta ao esforço de I&D afeto à melhoria da qualidade em cada bem intermédio.

A equação (9.58) implica que o produto marginal de cada bem intermédio j é:

$$\frac{\partial Y_i}{\partial X_{ij}} = A\alpha H_i^{1-\alpha} q^{k_j \alpha} X_{ij}^{\alpha-1}. \tag{9.59}$$

No setor de bens finais, cada firma procura maximizar lucros,

$$Y_i - wH_i - \sum_{j=1}^{N} p_j X_{ij} \tag{9.60}$$

em que p_j é o preço do bem j. Das condições de primeira ordem resulta que o produto marginal de cada bem intermédio é igual ao seu preço, tal que

$$A\alpha H_i^{1-\alpha} q^{k_j \alpha} X_{ij}^{\alpha-1} = p_j \,.$$

Re-arranjando esta última expressão e considerando todas as firmas i — i.e., somando para todas as firmas i — obtém-se a função para a procura agregada do bem j:

[83] Esta assunção requer que $\alpha q \geq 1$. A natureza geral dos resultados seria a mesma se $\alpha q < 1$, caso em que se poderia analisar o equilíbrio com preço limite, em vez de preço de monopólio.

$$X_j = H\left[\frac{A\alpha q^{k_j\alpha}}{p_j}\right]^{\frac{1}{1-\alpha}}. \tag{9.61}$$

Esta função procura corresponde às funções obtidas no caso com inovação horizontal sendo $k_j = 0$. Em particular, a elasticidade da procura é também constante, $\frac{-1}{1-\alpha}$, e a força de trabalho é também constante.

Setor de bens intermédios e de I&D — As firmas de I&D, que podem consistir em departamentos de firmas de bens intermédios, decidem igualmente tendo em consideração dois passos. No primeiro passo, as firmas decidem se afetam ou não recursos à invenção de novas inovações. A resposta é positiva caso o valor atual líquido dos lucros futuros esperados seja pelo menos tão significativo como o valor das despesas em I&D suportadas no momento da realização da I&D. No segundo passo, as firmas determinam o preço ótimo de venda do seu novo produto aos produtores do bem final. Este preço determina o fluxo de lucros em cada momento e, por conseguinte, o valor atual líquido dos lucros esperados considerado no primeiro passo.

A análise prossegue igualmente com a resolução do modelo da frente para trás. Ou seja, em primeiro lugar, deriva-se o preço ótimo, assumindo que o novo protótipo para produção do novo bem intermédio já foi inventado. Depois, em segundo lugar, calcula-se o valor atual líquido dos lucros futuros e compara-se com o custo das despesas de I&D. Se o valor atual dos lucros futuros for superior ao custo da I&D, as firmas suportarão as despesas de I&D. Por fim, observa-se o equilíbrio com livre entrada no setor de I&D.

As inovações neste caso tomam, como se disse, a forma de melhorias na qualidade, que se materializam em múltiplos de q. O k_j-ésimo inovador de j aumenta a qualidade q^{k_j-1} para q^{k_j}. Este inovador irá obter o fluxo de lucros de monopólio:

$$\pi(k_j) = (p_j - 1)X_j, \tag{9.62}$$

em que: X_j é dado por (9.61) e 1 é o custo marginal de produção. As firmas escolhem os preços de modo a maximizar o valor atual dos lucros futuros. Dado que não há restrições dinâmicas, este problema é equivalente a maximizar lucros em todos os períodos:

$$\max_{p_j}(p_j - 1)H\left[\frac{A\alpha q^{k_j\alpha}}{p_j}\right]^{\frac{1}{1-\alpha}}.$$

O preço ótimo p_j corresponde também agora a um *markup* sobre o custo marginal e é constante ao longo do tempo e idêntico para todos os bens intermédios:

$$p_j = p = \frac{1}{\alpha}. \tag{9.63}$$

O preço é o mesmo para todos os bens intermédios porque o custo de produção é também o mesmo para todos os bens intermédios e cada bem intermédio entra simetricamente na função produção. Substituindo $p_j = p = \frac{1}{\alpha}$ em (9.63), pode determinar-se a quantidade agregada produzida de cada bem intermédio:

$$X_j = HA^{\left(\frac{1}{1-\alpha}\right)}\alpha^{\left(\frac{2}{1-\alpha}\right)}q^{k_j\left(\frac{\alpha}{1-\alpha}\right)}. \tag{9.64}$$

Note-se que considerando $k_j = 0$, a expressão reduz-se à expressão (9.64). A evolução de k_j ao longo do tempo em cada j e as divergências de k_j entre setores conduzem à variação de X_j ao longo do tempo e entre setores. Substituindo p_j e X_j por (9.63) e (9.64) em (9.62), obtém-se a seguinte expressão para o fluxo de lucros:

$$\pi_j = \overline{\pi} q^{k_j\left(\frac{\alpha}{1-\alpha}\right)}, \tag{9.65}$$

em que:

$$\overline{\pi} = HA^{\left(\frac{1}{1-\alpha}\right)}\left(\frac{1-\alpha}{\alpha}\right)\alpha^{\left(\frac{2}{1-\alpha}\right)} \tag{9.66}$$

é constante ao longo do tempo e para todos os bens intermédios, dado que a população é constante. Pode pensar-se em $\overline{\pi}$ como sendo o fluxo de lucros básico — i.e., como correspondendo ao fluxo de lucros para $k_j = 0$. O lucro $\overline{\pi}$ é o mesmo que o lucro do caso com inovação horizontal porque, nesse caso, a qualidade não varia. Para um dado $\overline{\pi}$, $\pi(k_j)$ em (9.65) é uma função crescente de k_j. Assim, os lucros recebidos por inovadores de qualidades superiores são superiores. Como, em equilíbrio, q^{k_j} cresce ao longo do tempo, os lucros também crescem ao longo do tempo.

Uma das diferenças mais marcantes entre este modelo e o modelo com inovação horizontal reside no facto de que, embora o direito de monopólio por uma invenção seja perpétuo, o valor desse direito "cai" para zero quando uma nova melhoria de qualidade surge. Por outras palavras, denominando t_{k_j} como o momento em que a k_j-ésima melhoria ocorre e t_{k_j+1} como o momento da inovação seguinte, o fluxo de lucro em (9.65) apenas ocorre entre t_{k_j} e t_{k_j+1}. É importante notar que t_{k_j+1} é determinado pelo esforço de investigação escolhido pelos competidores e é, por conseguinte, endógeno. O intervalo em que o k_j-ésimo inovador é líder é:

$$T(k_j) = t_{k_j+1} - t_{k_j}.$$

O valor atual dos lucros que o inovador da melhoria k_j obterá, avaliado no momento t_{k_j}, é dado por:

$$V(k_j) = \int_{t_{k_j}}^{t_{k_j}+1} \pi(k_j) \exp\left[-\overline{r}(v, t_{k_j}) \times (v - t_{k_j})\right] dv, \tag{9.67}$$

em que, como usualmente, $\overline{r}(v, t_{k_j}) \equiv \frac{1}{v-t_{k_j}} \int_{t_{k_j}}^{v} r(\omega)d\omega$ é a taxa de juro média entre o tempo t_{k_j} e v. Caso a taxa de juro, r, seja constante ao longo do tempo, como acontece em equilíbrio, o valor atual simplifica-se para:

$$V(k_j) = \pi(k_j)\frac{(1 - \exp(-r)T(k_j))}{r}. \tag{9.68}$$

Este valor atual, que representa o preço da k_j-ésima melhoria, depende positivamente do fluxo de lucros, $\pi(k_j)$, e da duração temporal da posição monopolista, $T(k_j)$. Dado que se conhece $\pi(k_j)$, há que determinar a duração, $T(k_j)$, para determinar $V(k_j)$. Substituindo *H* por H_i em (9.64), determina-se a quantidade X_{ij} do bem intermédio j usado pela firma i. Usando então (9.58) e agregando para todas as firmas i, obtém-se uma expressão para o *output* agregado:

$$
\begin{aligned}
Y &= \sum_{i=1} Y_i = \sum_{i=1} \left[AH_i^{1-\alpha} \sum_{j=1}^{N} \left(q^{k_j} X_{ij} \right)^{\alpha} \right] \\
&= \sum_{i=1} \left[AH_i^{1-\alpha} \sum_{j=1}^{N} \left(q^{k_j} H_i A^{\left(\frac{1}{1-\alpha}\right)} \alpha^{\left(\frac{2}{1-\alpha}\right)} q^{k_j\left(\frac{\alpha}{1-\alpha}\right)} \right)^{\alpha} \right] \\
&= \sum_{i=1} \left[AH_i^{1-\alpha} H_i^{\alpha} A^{\left(\frac{\alpha}{1-\alpha}\right)} \alpha^{\left(\frac{2\alpha}{1-\alpha}\right)} \sum_{j=1}^{N} \left(q^{k_j} q^{k_j\left(\frac{\alpha}{1-\alpha}\right)} \right)^{\alpha} \right] \\
&= \sum_{i=1} \left[H_i A^{\left(\frac{1}{1-\alpha}\right)} \alpha^{\left(\frac{2\alpha}{1-\alpha}\right)} \sum_{j=1}^{N} q^{k_j\left(\frac{\alpha}{1-\alpha}\right)} \right] \\
&= A^{\left(\frac{1}{1-\alpha}\right)} \alpha^{\left(\frac{2\alpha}{1-\alpha}\right)} \sum_{j=1}^{N} q^{k_j\left(\frac{\alpha}{1-\alpha}\right)} \sum_{i=1} H_i \\
&= A^{\left(\frac{1}{1-\alpha}\right)} \alpha^{\left(\frac{2\alpha}{1-\alpha}\right)} H \sum_{j=1}^{N} q^{k_j\left(\frac{\alpha}{1-\alpha}\right)}. \qquad (9.69)
\end{aligned}
$$

Dado que H e N são constantes, a chave para o crescimento do *output* está na expansão das qualidades dos bens intermédios. Pode, agora, definir-se o índice de qualidade agregado:

$$
Q \equiv \sum_{j=1}^{N} q^{k_j\left(\frac{\alpha}{1-\alpha}\right)} \qquad (9.70)
$$

tal que

$$
Y = A^{\left(\frac{1}{1-\alpha}\right)} \alpha^{\left(\frac{2\alpha}{1-\alpha}\right)} HQ. \qquad (9.71)
$$

O índice Q é uma combinação dos vários k_j e, portanto, aumentos em k_j afetam o *output* agregado. Note-se ainda que a agregação da procura de todos os bens intermédios em (9.64) – i.e., a quantidade total de bens intermédios produzidos, X – é proporcional a Q:

$$
X = A^{\left(\frac{1}{1-\alpha}\right)} \alpha^{\left(\frac{2}{1-\alpha}\right)} HQ. \qquad (9.72)
$$

A aleatoriedade das inovações implica que o progresso ocorrerá esporadicamente nos diferentes bens intermédios. Usualmente não acontece nada em cada bem intermédio, mas às vezes ocorre uma inovação. Assume-se que os bens intermédios são muitos e que as probabilidades de sucesso são independentes. Pela lei dos grandes números, resulta que um "salto" na qualidade de um bem intermédio — i.e., a nível microeconómico — não tem implicações relevantes em termos agregados — i.e., macroeconómicos. Ou seja, acréscimos na qualidade de um número significativo de bens intermédios conduzem a uma trajetória alisada de Q e, consequentemente, do crescimento económico.

Seja $p(k_j)$ a probabilidade por unidade de tempo de uma inovação bem-sucedida em j, quando a melhor qualidade é k_j. Por outras palavras, $p(k_j)$ é a probabilidade por unidade de tempo de uma firma seguidora melhorar a qualidade de k_j para k_{j+1}. A probabilidade depende do esforço de I&D, como se verá. Por enquanto, considere-se $p(k_j)$ como um dado número tal que a probabilidade de uma firma líder atual perder a sua posição de monopólio é gerada por um processo de Poisson.

O valor atual dos lucros da empresa líder, $V(k_j)$, em (9.68), é uma variável aleatória porque a data terminal, t_{k_j+1}, ocorre com probabilidade $p(k_j)$ por unidade de tempo. O valor esperado de $V(k_j)$ é:[84]

$$E\left[V(k_j)\right] = \frac{\pi(k_j)}{r + p(k_j)}. \tag{9.73}$$

Para calcular $E\left[V(k_j)\right]$ é necessário determinar a função densidade da probabilidade para a duração $T(k_j)$ associada à posição de monopólio. Seja $G(\tau)$ a função densidade acumulada da probabilidade para $T(k_j)$; ou seja, a probabilidade de $T(k_j) \leq \tau$. A variação de $G(\tau)$ com respeito a τ representa a probabilidade por unidade de tempo de que a posição de monopólio termine devido à ocorrência de uma (nova) inovação em τ. Para que uma inovação aconteça em τ, é necessário que não tenha ocorrido antes, um resultado que tem probabilidade $1 - G(\tau)$. Então, condicional a que uma descoberta não tenha já ocorrido, a probabilidade de uma ocorrência é $p(k_j)$ por unidade de tempo. Assim, a derivada de $G(\tau)$ em ordem a τ é:

$$G'(\tau) = \left[1 - G(\tau)\right] p(k_j). \tag{9.74}$$

Dado que $p(k_j)$ é constante ao longo do tempo, pode resolver-se a equação diferencial (9.74). Considerando que $G(0) = 0$, o resultado é

[84] Note-se que este resultado corresponde à equação (9.35) para o caso com inovação horizontal.

$$G(\tau) = 1 - \exp\left[-p(k_j)\tau\right].$$

A função densidade de probabilidade pode então ser obtida via diferenciação da função densidade acumulada:

$$g(\tau) = G'(\tau) = p(k_j)\exp\left[-p(k_j)\tau\right]. \tag{9.75}$$

A equação (9.68) mostra o valor atual dos lucros, $V(k_j)$, como função da duração $T(k_j)$. A equação (9.75) dá a densidade de probabilidade para $T(k_j)$. O valor atual esperado dos lucros é, portanto,

$$E\left[V(k_j)\right] = \frac{\pi(k_j)}{r} p(k_j) \int_0^\infty \left[1 - \exp\left(-\bar{r}\tau\right)\right] \exp\left[-p(k_j)\tau\right] d\tau.$$

O integral pode ser resolvido sendo o resultado dado pela expressão (9.73). Reescrevendo (9.73) na forma

$$r = \frac{\pi(k_j) - p(k_j)E\left[V(k_j)\right]}{E\left[V(k_j)\right]}$$

então a equação mostra que a taxa de retorno de mercado iguala a taxa de retorno da I&D. O ponto chave está no facto do retorno de I&D no segundo membro da expressão incluir a perda de capital esperada da incumbente, $p(k_j)E\left[V(k_j)\right]$, gerada pela próxima inovação em j.

A expressão (9.73) indica que a probabilidade de perda da posição de monopólio, $p(k_j)$, se combina com r para obter a taxa de desconto efetiva, $r + p(k_j)$. Note-se que um aumento em $p(k_j)$ reduz $E\left[V(k_j)\right]$. A substituição de $\pi(k_j)$, explícito na expressão (9.65), na expressão (9.73) conduz a:

$$E\left[V(k_j)\right] = \frac{\bar{\pi} q^{k_j\left(\frac{\alpha}{1-\alpha}\right)}}{r + p(k_j)}. \tag{9.76}$$

No que diz respeito à tecnologia de I&D, há que explicitar como é que a probabilidade $p(k_j)$ depende do esforço de I&D em j. Seja $Z(k_j)$ o fluxo de recursos despendidos pelo potencial entrante em j quando o melhor patamar de qualidade existente é k_j. Assume-se que $p(k_j)$ depende apenas das despesas totais de I&D, $Z(k_j)$, e não da distribuição desse montante entre investigadores. Além disso, assume-se que quanto maior for $Z(k_j)$ maior será a probabilidade de sucesso $p(k_j)$.[85]

A probabilidade de sucesso depende, para dado $Z(k_j)$, também de k_j. Caso as inovações se tornem progressivamente mais difíceis, a probabilidade de sucesso depende negativamente de k_j. Caso contrário, se as primeiras inovações tornam as inovações subsequentes mais fáceis, a probabilidade de sucesso dependerá positivamente de k_j. Em qualquer caso, assume-se que a probabilidade de sucesso é dada pela expressão:

$$p(k_j) = Z(k_j)\phi(k_j), \tag{9.77}$$

em que $\phi(k_j)$ capta o efeito do patamar de qualidade atual, k_j.

A expressão (9.76) mostra o rendimento esperado com a obtenção da k_j-ésima melhoria. Note-se que a incerteza subjacente a $E\left[V(k_j)\right]$ envolve a duração da posição de monopólio; ou seja, a incerteza quanto ao tempo em que irá surgir a $(k_j + 1)$-ésima qualidade.[86] Sabe-se, pois, que no bem intermédio j, as despesas totais $Z(k_j)$ resultam na probabilidade de sucesso por unidade de tempo $p(k_j)$ — em (9.77). Tendo sucesso, a firma obtém o equivalente à patente em que o valor esperado é dado por (9.76).

Assume-se que os potenciais inovadores "olham" apenas para este valor esperado e não para a aleatoriedade do retorno. Esta assunção pode ser satisfeita mesmo quando os indivíduos são avessos ao risco, porque cada projeto de I&D é pequeno e há incerteza idiossincrática. Os projetos de I&D serão atrativos, tal que $Z(k_j) > 0$, apenas se o retorno esperado por unidade de tempo,

$$p(k_j)E\left[V(k_j + 1)\right]$$

for tão significativo como o seu custo, $Z(k_j)$. Além disso, havendo livre entrada no setor de I&D, tal como é assumido, o valor atual líquido do retorno por unidade de tempo deve ser zero; ou seja,

$$p(k_j)E\left[V(k_j + 1)\right] - Z(k_j) = 0. \tag{9.78}$$

Substituindo $p(k_j)$ pela respetiva expressão em (9.77), a condição vem:

[85] Uma assunção plausível é considerar que o efeito marginal de $Z(k_j)$ em $p(k_j)$ diminui com $Z(k_j)$. Ou seja, o investimento em I&D regista rendimentos decrescentes. Contudo, porque a análise é muito simplificada e porque são preservadas muitas das conclusões, assume-se que a probabilidade de sucesso é proporcional ao esforço de I&D de firmas seguidoras.

[86] Há ainda que considerar a incerteza adicional que os inovadores enfrentam, *ex-ante*, devido à aleatoriedade no sucesso da sua própria investigação.

$$Z(k_j)\left\{\phi(k_j)E\left[V(k_j+1)\right]-1\right\}=0. \tag{9.79}$$

Considerando o bem j em que as despesas de I&D são positivas, $Z(k_j)>0$, o termo $\phi(k_j)E\left[V(k_j+1)\right]-1$ deve ser zero:

$$\phi(k_j)E\left[V(k_j+1)\right]-1=0. \tag{9.80}$$

Donde, depois de substituir $E\left[V(k_j+1)\right]$ pela expressão em (9.76), a condição de livre entrada vem:

$$r+p(k_j+1)=\phi(k_j)\overline{\pi}q^{(k_j+1)\left(\frac{\alpha}{1-\alpha}\right)}. \tag{9.81}$$

A parte restante da análise depende da forma da função $\phi(k_j)$; ou seja, da forma como a probabilidade de sucesso em (9.77) varia com a posição do patamar de qualidade. A especificação mais simples para $\phi(k_j)$ é aquela em que o sucesso se torna mais difícil exatamente em relação ao *output* que seria produzido com a nova posição do patamar de qualidade, k_j+1; ou seja,

$$\phi(k_j)=\frac{1}{\varsigma}q^{-(k_j+1)\left(\frac{\alpha}{1-\alpha}\right)}, \tag{9.82}$$

em que $\varsigma>0$ é um parâmetro que representa o custo de efetuar I&D.

A equação (9.82) implica que o custo de I&D aumenta em proporção (e, portanto, a probabilidade de sucesso diminui em proporção) ao nível prospetivo de *output*, que é proporcional ao termo $q^{(k_j+1)\left(\frac{\alpha}{1-\alpha}\right)}$. Substituindo $\phi(k_j)$ pelo valor constante em (9.82) em (9.81), obtém-se:

$$r+p(k_j+1)=\frac{\overline{\pi}}{\varsigma}. \tag{9.83}$$

A equação (9.83) implica que a probabilidade de sucesso por unidade de tempo seja a mesma em cada setor, independentemente da posição do patamar de qualidade, e é dada por:

$$p=\frac{\overline{\pi}}{\varsigma}-r. \tag{9.84}$$

Caso r seja constante ao longo do tempo, p será também constante.

O montante de recursos afetos à I&D em j decorre das equações (9.77), (9.82) e (9.84) e vem

$$Z(k_j) = q^{(k_j+1)\left(\frac{\alpha}{1-\alpha}\right)}\left(\overline{\pi} - r\varsigma\right). \tag{9.85}$$

Donde, os bens intermédios com patamar de qualidade superior — i.e., com maior k_j — necessitam de maior esforço de I&D.

A probabilidade de sucesso é, contudo, a mesma para todos os bens intermédios, pois (9.77) e (9.82) implicam que $p(k_j)$ dependa de $\frac{Z(k_j)}{q^{\left(k_j+1\right)\left(\frac{\alpha}{1-\alpha}\right)}}$.

Tendo em conta (9.85), o montante agregado de recursos afetos à I&D, *Z*, vem dado por:

$$Z \equiv \sum_{j=1}^{N} Z(k_j) = q^{\left(\frac{\alpha}{1-\alpha}\right)} Q\left(\overline{\pi} - r\varsigma\right). \tag{9.86}$$

Por conseguinte, Z é proporcional a Q para dado r.[87]

Consumidores — Para fechar o modelo, há que considerar os consumidores. Como já se referiu a propósito da inovação horizontal, as famílias — constantes ao longo do tempo, já que a taxa de crescimento da população, n, é 0 — maximizam a utilidade num horizonte de tempo infinito:

$$U = \int_0^{\infty} \left(\frac{c^{1-\theta} - 1}{1-\theta}\right) \exp\left(-\rho t\right) dt.$$

As famílias obtêm a taxa de retorno r pelos ativos que possuem e o salário w pela quantidade fixa agregada de trabalho *H*. A restrição orçamental das famílias é:

$$\frac{d\,(\text{ativos})}{dt} = wH + r\,(\text{ativos}) - C.$$

Da resolução do problema das famílias resulta a familiar equação de Euler:

$$\frac{\dot{C}}{C} = \frac{1}{\theta}\left(r - \rho\right). \tag{9.87}$$

[87] Ver Barro & Sala-i Martin (2004).

As condições usuais de transversalidade implicam que a taxa de juro, r, exceda a taxa de crescimento de longo prazo do *output*, Y.

A restrição orçamental para a economia informa que o *output* agregado iguala o consumo agregado, C, os recursos gastos na produção de bens intermédios, X, e os recursos gastos em I&D, Z:

$$Y = C + X + Z. \tag{9.88}$$

As equações (9.71), (9.72) e (9.86) evidenciam que Y, X e Z são lineares em Q. Ora, tendo em conta a restrição orçamental da economia, C é também uma função linear de Q. Por conseguinte, a taxa de crescimento de todas estas variáveis será igual à taxa de crescimento de Q:

$$\frac{\dot{C}}{C} = \frac{\dot{X}}{X} = \frac{\dot{Z}}{Z} = \frac{\dot{Y}}{Y} = g.$$

Pode substituir-se a taxa de juro em (9.84) na equação de Euler (9.87) para obter a taxa de crescimento:

$$\frac{\dot{C}}{C} = \frac{\dot{X}}{X} = \frac{\dot{Z}}{Z} = \frac{\dot{Y}}{Y} = g = \frac{1}{\theta}\left(\frac{\pi}{\varsigma} - p - \rho\right).$$

Contudo, esta expressão não fornece uma solução final, pois a probabilidade de sucesso, p, é endógena. Para obter a solução final para a taxa de crescimento, há que explicar o comportamento do índice de qualidade Q.

Comportamento do índice de qualidade agregado e taxa de crescimento endógena — Em primeiro lugar, tenha-se em conta a definição de Q em (9.70). No bem intermédio j, o termo $q^{k_j\left(\frac{\alpha}{1-\alpha}\right)}$ não varia se não houver novas inovações, mas aumenta para $q^{(k_j+1)\left(\frac{\alpha}{1-\alpha}\right)}$ em caso de sucesso na I&D. A probabilidade por unidade de tempo de sucesso é p em (9.84). Como p é igual para todos os setores, a variação esperada de Q por unidade de tempo é dada por:

$$\begin{aligned} E(\Delta Q) &= \sum_{j=1}^{N} p\left[q^{(k_j+1)\left(\frac{\alpha}{1-\alpha}\right)} - q^{k_j\left(\frac{\alpha}{1-\alpha}\right)}\right] \\ &= p\left[q^{\left(\frac{\alpha}{1-\alpha}\right)} - 1\right]\sum_{j=1}^{N} q^{k_j\left(\frac{\alpha}{1-\alpha}\right)} \\ &= p\left[q^{\left(\frac{\alpha}{1-\alpha}\right)} - 1\right]Q. \end{aligned} \tag{9.89}$$

A variação proporcional esperada em Q por unidade de tempo é, portanto, dada por:

$$E\left(\frac{\Delta Q}{Q}\right) = p\left[q^{\left(\frac{\alpha}{1-\alpha}\right)} - 1\right]. \tag{9.90}$$

Como o número de setores, N, é grande, a lei dos grandes números implica que a taxa de crescimento média de Q medida num intervalo de tempo finito seja dada pela expressão (9.90). Assume-se, em particular, que N é suficientemente grande para tratar Q como diferenciável, com $\frac{\dot{Q}}{Q}$ não aleatório e igual à expressão (9.90). Substituindo p pela expressão em (9.84), obtém-se a taxa de crescimento de Q:

$$\frac{\dot{Q}}{Q} = \left(\frac{\overline{\pi}}{\varsigma} - r\right)\left[q^{\left(\frac{\alpha}{1-\alpha}\right)} - 1\right]. \tag{9.91}$$

A equação (9.91) mostra que a taxa de crescimento de Q depende negativamante de r. A posição depende de $\frac{\overline{\pi}}{\varsigma}\left[q^{\left(\frac{\alpha}{1-\alpha}\right)} - 1\right]$ e a inclinação depende de $\left[q^{\left(\frac{\alpha}{1-\alpha}\right)} - 1\right]$. Como já referido, C e Q crescem à mesma taxa, constante, denominada por g. A expressão para o crescimento do consumo em (9.87) fornece a outra relação entre taxa de crescimento e taxa de juro. A intersecção das duas linha define o equilíbrio com $\frac{\dot{Q}}{Q} = \frac{\dot{C}}{C}$. Deve pois substituir-se (9.87) em (9.91) para obter:

$$r = \frac{\rho + \theta\left[q^{\left(\frac{\alpha}{1-\alpha}\right)} - 1\right]\frac{\overline{\pi}}{\varsigma}}{1 + \theta\left[q^{\left(\frac{\alpha}{1-\alpha}\right)} - 1\right]} \tag{9.92}$$

e

$$g = \frac{\left[q^{\left(\frac{\alpha}{1-\alpha}\right)} - 1\right]\left[\frac{\overline{\pi}}{\varsigma} - \rho\right]}{1 + \theta\left[q^{\left(\frac{\alpha}{1-\alpha}\right)} - 1\right]}. \tag{9.93}$$

Assume-se que os parâmetros são tais que g é positiva — tal que a igualdade subjacente à condição de livre entrada em (9.83) acontece — e que $r > g$ — porque satisfaz a condição de transversalidade.[88] A equação (9.90) implica que o valor de equilíbrio de p é dado pela expressão para g em (9.93) dividida por $\left[q^{\left(\frac{\alpha}{1-\alpha}\right)} - 1\right]$:

$$p = \frac{\left[\frac{\pi}{\varsigma} - \rho\right]}{1 + \theta\left[q^{\left(\frac{\alpha}{1-\alpha}\right)} - 1\right]}. \tag{9.94}$$

A única variável estado é agora Q; dado um valor inicial de Q, $Q(0)$, as variáveis Q, Y, X, Z e C crescem à taxa constante g em (9.93). Note-se que a taxa de crescimento é uma função decrescente dos parâmetros da função utilidade, ρ e θ, e do custo de I&D, ς. A taxa de crescimento é uma função crescente de $\overline{\pi}$ e de q.

9.5 Outras considerações

9.5.1 Diferentes tipos de inovação tecnológica

Distinguiram-se diferentes tipos de progresso tecnológico: melhorias na produtividade, inovação horizontal e inovação vertical. Estes três tipos de progresso tecnológico alargam as possibilidade de produção (curva das possibilidades de produção) e de consumo (curva das possibilidades de consumo) de uma economia em diferentes formas. Assim, esses diferentes tipos possuem implicações distintas na produção e no consumo da economia.

Modelos que descrevem os diferentes tipos de progresso tecnológico incorporam diferentes considerações quanto a preferências, estruturas de mercado, tecnologia de produção, características do setor de I&D, papel do governo, etc. Por isso, não é de estranhar que os resultados também variem. Além disso, a taxa de crescimento de uma economia é usualmente medida de formas distintas. No caso da melhoria da produtividade, o crescimento da economia é representado pela taxa de crescimento do *output per capita*. Na inovação horizontal é a taxa de crescimento do número de variedades. Na inovação vertical, a taxa de crescimento da qualidade dos bens.

---

[88] Decorre das equações (9.92) e (9.93) que a condição para que $r > g$ é $\rho > (1-\theta)\left[1 - q^{\left(-\frac{\alpha}{1-\alpha}\right)}\right]\frac{\pi}{\varsigma}$. A condição para que $g > 0$ em (9.93) é $\rho < \frac{\pi}{\varsigma}$.

Apesar das diferenças, estes modelos apresentam expressões matemáticas muito semelhantes, especialmente para a taxa de crescimento da economia. Em particular, a taxa de crescimento de uma economia no estado estacionário pode geralmente ser expressa como uma função crescente do emprego de recursos no setor de I&D.

Estes modelos possuem também diferentes implicações empíricas. Suponha-se que se pretende determinar a taxa de crescimento do fator produtividade de uma economia. Neste caso, essa taxa pode ser obtida via comparação da taxa de crescimento do *output per capita* e da taxa de crescimento do rácio capital-trabalho. Contudo, para medir os outros tipos de progresso tecnológico é bem mais difícil.

9.5.2 Efeitos de escala da I&D

Vimos que os primeiros modelos de I&D incorporam a ideia de que um aumento na dimensão da economia ou na dimensão da I&D faz aumentar a taxa de crescimento da economia. Este efeito, denominado de efeito escala da I&D, está embutido nas expressões (9.3) para melhorias do fator produtividade, (9.21) para o aumento do número de variedades e (9.93) para a taxa de crescimento do índice de qualidade. Como estas taxas de crescimento estão diretamente relacionadas com a taxa de crescimento da economia, estas expressões implicam que um aumento no nível de emprego no setor de I&D provoca um aumento na taxa de crescimento da economia.

A existência de efeitos de escala na I&D tem origem na ideia de que uma base de conhecimento tecnológico alargada e um elevado montante de recursos afetos à I&D facilitam a acumulação de novo conhecimento tecnológico. Este pensamento reflete três importantes características do conhecimento. Primeiro, o conhecimento tecnológico tem um efeito de *spillover* intertemporal, que permite à economia acumular conhecimento tecnológico e sustentar crescimento. Segundo, o conhecimento tecnológico é não-rival, significando que pode ser usado por mais de um agente simultaneamente sem afetar os benefícios que cada um obtém pelo seu uso. Terceiro, em muitos casos, o conhecimento tecnológico é não-exclusivo; por exemplo, o conhecimento tecnológico divulgado em revistas científicas.

Essas três características implicam que quando um inovador introduz novo conhecimento tecnológico não melhora apenas a sua própria competitividade como também melhora a base de conhecimento da economia e, assim, ajuda outras e futuras firmas nos seus esforços de I&D. Esses efeitos têm assim a implicação de que um país de maior dimensão, ou com um setor de I&D alargado, consegue obter maiores taxas de crescimento.

Contudo, estes modelos padrão de I&D ficam sujeitos à critica de que os efeitos de escala relatados não são suportados pela observação empírica. Por exemplo, Backus et al. (1992) encontraram pouca evidência empírica para a relação entre taxa de crescimento do PIB *per capita* e efeitos de escala. Jones (1995a) sublinha que a taxa de crescimento dos EUA não tem sofrido mudanças relevantes, apesar das mudanças permanentes em certas políticas governamentais que, de acordo com a teoria *standard* do crescimento endógeno, deveriam ter efeito sobre o crescimento. Similarmente, parece poder dizer-se que não tem havido mudanças significativas na taxa de crescimento de muitos países da OCDE. Jones (1995b) acrescenta que enquanto o número de cientistas e engenheiros empregues na I&D nos EUA cresceu mais de cinco vezes entre 1950 e 1988, a taxa de crescimento da produtividade total dos fatores permaneceu constante.

Os efeitos de escala resultam da modelização efetuada. O crescimento causado pela I&D é diretamente proporcional ao montante de recursos (tais como o número de engenheiros) empregues na I&D. Os efeitos de escala são removidos caso o crescimento seja considerado como uma função livre da escala; i.e., livre, por exemplo, da quantidade de trabalho empregue na I&D. Esta formulação alternativa não é contudo satisfatória porque é contrária à crença de que uma inovação depende dos recursos empregues e, além disso, é também rejeitada pela evidência relativa aos EUA porque, como mostra, a percentagem de cientistas e engenheiros na força de trabalho total tem aumentado.

Muito esforço foi efetuado para eliminar os efeitos de escala na I&D. Jones (1995b) modificou a expressão de I&D considerando que a taxa de inovação exibe rendimentos decrescentes face ao nível de conhecimento tecnológico — ver equação (9.10) para o progresso tecnológico que resulta de Jones (1995b). Segerstrom (1998), seguindo Lucas Jr (1988), introduziu o capital humano para remover os efeitos de escala. Com o mesmo objetivo, Young (1998) considerou ambos os tipos de inovação (horizontal e vertical): nesse modelo, um mercado alargado leva ao aumento do número de variedade, que afeta o nível de utilidade mas não a taxa de crescimento. Eicher (1996) estendeu o ponto de vista de Jones (1995b) e desenvolveu um modelo mais geral que pode ter ou não efeitos escala.

Ainda que estes novos modelos removam os efeitos de escala, acontece que o fazem com o custo de eliminar a endogeneidade da taxa de crescimento — de facto, por exemplo, políticas governamentais deixam de poder influenciar a taxa de crescimento.

Por exemplo, porque Jones (1995b) assume uma taxa de inovação decrescente, a taxa de crescimento da economia decresce ao longo do tempo até que alcança o nível que é diretamente proporcional à taxa de crescimento da população, sendo a constante de proporcionalidade dependente de alguns parâmetros exógenos. Por outras palavras, o modelo de Jones (1995b), embora considere I&D endógena, implica crescimento exógeno: políticas governamentais, tais como subsídios à I&D, não têm efeitos no crescimento. Por isso, Jones (1995b) descreve o seu modelo como "semi-endógeno". Esta característica é também partilhada por Eicher (1996) quando os efeitos de escala estão ausentes. O modelo de Segerstrom (1998) possui crescimento endógeno, mas a endogeneidade advém da educação e da acumulação de capital humano, não da I&D. Assim, subsídios à educação têm efeito sobre o crescimento mas subsídios à I&D não. No modelo de Young (1998), a ausência de efeitos de escala implica crescimento exógeno, ainda que as inovações verticais e horizontais sejam determinadas endogenamente. Assim, subsídios governamentais não têm efeitos sobre o crescimento.

De forma simples e intuitiva, refira-se que alguns contributos conseguiram enfrentar o dilema existente na teoria do crescimento endógeno entre a endogeneidade e a existência de efeitos de escala. Exemplos de trabalhos que reconciliam a existência de crescimento endógeno com a diluição dos efeitos de escala são Dinopoulos & Thompson (1999, 2000) e Ang & Madsen (1995). Em geral, a estratégia seguida é a consideração de um elemento de complexidade na função de I&D. Esta complexidade pode ser obtida pela combinação de elementos de inovação vertical com inovação horizontal. Em particular, a intuição reside no facto de o aumento do número de variedades e empresas contribuir para diluir ou eliminar os efeitos de escala. Considere-se a função de I&D (9.8), considere-se $\phi = \lambda = 1$, que na verdade transforma a função na de Romer (1990a), e insira-se-lhe este efeito de complexidade:

$$\dot{A} = \psi \frac{AL_A}{L}, \tag{9.95}$$

em que L, sendo a população total, representa de forma simplificada, a complexidade da economia, que cresce com a sua dimensão. Pode considerar-se esta uma forma reduzida dos modelos de crescimento endógeno que eliminam o efeito de escala. Neste caso, $g_A = \psi l_A$, em que l_A é a proporção da população afeta a I&D e é calculada como acima, com base nos problemas das empresas já enunciados e desenvolvidos. Sendo assim, voltamos a ter crescimento endógeno mas sem efeitos de escala. Um *puzzle* que resultou deste desenvolvimento na teoria do crescimento endógeno resultou da evidência histórica de que existiram efeitos de escala há muito tempo e da evidência mais atual de acordo com a qual os efeitos de escala são muito pequenos ou nulos na atualidade (leia-se, segunda metade do Século XX). Sendo assim, a teoria deveria compreender a possibilidade dos efeitos de escala se diluírem ao longo do tempo, sendo mais altos na história do que na atualidade. Entre outros, em Sequeira et al. (2018) é proposta uma alteração à função (9.95) que permite este resultado. Assim:

$$\dot{A} = \psi \frac{AL_A}{L^{\chi}}, \tag{9.96}$$

em que $\lim_{t \to +\infty} \chi = 1$. Neste caso, existem efeitos de escala durante a transição da economia para o estado estacionário, que vão sendo diluídos no tempo até a economia o atingir — veja-se que $g_A = \psi l_A L^{1-\chi}$.

PARTE IV

—

TÓPICOS AVANÇADOS DE CRESCIMENTO ENDÓGENO

CAPÍTULO 10
Difusão internacional do conhecimento

O modelo neoclássico responde ao porquê de alguns países serem ricos e outros pobres, mesmo considerando progresso do conhecimento tecnológico exógeno. Trata-se agora de atender a essa questão, mas tendo em consideração que há progresso do conhecimento tecnológico endógeno, que há difusão internacional do conhecimento tecnológico e que o conhecimento tecnológico existente em alguns países é mais avançado do que noutros.

Neste capítulo apresentam-se dois modelos. Um dos modelos decorre do modelo original de Romer (1990b) — secção 10.2 — e o outro sumaria o modelo de *lab-equipment* de Barro & Sala-i-Martin (1997) com inovação horizontal — secção 10.3. Deixa-se, para leitura adicional, o modelo *lab-equipment* proposto por Afonso & Vasconcelos (2007) com inovação vertical e sem comércio internacional, bem como o modelo *lab-equipment* proposto por Afonso (2012) com inovação vertical e com comércio internacional. Antes da apresentação dos modelos, na secção 10.1 expõe-se uma breve discussão do assunto na literatura.

10.1 Discussão na literatura

Os trabalhos de Coe & Helpman (1995), Coe et al. (1997), Helpman & Hoffmaister (1997) e Eaton & Kortum (1999, 2001), entre outros, revelam que um pequeno grupo de países conduz à maioria das inovações mundiais. Tal sugere que os modelos base de I&D devem ser apenas aplicados no Norte (conjunto dos países inovadores) e não no Sul (conjunto dos restantes países). Contudo, a literatura empírica existente mostra que os benefícios da I&D inovadora estão muito mais bem distribuídos no mundo do que as despesas subjacentes — veja-se, por exemplo, Coe & Helpman (1995) —, sugerindo que há difusão internacional do conhecimento tecnológico. Tal sugere que não é adequado centrar a análise exclusivamente no progresso do conhecimento tecnológico doméstico.

Há então que considerar extensões aos modelos base de I&D para que possam ser aplicáveis a países que inovam e a países que imitam. Neste caso, deve olhar-se não apenas para o Norte, onde o conhecimento tecnológico é criado, mas também para o Sul, onde é difundido; deve ainda analisar-se de que forma o processo de imitação ocorre e, se possível, como realimenta e afeta a fonte original de conhecimento tecnológico.

Com efeito, além da destruição criativa *schumpeteriana* doméstica — em que novas inovações geram novos líderes que acabam por destruir líderes atuais —, a difusão do conhecimento tecnológico com comércio internacional tende a acrescentar novas empresas destruidoras dos lucros da atual líder — note-se que imitações do Sul num cenário de menores custos marginais podem ser comercializadas internacionalmente. Uma vez que a diminuição dos incentivos para conduzir I&D inovadora afeta negativamente a taxa de crescimento económico, este potencial efeito negativo deve ser ponderado com os efeitos positivos estático e dinâmico da difusão internacional do conhecimento tecnológico. Essa ponderação é crucial para a apreciação do benefício ou prejuízo da relação comercial para os países, o Norte e o Sul.

A literatura disponível considera, de alguma forma, extensões aos modelos base de I&D aplicáveis ao comércio internacional e/ou à difusão de conhecimentos tecnológicos — veja-se, a este propósito, Aghion & Howitt (1988), por exemplo.

Uma extensão importante foca-se nos efeitos do comércio Norte-Sul considerando que o Norte se especializa em indústrias que apresentam *spillovers* positivos e que o Sul se especializa em indústrias caracterizadas pela ausência de externalidades positivas; é o caso dos modelos de comércio internacional com *learning-by-doing* — e.g., Stokey (1988), Young (1991) e Lucas Jr (1993). Nestes modelos, os países do Sul registam efeitos dinâmicos negativos porque o comércio internacional conduz à especialização do Sul em bens com fraco (ou esgotado) potencial de *learning-by-doing* de modo que este efeito pode dominar o efeito estático positivo decorrente da relação comercial com o Norte desenvolvido. Dado que o nível de conhecimento tecnológico de cada país depende da produção levada a cabo, não há ligação entre os níveis doméstico e externo. Assim, nem a difusão Norte-Sul do conhecimento tecnológico nem os efeitos de *feedback* são considerados por estes modelos.

A difusão Norte-Sul também está ausente nos modelos de economia aberta de Romer (1990b) e Rivera-Batiz & Romer (1991), mesmo quando externalidades positivas associadas ao conhecimento tecnológico internacional estão presentes. De facto, estes modelos derivam efeitos importantes dos fluxos de bens e de conhecimento tecnológico no crescimento económico e são muito úteis para identificar as implicações *knowledge--driven* e *lab-equipment* dos modelos, como é explicado por Aghion & Howitt (1988). No entanto, consideram relações internacionais entre países desenvolvidos que podem beneficiar do nível de conhecimento tecnológico de outros; i.e., trata-se de considerar relações Norte-Norte na taxonomia considerada.

É útil enfatizar os modelos que consideram a difusão Norte-Sul. Neste sentido, deve começar por dizer-se que a difusão internacional do conhecimento tecnológico pode ocorrer por vários canais, nomeadamente através de: (i) investimento direto estrangeiro, hipótese introduzida na literatura por Vernon (1966), com as formulações de crescimento endógeno por Helpman (1997), Hejazi & Safarian (1999), Baldwin et al. (1999), Xu (2000) e Carr et al. (2001); (ii) mobilidade internacional do trabalho, na tradição de Bhagwati & Hamada (1974), e incluídos em modelos de crescimento endógeno, através de Galor & Stark (1994), Barro & Sala-i-Martin (2004) e Shea & Woodfield (1996); (iii) padrões de comunicação, como considerado, por exemplo, por Keller (2002a,b); (iv) imitação, após o trabalho seminal de Krugman (1979), e depois proeminentemente bem estudado por Grossman & Helpman (1991a,c,b, 1989b) no contexto do crescimento endógeno, com incorporações adicionais de Dinopoulos et al. (1993), Barro & Sala-i-Martin (1997), Glass (1997) e Connolly (2003).

Os dois primeiros canais dependem de mobilidade internacional de fatores e, por opção, não serão considerados na nossa análise. Quanto ao canal de padrões de comunicação pode considerar-se embutido no trabalho de Barro & Sala-i Martin (1997) e Afonso & Vasconcelos (2007) já que, nesses casos, há difusão Norte-Sul sem comércio; i.e., é um canal independente do comércio internacional. No caso da imitação, é consideravelmente reforçada ou facilitada pelo comércio internacional. Quando bem sucedida, a imitação permite a difusão do conhecimento tecnológico incorporado nos bens. Uma vez que, na ausência de direitos de propriedade intelectual, o custo da I&D imitadora é inferior ao custo da I&D inovadora, o imitador bem sucedido pode retornar ao mercado internacional praticando um preço inferior ao do inovador original.

O modelo de I&D de Afonso & Vasconcelos (2007) aplica-se aos países mais desenvolvidos (Norte) e, também, é convenientemente adaptado às particularidades do Sul. Ambas as probabilidades de equilíbrio de imitação e inovação bem sucedidas são, de forma endógena, determinadas com base na maximização dos lucros descontados esperados. Em ambos os países, a I&D beneficia de um efeito de aprendizagem autónomo positivo do conhecimento tecnológico público, acumulado de pesquisas bem-sucedidas no passado, como em Grossman & Helpman (1991a). As principais especificidades introduzidas na probabilidade de I&D bem-sucedida no Sul são a capacidade de imitação e uma vantagem de atraso moderado. A existência de *spillovers* não é suficiente para a difusão Norte-Sul nem para a recuperação do Sul. Na realidade, a difusão exige que o Sul absorva os *spillovers* de conhecimento tecnológico do Norte. No nosso contexto, a capacidade de imitação, isto é, a capacidade de aprender, assimilar e implementar tecnologias avançadas, é reforçada por políticas domésticas que promovem I&D, pelo grau de abertura e outras políticas comerciais e diminui com *o gap* de capital humano em relação ao Norte — na linha de Nelson & Phelps (1966). Com esta especificidade de capacidade de imitação, podemos adicionar um novo canal, através do qual diferentes níveis de capital humano afetam os efeitos da difusão do conhecimento tecnológico.

Neste contexto, a hipótese da vantagem de atraso, introduzida por Veblen (1990) e Findlay (1978), considera que a taxa de progresso do conhecimento tecnológico no Sul é uma função crescente do *gap* entre o seu próprio conhecimento tecnológico e o do Norte — como em Barro & Sala-i-Martin (1997) —, desde que haja capacidade de imitação para aproveitar os *spillovers* do Norte e os direitos de propriedade intelectual internacionais não sejam totalmente aplicados. Isto está de acordo com Verspagen (1992) e com o evidente questionário citado por Helpman (1993), segundo o qual a maioria das I&D de imitação teve lugar nos países recentemente industrializados, enquanto muitos países menos desenvolvidos dedicam-se a esta atividade apenas marginalmente.

Contudo, a vantagem do atraso moderado no Sul, ao mesmo tempo que a capacidade de imitar, é um mecanismo de convergência. Assim, o modelo é coerente com a evidência empírica, sugerindo que países de rendimento intermédio estão a convergir, enquanto países pobres, os quais estão longe da fronteira do conhecimento tecnológico, estão estagnados e não mostram um crescimento rápido — ver por exemplo, Quah (1997).

10.2 Modelo decorrente de Romer

10.2.1 Estrutura do modelo

O modelo desenvolvido decorre então do que foi apresentado anteriormente. A componente acrescentada à apresentação anteriormente efetuada é a transferência inter-países de conhecimento tecnológico. Trata-se de endogeneizar o mecanismo por via do qual os distintos países alcançam aptidão para usar vários bens intermédios. Como no modelo de Romer, os países produzem um bem final homogéneo, *Y*, usando trabalho, *H*, e um *continuum* de bens intermédios, x_i. O número de bens de capital que os trabalhadores podem usar é limitado pelo seu nível de aptidão, *h*:[89]

$$Y = H^{1-\alpha} \int_0^h x_i^\alpha di \tag{10.1}$$

Um trabalhador com muita aptidão — i.e., com muito capital humano acumulado — pode usar mais bens de capital que um trabalhador com menor aptidão. Por exemplo, um trabalhador com aptidão significativa pode usar computadores indisponíveis para trabalhadores menos qualificados.

No modelo original, o enfoque estava na invenção de novos bens intermédios e esse era o motor do crescimento. Agora o enfoque é diferente. Assume-se que se pretende examinar a performance económica de um pequeno país, potencialmente distante da fronteira do conhecimento tecnológico. Este país cresce com a aprendizagem do uso de bens intermédios mais avançados que estão já disponíveis no mundo. Ou seja, enquanto que o modelo apresentado antes se pode considerar que se aplica aos países da OCDE ou ao mundo como um todo, este modelo é específico de uma economia pequena que não é líder no conhecimento tecnológico.

Considera-se pois que uma unidade de um qualquer bem intermédio pode ser produzida com uma unidade do *stock* de capital total:

$$\int_0^{h(t)} x_i(t)di = K(t), \tag{10.2}$$

---

[89] Esta função produção é também usada por Easterly et al. (1994). Por simplificação, ignora-se a variável *A*.

ou seja, a quantidade total de bens intermédios de todos os tipos usados na produção é igual à oferta total de capital. Os bens intermédios são tratados simetricamente ao longo do modelo, pelo que $x_i = x$ para todo i. Este facto, juntamente com (10.1) e (10.2), implica que a função produção agregada da economia toma a forma Cobb-Douglas familiar:

$$Y = (hH)^{1-\alpha} K^{\alpha}. \tag{10.3}$$

Note-se que o nível individual de capital humano entra na equação tal como no caso *labour-augmenting technology*. O capital, K, é acumulado via poupança — i.e., reduzindo a consumo —, e a equação relativa à acumulação de capital é a padrão:

$$\dot{K} = Y - C - \delta K = s_K Y - \delta K$$

em que, como já é familiar, s_K é a taxa de poupança — a parte restante é afeta a consumo — e δ é uma taxa constante maior que 0 correspondendo à depreciação do capital.

Anteriormente, considerava-se que h era função do montante de tempo despendido na escola. Capital humano é agora definido especificamente como o número de bens intermédios que um indivíduo aprendeu a usar. Os indivíduos aprendem a usar bens intermédios mais avançados de acordo com:[90]

$$\dot{h} = \mu e^{\psi \tau} A^{\gamma} h^{1-\gamma}. \tag{10.4}$$

Nesta equação, τ representa o montante de tempo que um indivíduo gasta acumulando conhecimento em vez de trabalhar;[91] A corresponde à fronteira mundial do conhecimento tecnológico (índice que incorpora os bens intermédios mais avançados inventados até à data); assume-se que $\mu > 0$ e que $0 < \gamma \leq 1$.

A equação (10.4) suscita uma série de discussões. Em primeiro lugar, preserva-se a relação positiva entre o nível de capital humano e o montante de tempo gasto em acumulação. Em segundo lugar, os dois últimos termos indicam que a acumulação individual de capital humano depende da fronteira do conhecimento tecnológico, A, e do nível individual de capital humano, h.

---

[90] Pode considerar-se que esta expressão está em linha com Nelson & Phelps (1966) e, mais recentemente, com Bils & Klenow (2000).

[91] Empiricamente pode entender-se μ como correspondendo ao número de anos de escola, embora os indivíduos também acumulem capital humano fora do regime de educação formal.

Para ver mais claramente o que a equação (10.4) implica sobre a acumulação de capital humano, pode escrever-se na seguinte forma:

$$\frac{\dot{h}}{h} = \mu e^{\psi\tau}\left(\frac{A}{h}\right)^{\gamma}. \tag{10.5}$$

Esta equação torna claro que quanto mais próximo o nível de capital humano individual h está da fronteira A, menor o rácio $\frac{A}{h}$ e, portanto, menor será a acumulação. Assim, por exemplo, (10.5) incorpora a ideia de que demorou mais tempo a aprender a usar computadores há 40 anos atrás, quando eles eram uma verdadeira novidade, do que atualmente; com efeito, o rácio $\frac{A}{h}$ era menor do que atualmente, sobretudo porque A era menor.

É assumido que a fronteira do conhecimento tecnológico evolui devido ao investimento em I&D levado a cabo pelas economias mais desenvolvidas do mundo. Em linha com o modelo de Romer (1990b), assume-se que a fronteira do conhecimento tecnológico evolui à taxa constante g:

$$\frac{\dot{A}}{A} = g.$$

Com esta assunção relativa a trajetória do conhecimento tecnológico, evita-se a discussão em torno da escolha dos indivíduos entre trabalhar no sector de bens finais ou no sector de I&D. Para simplificar, está-se no fundo a assumir que há uma série de inovações mundiais livremente disponíveis para qualquer país. Para tirar partido dessas inovações, contudo, o país terá de aprender a usá-las.

10.2.2 Estado estacionário

Assume-se que a taxa de investimento da economia e que o montante de tempo que os indivíduos gastam em acumulação de capital humano (em vez de trabalhar) são dados exogenamente e são constantes. Além disso, assume-se que a força de trabalho da economia cresce à taxa constante e exógena n.

Para determinar a trajetória de crescimento equilibrado desta economia, atente-se à equação de acumulação de capital humano (10.5). No estado estacionário, a taxa de crescimento de h deve ser constante. Dado que h entra na função produção (10.3) tipo *labour-augmenting*, a taxa de crescimento de h determinará a taxa de crescimento do produto por trabalhador, $y \equiv \frac{Y}{H}$, e do capital por trabalhador, $k \equiv \frac{K}{H}$. Da equação (10.5), resulta que $\frac{\dot{h}}{h}$ será constante se e só se $\frac{A}{h}$ for também constante, o que ocorre se h e A crescerem à mesma taxa. Por conseguinte, tem-se que:

$$g_y = g_k = g_h = g_A = g. \tag{10.6}$$

A taxa de crescimento da economia é dada pela taxa de crescimento do capital humano, e essa taxa de crescimento é condicionada pela taxa de crescimento da fronteira mundial do conhecimento tecnológico.

Para obter o nível de rendimento ao longo da trajetória de crescimento equilibrado, procede-se como usualmente. A equação de acumulação de capital implica que ao longo da trajetória de crescimento equilibrado o rácio capital-*output* é dado por:

$$\left(\widetilde{\frac{K}{Y}}\right) = \frac{s_K}{n+g+\delta};$$

com efeito, no estado estacionário $\frac{K}{hH} = \frac{k}{h}$ é constante; i.e.,

$$\begin{aligned}
0 &= \frac{\dot{K}}{K} - \frac{\dot{H}}{H} - \frac{\dot{h}}{h} \\
0 &= \frac{\dot{K}}{K} - n - g, \text{ pois } g_h = g \\
0 &= \frac{s_K Y - \delta K}{K} - n - g \\
\frac{s_K Y}{K} &= \delta + n + g \\
\left(\widetilde{\frac{K}{Y}}\right) &= \frac{s_K}{\delta + n + g} \text{ cqd.}
\end{aligned}$$

Ou, escrevendo de outro modo,

$$\begin{aligned}
\left(\widetilde{\frac{\frac{K}{H}}{\frac{Y}{H}}}\right) &= \frac{s_K}{\delta + n + g} \\
\left(\widetilde{\frac{\frac{K}{H}}{y}}\right) &= \frac{s_K}{\delta + n + g}.
\end{aligned}$$

Substituindo esta expressão na função produção (10.3) depois de escrever a função em termos de *output* por trabalhador, resulta:

$$\begin{aligned}
\frac{Y}{H} &= \frac{(hH)^{1-\alpha}K^{\alpha}}{H} \\
y &= h^{1-\alpha}H^{-\alpha}K^{\alpha}hh^{-1} \\
&= \left(\frac{K}{hH}\right)^{\alpha}h, \text{ pois } \frac{K}{hH} \text{ é constante no } \textit{steady state} \\
&= \bar{k}^{\alpha}h
\end{aligned}$$

e como

$$\left(\frac{\widetilde{\frac{K}{H}}}{y}\right) = \frac{s_K}{\delta+n+g}\,.$$

resulta:

$$\begin{aligned}
\left(\frac{\widetilde{\frac{hK}{hH}}}{\bar{k}^{\alpha}h}\right) &= \frac{s_K}{\delta+n+g} \\
\left(\frac{\widetilde{\bar{k}}}{\bar{k}^{\alpha}}\right) &= \frac{s_K}{\delta+n+g} \\
\widetilde{\bar{k}}^{1-\alpha} &= \frac{s_K}{\delta+n+g} \\
\widetilde{\bar{k}} &= \left(\frac{s_K}{\delta+n+g}\right)^{\frac{1}{1-\alpha}}
\end{aligned}$$

e, portanto, o *output* por trabalhador vem igual a:

$$\widetilde{y}(t) = \left(\frac{s_K}{\delta+n+g}\right)^{\frac{\alpha}{1-\alpha}}h(t). \tag{10.7}$$

Ao longo da trajetória de crescimento equilibrado, o rácio entre o capital humano e a fronteira do conhecimento tecnológico disponível no mundo é determinado a partir da equação de acumulação de capital humano (10.4). Tendo em consideração que $g_h = g_A = g$, então:

$$
\begin{aligned}
g &= \mu e^{\psi\tau}\left(\frac{A}{h}\right)^{\gamma} \\
\left(\frac{\widetilde{h}}{A}\right) &= \left(\frac{\mu}{g}e^{\psi\tau}\right)^{\frac{1}{\gamma}}.
\end{aligned}
$$

De acordo com esta expressão, quanto mais tempo os indivíduos gastam acumulando capital humano, mais próxima estará a economia da fronteira do conhecimento tecnológico.[92] Usando esta expressão para substituir h em (10.7), pode escrever-se o *output* por trabalhador ao longo da trajetória de crescimento equilibrado:

$$
\widetilde{y}(t) = \left(\frac{s_K}{\delta + n + g}\right)^{\frac{\alpha}{1-\alpha}} \left(\frac{\mu}{g}e^{\psi\tau}\right)^{\frac{1}{\gamma}} \widetilde{A}(t). \tag{10.8}
$$

As equações (10.6) e (10.8) correspondem às equações chave que descrevem as implicações do modelo para o crescimento e o nível de desenvolvimento. De acordo com (10.6), ao longo da trajetória de crescimento equilibrado, o *output* por trabalhador cresce à taxa de crescimento do capital humano. Esta taxa de crescimento é dada pela taxa de crescimento da fronteira do conhecimento tecnológico. A equação (10.8) caracteriza o nível de *output* por trabalhador ao longo da trajetória de crescimento equilibrado. O modelo agora apresentado, ao enfatizar a importância das inovações e a transferência de conhecimento tecnológico, fornece uma nova interpretação do modelo de crescimento neoclássico. Neste modelo, as economias crescem porque aprendem a usar novas inovações inventados no mundo (desenvolvido).

Algumas outras considerações a propósito desta equação são devidas. Primeiro, o termo inicial em (10.8) é familiar tendo em conta o modelo original de Solow; este termo informa que economias que investem mais em capital físico serão mais ricas e que economias que observam taxas de crescimento da população significativas serão mais pobres.

O segundo termo em (10.8) reflete a acumulação de capital humano. Economias que gastam mais tempo a acumular capital humano — i.e., que dedicam mais tempo a aprender a trabalhar com bens intermédios mais avançados — estarão mais próximas da fronteira do conhecimento tecnológico e, consequentemente, serão mais ricas.

---

[92] Para ter a certeza que o rácio $\frac{h}{A}$ é menor que 1, assuma-se que μ é suficientemente pequeno.

O terceiro termo corresponde à fronteira do conhecimento tecnológico. Este é o termo que gera o crescimento do *output* por trabalhador ao longo do tempo.

Em quarto lugar, o modelo propõe uma resposta à questão "Porque é que diferentes economias possuem diferentes níveis de conhecimento tecnológico?" "Porque é que novos fertilizantes são usados na agricultura nos EUA e não na Índia?" Em resposta, o modelo sugere que tal decorre do facto do capital humano dos indivíduos americanos ser muito superior ao dos indianos. Os indivíduos nos países desenvolvidos aprenderam ao longo dos anos a usar bens intermédios mais avançados, enquanto que os indivíduos nos países em desenvolvimento investiram menos tempo na aprendizagem das novas tecnologias.

Implícita nesta explicação está a assunção de que o conhecimento tecnológico está disponível em todo o mundo para ser usado. Até certo ponto, tal deve ser uma assunção válida. As firmas multinacionais estão sempre a "olhar para o mundo" quando decidem onde investir e esse investimento envolve geralmente conhecimento tecnológico avançado. Por exemplo, o conhecimento tecnológico incorporado nos telemóveis tem-se revelado muito útil numa economia como a da china: em vez de construírem infraestruturas associadas com linhas telefónicas, optaram pelas comunicações móveis. Ou seja, o conhecimento tecnológico está disponível para fluir por todo o mundo desde que as economias recetoras possuam o conhecimento necessário para o usar.

Ao ter implícito que o conhecimento tecnológico está disponível para todo o mundo e explicar as diferenças nos níveis de desenvolvimento com diferenças no capital humano, este modelo não consegue explicar a diferença de produtividade existente nas distintas economias. Com efeito, se o conhecimento tecnológico está igualmente disponível, então a Produtividade Total dos fatores deveria ser igual em todos os países do mundo.

10.2.3 Considerações adicionais

Sobre a transferência de conhecimento tecnológico — Neste modelo, a transferência de conhecimento tecnológico ocorre porque os indivíduos numa economia aprendem a usar bens de capital (bens intermédios) mais avançados. Para simplificar o modelo, assume-se que as inovações estão disponíveis para todos os produtores mundiais de bens intermédios. Ora, a transferência internacional de conhecimento tecnológico é algo mais complicado que o considerado por este modelo. Pode, por exemplo, desde logo considerar-se que as inovações precisam de ser adaptadas nos diferentes países.

A transferência de conhecimento tecnológico também enfatiza a consideração da proteção internacional dos direitos de propriedade intelectual (patentes). São os direitos de propriedade intelectual auferidos num país aplicados noutros? Se sim, então as novas inovações precisam de ser autorizadas pelo inventor antes de serem usadas. Pode pensar-se que a capacidade de vender uma inovação no mercado alargado — i.e., no mundo ou, pelo menos, em mais que um país — aumenta o retorno do investimento em I&D e, portanto, deverá encorajar a I&D.

De certo modo, os custos de adoção ou licenciamento de novas inovações são similares aos custos fixos da invenção. Imagine-se um inventor que decide adaptar a sua inovação ao mercado chinês e que tal obriga a atender à língua chinesa. Esta adaptação pode considerar-se equivalente à invenção de algo novo, mas dada a dimensão do mercado chinês e considerando que os direitos de propriedade intelectual são respeitados pode justificar-se. Adicionalmente, o capital humano da força de trabalho chinesa é crucial.[93]

Explicação das diferentes taxas de crescimento — De acordo com a equação (10.8), todos os países partilharão a mesma taxa de crescimento no longo prazo, dada pela taxa de expansão da fronteira do conhecimento tecnológico. Nos modelos baseados na difusão do conhecimento tecnológico, o resultado de que todos os países partilham uma taxa de crescimento comum é típico. A Áustria e a Coreia do Sul não crescem apenas — ou principalmente — por causa das inovações que ocorrem a nível doméstico. A população destas economias não é significativa para produzir um grande número de inovações. Estas economias crescem ao longo do tempo porque — com maior ou menor dimensão — têm sucesso na aprendizagem do uso de conhecimento tecnológico inventado no mundo.

A questão que resulta é então a seguinte: "Há suporte empírico para a previsão de que todos os países crescem à mesma taxa no longo prazo?"

Decorre da análise anterior que as taxas de crescimento médias variam muito entre países. Então poderá dizer-se que que a evidência contraria este modelo? Mesmo considerando que não há diferenças entre países na taxa de crescimento de longo prazo, pode explicar-se a diferença nas taxas de crescimento com a dinâmica de transição. Os países situados abaixo do seu *steady state* devem crescer mais do que g, e países que estão acima devem crescer menos.

---

[93] Este ponto de vista está em linha com a ideia de Basu & Weil (1998), segundo a qual certas inovações requerem um limiar mínimo de desenvolvimento para serem aplicadas.

O que faz com que um país esteja fora do estado estacionário? A resposta é: muita coisa! Um choque no *stock* de capital (na sequência de destruição induzida pela guerra, por exemplo); uma reforma política que aumente/diminua o investimento em capital e/ou a acumulação de capital.

Esta questão pode ser exemplificada ilustrando o caso dos EUA e do Reino Unido. Afirma-se usualmente que o crescimento nos EUA tem sido ligeiramente superior ao observado no Reino Unido. Ora, observando os dados, conclui-se que o maior crescimento dos EUA face ao Reino Unido ocorreu até 1950; com efeito, nesse período os EUA passaram de "seguidores" a "líderes" e a partir de 1950 a trajetória do logaritmo do PIB *per capita* é semelhante, sugerindo a existência de uma taxa média idêntica.

De facto, entre 1870 e 1950, os EUA cresceram à taxa média de 1.7% ao ano enquanto o Reino Unido cresceu à taxa média anual de 0.9%. Desde 1950, contudo, o crescimento nestas duas economias tem sido idêntico: os EUA cresceram à taxa de 1.95% por ano entre 1950 e 1994, enquanto o Reino Unido cresceu à taxa de 1.98%.

Este exemplo sugere que há que ser cauteloso na interpretação das diferenças nas taxas de crescimento entre economias. Mesmo que difiram por longos períodos de tempo (em que supostamente a dinâmica de transição está em curso), não se pode dizer que as taxas de crescimento diferem sempre entre países. O que este modelo enfatiza — para além do neoclássico — é que a dinâmica de transição não tem apenas a ver com a acumulação de capital, mas também com a especificação da transferência internacional de conhecimento tecnológico em (10.4).

Por exemplo, suponha-se que um país decide reduzir tarifas e outras barreiras à troca internacional. Esta reforma deverá melhorar a aptidão da economia para captar conhecimento tecnológico externo; pode modelizar-se isso com a consideração de um aumento em μ. De acordo com (10.8), um maior valor de μ aumenta o nível de rendimento de *steady state*. Ou seja, haverá uma fase de transição em que a economia irá crescer a taxas significativas até atingir o nível de *steady state*.

10.3 Modelo decorrente de Barro e Sala-i-Martin

Trata-se de analisar a difusão internacional do conhecimento tecnológico oriundo dos países mais desenvolvidos, tendo por base a análise exposta em Barro & Sala-i-Martin (1997), onde é proposto um modelo que combina elementos do crescimento endógeno com a proposta de convergência inter-país do modelo neoclássico de crescimento.

A análise baseia-se então num modelo dinâmico de equilíbrio geral, em que o crescimento endógeno é conduzido pela I&D. São considerados dois países: um país inovador (líder: Norte) e um país imitador (seguidor: Sul), em que as instituições são diferentes (diferente produtividade exógena), o nível de conhecimento tecnológico do Norte é superior, ambos possuem a mesma tecnologia de produção de bens e a imitação é o veiculo de transferência internacional do conhecimento técnico.

Até à data do trabalho, em 1997, a literatura tinha tratado:

(i) o progresso tecnológico com crescimento endógeno, mas sem difusão endógena do conhecimento tecnológico — e.g., Romer (1990a), Aghion & Howitt (1992), Barro & Sala-i-Martin (2004);

(ii) a difusão internacional do conhecimento tecnológico com crescimento endógeno, mas analisando apenas o *steady-state* e, portanto, ignorando a dinâmica de transição; i.e., o processo de convergência — e.g., Grossman & Helpman (1991a);

(iii) o processo de convergência inter-país ao longo do processo de transição; no modelo neoclássico, as economias crescem tanto mais quanto mais afastadas estão do *steady-state* devido aos rendimentos decrescentes do capital; mas a taxa de crescimento é exógena.

Barro & Sala-i Martin (1997) conduzem uma análise tendo em conta que: (i) na produção de bens finais há complementaridade entre *inputs* (bens intermédios, trabalho e instituições); (ii) os bens intermédios usam bem final agregado (recursos) e (iii) *designs* resultantes da I& D. Além disso, é considerada uma especificação de *catching-up* segundo a qual quanto mais atrasado o Sul, maior a vantagem retirada. Os autores estudam o *steady-state* do modelo e a dinâmica de transição, recorrendo ao uso de diagramas de fase. Em Afonso & Vasconcelos (2015), o modelo é resolvido numericamente.

10.3.1 Estrutura do modelo

Em ambos os países, a produção de bens finais ocorre num contexto de concorrência perfeita e faz uso de bens intermédios, trabalho e instituições:

$$Y_i(t) = AL_i^{1-\alpha} \sum_{j=1}^{N_i(t)} X_{ij}(t)^{\alpha} .$$

Como usual nos modelos de crescimento endógeno induzido pelo progresso tecnológico — ver Capítulo 9 —, a produção de bens intermédios diferenciados ocorre em concorrência monopolística, resultando um preço de monopólio $P_j = \frac{1}{\alpha}$, $0 < \alpha < 1$ suficiente para que as empresas produtoras de bens intermédios possam suportar a I& D e possam capturar todo o mercado doméstico. As atividades de I&D resultam em *designs* que permitem produzir novos bens intermédios — inovação horizontal. O modelo contempla as diferenças entre o Norte e o Sul:

(i) o Norte inova

(ii) o Sul imita porque a imitação é mais barata e há proteção doméstica — mas não internacional — dos IPRs;

No Norte considera-se um custo de inovação constante, η_1, pelo que a descoberta de bens intermédios não regista rendimentos decrescentes, sendo o progresso tecnológico do Norte dado por N_1 e correspondendo ao número de bens intermédios existentes. Por sua vez, no Sul considera-se um custo de imitação crescente, ν_2, que é função do diferencial tecnológico entre os dois países:

$$\nu_2 = \nu_2\left(\frac{N_2}{N_1}\right)$$

com $\nu_2' > 0$, ou seja, para $N_2/N_1 < 1$, o custo de imitação ν_2 (variável) é menor que η_2 (que equivale ao custo de inovação no Sul); N_2 representa o progresso tecnológico do Sul e corresponde ao número de bens intermédios imitados.

Os indivíduos escolhem entre consumo e poupança quanto à afetação do rendimento, sendo a função utilidade a tradicionalmente considerada:

$$U_i = \int_0^{\infty} e^{-\rho t}\left(\frac{C_i^{1-\theta}}{1-\theta}\right) dt$$

sendo, como usual, ρ a taxa de desconto subjetiva e θ o inverso da elasticidade de substituição inter-temporal. As poupanças consistem na acumulação de ativos financeiros, correspondendo ao valor das firmas produtoras de bens intermédios. Da maximização da utilidade, sujeita à restrição orçamental, obtém-se a taxa de crescimento do consumo, que, como esperado, corresponde à denominada *Equação de Euler*:

$$\hat{c}_i \equiv \frac{\dot{C}_i}{C_i} = \frac{1}{\theta}(r_i - \rho)$$

10.3.2 Estado estacionário e dinâmica de transição

De referir que, devido à difusão do conhecimento tecnológico, a taxa de crescimento de *steady state* é constante e comum ao Norte e ao Sul, $\gamma_2^* = \gamma_1$, sendo conduzida pelo progresso técnico do Norte:

$$\gamma_2^* = \gamma_1 = \frac{1}{\theta}\left(\frac{\pi_1}{\eta_1} - \rho\right) = \frac{1}{\theta}\left[\frac{1}{\eta_1}\left[(1-\alpha)L_1 A_1^{(1-\alpha)^{-1}} \alpha^{\frac{1+\alpha}{1-\alpha}}\right] - \rho\right]$$

Assim, no contexto deste modelo sem comércio internacional, o progresso tecnológico do Norte comanda e não é afetado pelo Sul, e o processo de convergência do Sul termina quando o custo de imitação, que começa por ser reduzido, iguala o custo de inovação. Durante a fase de transição para o *steady state*, o Sul cresce a uma taxa de crescimento superior à de *steady state* do Norte, porque nessa fase a imitação é mais barata que a inovação.

No momento 0, quando começa, a imitação é mais barata que a inovação, mas o custo de imitação cresce com a diminuição do *gap* tecnológico inter-país, i.e., o custo de imitação cresce até ao *steady state* à medida que a quantidade de bens a imitar decresce, e no *steady state* igualiza o custo de inovação.

No contexto do modelo, o valor atual dos lucros de uma firma imitadora é dado por:

$$V_2 = \pi_2 \int_t^{\infty} \exp\left(-\int_t^{\infty} r_2(v)dv\right) ds_i$$

$$\pi_{2j} = \pi_2 = (\rho_{2j} - 1)\chi_{2j} = \left(\frac{1}{\alpha} - 1\right)\chi_2 = (1-\alpha)L_2 A_2^{(1-\alpha)^{-1}} \alpha^{\frac{(1+\alpha)}{1-\alpha}}$$

Assumindo livre entrada na imitação, V_2 iguala o custo da imitação ν_2 em cada momento do tempo:

$$V_2 = \nu_2 = \eta_2 \left(\frac{N_2}{N_1}\right)^{\sigma}, \ \frac{N_2}{N_1} \leq 1, \ \sigma > 0$$

$$r_2 = \frac{\pi_2}{\nu_2} + \frac{\dot{\nu}_2}{\nu_2}$$

e, portanto,

$$\frac{\dot{C}_2}{C_2} = \frac{1}{\theta}\left(\frac{\pi_2}{\nu_2} + \sigma\frac{\dot{\hat{N}}}{\hat{N}} - \rho\right), \; \hat{N} = \frac{N_2}{N_1}$$

A variação de N_2 é determinada pela restrição orçamental. Os recursos afetos à imitação são dado por $Y_2 - C_2 - N_2X_2$, a variação de N_2 é igual a $1/\nu_2$ vezes os recursos afetos à imitação, e a taxa de crescimento de $\hat{N}$ iguala a taxa de crescimento de N_2 menos a taxa de crescimento de N_1, γ_1, resultando

$$\frac{\dot{\hat{N}}}{\hat{N}} = \frac{1}{\nu_2}\left[\pi_2\frac{1-\alpha}{\alpha} - \chi_2\right] - \gamma_1$$

com $\chi_2 = C_2/N_2$.

Substituindo $\frac{\dot{\hat{N}}}{\hat{N}}$ em $\frac{\dot{C}_2}{C_2}$ vem

$$\frac{\dot{C}_2}{C_2} = \frac{1}{\theta}\left[\frac{1}{\nu_2}\left(\pi_2\left(1 + \frac{\sigma(1-\alpha)}{\alpha}\right) - \sigma\chi_2\right) - \rho - \sigma\gamma_1\right]$$

e então

$$\frac{\dot{\chi}_2}{\chi_2} = \frac{1}{\theta\nu_2}\left[\pi_2 + (\theta - \sigma)\left(\chi_2 - \pi_2\frac{1-\alpha}{\alpha}\right)\right] - \frac{1}{\theta}(\sigma\gamma_1 + \rho)$$

FIGURA 10.1: DINÂMICA DE TRANSIÇÃO.
IMAGEM OBTIDA DE AFONSO & VASCONCELOS (2015).

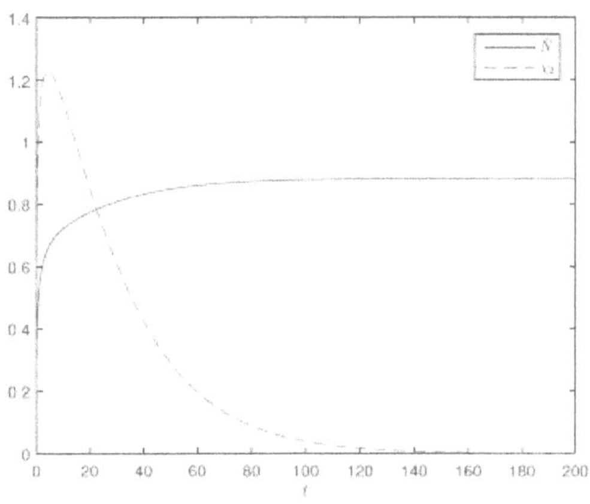

A Figura 10.1 mostra que quando a imitação começa, no momento 0, o progresso tecnológico do Sul cresce mais que o do Norte, porque a imitação é menos dispendiosa que a inovação, de modo que há dinâmica até ao momento em que o custo de imitação iguala o custo de inovação e o processo de convergência termina.

Como exemplos de modelos mais desenvolvidos de difusão do conhecimento tecnológico por via da imitação, destaque-se: Afonso & Vasconcelos (2007) com inovação vertical e acumulação de capital humano e Afonso (2012) com inovação vertical e comércio internacional.

CAPÍTULO 11

Enviesamento do progresso tecnológico e desigualdade salarial

Neste capítulo aborda-se a questão do "Enviesamento do conhecimento tecnológico" e o seu impacto na "desigualdade salarial". Na verdade, a interpretação da recente trajetória da "desigualdade salarial" constitui a principal motivação. Muitos estudos, e.g., Richardson (1995), Dinopoulos & Segerstrom (1999) e Aghion et al. (2003), enfatizam a emergência de duas tendências, desde o início dos anos 80, relativamente à desigualdade salarial entre trabalhadores mais e menos qualificados, em países desenvolvidos e em desenvolvimento: agravamento da desigualdade em favor dos trabalhadores qualificados e incremento da sua proporção.

A evidência sobre o aumento na desigualdade salarial num cenário com aumento da oferta relativa de trabalho qualificado é singularmente exposta em proeminentes trabalhos para os EUA, a OECD, o Canadá e outros países desenvolvidos e em desenvolvimento — e.g., Katz & Murphy (1992); Juhn et al. (1993); Berman et al. (1994); Autor et al. (1998); Machin & Van Reenen (1998); Berman et al. (1998); Gera et al. (2001); Kranz (2006).

O aumento relativo do salário dos trabalhadores mais qualificados (*skill premium* ou prémio salarial) não deixa pois de ser intrigante já que, face ao aumento relativo desse tipo de trabalhadores, seria de esperar uma diminuição do *skill premium*. A literatura *skill-biased technological change*, SBTC — e.g., Bound, & Johnson (1989), Katz & Murphy (1992), Juhn et al. (1993) —, procura conciliar essas trajetórias contraditórias e revela-se como a explicação dominante para a conduta dos salários. O argumento é basicamente o seguinte: o aumento relativo da procura de trabalho qualificado induzido pelo progresso do conhecimento tecnológico consegue exceder o aumento relativo da sua oferta, afetando positivamente o *skill premium*.

Acemoglu (1998, 2002a, 1999) e Acemoglu & Zilibotti (2001), por exemplo, contribuíram para a melhoria dessa literatura ao considerarem que o conhecimento tecnológico responde a alterações nas dotações de trabalho. O aumento na oferta de um tipo de trabalho gera um incentivo adicional (efeito de mercado) na I&D, direcionando-a para o conhecimento tecnológico complementar a esse tipo de trabalho. O resultante enviesamento no conhecimento tecnológico melhora a produtividade relativa desse tipo de trabalho e, portanto, o seu salário relativo. Em suma, o aumento do *skill premium* aparece como uma consequência direta do aumento da oferta relativa de trabalho qualificado: a direção do conhecimento tecnológico, que conduz a dinâmica salarial, é determinada pelas dotações de trabalho — e.g., Acemoglu (2002a,b, 2003).

Assim, a abundância relativa de trabalho qualificado em países desenvolvidos e em desenvolvimento incita a I&D direcionada para a melhoria da qualidade de *inputs* usados em bens finais produzidos por trabalho qualificado, aumentando assim o salário relativo desses trabalhadores. No entanto, ao enfatizar o impacto do *market-size effect* sobre o progresso do conhecimento tecnológico, essa literatura SBTC contradiz a literatura dominante sobre o efeito de escala, desde os proeminentes trabalhos de Jones (1995a,b).

Na literatura SBTC, a cadeia de efeitos é dominada pelo efeito de mercado, havendo, por isso, maiores incentivos para melhorar o conhecimento tecnológico usado pelos trabalhadores mais abundantes. Assente nessa literatura, analisa-se a direção do conhecimento tecnológico num modelo dinâmico também num contexto sem efeitos de escala. Em particular, quando removidos os efeitos de escala, considera-se que a dificuldade em conduzir I&D é proporcional à dimensão do mercado medida pelo nível de trabalho ou capital humano empregue, resultando uma especificação que, em linha com, e.g., Dinopoulos & Segerstrom (1999), se designada de *permanent-effects-on-growth*. Com efeito, um aumento da escala envolve custos e o progresso do conhecimento tecnológico e o crescimento são ambos endógenos, ao contrário do que sucede nos modelos semi-endógenos — e.g., Jones (1995a).

Face à remoção dos efeitos de escala, a cadeia de efeitos passa a ser induzida pelos preços dos bens, havendo um maior incentivo para melhorar o conhecimento tecnológico incorporado nos bens mais dispendiosos. Neste contexto, o *skill premium* é motivado pelo domínio do *price channel* sobre o *market-size channel*. No entanto, *ceteris paribus*, os efeitos induzidos pelo *price channel* contradizem a trajetória da desigualdade salarial observada. Na verdade, *ceteris paribus*, sob a influência do *price channel*, a abundância relativa do trabalho qualificado aumenta o preço relativo dos bens produzidos com trabalho não-qualificado (*e.g.*, Krueger & Lindahl (2001)) e, assim, incita a I&D direcionada para a melhoria de bens produzidos por trabalhadores não-qualificados. No entanto, há outras características que devem ser consideradas e que operando em conjunto com o *price channel* direcionam o progresso tecnológico a favor dos trabalhadores qualificados e, consequentemente, os salários.

Depois desta introdução, o capítulo prossegue com a análise do conceito de enviesamento do progresso tecnológico (secção 11.1). Posteriormente, na secção 11.2, analisa-se o enviesamento no contexto de um modelo com inovação horizontal. Na secção 11.3 detalham-se as implicações do enviesamento do conhecimento tecnológico na desigualdade salarial no contexto de um modelo com inovação vertical, *lab-equipment* e sem efeitos de escala. Ao remover os efeitos de escala, a consideração de outras características, observadas no mundo real — (i) distinta capacidade para aprender, assimilar e implementar conhecimento tecnológico entre trabalhadores; (ii) política tecnológica; (iii) emergência de tecnologias de aplicabilidade geral e a acumulação de capital humano —, fazem com que, operando em conjunto com o *price channel*, o progresso tecnológico favoreça os trabalhadores qualificados.

11.1 Enviesamento do progresso tecnológico

O conceito de enviesamento do progresso tecnológico (ou enviesamento do conhecimento tecnológico) foi formalizado por Acemoglu (2002a). Partindo de uma função de produção agregada com dois *inputs* (L, que corresponde ao fator trabalho, e Z, que corresponde, por exemplo, ao fator capital, terra ou trabalho qualificado) e com progresso tecnológico (medido pelo índice A), diz-se que o progresso tecnológico será enviesado para o fator L se $\frac{\partial \frac{\partial F / \partial L}{\partial F / \partial Z}}{\partial A} > 0$, ou seja, se o progresso tecnológico aumentar a produtividade marginal de L mais do que aumenta a produtividade marginal de Z.

Para clarificar este conceito, Acemoglu parte da seguinte função de produção CES:

$$Y = \left[\gamma(A_L L)^{\frac{\sigma-1}{\sigma}} + (1-\gamma)(A_Z Z)^{\frac{\sigma-1}{\sigma}}\right]^{\frac{\sigma}{\sigma-1}} \tag{11.1}$$

onde: A_L e A_Z são dois índices tecnológicos independentes; γ e $(1-\gamma)$, com $0 < \gamma < 1$, medem a importância de cada um dos *inputs* na produção; e σ, com $\sigma > 1$, representa a elasticidade de substituição entre os dois fatores produtivos, L e Z. Se $\sigma = \infty$, os dois fatores são perfeitamente substitutos; se $\sigma = 0$, não existe qualquer grau de substituibilidade entre L e Z e a função de produção é do tipo Leontieff; se $\sigma = 1$, a função de produção torna-se uma função Cobb-Douglas. Diz-se que os fatores são complementares se $\sigma < 1$ e substitutos se $\sigma > 1$.

O valor do parâmetro σ assume um papel preponderante, na medida em que é ele que determina a direção do enviesamento do progresso tecnológico. Para confirmarmos tal facto, olhemos ao rácio das produtividades marginais dos dois fatores:

$$\frac{Pmg_Z}{Pmg_L} = \frac{1-\gamma}{\gamma}\left(\frac{A_Z}{A_L}\right)^{\frac{\sigma-1}{\sigma}}\left(\frac{Z}{L}\right)^{-\frac{1}{\sigma}}. \tag{11.2}$$

Este rácio mostra-nos que a produtividade marginal relativa do fator Z decresce com a abundância relativa de Z, Z/L. Este é o efeito de substituição habitual, que explica a inclinação negativa da curva da procura de Z. Já o efeito de A_Z na produtividade marginal relativa depende do valor do parâmetro σ. Se $\sigma > 1$, um aumento em A_Z (relativamente a A_L) provoca um aumento na produtividade marginal relativa de Z; se $\sigma < 1$, um aumento em A_Z (relativamente a A_L) provoca uma redução na produtividade marginal relativa de Z. Assim, quando os dois fatores são substitutos, o progresso tecnológico do tipo *Z-augmenting* é enviesado para a tecnologia Z; quando os dois fatores são complementares, o progresso tecnológico do tipo *Z-augmenting* é enviesado para a tecnologia L. A intuição para o facto de o progresso tecnológico do tipo *Z-augmenting* ser enviesado para a tecnologia L quando $\sigma < 1$ é simples: na presença de complementaridade entre os dois fatores, um aumento na produtividade de Z provoca um aumento na procura do fator L superior ao aumento na procura do fator Z, criando uma situação de "excesso de procura" pelo fator L. Em consequência, a produtividade marginal de L aumenta mais do que a produtividade marginal de Z.

Consideremos agora que A_L e A_Z são determinados endogenamente pela qualidade e pelo tipo de equipamentos existentes na economia. Um dos principais resultados dos modelos que serão apresentados é que os lucros de desenvolver novos equipamentos do tipo Z relativamente aos de desenvolver novos equipamentos do tipo L serão proporcionais a:

$$\left(\frac{A_Z}{A_L}\right)^{-\frac{1}{\sigma}}\left(\frac{Z}{L}\right)^{\frac{\sigma-1}{\sigma}}. \tag{11.3}$$

A ideia central dos modelos é que é a rentabilidade de cada tecnologia que determina o tipo de inovações a desenvolver na economia. Assim, quando (11.3) assume um valor elevado, A_Z assumirá um valor elevado relativamente a A_L. Se os dois fatores forem substitutos ($\sigma > 1$), um aumento no rácio Z/L fará aumentar a rentabilidade de investir na tecnologia Z. De modo a tornar os incentivos a inovar mais equilibrados, o rácio A_Z/A_L terá de aumentar, reduzindo assim o valor de (11.3) para o seu nível inicial. Assim, o progresso tecnológico será direcionado para o fator mais abundante. Pelo contrário, se os dois fatores forem complementares ($\sigma < 1$), um aumento em Z/L provocará uma redução em A_Z/A_L. Uma vez que, quando $\sigma < 1$, um valor mais baixo de A_Z/A_L corresponde a um enviesamento do progresso tecnológico para a tecnologia Z, aumentos em Z/L farão aumentar a produtividade marginal relativa de Z, devido a alterações nos preços relativos.

Assim, em ambos os casos ($\sigma < 1$ ou $\sigma > 1$) um aumento da abundância relativa do fator Z induz progresso tecnológico enviesado para a tecnologia Z. Este resultado tem implicações importantes sobre as remunerações relativas dos fatores produtivos. Como será visto adiante, se o grau de substituibilidade entre os dois fatores for suficientemente elevado, o enviesamento do progresso tecnológico induzido poderá ser tão forte que leve a que uma maior abundância relativa de um fator provoque, não uma diminuição, mas um aumento da sua remuneração relativa; ou seja, a curva da procura relativa de longo prazo por esse fator poderá ser positivamente inclinada.

Esta tem sido uma das principais explicações apresentadas para o facto de o *skill premium* ter vindo a aumentar ao longo das últimas décadas em vários países desenvolvidos, em simultâneo com o aumento da oferta relativa deste tipo de trabalhadores. Serão apresentadas de seguida duas variantes do modelo de crescimento endógeno com enviesamento do progresso tecnológico que procuram precisamente formalizar esta relação entre desigualdade salarial e oferta relativa de trabalhadores qualificados. Na primeira considera-se um modelo com inovação horizontal e na segunda com inovação vertical.

11.2 Modelo com inovação horizontal

Acemoglu & Zilibotti (2001) e Acemoglu (2002a) incorporaram num modelo de crescimento endógeno com inovação horizontal o enviesamento do progresso tecnológico, tendo em vista explicar a desigualdade salarial.

Considera-se que a economia é constituída por dois grupos de indivíduos: os indivíduos que oferecem mão-de-obra qualificada, representados pelo índice H (*high-skilled*) e os que oferecem mão-de-obra não qualificada, representados pelo índice L (*low-skilled*). Em ambos os grupos, os indivíduos, para além de oferecerem trabalho, decidem como alocar o seu rendimento entre poupança e consumo do bem final. Considera-se também, como habitual, que a estrutura produtiva da economia é constituída por três setores: o setor de bens finais, o setor de bens intermédios e o setor de I&D. No setor de bens finais, a produção é assegurada por um conjunto de empresas que operam num contexto de concorrência perfeita e utilizam trabalho e bens intermédios como *inputs*; no setor de bens intermédios a produção é assegurada por empresas que operam num contexto de concorrência monopolística e usam I&D; as atvidades de I&D são necessárias para encontrar os novos protótipos conducentes à criação de novos bens intermédios (inovação horizontal).

11.2.1 Consumo

Os indivíduos determinam quanto consumir do bem final em cada momento do tempo, tendo por base a maximização da sua utilidade intertemporal. A função utilidade de um agente representativo é dada por:

$$U(t) = \int e^{-\rho t} \frac{c(t)^{1-\phi} - 1}{1 - \theta} dt \tag{11.4}$$

onde, como antes: c é o consumo do indivíduo no momento t; ρ é a taxa de desconto; e θ o parâmetro que mede o grau de aversão ao risco. A restrição orçamental de cada indivíduo é representada por: $\dot{k}(t) = r(t)k(t) + w(t) - c(t)$, onde w representa o salário, r a taxa de juro e k a riqueza acumulada do indivíduo, que assume a forma de ativos financeiros. Da maximização da função de utilidade sujeita à restrição orçamental resulta a Equação de Euler:

$$\frac{\dot{c}(t)}{c(t)} = \frac{r(t) - \rho}{\sigma} \tag{11.5}$$

11.2.2 Produção e preços

Setor de bens finais — Considera-se que a produção do bem final é levada a cabo em duas tecnologias distintas: a tecnologia *L*, que usa trabalho não qualificado e um conjunto de bens intermédios específicos, e a tecnologia *H*, que usa trabalho qualificado e um outro conjunto diferente de bens intermédios. Considera-se que o primeiro conjunto de bens intermédios só pode ser usado por trabalhadores não qualificados e que o segundo só pode ser usado por trabalhadores qualificados, o que capta a ideia de que a produtividade relativa de cada tecnologia difere de acordo com o grau de qualificações dos trabalhadores.

A produção agregada no momento t é dada por:

$$Y(t) = \left[\gamma Y_L(t)^{\frac{\varepsilon-1}{\varepsilon}} + (1-\gamma) Y_H(t)^{\frac{\varepsilon-1}{\varepsilon}}\right]^{\frac{\varepsilon}{\varepsilon-1}} \tag{11.6}$$

onde: Y_L e Y_H correspondem à produção do bem final nas tecnologias L e H, respetivamente; γ e $(1\text{-}\gamma)$ medem a importância de cada tecnologia na produção agregada; e ε é a elasticidade de substituição entre as duas tecnologias ($\varepsilon > 1$ se as duas tecnologias são substitutas e $\varepsilon < 1$ se são complementares).

A função de produção em cada tecnologia é representada por:

$$\begin{aligned} Y_L(t) &= \frac{1}{1-\beta} L^{\beta} \int_0^{N_L} x_{j,L}^{1-\beta}(t)dj \\ Y_H(t) &= \frac{1}{1-\beta} H^{\beta} \int_0^{N_H} x_{j,H}^{1-\beta}(t)dj \end{aligned} \tag{11.7}$$

sendo: L e H as quantidades de trabalho não qualificado e qualificado empregues na produção do bem final; $x_{j,L}$ as quantidades dos bens intermédios j, L (específico da tecnologia L) e j, H (específico da tecnologia H) utilizadas na produção do bem final; e β e $(1-\beta)$ as *shares* do trabalho e dos bens intermédios, respetivamente, na produção. No contexto de um modelo de crescimento endógeno com inovação horizontal, o número de variedades de bens intermédios em cada tecnologia, N_L e N_H, mede, como se sabe, o *stock* de conhecimento tecnológico existente na economia.

Dado que o mercado do bem final é perfeitamente competitivo, o preço relativo do bem final é dado por:

$$\frac{P_H(t)}{P_L(t)} = \frac{1-\gamma}{\gamma} \left(\frac{Y_H(t)}{Y_L(t)}\right)^{-\frac{1}{\beta}}. \tag{11.8}$$

Relembrando que w_L e w_H representam os salários e denotando o preço dos bens intermédios por $q_{j,L}$ e $q_{j;H}$, a maximização do lucro de uma empresa produtora do bem final é:

$$\begin{aligned} &\max\ P_L(t)Y_L(t) - w_L(t)L - q_{j,L}(t)\int_0^{N_L} x_{j,L}^{1-\beta}(t)dj \\ &\max\ P_H(t)Y_H(t) - w_H(t)H - q_{j,H}(t)\int^{N_H} x_{j,H}^{1-\beta}(t)dj \end{aligned} \tag{11.9}$$

Da solução deste problema de maximização resultam as expressões para a procura de bens intermédios e para os salários:

$$\begin{aligned} x_{j,L}(t) &= L\left(\frac{P_L(t)}{q_{j,L}(t)}\right)^{\frac{1}{\beta}} \\ x_{j,H}(t) &= H\left(\frac{P_H(t)}{q_{j,H}(t)}\right)^{\frac{1}{\beta}} \end{aligned} \tag{11.10}$$

$$\begin{aligned} w_L(t) &= \frac{\beta}{1-\beta}L^{\beta-1}P_L(t)\int_0^{N_L} x_{j,L}^{1-\beta}(t)dj \\ w_H(t) &= \frac{\beta}{1-\beta}H^{\beta-1}P_H(t)\int_0^{N_H} x_{j,H}^{1-\beta}(t)dj \end{aligned} \tag{11.11}$$

Como se verá adiante, $q_{j,L}$ e $q_{j,H}$ serão normalizados para 1. Incorporando (11.11) em (11.10) e em (11.7), podemos reescrever os salários e o produto em cada tecnologia como função do nível de conhecimento tecnológico:

$$w_L(t) = \frac{\beta}{1-\beta}N_L(t)P_L(t)^{\frac{1}{\beta}} \quad w_H(t) = \frac{\beta}{1-\beta}N_H(t)P_H(t)^{\frac{1}{\beta}} \tag{11.12}$$

$$Y_L(t) = \frac{1}{1-\beta}N_L(t)P_L(t)^{\frac{1-\beta}{\beta}}L \quad w_H(t) = \frac{1}{1-\beta}N_H(t)P_H(t)^{\frac{1-\beta}{\beta}}H \tag{11.13}$$

Usando (11.13) e (11.12) em (11.8), obtém-se as seguintes expressões para o preço relativo do bem final e para o salário relativo (*skill premium*):

$$\frac{P_H(t)}{P_L(t)} = \left(\frac{1-\gamma}{\gamma}\right)^{\frac{\beta\varepsilon}{\sigma}}\left(\frac{N_H(t)H}{N_L(t)L}\right)^{-\frac{\beta}{\sigma}} \tag{11.14}$$

$$\frac{w_H(t)}{w_L(t)} = \left(\frac{1-\gamma}{\gamma}\right)^{\frac{\varepsilon}{\sigma}}\left(\frac{N_H(t)}{N_L(t)}\right)^{\frac{\sigma-1}{\sigma}}\left(\frac{H}{L}\right)^{-\frac{1}{\sigma}}, \tag{11.15}$$

sendo $\sigma \equiv - + (\varepsilon - 1)\beta$ a elasticidade de substituição entre os dois tipos de trabalhado, L e H.

A equação (11.14) evidencia que o preço relativo do bem final produzido pela tecnologia H depende da abundância relativa de trabalhadores qualificados, H/L, e do *stock* de conhecimento relativo na tecnologia H, N_H/N_L. Um aumento em qualquer uma destas duas componentes faz aumentar a produção relativa do bem final do tipo H, reduzindo assim o seu preço relativo.

A equação (11.15) mostra que o *skill premium* depende também de H/L e do enviesamento do progresso tecnológico a favor da tecnologia H, medido por $(N_H/N_L)^{\frac{\sigma-1}{\sigma}}$. Depende negativamente de H/L, porque aumentos em H/L reduzem a produtividade marginal relativa do trabalho qualificado (efeito de substituição usual); depende positivamente de $(N_H/N_L)^{\frac{\sigma-1}{\sigma}}$, o que implica que quando o progresso tecnológico é enviesado para a tecnologia H, a diferença salarial entre trabalhadores qualificados e não qualificados tenderá a aumentar. Adiante será determinado endogenamente o rácio N_H/N_L e será visto que o enviesamento do progresso tecnológico é induzido, também ele, pela abundância relativa de cada um dos tipos de trabalhadores.

Setor de bens intermédios e de I&D — Como se referiu, em cada momento t, o número de bens intermédios produzidos na tecnologia L e na tecnologia H é representado por N_L e N_H, respetivamente. A produção de cada bem intermédio é levada a cabo por apenas uma empresa e requer a utilização de um protótipo proveniente da atividade de I&D. Considerando um custo constante ξ para a aquisição do novo protótipo, cada empresa monopolista enfrenta o seguinte problema de maximização do lucro:

$$\max\,(q_{j,L}(t) - \xi)x_{j,L}(t) \quad \max\,(q_{j,H}(t) - \xi)x_{j,H}(t). \tag{11.16}$$

Da condição de primeira ordem resulta um preço $q = \frac{\xi}{1-\beta}$, constante e igual para todos os bens intermédios. Normalizando o preço de cada bem intermédio para 1, obtém-se $\xi = 1 - \beta$. O lucro instantâneo de cada empresa produtora do bem intermédio é assim dado por:

$$\pi_L(t) = \beta P_L(t)^{\frac{1}{\beta}} L \quad \pi_H(t) = \beta P_H(t)^{\frac{1}{\beta}} H. \tag{11.17}$$

O que é relevante para a empresa monopolista é não tanto o lucro que obtém num determinado momento, mas sim o valor atualizado líquido dos lucros, V_L e V_H. Como visto anteriormente, tem-se que:

$$r(t)V_L(t) - \dot{V}_L(t) = \pi_L(t) \quad r(t)V_H(t) - \dot{V}_H(t) = \pi_H(t). \tag{11.18}$$

Dado que a inovação é horizontal, a descoberta de protótipos provoca o aumento na variedade de bens intermédios, sendo assim o motor do progresso tecnológico. Considerando um modelo do tipo *lab-equipment*, as funções de I&D são dadas por:

$$\dot{N}_L(t) = \eta_L R_L(t) \quad \dot{N}_H(t) = \eta_H R_H(t). \tag{11.19}$$

em que: R_L e R_H representam os recursos investidos em I&D para os bens do tipo L e H, respetivamente, e η_L e η_H representam os custos associados a estes dois tipos de inovação. Uma função de I&D deste tipo implica que por cada unidade investida em I&D irão gerar-se η variedades do respetivo bem intermédio.

11.2.3 Estado estacionário

No estado estacionário, os preços dos bens finais são constantes e o progresso tecnológico cresce à mesma taxa em ambas as tecnologias, o que implica que os rácios P_H/P_L, V_H/V_L e N_H/N_L sejam constantes. Por outro lado, os termos $\dot{V}_L$ e $\dot{V}_H$ em (11.18) são iguais a zero e, por conseguinte, os lucros e a taxa de juro são também constantes. Assim, no estado estacionário, V_L e V_H serão iguais a:

$$V_L = \frac{\beta P_L L}{r} \quad V_H = \frac{\beta P_H L}{r}. \tag{11.20}$$

Uma vez que as variáveis V_L e V_H representam o valor atualizado líquido das inovações, elas determinam os incentivos para criar novos bens intermédios e, portanto, o *stock* de conhecimento tecnológico em cada uma das tecnologias. A equação (11.20) mostra as duas forças determinantes do progresso tecnológico, já antes mencionadas: o efeito preço (*price channel*) e o efeito dimensão de mercado (*market size channel*). De acordo com o efeito preço, um maior preço relativo do bem final produzido por uma dada tecnologia faz aumentar os incentivos para investir nessa tecnologia, já que bens finais mais caros aumentam a procura por bens intermédios (ver (11.20)). De acordo com o efeito dimensão do mercado, um aumento na dimensão de um dado mercado faz acelerar o ritmo de inovação; uma vez que o mercado de uma determinada tecnologia corresponde aos trabalhadores que a utilizam, o efeito dimensão de mercado implica uma maior inovação na tecnologia que usa o fator mais abundante.

De realçar que um aumento na abundância relativa dos trabalhadores qualificados, H/L, irá criar não apenas um efeito dimensão de mercado, mas também um efeito preço, já que aumentos em H/L reduzem o preço relativo do bem final produzido com a tecnologia H (ver (11.14)). Assim, a direção do enviesamento do progresso tecnológico é determinada por estas duas forças, que operam em sentidos opostos: enquanto que o efeito dimensão de mercado atua no sentido de impulsionar a inovação na tecnologia que usa trabalho mais abundante, o efeito preço atua no sentido de impulsionar a inovação na tecnologia que usa trabalho mais escasso. A magnitude de cada uma destas duas forças depende do valor do parâmetro σ. Para o comprovar, atente-se na expressão da rentabilidade relativa de inovar na tecnologia H, no estado estacionário:

$$\frac{V_H}{V_L} = \left(\frac{P_H}{P_L}\right)^{\frac{1}{\beta}} \left(\frac{H}{L}\right) = \left(\frac{1-\gamma}{\gamma}\right)^{\frac{\varepsilon}{\sigma}} \left(\frac{N_H}{N_L}\right)^{-\frac{1}{\sigma}} \left(\frac{H}{L}\right)^{\frac{\sigma-1}{\sigma}}. \tag{11.21}$$

Um aumento na oferta relativa de trabalhadores qualificados, H/L, fará aumentar o valor de V_H/V_L apenas se $\sigma > 1$; se $\sigma < 1$, aumentos em H/L provocam reduções em V_H/V_L. Ou seja, se os dois tipos de trabalho forem substitutos, o efeito dimensão de mercado domina o efeito preço e é mais rentável investir na tecnologia que usa o tipo de trabalho mais abundante; se forem complementares, o efeito preço prevalece e torna-se mais rentável investir na tecnologia que usa o tipo de trabalho mais escasso.

Determine-se agora a expressão para o grau de enviesamento do progresso tecnológico no estado estacionário. De modo a garantir que existem incentivos em inovar nos dois tipos de tecnologias e, que, portanto, tanto N_H como N_L cresçam no estado estacionário, o rácio V_H/V_L terá de igualar η_L/η_H. Tal implica que $\eta_L \pi_L = \eta_H \pi_H$, do que, usando (11.8) e (11.17), resulta:

$$\frac{N_H}{N_L} = \left(\frac{\eta_H}{\eta_L}\right)^{\sigma} \left(\frac{1-\gamma}{\gamma}\right)^{\varepsilon} \left(\frac{H}{L}\right)^{\sigma-1}. \tag{11.22}$$

Esta equação evidencia que, se $\sigma > 1$, um aumento em H/L faz aumentar N_H/N_L, tornando assim o progresso tecnológico mais enviesado para a tecnologia H. Pelo contrário, se $\sigma < 1$, um aumento em H/L faz diminuir N_H/N_L. No entanto, tal como referido atrás, uma diminuição em N_H/N_L numa situação de complementaridade entre os dois tipos de trabalho traduz-se também num maior enviesamento do progresso tecnológico para a tecnologia H. Assim, qualquer que seja o valor de σ, o progresso tecnológico será enviesado para o fator mais abundante. Acemoglu (2002a) atribui a este resultado a designação de "enviesamento induzido fraco". Segundo esta hipótese, um aumento na abundância relativa de trabalhadores qualificados, tornará o progresso tecnológico mais enviesado para a tecnologia H, levando assim a um aumento da procura por aquele tipo de trabalhadores.

Usando (11.22) em (11.15), obtém-se a seguinte expressão da desigualdade salarial no estado estacionário:

$$\frac{w_H}{w_L} = \left(\frac{\eta_H}{\eta_L}\right)^{\sigma-1} \left(\frac{1-\gamma}{\gamma}\right)^{\varepsilon} \left(\frac{H}{L}\right)^{\sigma-2}. \tag{11.23}$$

A expressão (11.23) mostra que é possível registar-se um aumento da desigualdade salarial a favor dos trabalhadores mais qualificados, mesmo quando a sua oferta relativa aumenta. Tal ocorre quando $\sigma > 2$, situação em que se verifica a hipótese de "enviesamento induzido forte" (Acemoglu (2002a)). De acordo com esta hipótese, se a elasticidade de substituição entre os dois tipos de trabalho for suficientemente forte ($\sigma > 2$), o enviesamento no progresso tecnológico induzido por um aumento na oferta relativa de trabalhadores qualificados será muito significativo. Em consequência, o efeito (positivo) desse enviesamento sobre a desigualdade salarial terá uma magnitude superior à do efeito (negativo) de substituição usual (ver equação (11.15)). Neste caso, a procura relativa endógena por trabalho qualificado será positivamente inclinada e a remuneração relativa do fator mais abundante aumenta. Tal poderá explicar a relação positiva entre oferta de trabalho qualificado e desigualdade salarial verificada em vários países nas últimas décadas.

11.3 Modelo com inovação vertical

Nesta secção aborda-se a questão do enviesamento do conhecimento tecnológico e do seu impacto no *skill premium*, num contexto de crescimento endógeno com inovação vertical, tendo por base Afonso (2006, 2008, 2010). Na literatura *skill-biased technological change*, o enviesamento do conhecimento tecnológico, que motiva a desigualdade salarial, é impelido pela dimensão do mercado (ou escala) da economia. Motivado pela literatura dominante sobre efeitos de escala desde Jones (1995a,b), a tecnologia proposta para a I&D foi modificada para permitir a remoção desses efeitos. Neste contexto, a desigualdade salarial resulta igualmente do enviesamento do conhecimento tecnológico que passa, no entanto, a ser induzida pelo preço (relativo) dos bens.

No caso base, o preço relativo é, por sua vez, afetado por um mecanismo denominado *technological-knowledge-absorption effect*. Mostra-se posteriormente que, num contexto de ausência de efeitos de escala, o enviesamento do conhecimento tecnológico gerador da *skill-biased wage inequality* pode ser devido à intervenção direta e/ou indireta do governo sobre a I&D (extensão 1). Por fim, o modelo de equilíbrio geral dinâmico sem efeitos de escala passa também a incluir a acumulação de capital humano e as tecnologias de aplicabilidade geral (extensão 2). A I&D e a acumulação de capital humano são então os motores do crescimento e da desigualdade salarial. Em particular, a desigualdade salarial é estimulada por mudanças relativas na oferta e na procura de capital humano mais e menos qualificado. A oferta relativa limita os níveis de capital humano empregue. A procura relativa é prontamente afetada (efeito de nível) pelo conhecimento tecnológico de aplicabilidade geral (GPT) e, como na literatura *skill-biased technological change*, pelo enviesamento do conhecimento tecnológico. O enviesamento é igualmente conduzido pelo preço relativo dos bens, mas este é agora afetado pela acumulação de capital humano.

Na literatura SBTC, a cadeia de efeitos é pois dominada pelo efeito de mercado, havendo, por isso, maiores incentivos para melhorar o conhecimento tecnológico usado pelos trabalhadores mais abundantes. Assente nessa literatura, analisa-se agora a direção do conhecimento tecnológico num modelo dinâmico, mas num contexto sem efeitos de escala. A cadeia de efeitos passa então a ser induzida pelos preços dos bens, ou seja pelo domínio do *price channel* sobre o *market-size channel*. No entanto, *ceteris paribus*, os efeitos induzidos pelo *price channel* contradizem a trajetória da desigualdade salarial observada. No entanto, outra característica crucial do designado caso base — ancorado em Afonso (2006) — é também refletida no sector de I&D: assume-se que a capacidade de aprender, assimilar e implementar conhecimento tecnológico avançado difere entre tipo de trabalhadores, como sugerido, por exemplo, por Nelson & Phelps (1966) e Galor & Moav (2000).

Posteriormente, numa primeira extensão (extensão 1) — baseada em Afonso (2008) —, o *market-size channel* é novamente removido e, portanto, também o é o efeito das dotações de trabalho na direção do conhecimento tecnológico. Assim, os efeitos são novamente induzidos pela força do *price channel*, havendo maior incentivo para melhorar *inputs* usados em bens finais mais "caros", i.e., *inputs* usados pelo trabalho relativamente mais escasso são mais rapidamente melhorados. Porque, *ceteris paribus*, os efeitos induzidos pelo *price channel* contradizem a trajetória observada da desigualdade salarial, atende-se ao facto da tendência efetiva da desigualdade salarial ser concomitante com a nova política relativa ao progresso do conhecimento tecnológico em muitos países desenvolvidos e em desenvolvimento, que acabou por afetar o *price channel*.

Por exemplo, em 1981, a política de incentivo dos EUA para com as inovações intensificou-se com a introdução do *Research and Experimentation tax credit*. Tal estimulou o investimento em I&D e contribuiu para o forte progresso do conhecimento tecnológico nos EUA. Ao mesmo tempo, a política de incentivo dos EUA direcionou-se também para bens finais produzidos por trabalhadores qualificados, aumentando, assim, a procura relativa de trabalho qualificado e o *high-skill labour premium*; esta mudança na composição dos gastos públicos re-direcionou o *price channel* induzido pelas dotações de trabalho dos bens produzidos por trabalho não-qualificado para os bens produzidos por trabalho qualificado.[94]

Enfatizando o *price channel* e tendo em consideração a política governamental, na extensão 1 analisa-se como a SBTC e a consequente *skill-biased wage inequality* pode ser causada pela intervenção governamental. Resolvendo numericamente a dinâmica de transição para o equilíbrio de estado estacionário, tendo em conta o valor dos parâmetros no caso dos EUA, pretende-se mostrar que as previsões do modelo estão em conformidade com as mudanças observadas na desigualdade salarial nos EUA. Além disso, pretende-se mostrar que o modelo acomoda a trajetória da desigualdade salarial em outros países desenvolvidos e em desenvolvimento.

Em qualquer dos Casos – base e extensão 1, – considera-se, para melhor compreensão do mecanismo, uma estrutura económica *standard* em termos de teoria do crescimento endógeno baseado na I&D *à lá* Schumpeter. A produção de bens finais em concorrência perfeita requer o uso de trabalho e bens intermédios. Estes, sendo ajustados pela qualidade, incorporam as inovações provenientes da I&D a operar num contexto de concorrência monopolística. Em particular, cada bem final é produzido por uma de duas tecnologias. Uma emprega trabalho qualificado e um conjunto de bens intermédios específicos. A outra emprega trabalho não-qualificado e um outro conjunto de bens intermédios. A função produção acomoda complementaridade entre *inputs* e substituabilidade entre tecnologias e foi adaptada do modelo com efeitos de escala.

No caso base, a primazia dos trabalhadores qualificados em termos de aprendizagem, assimilação e implementação do conhecimento tecnológico avançado é tal que reverte o progresso do conhecimento tecnológico a seu favor. Por sua vez, na extensão 1, face à relação de proximidade entre a produção de bens intermédios e a I&D, a I&D pode ser encorajada por um subsídio direto ou por um subsídio à produção de bens intermédios. Em qualquer caso, a política governamental afeta a procura de trabalho.

---

[94] Sobre a discussão na mudança na política relativa ao conhecimento tecnológico no pós-1980, nos EUA e em outros países desenvolvidos e em desenvolvimento, veja-se, e.g., Mowery (1998), Pawan (1998) e Cozzi & Impullitti (2010).

Ao influenciar o nível e a direção da I&D, a política governamental atua sobre a procura relativa dos diferentes tipos de trabalho e assim a desigualdade salarial, como sugerido por, e.g., Berger (1993), Goolsbee (1998) e Cozzi & Impullitti (2010).

Numa segunda extensão, extensão 2 assente em Afonso (2010), são introduzidas outras particularidades. O modelo passa a considerar a eventual emergência de uma inovação de aplicabilidade geral (*General Purpose Technology*, GPT); i.e., inovações que têm efeitos extensos, expressivos e prolongados na economia, como a máquina a vapor, a eletricidade e os computadores – e.g., David (1989) e Aghion (2002). A este propósito, quando, devido à I&D vertical, a qualidade agregada de um tipo de bens intermédios alcança um limiar, supõe-se que uma nova GPT emerge nesse tipo de bens intermédios, difundindo-se posteriormente ao outro tipo de bens intermédios. A literatura sobre a GPT foi inicialmente desenvolvida por Bresnahan & Trajtenberg (1995) e Helpman & Trajtenberg (1994), mas os efeitos de uma nova GPT foram estudados num modelo com um bem final agregado. Ao agregar o fator trabalho, essa estrutura simplificada inviabilizava naturalmente o estudo dos efeitos sobre a desigualdade salarial.

Dado que a estrutura do modelo proposto é mais completa, além dos efeitos de nível e crescimento, é possível estudar os efeitos sobre a desigualdade salarial resultantes de distintas velocidades de surgimento e difusão de uma nova GPT. Considera-se que a GPT se assemelha a uma melhoria institucional que aumenta permanentemente a produtividade. O papel de alterações institucionais na explicação da desigualdade salarial é enfatizado por, e.g., Caroli & Van Reenen (2001), Aghion et al. (2002) e Aghion et al. (2003). Assim, a análise dos efeitos da nova GPT sobre a desigualdade salarial acaba por associar a proposta institucional com a mais usual baseada no enviesamento do conhecimento tecnológico (e.g., Aghion et al. (2003)), mas num contexto sem efeitos de escala e com acumulação de capital humano.

A acumulação de capital humano como motor de crescimento económico é outra das novidades introduzidas na extensão 2. Em linha com Arnold (1998) e Blackburn et al. (2000), entre outros, passa a considerar-se que o crescimento económico é também conduzido pela acumulação de capital humano. Em linha com as ideias de Mincer (1993) e Lucas Jr (1993), o tempo gasto com a acumulação é dividido entre a escola "formal" e a frequência de programas de formação específicos que oferecem qualificação profissional, *on-the-job-training* (OJT). A intensidade relativa dos dois modos de acumulação rege as especificidade do capital humano acumulado, que pode ser mais ou menos qualificado. O capital humano qualificado é relativamente intensivo em escola "formal" e é mais eficiente na produção de bens finais. Especificando endogenamente a oferta de capital humano, estende-se pois a literatura SBTC, já que esta literatura divide as dotações fatoriais entre trabalho qualificado e não qualificado.

Ao considerar a acumulação endógena de capital humano, que certamente limita os níveis empregues, pode também analisar-se o efeito da variação da oferta sobre a desigualdade salarial. Por exemplo, a desigualdade por trabalhador (o salário relativo de trabalhadores que acumulam capital humano qualificado) pode aumentar mesmo quando a desigualdade salarial por unidade de capital humano (o salário relativo do capital humano qualificado) diminui, devido ao aumento relativo de capital humano qualificado por trabalhador (qualificado). Em linha com, por exemplo, Greiner & Semmler (2004), especificam-se, assim, outras forças ("o nível de educação") que podem explicar o aumento de rendimento. Além disso, acumulação de capital humano também reage a incentivos decorrentes, por exemplo, alterar o conhecimento tecnológico.[95]

Em particular, com esta extensão 2 será possível concluir que: (i) o *output* é imediata e positivamente afetado por uma nova GPT e por uma melhoria das instituições, (ii) a desigualdade salarial por unidade de capital humano qualificado e por trabalhador qualificado aumenta quando a nova GPT é utilizada pela primeira vez na produção de bens finais produzidos por capital humano qualificado; (iii) a desigualdade salarial por unidade de capital humano qualificado também aumenta quando as instituições e a capacidade de inovação são melhoradas, e quando a alteração dos parâmetros da função acumulação de capital humano melhora relativamente a aquisição de capital humano menos qualificado. Note-se, em particular, que os resultados decorrentes de nova GPT e de aquisição de capital humano não foram estudados pela literatura relacionada.

Depois desta introdução, a subsecção 11.3.1 caracteriza a economia, a subsecção 11.3.2 analisa o equilíbrio e a subsecção 11.3.3 conclui o capítulo.

11.3.1 Modelização da economia

Setor de bens finais – Seguindo a contribuição de Acemoglu & Zilibotti (2001), cada bem final $n \in [0,1]$ é produzido por uma de duas tecnologias. A tecnologia L usa tra-

---

[95] A remoção de efeitos de escala no modelo com acumulação de capital humano passa a pressupor que a dificuldade na realização de I&D é proporcional à dimensão do mercado, medida pelo capital humano empregue.

balho (caso base e extensão 1) ou capital humano (extensão 2) não-qualificado, L, e um contínuo de bens intermédios indexados por $j \in [0, J]$. A tecnologia H emprega trabalho (caso base e extensão 1) ou capital humano (extensão 2) qualificado, H, e um contínuo de bens intermédios indexados por $j \in [J, 1]$. A produção de n, Y_n, no momento t é

$$Y_n(t) = A \begin{cases} \left[\int_0^J \left(q^{k(j,t)} x_n(k,j,t)\right)^{1-\alpha} dj\right] [(1-n) l L_n]^\alpha + \\ \\ \left[\int_J^1 \left(q^{k(j,t)} x_n(k,j,t)\right)^{1-\alpha} dj\right] [n h H_n]^\alpha, \text{ base e ext. 1} \\ \\ \left[\int_0^J \left(q^{k(j,t)} x_n(k,j,t)\right)^{1-\alpha} dj\right] [(1-n) l L_{w,n}(t)]^\alpha + \\ \\ \left[\int_J^1 \left(q^{k(j,t)} x_n(k,j,t)\right)^{1-\alpha} dj\right] [n h H_{w,n}(t)]^\alpha, \text{ ext. 2} \end{cases} \tag{11.24}$$

O termo A é uma variável exógena positiva que representa o nível de produtividade (exógena) dependente da qualidade das instituições da economia.

Os integrais sumariam a contribuição dos bens intermédios para a produção. Em linha com a tradição *Schumpeteriana*, a quantidade de cada bem intermédio j, x é ajustada pela qualidade — $q > 1$ corresponde à dimensão de cada melhoria e k representa o número de melhorias registadas até ao período t. Como as várias qualidades de j são substitutas perfeitas, a maximização de lucros pelo produtor monopolista $j \in [0, 1]$ detentor da qualidade k implica que apenas a melhoria k seja usada; assim, a qualidade ajustada $\sum_{k=0}^{k(j,t)} q^k x_n(k,j,t)$ reduz-se a $q^{k(j,t)} x_n(k,j,t)$ em (11.24).

As expressões com expoente $\alpha \in]0, 1[$ representam o contributo do trabalho ou do capital humano empregue para a produção; $m = H, L$ e w representa o capital humano empregue que, por isso, obtém salário. Ao considerar que $h > l \geq 1$ assume-se que H tem uma vantagem absoluta sobre L; $\bar{m} = h, l$ e, na Extensão 2, h l estão dependentes do estado da GPT. Por sua vez, os termos n e $1 - n$ implicam que H é relativamente mais produtivo em bens finais indexados com n superior e *vice-versa*. Em cada t há um bem final limiar de equilíbrio (endógeno) $\bar{n}$, indicando que a mudança de uma tecnologia para a outra é vantajosa.

Decorre da maximização do lucro pelos produtores (ou produtor representativo) de $n \in [0, 1]$ que a procura da melhor qualidade do bem intermédio j é

$$x_n(k,j,t) = \left[\frac{p_n(t)A(1-\alpha)}{p(k,j,t)}\right]^{1/\alpha} q^{k(j,t)}[(1-\alpha)/\alpha]\times$$
$$\begin{cases} (1-n)lL_n(t) & ,0 < j \leq J, \text{ base e ext. } 1 \\ (1-n)lL_{w,n}(t) & ,0 < j \leq J, \text{ ext. } 2 \\ nhH_n(t) & ,J < j \leq 1, \text{base e ext. } 1 \\ nhH_{w,n}(t) & ,J < j \leq 1, \text{ext. } 2 \end{cases} \tag{11.25}$$

em que p_n e p_j são, respetivamente, os preços de n e j. Um maior: (i) p_n aumenta a produtividade marginal dos fatores, encorajando as firmas a empregar maior quantidade dos bens intermédios; (ii) $m_n = L_n, H_n$, ou $m_{w,n} = L_{w,n}, H_{w,n}$, implica mais trabalho ou capital humano para usar com os bens intermédios, aumentando a respetiva procura; (iii) $p(j)$ implica menor procura, dado que a curva da procura é descendente. Devido à maximização de lucros pelo produtor monopolista de $j \in [0,1]$ em cada momento *t*, $p(j)$ é independente de j. Substituindo (11.25) em (11.24), a oferta (produção) de n é

$$Y_n(t) = A^{1/\alpha}\left[\frac{p_n(t)(1-\alpha)}{p(j,t)}\right]^{\left(\frac{1-\alpha}{\alpha}\right)} \times$$
$$\begin{cases} [nhH_n(t)Q_H(t) + (1-n)lL_n(t)Q_L(t)], \text{ base e ext. } 1 \\ [nhH_{w,n}(t)Q_H(t) + (1-n)lL_{w,n}(t)Q_L(t)], \text{ ext. } 2 \end{cases} \tag{11.26}$$

onde

$$Q_L \equiv \int_0^J q^{k(j,t)[(1-\alpha)/\alpha]}dj \text{ e } Q_H \equiv \int_J^1 q^{k(j,t)[(1-\alpha)/\alpha]}dj \tag{11.27}$$

são dois índices de qualidade agregada e medem o conhecimento tecnológico em cada conjunto de bens intermédios. O rácio $D \equiv \frac{Q_H}{Q_L}$ mede a produtividade relativa do conhecimento tecnológico usado pelos trabalhadores ou capital humano qualificados e, por isso, representa o enviesamento do conhecimento tecnológico.

O produto agregado, i.e, o *output* ou bem final compósito é dado por:

$$\begin{aligned} Y(t) &\equiv \int_0^1 p_n(t)Y_n(t)dn \\ &= \exp\left[\int_0^1 \ln p_n(t)dn\right]\exp\left[\int_0^1 \ln Y_n(t)dn\right] \\ &= \exp\left[\int_0^1 \ln p_n(t)dn\right] \end{aligned} \tag{11.28}$$

normalizando o seu preço para um em cada momento *t*. Com este procedimento, o bem final compósito corresponde ao numerário em cada *t*. Os recursos da economia, medidos em termos de bem final compósito, *Y*, são usados em consumo, *C*, e investimento; o investimento corresponde à produção de bens intermédios, *X*, e às despesas no setor de I&D, *R*; i.e, $Y(t) = X(t) + R(t) + C(t)$.

Setor de bens intermédios — Dado que o *output* agregado é *input* na produção de cada bem intermédio $j \in [0,1]$, e que os bens finais são produzidos em concorrência perfeita, o custo marginal de produção de j é um. Seguindo Romer (1990a), a produção de j requer um custo inicial de I&D, que só pode ser recuperado se os lucros forem positivos num certo período de tempo futuro. Tal é garantido por um sistema de direitos de propriedade intelectual que protege o monopólio da firma líder, enquanto ao mesmo tempo permite a divulgação do conhecimento tecnológico adquirido, quase sem custos, por outras firmas. Assim, o conhecimento tecnológico necessário para produzir a melhor qualidade de j tende a ser público. A maximização de lucros pelas firmas monopolistas produtoras de bens intermédios resulta no preço

$$p(k,j,t) = p = \frac{1}{\alpha} \times \begin{cases} 1, \text{ base e ext. 2} \\ 1 - s_x, \text{ ext. 1} \end{cases} \tag{11.29}$$

No caso da extensão 1 assume-se que o governo pode subsidiar a produção de j, pagando uma fração *ad-valorem*, s_x, do custo de cada firma; o custo marginal de j pós-subsídio é assim $(1 - s_x)$ e não 1. Considerando $s_x < \alpha$, ambos os preços representam um *mark-up*, $p > 1$, dado que $\alpha \in]0,1[$. Quanto menor for α, menor o *mark-up* e menos espaço há para os preços de monopólio. Recorde-se que, como o *mark-up* é constante — assumindo, no caso ext. 1, que a política governamental permanece inalterada — ao longo do tempo *t*, entre bens intermediários j e entre patamares de qualidade k, o problema é simétrico. Esta simetria é ditada pela forma como os bens intermédios são considerados em (11.24) e pelo facto de *Y* em (11.28) ser *input* dos bens intermédios.

Como a firma líder em j é a única legalmente autorizada a produzir a melhor qualidade, ela usará o preço para eliminar do mercado qualidades inferiores. Consoante $q(1-\alpha)$ seja maior ou menor que o custo marginal, a firma líder usará, respetivamente, o preço de monopólio ou o preço limite para eliminar do mercado produtores de qualidades inferiores do bem intermédio. Em linha com, e.g., Grossman & Helpman (1991a), supõe-se que a estratégia de preço limite é utilizada. Dado que o menor preço que o seguidor mais próximo pode praticar sem prejuízo é o custo marginal 1 ou $(1-s_x)$, consoante o caso – base e ext. 2 ou ext. 1 –, a firma líder pode obter todo o mercado vendendo a um preço ligeiramente inferior à sua vantagem de qualidade sobre o seguidor mais próximo; i.e., q ou $q(1-s_x)$. Assim, q é também um indicador do poder de mercado da firma incumbente em cada bem intermédio.

Setor de I&D – O valor da patente associada ao maior nível de qualidade de cada bem intermédio depende do lucro obtido pela firma líder (monopolista) em cada t e da duração do monopólio. Essa duração, por sua vez, depende da probabilidade de sucesso da I&D, que criativamente destrói a melhor qualidade atual: o resultado da I&D realizada por firmas seguidoras, a fim de obter lucros de monopólio, são protótipos que permitem melhorar a qualidade de bens intermediários e, assim, os índices em (11.27).

Os determinantes da probabilidade de sucesso estão, assim, no cerne dos modelos *Schumpeterianos* de I&D com inovação vertical seguidos (Aghion & Howitt, 1992). Como ficará claro, assume-se adicionalmente que as firmas líderes usam estratégias para retardar a próxima inovação bem sucedida, protegendo assim por mais algum tempo os benefícios e que só por si a escala também comporta custos. Deste modo torna-se possível eliminar os efeitos de escala, em linha com a literatura dominante sobre o assunto desde Jones (1995a,b).

Seja $pb(k,j,t)$ a probabilidade de sucesso instantânea – taxa de chegada de Poisson – na inovação da próxima qualidade do bem intermédio j, $k(j,t)+1$, em t, que complementa trabalho ou capital humano do tipo m ($m = L$ se $0 \leq j \leq J$ e $m = H$ se $J < j \leq 1$); formalmente,

$$pb(k,j,t) = y(k,j,t)\beta q^{k(j,t)}\zeta^{-1}q^{-\alpha^{-1}k(j,t)} \times \begin{cases} m^{-1}f(j), \text{ base} \\ m^{-1}, \text{ ext. } 1 \\ m_w^{-1}, \text{ ext. } 2 \end{cases} \tag{11.30}$$

em que:

(i) $y(k, j, t)$ é o fluxo de recursos do bem final compósito afetos à I&D de j em t, que torna o *framework* do tipo *lab-equipment* (Rivera-Batiz & Romer, 1991).

(ii) $\beta q^{k(j,t)}$, $\beta > 0$, é o efeito positivo da aprendizagem com a I&D passada no bem intermédio j até ao momento t (em linha com, e.g., Grossman & Helpman (1991a); Connolly (2003));[96] quanto maior for β melhor é a capacidade de inovação.

(iii) $\zeta^{-1} q^{-\alpha^{-1} k(j,t)}$, $\zeta > 0$, é o efeito adverso no bem intermédio j em t, i.e., o custo da complexidade causado pela dificuldade crescente em melhorar a qualidade (em linha com, e.g., Kortum (1997)); assim, corresponde ao custo fixo da I&D.

(iv) o efeito positivo da aprendizagem (ii) foi modelizado de modo a que, juntamente com o custo da complexidade (iii), contrabalance totalmente o efeito positivo do patamar de qualidade nos lucros de cada firma líder produtora de um bem intermédio. Esta é a razão técnica para a presença do parâmetro α em (11.30).

(v) $m^{-\xi}$, $\xi = 1$, no modelo base e na ext. 1, (ou $m_w(t)^{-\xi}$, na ext. 2) representa o efeito adverso induzido pela dimensão do mercado, capturando, assim, a ideia de que a dificuldade associada à introdução de novas qualidades e à substituição das antigas é proporcional à dimensão do mercado medida pelo trabalho (ou capital humano) empregue; Dinopoulos & Segerstrom (1999) denominam esta especificação de *permanent-effects-on-growth*. Ou seja, por simplicidade, as estratégias usadas pelas firmas líderes para retardar a próxima inovação bem sucedida,[97] e os custos crescentes associados à dimensão do mercado devidos à necessidade de coordenação entre agentes, ao processamento de ideias, a questões de informação e de organização, ao *marketing* e aos custos de transporte são refletidos na I&D (em linha com, entre outros, Becker & Murphy (1992), Alesina & Spolaore (1997), Dinopoulos & Segerstrom

---

[96] É importante distinguir esta aprendizagem da convencional *learning-by-doing*. Esta é usualmente formulada como o declínio dos custos de produção induzidos pela experiência acumulada na produção.

[97] Os benefícios das firmas líderes dependem positivamente da dimensão do mercado. Dinopoulos & Syropoulos (2007), por exemplo, referem as estratégias das firmas líderes que envolvem barreiras técnicas. Levin et al. (1987), Eicher (1996) e Cohen et al. (2003), entre outros, identificam e fornecem evidência sobre a dimensão dessas estratégias que são viáveis porque os líderes obtêm algum conhecimento tecnológico específico. Este termo permite assim distinguir I&D geradora de destruição criativa de estratégias de firmas líder que abrandam a destruição criativa.

(1999), Dinopoulos & Thompson (1999)). Este termo vai permitir remover os efeitos de escala e assim isolar o *price channel*.

(vi) $f(j)$, termo específico do modelo base, pretende medir a vantagem absoluta do trabalho qualificado sobre o não-qualificado ao nível da aprendizagem, assimilação e implementação do conhecimento tecnológico avançado. Este termo pode ser denominado *technological-knowledge-absorption effect*. Assim, e também por simplificação, a distinta habilidade dos dois tipos de trabalho para adaptar novo conhecimento tecnológico é também refletida no sector de I&D. A especificação proposta para a função $f(j)$ é dada por:

$$f(j) = \begin{cases} 1, & 0 \leq j \leq J \quad (\text{i.e.}, m = L) \\ 1 + \frac{H}{H+L}, & J < j \leq 1 \quad (\text{i.e.}, m = H) \end{cases} \tag{11.31}$$

em que $\sigma = 1 + \frac{H}{L}$.

Este termo visa captar o *skill-biased technology adoption effect* inicialmente enfatizado por Nelson & Phelps (1966) e Schultz (1975), e mais recentemente por, e.g., Galor & Tsiddon (1997), Greenwood & Yorukoglu (1997) e Galor & Moav (2000). Este termo é ainda motivado por outros trabalhos; por exemplo: (i) Benhabib & Spiegel (1994), por sugerirem que o trabalho pode melhorar a capacidade de inovação; (ii) Hassler & Rodríguez Mora (2000), por considerarem que a aptidão e inteligência são cruciais para adaptação de novos conhecimentos tecnológicos; e (iii) Parente & Prescott (1994), por enfatizarem o enorme número de barreiras à adaptação de novo conhecimento tecnológico e, em particular, a resistência à mudança por parte dos trabalhadores.

Consumidores — Considera-se de novo que a economia é povoada por um número invariante de indivíduos heterogéneos, indexados continuamente pelo nível de aptidão $a \in [0, 1]$, que decidem a afetação do rendimento entre consumo do bem final compósito (numerário) e poupança geradora de rendimento futuro (juros). Adicionalmente, e apenas no caso da ext. 2, decidem ainda quanto ao tempo entre acumular capital humano e trabalhar para obter um valor da produção agregada (salário) proporcional ao capital humano. Por simplicidade, assume-se que há um indivíduo limiar $\bar{a}$, tal que indivíduos $a > \bar{a}$ são qualificados, *H*, e indivíduos $a \leq \bar{a}$ são não-qualificados, *L*. A função utilidade com horizonte de vida infinito é dada pelo integral descontado da função utilidade CIES (*constant intertemporal elasticity of substitution*),

$$U(a,t) = \int_0^\infty \left[\frac{c(a,t)^{1-\theta} - 1}{1-\theta}\right] \exp(-\rho t)dt, \tag{11.32}$$

em que: (i) $c(a,t)$ representa o nível de consumo do bem final compósito do indivíduo com aptidão a em t; (ii) $\rho > 0$ é a taxa homogénea subjetiva de desconto; (iii) $\theta > 0$ é o inverso da elasticidade de substituição inter-temporal.

A restrição orçamental de a iguala o rendimento ganho ao consumo e à poupança, em cada t. A poupança consiste na acumulação de ativos financeiros — K, com retorno dado pela taxa de juro r — sob a forma de propriedade das firmas que produzem bens intermédios em concorrência monopolista. O valor dessas firmas, por sua vez, corresponde ao valor das patentes em uso,[98] mesmo na ext. 1 já que se supõe orçamento do governo equilibrado em todo t. A restrição orçamental, expressa na forma poupança = rendimento-consumo, é:

$$\dot{K}(a,t) = \begin{cases} r(t)K(a,t) + w_m(t)m(a)c(a,t), \text{ base} \\ [1-\tau_K]r(t)K(a,t) + [1-\tau_{w,m}]w_m(t)m(a)c(a,t), \text{ ext. } 1 \\ r(t)K(a,t) + [1-u_S(a,t)-u_T(a,t)]w_m(t)m(a)c(a,t), \text{ ext. } 2 \end{cases} \tag{11.33}$$

em que (adicionalmente):[99] (i) $m = H$ se $a > \bar{a}$ e $m = L$ se $a \leq \bar{a}$; (ii) τ_K e $\tau_{w,m}$ são taxas/impostos *ad-valorem*, respetivamente, sobre ativos e salários para garantir equilíbrio nas contas públicas (orçamento equilibrado) em cada t, no caso da ext. 1; (iii) $u_S(a,t)$ e $u_T(a,t)$, no caso da ext. 2, são as frações de t que o indivíduo a gasta com acumulação de capital humano na escola e em OJT, respetivamente,[100], i.e., $u_w(a,t) = 1 - u_S(a,t) - u_T(a,t)$ é a fração de t que a afeta a trabalho; (iv) w_m é o preço pago por trabalhador ou por unidade de capital humano tipo m, conforme o modelo considere (ext. 2) ou não (base e ext. 1) capital humano; (v) $m(a,t)$ é então o capital humano de a em t, sabendo-se que a acumula H ou L, usando escola e OJT, em função da restrição imposta pelo nível de aptidão; (vi) devido à arbitragem no mercado doméstico de ativos, r depende de t, mas não do tipo de trabalho ou capital humano e, portanto, apenas $\tau_{w,m}$ pode ser m-específico.

[98] As patentes em uso são pois os ativos da economia. No caso em que há firmas especializadas na I&D, os indivíduos são os proprietários, recebendo, por isso, um fluxo de benefícios (dividendos) associados ao protótipo fornecido aos produtores de bens intermédios.

[99] Recorde-se que o ponto por cima da variável representa a variação da variável por unidade de tempo.

[100] Assim, o OJT é custoso no sentido em que implica tempo ausente do trabalho.

Nos casos base e ext. 1, cada indivíduo maximiza a utilidade (11.32), tendo em conta a restrição orçamental (11.33). Na ext. 2, o problema de controlo ótimo acomoda o facto de cada indivíduo maximizar (11.32), tendo em conta (11.33) e a acumulação de capital humano. A este nível, considera-se, como em Lucas Jr (1988), que a produtividade do tempo aumenta com o capital humano do indivíduo, propondo-se a função produção ou acumulação com elasticidade de substituição constante (CES):

$$\frac{\dot{m}(a,t)}{m(a,t)} = \left[\varphi_m \left(\underbrace{\chi_S u_S(a,t)}_{\text{School}(a,t)}\right)^{\phi} + (1-\varphi_m)\left(\underbrace{\chi_T u_T(a,t)}_{\text{OJT}(a,t)}\right)^{\phi}\right]^{1/\phi} - \delta_m \qquad (11.34)$$

em que: (i) δ_m é a taxa de depreciação do capital humano tipo m; (ii) os termos entre parêntesis retos representam o contributo dos *inputs* escola e OJT, respetivamente; (iii) χ_S e χ_T são parâmetros de eficiência que medem a produtividade da escola e do OJT, assumindo-se $\chi_S > \chi_T$;[101] (iv) $\varphi_m \in [0, 1]$ é o parâmetro de intensidade revelador do peso dos *inputs* e assume-se que *H* é relativamente intensivo em escola, i.e., $\varphi_H > \varphi_L$.[102] Porque *H* é absolutamente mais produtivo — veja-se (11.24) —, segue-se, e.g., Mincer (1993), considerando que a escola gera capital humano mais versátil e que o OJT fornece competências mais específicas. Por outro lado, como *H* é acumulado por indivíduos com maior aptidão, acomoda-se também, e.g., Hassler & Rodríguez Mora (2000), já que consideram a aptidão crucial para a adaptação de novo conhecimento tecnológico. Como nesta ext. 2 os indivíduos melhoram as suas competências, (11.34) permite estender a literatura SBTC que se limita a dividir os trabalhadores em qualificados e não qualificados.

Em linha com, e.g., Mincer (1993), a função CES (11.34) permite que os *inputs* escola e OJT possam ser complementares ou substitutos, consoante o valor do parâmetro de substituição ϕ: complementares caso $\phi < 0$ e substitutos se $0 < \phi \leq 1$.[103] As implicações dinâmicas sobre o crescimento e a desigualdade salarial da complementari-

---

[101] Ambos χ_S e χ_T são maiores que δ_m. De outro modo, m diminuiria; i.e, pequenos χ_S e χ_T podem ser uma explicação teórica para a fraca ou até negativa relação entre crescimento económico e acumulação de capital humano em alguns países. Estes parâmetros deverão traduzir a *pool* de conhecimento tecnológico existente, refletido no estado da GPT.

[102] Dado que os *inputs* escola e OJT são modelizados como atividades similares que permitem obter capital humano ao custo do tempo afeto à acumulação, φ_m serve para distinguir a acumulação de cada tipo de capital humano.

[103] A evidência empírica sugere alguma complementaridade (e.g., Bartel & Lichtenberg (1987); OECD (2001); Brunello (2004)).

dade *versus* substituibilidade, assim como outras alterações nos parâmetros de (11), são exploradas mais à frente.

Em todo caso, refira-se desde já que substituibilidade elevada, juntamente com uma maior eficiência da escola, indica que as aptidões para produção são melhor obtidas na escola. Porém, com forte complementaridade, a escola está longe de fornecer as competências necessárias, exigindo também OJT. Assim, sob forte substituibilidade, restringindo a produção de capital humano à escola tende a ser suficiente, principalmente para *H*, que é relativamente intensivo em escola. Em contraste, a complementaridade apoia a ideia de que a falta de uma relação empírica robusta entre crescimento e capital humano em alguns países é parcialmente causada pela exclusão do OJT da análise, que inviabiliza uma medição correta do nível de capital humano (e.g., Lucas Jr (1993)).

A solução para a trajetória do consumo, que é independente do indivíduo *a* e, portanto, de m, é a *standard* equação de Euler:

$$\hat{c}(a,t) = \hat{c}(t) = \hat{C}(t) = \frac{1}{\theta} \times \begin{cases} r(t) - \rho, \text{ base e ext. 2} \\ [1-\tau_K]r(t) - \rho, \text{ ext. 1} \end{cases} \tag{11.35}$$

em que $\hat{c} = \frac{\dot{c}}{c}$ é a taxa de crescimento de c e $C(t) \equiv \int_0^1 c(a,t)da$. Quanto à alocação de tempo, o resultante rácio ótimo é independente de *t* e *a*,

$$\frac{u_{T,m}}{u_{S,m}} = \left(\frac{(1-\varphi_m)\chi_T^{\phi}}{\varphi_m \chi_S^{\phi}} \right)^{(1-\phi)^{-1}} \tag{11.36}$$

mas dependente de m. Quando a escola e o OJT são substitutos, mas não perfeitos, o rácio (11.36) está positivamente relacionado com o rácio das eficiências, e *vice-versa* quando a escola e o OJT são complementares. Neste último caso, por exemplo, um aumento no tempo afeto ao *input* com maior eficiência requer um maior aumento no tempo alocado ao *input* com menor eficiência.

Uma solução interior para o problema de maximização individual requer valores positivos de ambos os ativos, *K* e m, o que só é sustentável com retornos iguais em todos os momentos do tempo. Tal é assegurado pela resolução do problema de controlo ótimo, com base na seguinte condição resultante, escrita em função da dinâmica salarial e da taxa de juro:

$$\hat{w}_m(t) = r(t) - \psi_m\,, \text{ em que } \psi_m \equiv \varphi_m^{1/\phi}\chi_S\left[1+\frac{u_{T,m}}{u_{S,m}}\right]^{\phi^{-1}(1-\phi)} - \delta_m \tag{11.37}$$

Donde, o rácio ótimo de alocação de tempo (11.36) impõe limitações à relação entre $\hat{w}_m$ e r, e investimentos em acumulação de capital humano e em *K* são complementares. Assim, se a taxa de juro é significativa, a dinâmica dos salários também o é e essa relação está sempre equilibrada.

11.3.2 Equilíbrio

Nesta subsecção analisa-se, em todos os casos: (i) o equilíbrio para níveis dados de fatores; (ii) a I&D de equilíbrio; (iii) o estado estacionário; e (iv) a dinâmica de transição. No caso da ext. 2 atende-se ainda aos efeitos de nível, de estado estacionário e dinâmicos decorrentes da emergência de uma nova GPT. Esta secção permitirá sobretudo enfatizar os efeitos induzidos pelo *price channel* sobre o crescimento económico e a desigualdade salarial, na sequência de mudanças nas tecnologias de produção e, no caso da ext. 2, também na sequência da introdução de uma nova GPT.

Equilíbrio para níveis dados de fatores — A característica central do equilíbrio para níveis dados de conhecimento tecnológico e trabalho ou capital humano (empregue) é que apenas uma tecnologia, *L* ou *H*, é usada para produzir um certo bem final. Com concorrência perfeita na produção de bens finais, complementaridade entre *inputs* e substituabilidade entre tecnologias, a viabilidade económica de cada tecnologia depende: (i) do valor relativo da produtividade, $\frac{h}{l}$, e do preço de cada tipo de trabalho (ou capital humano); (ii) do valor relativo da produtividade e do preço de cada tipo de bens intermédios.

O preço do trabalho (ou capital humano empregue) depende das quantidades, H (ou $Hw(t)$) e L (ou $L_w(t)$), que são naturalmente limitadas pela oferta. Em termos relativos, a produtividade ajustada pela quantidade na produção em cada *t* é dada por $\frac{hH}{lL}$ (ou $\frac{hH_w}{lL_w}$). Por sua vez, a produtividade e preço de cada tipo de bens intermédios depende da complementaridade com cada tipo de trabalho (ou capital humano empregue), H (ou $Hw(t)$) e L (ou $L_w(t)$), do conhecimento tecnológico incorporado e do *mark-up*. Esses determinantes estão sumariados nos índices Q_L e Q_H em (11.27).

O bem final limiar endógeno $\bar{n}$ determina o uso da tecnologia na produção dos bens finais, resulta do equilíbrio no mercado dos *inputs* e depende dos determinantes da viabilidade económica das duas tecnologias:

$$\bar{n}(t) = \begin{cases} \left[1 + \left(D(t)\frac{hH}{lL}\right)^{\frac{1}{2}}\right]^{-1}, & \text{base e ext. 1} \\ \left[1 + \left(D(t)\frac{hH_w(t)}{lL_w(t)}\right)^{\frac{1}{2}}\right]^{-1}, & \text{ext. 2} \end{cases} \tag{11.38}$$

em que $L_w = \int_0^{\bar{n}} L_{w,n}dn$ e $H_w = \int_{\bar{n}}^1 H_{w,n}dn$. Assim, a tecnologia *H* é usada na produção dos bens finais $n > \bar{n}$ e a tecnologia *L* nos bens finais $n \leq \bar{n}$. O bem final limiar $\bar{n}$ pode ser relacionado com os preços dos bens finais, tendo em conta que é indiferente produzir $\bar{n}$ na firma representativa tipo *L* ou na firma representativa tipo *H*. Tal permite deduzir a relação *P* entre os preços dos bens finais produzidos com as tecnologias H, p_H, e L, p_L,

$$P \equiv \frac{p_H(t)}{p_L(t)} = \left[\frac{\bar{n}(t)}{1 - \bar{n}(t)}\right]^{\alpha} \tag{11.39}$$

com $p_L = p_n(1-n)^{\alpha} = \exp(-\alpha)\bar{n}^{-\alpha}$, $p_H = p_n n^{\alpha} = \exp(-\alpha)(1-\bar{n})^{-\alpha}$, dado que $\exp\int_0^1 \ln p_n dn = 1$.

A equação (11.38) mostra que, quanto maior o enviesamento do conhecimento tecnológico a favor de *H*, *D*, e/ou quanto mais significativa a oferta relativa de H, $\frac{H}{L}$ ou $\frac{H_w}{L_w}$, maior é a fração de bens finais produzida com tecnologia *H*. Tendo em conta (11.39), um menor $\bar{n}$ implica um menor preço dos bens finais produzidos com tecnologia *H*. Neste caso, a procura por bens intermédios *H* será menor, o que, devido ao *price channel*, desencoraja as atividades de I&D direcionadas para a melhoria da qualidade desses bens. Assim, tal como ocorre em vários artigos de Acemoglu (e.g., Acemoglu (2002a)) a estrutura do trabalho (ou do capital humano empregue) afeta a direção da I&D via preços (*price channel*) e, portanto, *D*. Nos trabalhos de Acemoglu esse efeito é, no entanto, dominado pela dimensão do mercado (*market-size channel*), enquanto no presente caso, removendo os efeitos de escala, o efeito de escala — ou *market-size channel* — está ausente.

Em equilíbrio, os recursos agregados afetos à produção de bens intermédios, $X(t) \equiv \int_0^1 \int_0^1 x_n(k,j,t)djdn$, e o produto agregado,

$$Y(t) \equiv \int_0^1 p_n(t)Y_n(t)dn = \exp(-1)A^{1/\alpha}\left[\frac{1-\alpha}{q(1-s_x)}\right]^{\frac{1-\alpha}{\alpha}} \left[\left(Q_L(t)lL\right)^{\frac{1}{2}} + \left(Q_H(t)hH\right)^{\frac{1}{2}}\right]^2,$$

i.e., o bem final compósito em (11.28), são função dos índices Q_H e Q_L em (11.27) e do trabalho (ou capital humano empregue),

$$\begin{aligned} X(t) &= \exp(-1)\left[\frac{A(1-\alpha)}{q(1-s_X)}\right]^{1/\alpha} \times \\ &\begin{cases} \left[(Q_L(t)lL1)^{\frac{1}{2}} + (Q_H(t)hH)^{\frac{1}{2}}\right]^2, \text{ base e ext. 1} \\ \left[(Q_L(t)lL_w(t)1)^{\frac{1}{2}} + (Q_H(t)hH_w(t))^{\frac{1}{2}}\right]^2, \text{ ext. 2} \end{cases} \end{aligned} \quad (11.40)$$

$$\begin{aligned} Y(t) &= \exp(-1)A^{\frac{1}{\alpha}}\left[\frac{(1-\alpha)}{q(1-s_X)}\right]^{\frac{1-\alpha}{\alpha}} \times \\ &\begin{cases} \left[(Q_L(t)lL1)^{\frac{1}{2}} + (Q_H(t)hH)^{\frac{1}{2}}\right]^2, \text{ base e ext. 1} \\ \left[(Q_L(t)lL_w(t)1)^{\frac{1}{2}} + (Q_H(t)hH_w(t))^{\frac{1}{2}}\right]^2, \text{ ext. 2} \end{cases} \end{aligned} \quad (11.41)$$

A partir da equação (11.42) observa-se que a taxa de crescimento é motivada pelo progresso do conhecimento tecnológico e, na ext. 2, também pela trajetória do capital humano empregue. Resulta ainda de que, em equilíbrio, (i) o preço pago por unidade de m, (i.e, por trabalhador ou por unidade de capital humano), w_m, (ii) a taxa de crescimento de w_m, $\hat{w}_m$, (iii) o *skill-premium* ou simplesmente *H-premium*, w, por unidade de m (i.e., o salário relativo por unidade de *H*) e, (iv) no caso especifico da ext. 2, o *H-premium* por trabalhador, $\tilde{W}$ (i.e., o salário relativo de trabalhadores que acumulam *H*) são, em cada momento *t*, respetivamente:

$$\begin{aligned} (i)\ w_m &= (p_m A)^{\frac{1}{\alpha}}\left(\frac{1-\alpha}{q}\right)^{\frac{1-\alpha}{\alpha}} \bar{m}Q_m \\ (ii)\ \hat{w}_m &= \frac{1}{\alpha}\hat{p_m} + \hat{Q}_m \\ (iii)\ W &\equiv \frac{w_H}{w_L} = \left(D\frac{h}{l}\right)^{\frac{1}{2}} \times \begin{cases} \left(\frac{H}{L}\right)^{-\frac{1}{2}}, \text{ base e ext 1} \\ \left(\frac{H_w}{L_w}\right)^{-\frac{1}{2}}, \text{ ext 2} \end{cases} \\ (iv)\ \tilde{W} &= WH_wL_w^{-1}, \text{ ext 2} \end{aligned} \quad (11.42)$$

Em (11.42), w_m, $m = (L, H)$ é igual ao respetivo produto marginal e $\hat{w}_m$ depende da trajetória da procura de m, que, devido à competitividade do mercado, à substituabilidade entre tecnologias e à complementaridade entre *inputs* em (11.42), depende da dinâmica do índice de preços relacionado $\hat{p}_m$ e do respetivo índice de qualidade agregada $\hat{Q}_m$. Os salários relativos W e $\tilde{W}$ são impulsionados pela procura relativa, que é afetada pelo enviesamento do conhecimento tecnológico, *D*, pela produtividade relativa, $\frac{h}{l}$, e pela estrutura do trabalho (ou capital humano empregue), $\frac{H}{L}$ e $\frac{H_w}{L_w}$. Tendo em conta o número de indivíduos que acumulam *H* e *L*, na ext. 2, $\tilde{W}$ é o rácio entre o salário dos trabalhadores *H* e *L*, que, neste caso, é porventura um indicador mais relevante que *W*.

As expressões (11.38), (11.39) e (11.42) são particularmente úteis para compreender o impacto dos níveis de conhecimento tecnológico (e capital humano), via *price channel*, sobre o fluxo de recursos utilizados em I&D e a desigualdade salarial. No contexto do *price channel*, os benefícios dos produtores de bens intermédios usados na produção de bens finais relativamente mais dispendiosos são maiores. Assim, por exemplo, quando maior for $\bar{n}$, mais dispendiosos são os bens finais produzidos com a tecnologia *H*. Tal induz então uma direção da I&D em favor de um maior *D* e assim em favor de melhorias em W e $\tilde{W}$.

I&D de equilíbrio — Anteriormente apresentaram-se as relações de equilíbrio para níveis dados de conhecimento tecnológico e recursos agregados, considerando-se, por pressuposto, que o nível de trabalho ou capital humano era conhecido. Quanto ao conhecimento tecnológico, o incentivo das firmas seguidoras para suportar I&D depende do valor atual/corrente esperado do fluxo de lucros do bem intermédio j, $V(k, j, t)$,[104] que, por sua vez, depende dos lucros em cada momento do tempo, $\Pi(k, j, t)$ (dado por (11.43)),[105]

---

[104] I.e., $V(k, j, t)$ é o valor de mercado da patente ou o valor da firma monopolista detida pelos consumidores.

[105] Considerando que: (i) $\bar{m} = h$ para $m = H$ e $\bar{m} = l$ para $m = L$; (ii) s_X pode ser específico. Em particular, note-se que, via s_X, o governo aumenta o lucro dos monopolistas. O governo pode então afetar a produção de bens intermediários através de um *continuum* de diferentes regras de política e, portanto, o preço limite das firmas monopolistas pode ser específico; por exemplo, com $s_{x,L} \neq s_{x,H}$, $p(L) = q(1 - s_{x,L})$ para $0 \leq j \leq J$ e $p(H) = q(1 - s_{x,H})$ para $J < j \leq 1$.

Note-se ainda que, independentemente do caso (base, ext. 1 ou ext. 2) tendo em conta o usual Arrow ou *replacement effect* não é benéfico para o atual monopolista suportar I&D (Aghion & Howitt, 1992). Com uma probabilidade de sucesso na I&D independente da posição (lideres versus seguidoras)

$$\Pi(k,j,t) = \bar{m}\,(q-1)\left[\frac{p_m(t)\;A\;(1-\alpha)}{q}\right]^{\alpha^{-1}} q^{k\;(j,t)\alpha^{-1}(1-\alpha)} \times \begin{cases} m, \text{ base} \\ m(1-s_{x,m})^{\alpha^{-1}(\alpha-1)}, \text{ ext. } 1 \\ m_w, \text{ ext. } 2 \end{cases} \tag{11.43}$$

da taxa de juro de equilíbrio e da duração esperada desse fluxo de lucros, que corresponde à duração esperada na qualidade produzida. Essa duração, por sua vez, depende da probabilidade de sucesso na I&D. A expressão resultante para $V(k,j,t)$ é:[106]

$$V(k,j,t) = \frac{\Pi(k,j,t)}{r(t)+pb(k,j,t)}. \tag{11.44}$$

Como a dimensão do mercado para os bens intermédios m-específicos corresponde ao trabalho ou capital humano empregue do tipo m, o efeito de escala é evidente em (11.43).

Donde, o rendimento gerado esperado com a inovação bem-sucedida de qualidade com patamar k em t, $V(k,j,t)r(t)$, iguala o fluxo de lucros, $\Pi(k,j,t)$, que é pago sob a forma de dividendos menos a perda esperada de capital, $V(k,j,t)pb(k,j,t)$, que ocorre quando a qualidade é substituída por uma nova. Assim, $r+pb$ deve ser entendida como a taxa de desconto efetiva da inovação bem-sucedida da qualidade com patamar k.

Com livre entrada na I&D, os retornos esperados são então iguais aos recursos gastos; i.e.,

$$pb(k,j,t)V(k+1,j,t) = y(k,j,t) \times \begin{cases} 1, \text{ base e ext. } 2 \\ (1-s_r), \text{ ext. } 1 \end{cases} \tag{11.45}$$

em que s_r, na ext. 1, é um subsídio *ad-valorem* direto à I&D, já que se traduz numa redução dos custos de I&D, e pode ser m-específico.[107]

---

das firmas em (11.30), resulta que o lucro incremental com uma inovação bem sucedida de uma firma seguidora é superior ao de uma firma líder. Efetivamente, no caso destas últimas uma nova inovação canibaliza o benefício com a sua inovação anterior.

[106] Assumindo que entre inovações, y e, no caso ext. 2, também m_w em (11.30) crescem à mesma taxa.

[107] Assim, o governo pode também usar diferentes regras de política ao nível de gastos diretos com I&D.

Tendo nomeadamente em conta (11.30), (11.43), (11.44) e (11.45), o equilíbrio pode ser refletido na trajetória do conhecimento tecnológico. A expressão para a taxa de crescimento de equilíbrio do conhecimento tecnológico tipo m (onde a probabilidade de equilíbrio da inovação bem-sucedida do tipo m, pb_m, dado r e p_m é incorporada) é dada por:

$$\hat{Q}_m(t) = \left[q^{\left(\frac{1-\alpha}{\alpha}\right)} - 1\right] \times \begin{cases} \frac{\beta}{\zeta}\left(\frac{q-1}{q}\right)\left(p_m(t)A(1-\alpha)\right)^{\frac{1}{\alpha}} \bar{m}f(.) - r(t), & \text{base} \\ \frac{\beta}{\zeta}\left(\frac{1-s_{x,m}}{1-s_{r,m}}\right)\left(\frac{q-1}{q}\right)\left[\frac{p_m(t)A(1-\alpha)}{1-s_{x,m}}\right]^{\alpha^{-1}} \bar{m} - r(t), & \text{ext. 1}\cdot \\ \frac{\beta}{\zeta}\left(\frac{q-1}{q}\right)\left(p_m(t)A(1-\alpha)\right)^{\frac{1}{\alpha}} \bar{m} - r(t), & \text{ext. 2} \end{cases}$$

Em (11.46), os termos na chaveta, pb_m,[108] são independentes de j, k e m devido à remoção de efeitos de escala. Por um lado, a influência positiva do patamar de qualidade nos lucros e no efeito aprendizagem é completamente contrabalançada pelo seu efeito no custo de complexidade — veja-se, em conjunto, (11.30)-(ii), (11.30)-(iii) e (11.43). Por outro lado, os efeitos de escala induzidos pela dimensão do mercado são removidos, tal como sugerido pela literatura dominante sobre o assunto desde Jones (1995a,b); efetivamente, o efeito adverso da dimensão do mercado devido à dificuldade em introduzir novas qualidades, em (11.30)-(iv), foi desenhado para contrabalançar os efeitos de escala nos lucros, enfatizando-se assim o *price channel*: calculando $pb_H - pb_L$, verifica-se que a direção do conhecimento tecnológico é determinada pelo *price channel*.

A taxa de juro de equilíbrio é obtida: (i) nos casos base e ext. 1, diretamente de (11.46) tendo em conta a existência de duas tecnologias; (ii) no caso da ext. 2, incorporando (11.46) em (11.42)-(ii) e, depois disso, igualando a trajetória obtida da procura de capital humano tipo m à trajetória da oferta refletida em (11.37).[109] Devido à lei de Walras, essa taxa de juro também equilibra o mercado de ativos,[110] e a sua inclusão em (11.35) permite obter a taxa de crescimento de equilíbrio geral em *t*.

[108] A probabilidade m-específica de equilíbrio da inovação bem-sucedida, pb_m, pode ser alternativamente encorajada pelo subsídio direto à I&D, $s_{r,m}$, ou pelo subsídio à produção de bens intermédios, $s_{x,m}$.

[109] Dado que (11.37) expressa o rácio ótimo de alocação de tempo em termos de dinâmica salarial (e taxa de juro), pode afirmar-se que corresponde à oferta de funções de esforço para cada tipo de capital humano.

[110] Ou seja, a poupança dos indivíduos é igual ao valor das firmas.

De (11.30) e (11.46), resulta ainda que, em equilíbrio e em cada *t*, os recursos afetos à I&D,

$$R \equiv \int_0^1 y(k,j)dj = \frac{\zeta}{\beta} \times \begin{cases} Q_L L p b_L + Q_H H p b_H, & \text{base e ext. 1} \\ Q_L L_w p b_L + Q_H H_w p b_H, & \text{ext. 2} \end{cases}, \tag{11.46}$$

são função do nível de conhecimento tecnológico e de trabalho ou capital humano empregue. A equação (11.46) mostra que mais recursos afetos à I&D são necessários à medida que Q_m e/ou m (m_w) aumenta(m) para contrabalançar a maior dificuldade na I&D.

Estado estacionário — casos base e ext. 1 — Na trajetória de crescimento sustentado — estado estacionário — Q_L e Q_H crescem necessariamente à mesma taxa dado que os agregados macroeconómicos *Y, X, R* e *C*, que têm necessariamente de cresce à mesma taxa, são todos múltiplos de Q_H e Q_L (e o *output* agregado apresenta rendimentos constantes à escala nos *inputs* Q_H e Q_L.[111] Tomando como exemplo o caso ext. 1, $\hat{Q}_H = \hat{Q}_L$ caso $\frac{p_H}{p_L} = \left(\frac{1-s_{x,H}}{1-s_{x,L}}\right)^{1-\alpha} \left(\frac{1-s_{r,H}}{1-s_{r,L}}\right)^{\alpha} \left(\frac{l}{h}\right)^{\alpha}$, pois a taxa de juro da economia é inevitavelmente única. Assim, essa condição também assegura que a taxa de crescimento no estado estacionário, g^*, seja única; i.e.,

$$\begin{aligned} g^* = \hat{Q}_L^* = \hat{Q}_H^* &= \hat{Y}^* = \hat{X}^* = \hat{R}^* = \hat{C}^* = \hat{c}^* = \frac{1}{\theta} \times \\ &\begin{cases} r* - \rho, & \text{base} \\ \left(1 - \tau_K\right) r^* - \rho, & \text{ext. 1} \end{cases} \\ &\Rightarrow \hat{p}_H^* = \hat{p}_L^* = \hat{\bar{n}} = 0. \end{aligned} \tag{11.47}$$

Dito de outro modo, a constante e única taxa de crescimento endógena no estado estacionário requer que Q_H e Q_L cresçam à mesma taxa e a presença da equação de Euler (11.35) em (11.48) reforça a unicidade da taxa de juro no estado estacionário $r^*(= r_L^* = r_H^*)$. A relação entre r^* e g^* em (11.48) é positiva, dado que no estado estacionário consumo e poupança (alocada à produção de bens intermédios e a I&D) crescem à taxa do *output* (e.g., Barro & Sala-i Martin (2004)): $\hat{C}^* = \hat{X}^* = \hat{R}^* = \hat{Y}^* = \hat{Q}_m^*$ e $\hat{C}^* = \frac{r^*-\rho}{\theta}$ então $g^* = \hat{Q}_m^* = \frac{r^*-\rho}{\theta}$.

[111] Considerando (11.41), (11.42) e (11.46) e resolvendo a restrição orçamental agregada em ordem ao consumo: $C = X - Y - R$, resulta que, em equilíbrio, *Y, X, R* e $C \equiv \int_0^1 c(a)da$ são múltiplos de Q_H e Q_L.

Por sua vez, de acordo com (11.38) e (11.39), $\frac{p_H}{p_L}=\left(D\frac{h}{l}\frac{H}{L}\right)^{-(\alpha/2)}$. Considere-se agora, continuando a tomar como exemplo ext. 1, que, por exemplo, $pb_H > pb_L \Rightarrow \frac{p_H}{p_L} = \left(\frac{1-s_{x,H}}{1-s_{x,L}}\right)^{1-\alpha}\left(\frac{1-s_{r,H}}{1-s_{r,L}}\right)^{\alpha}\left(\frac{l}{h}\right)^{\alpha}$. Ou seja, $pb_H > pb_L$ implica que $\hat{Q}_H > \hat{Q}_L$ e, dado que $\frac{p_H}{p_L}=\left(D\frac{h}{l}\frac{H}{L}\right)^{-(\alpha/2)}$, $\hat{p}_H < \hat{p}_L$. Assim, $\frac{p_H}{p_L}$ diminui para $\frac{p_H}{p_L}=\left(\frac{1-s_{x,H}}{1-s_{x,L}}\right)^{1-\alpha}\left(\frac{1-s_{r,H}}{1-s_{r,L}}\right)^{\alpha}\left(\frac{l}{h}\right)^{\alpha}$, o que atenua a taxa a que *D* é crescente. Donde, enquanto $\hat{Q}_H > \hat{Q}_L$, $\hat{Q}_H - \hat{Q}_L$ é decrescente até alcançar a taxa de crescimento estável de estado estacionário g^*, onde se verifica $\hat{Q}_H^* = \hat{Q}_L^*$, que, via (11.48), também assegura a estabilidade da taxa de juro de estado estacionário, r^*.

Assim, r^* é obtida via igualização das taxas de crescimento do consumo em (11.35) e do conhecimento tecnológico em (11.46). A taxa de crescimento no estado estacionário é então obtida substituindo a taxa de juro no estado estacionário na equação de Euler (11.35). Pode também encontrar-se p_m^* e $\bar{n}^*$ igualando as taxas de crescimento no estado estacionário de Q_H e Q_L. Observa-se ainda a partir de (11.48) - e (11.42) — que: (i) $\hat{w}_m^*$ aumenta de forma constante e proporcional à evolução do conhecimento tecnológico; e (ii) o *skill-premium* permanece estável, i.e., $\hat{W}^* = \hat{w}_H^* - \hat{w}_L^* = \hat{D}^* = \hat{Q}_H^* - \hat{Q}_L^* = 0$.

Em particular, via $s_{x,m}$ e $s_{r,m}$, a intervenção do governo afeta positivamente r^*, e assim g^*: (i) $s_{x,m}$ incrementa os lucros do monopolista e, assim, atua como um incentivo à I&D; (ii) $s_{r,m}$ diminui os custos diretos da I&D e, deste modo, aumenta pb_m.

Um aumento em τ_K diminui o investimento em I&D como resultado do menor benefício marginal esperado, que, por sua vez, tem um efeito direto negativo sobre g^* — veja-se (11.48)[112].

Os efeitos de crescimento das políticas governamentais são consistentes com os obtidos nos modelos de crescimento económico com I&D: (i) de primeira geração com efeitos de escala — e.g., Romer (1990a), Grossman & Helpman (1991a), Aghion & Howitt (1992); (ii) recentes e sem efeitos de escala — e.g., Howitt (1999), Zeng & Zhang (2002). Os resultados são também consistentes com a convincente evidência encontrada em trabalhos como, por exemplo, Bleaney et al. (2001).

[112] Em conjunto, $s_{x,m}$, $s_{r,m}$ e τ_K permitem afirmar que os impostos sobre ativos têm um efeito direto negativo sobre g^* e um efeito positivo indireto, porque geram recursos que o governo necessita para aplicar $s_{x,m}$, $s_{r,m}$. Por outro lado, como τ_w está ausente das condições de equilíbrio, não afeta diretamente g^*; neste contexto, para manter o equilíbrio orçamental e promover o crescimento económico, o governo deve, do lado da receita, praticar uma taxa τ_w superior a τ_K.

Estado estacionário — caso ext. 2 — Por analogia com o caso anterior, no estado estacionário $Q_H H_w$ e $Q_L L_w$ crescem à mesma taxa porque os agregados *Y*, *X*, *R* e *C*, que inevitavelmente crescem à mesma taxa, são todos múltiplos de $Q_H H_w$ e $Q_L L_w$ (e o *output* agregado apresenta rendimentos constantes à escala nos *inputs* $Q_H H_w$ e $Q_L L_w$ — (11.42)). Essa condição também assegura que a taxa de crescimento no estado estacionário

$$g^* = \hat{Q}_m^* + \hat{m}_w^* = \hat{Y}^* = \hat{X}^* = \hat{R}^* = \hat{C}^* = \hat{c}^* = \frac{r^* - \rho}{\theta} \\ \Rightarrow \hat{\tilde{n}}^* = \hat{p}_H^* = \hat{p}_L^* = 0, \tag{11.48}$$

seja única (e estável). Neste caso, g^* é conduzida pela I&D e pela acumulação de capital humano. A relação entre r^* e g^* em (11.49) é também positiva pois $\hat{C}^* = \hat{X}^* = \hat{R}^* = \hat{Y}^* = \hat{Q}_m^* + \hat{m}_w^*$ e $\hat{C}^* = \frac{r^* - \rho}{\theta} \Rightarrow g^* = \hat{Q}_m^* + \hat{m}_w^* = \frac{r^* - \rho}{\theta}$.

Em particular, um r^* significativo aponta para uma relevante atividade de I&D; i.e, para um forte processo de criação destrutiva, reduzindo o tempo de atividade das firmas produtoras de bens intermédios. A mesma ideia resulta de (11.37) e (11.42); com efeito, caso r^* seja significativo, $\hat{w}_m^*$ também o será, o que, via (11.37), implica que $\hat{Q}_m^*$ é também significativo. Além disso, dado que de (11.49) e (11.42)-(ii) $\hat{w}_m^* = \hat{Q}_m^*$, pode afirmar-se:

(i) $\hat{W}^* \equiv \hat{w}_H^* - \hat{w}_L^* = \hat{Q}_H^* - \hat{Q}_L^*$ e $\hat{\tilde{W}}^* = \hat{Q}_H^* - \hat{Q}_L^* + \hat{H}_w^* - \hat{L}_w^* = 0$; i.e., a taxa de crescimento do *H-premium* por unidade de capital humano, $\hat{W}^*$, pode aumentar ou diminuir a uma taxa estável ou pode ainda permanecer estável, enquanto a taxa de crescimento do *H-premium* por trabalhador, $\hat{\tilde{W}}^*$, permanece inevitavelmente estável;

(ii) melhorias no conhecimento tecnológico tipo m criam nova procura pelo capital humano associado, aumentando assim o respetivo salário, em linha com os resultados estimados de, por exemplo, Bound & Johnson (1989), Bartel & Sicherman (1999) e Greiner & Semmler (2004); o aumento dos salários é o adequado, pois os indivíduos adaptam o tempo de acumulação, mantendo o rácio ótimo de alocação de tempo (11.36) constante, para atender à procura por capital humano;

(iii) seguindo os passos já acima referidos, mesmo neste caso com acumulação de capital humano, r^* pode determinar-se de modo relativamente fácil:[113]

[113] O primeiro termo no parêntesis chaveta (11.49) está relacionado com a taxa de retorno da I&D — veja-se (11.46). Por sua vez, o segundo termo, ψ_m, depende da taxa de retorno do novo capital humano,

$$r^* = q^{\left(\frac{\alpha-1}{\alpha}\right)} \left\{ \frac{\beta}{\zeta} \bar{m} \left(\frac{q-1}{q} \right) \left[p_m^* A(1-\alpha) \right]^{\frac{1}{\alpha}} \left[q^{\alpha^{-1}(1-\alpha)} - 1 \right] + \psi_m \right\}. \qquad (11.49)$$

Devido a (11.35), em equilíbrio, a taxa de crescimento é afetada por θ, ρ e r; assim, também a taxa de crescimento no estado estacionário, g^*, é afetada por θ, ρ e r^* em (11.49). Por sua vez, os determinantes de r e, assim, de r^* são os elementos incluídos nas tecnologias de produção de n, (11.24), m, (11.34),e I&D, (11.30); com efeito, em qualquer dos casos (base, ext. 1 e ext. 2), Y é necessário à produção de bens intermédios e à I&D, e o capital humano (ou trabalho) e a qualidade dos bens intermédios são essenciais à produção de Y_n. Note-se ainda que, em linha com Jones (1995a,b), g^* não exibe efeitos de escala, mas que, contrariamente a Jones (1995a), g^* é endógena porque é obtida dentro do modelo e depende de parâmetros de preferências.[114]

A estabilidade de r^* e p_m^* implica que $\hat{Q}_m^*$ seja igualmente estável — veja-se (11.46). Tal implica que $\hat{m}_w^*$ seja também estável — veja-se (11.49). Ou seja, os indivíduos decidem afetar uma fração constante do seu tempo à acumulação; de facto,

$$u_{S,m}^* = \left[(r^* - \rho)\theta^{-1} - \hat{Q}_m^* + \delta_m \right] \left[(\varphi_m\, \chi_S^{\phi}) + (1 - \varphi_m)\, \chi_T^{\phi}) \right]^{(\phi-1)\phi^{-1}},$$

tendo em conta (11.34), (11.36) e (11.49).[115]

Implicações de nível e de estado estacionário de uma nova GPT— caso ext. 2 — Analisam-se agora os efeitos de nível e de estado estacionário decorrentes da emergência de uma nova GPT. A análise tem por base a ext. 2, por implicar um tratamento mais complexo, podendo facilmente ser adaptada aos casos base e ext. 1.

---

uma vez que está associado ao preço sombra da capital humano tipo no problema de controlo ótimo dos indivíduos.

[114] No modelo *knowledge-driven* de Jones (1995a), a taxa de crescimento no estado estacionário é exógena, mas as inovações são também o resultado do esforço efetuado na I&D.

[115] Pode facilmente demonstrar-se que a condição $r^* > \rho$ implícita em (11.49) assegura que $0 < u_S^*, u_T^*, u_w^* < 1$. Dado $u_{S,m}^*$, $u_{T,m}^*$ é obtido de (11.36) e $u_{w,m}^* = 1 - u_{S,m}^* - u_{T,m}^*$. Ou seja, no estado estacionário as variáveis crescem a uma taxa constante — não necessariamente a mesma — ao longo do tempo (Y, C, X, R, m_w, m, Q_m e w_m) ou permanecem constantes (u_w, u_S, u_T, $\bar{n}$, p_m, R e I_m), tal que cada indivíduo maximiza a sua utilidade intertemporal, decidindo quanto à afetação de tempo entre trabalho e a aprendizagem e quanto ao rendimento entre consumo e poupança, cada firma maximiza lucros e todos os mercados estão equilibrados.

Para estudar os efeitos de uma nova GPT, Helpman & Trajtenberg (1994) elaboraram um modelo de equilíbrio geral em que: (i) o *output* é produzido com a GPT e uma série de bens intermédios associados; (ii) a I&D direciona-se à criação de novos bens intermédios diferenciados; (iii) a emergência de uma nova GPT não pressupõe o seu uso imediato.[116] Também agora se assume como *input* o contributo da GPT disponível que seja compatível com o conhecimento tecnológico existente; i.e., a mudança para uma nova GPT apenas ocorre quando Q_H e Q_L em (11.28) alcançam endogenamente um limiar exógeno $\bar{Q}$. Neste caso, a nova GPT é explorada e o *output* eleva-se.

Além disso, dada a riqueza da estrutura económica considerada, é possível também estudar os impactos assimétricos (nomeadamente em termos salariais) causados por diferentes velocidades de adoção da GPT em vários sectores. Assim, a modelização da chegada de uma GPT, e.g., o caso dos computadores enfatizado por Aghion (2002), permite estender a literatura da desigualdade salarial.

Em conformidade com a literatura, assume-se que: (i) a economia está no estado estacionário quando uma nova e mais produtiva GPT emerge; (ii) o uso/adoção da nova GPT pode levar um período de tempo significativo; (iii) depois de um certo período de tempo, a nova GPT é útil para a maioria ou todos os bens finais (aplicabilidade geral). Além disso, considera-se que a nova GPT é primeiro usada nos bens finais produzidos com tecnologia *H* (i.e., $Q_H^* > Q_L^*$) e, em linha com a característica de aplicabilidade geral, que o uso da nova GPT na tecnologia m afeta perpetuamente a vantagem absoluta do capital humano tipo m;[117] i.e., *H* e *L* em (11.24) aumenta para $h' = h\gamma > h$ e $l' = l\gamma > l$, dado que $\gamma > 1$. Assim, a nova GPT gera três fases — veja-se a Figura 11.1 abaixo, em que d_m é o tempo necessário para a tecnologia m alcançar o conhecimento tecnológico compatível com a nova GPT, $\bar{Q}$. Ainda, por assunção, assume-se que o estado estacionário é alcançado em cada fase.

Na fase 1, durante $[t^*, t^* + d_H]$, a "velha" GPT continua em uso e, assumindo-se que χ_S e χ_T refletem o conhecimento tecnológico facultado pelo estado da GPT conhecida, o anterior estado estacionário regista uma única diferença. Considerando

[116] Em conformidade com, por exemplo, David (1989) e Helpman & Rangel (1999). Com efeito, estes autores sustentam que pode levar décadas a que uma nova GPT possa ter um impacto alargado na atividade macroeconómica.

[117] Assim, a introdução de uma inovação exógena do tipo GPT pode ser entendida como uma mudança institucional, dado que, em alternativa, poderia ser refletida em *a* em (11.24). Nesse caso, teria de passar a ser m-específica.

o "salto" de nível em χ_S para $\chi_S^{'} > \chi_S$ e em χ_T para $\chi_T^{'} > \chi_T$ com a nova GPT, a nova g^* passa a ser maior.[118]

FIGURA 11.1: DIFUSÃO DA NOVA GPT.

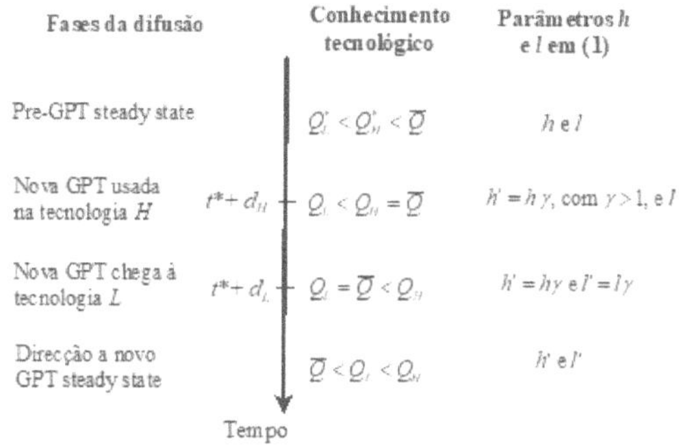

Na fase 2, durante $[t^* + d_H, t^* + d_L]$, a nova GPT é apenas usada na tecnologia *H*. Ou seja, Q_H alcança $\bar{Q}$ em $t^* + d_H$ e a fase 2 começa. Neste momento, a introdução de uma nova GPT melhora a produtividade absoluta de *H* sobre *L* para $h^{'}$, tornando a tecnologia *H* ainda mais produtiva. Desde que a variação instantânea na alocação de tempo entre trabalho e acumulação de capital humano seja de segunda ordem:

(i) o bem final limiar em (11.38) decresce para $\bar{n}^{'}$, i.e., bens finais em torno da margem passam do uso da tecnologia *L* para o uso da tecnologia *H*:

$$\bar{n}^{'} = \left\{ 1 + \left[\frac{\bar{Q}}{Q_L} \frac{h^{'} H_w}{l L_w} \right]^{\frac{1}{2}} \right\}^{-1}, \quad \bar{Q} = Q_H > Q_L; \tag{11.50}$$

(ii) há um efeito de nível (estático) positivo em Y em (11.42) para $Y^{'}$,

$$Y^{'} = \exp(-1) A^{1/\alpha} \left(\frac{1-\alpha}{q} \right)^{\frac{1-\alpha}{\alpha}} \left[\left(Q_L l L_w \right)^{\frac{1}{2}} + \left(\bar{Q} h^{'} H_w \right)^{\frac{1}{2}} \right]^2; \tag{11.51}$$

(iii) w_m em (11.42) -(i) vem $w_m^{'}$ $[w_H^{'} = (p_H^{'} A)^{-1}((1-\alpha)/q)^{(1-\alpha)\alpha^{-1}} h^{'} \bar{Q}$, $w_L^{'} = (p_L^{'} A)^{-1}((1-\alpha)/q)^{(1-\alpha)\alpha^{-1}} l \, Q_L$ e, de (11.35), $p_H^{'} = \exp(-\alpha)(1-\bar{n}^{'})^{-\alpha}$ e $p_L^{'} = \exp(-\alpha)\bar{n}^{-\alpha}$]; i.e., os salários de ambos os tipos de capital humano crescem pois $h^{'} > h$ aumenta o nível do *output* — (11.51). $w_H^{'} > w_H$ devido

[118] Como a nova GPT não é ainda usada na produção de bens, pode considerar-se que "é o tempo de semear" ainda que com alguma "colheita" — e.g., Helpman & Trajtenberg (1994).

diretamente a $h' > h$ e $w'_L > w_L$ devido à diminuição do bem final limiar, $\bar{n}' < \bar{n}$, que implica que $p'_L > p_L$. O ganho é, no entanto, maior para os trabalhadores que acumulam *H*, pois *W* em (11.42)-(iii) aumenta

$$W' \equiv w'_H/w'_L = \left(\bar{Q}h'/Q_L l\right)^{1/2} (H_w/L_w)^{-1/2} > W \Rightarrow \tilde{W}' > \tilde{W}. \quad (11.52)$$

O uso da nova GPT computadores apenas na produção de bens que usam a tecnologia *H* pode ser uma explicação para o forte aumento na procura por trabalhadores qualificados, em vários membros da OCDE (e genericamente em países desenvolvidos e em desenvolvimento), apesar do seu aumento ao longo de segunda metade do século passado.[119]

Quando o estado estacionário (longo prazo) é alcançado, r'^* é dado por

$$r'^* = q^{\left(\frac{\alpha-1}{\alpha}\right)} \left\{ \frac{\beta}{\zeta} l \left(\frac{q-1}{q}\right) [p_L^* A(1-\alpha)]^{\frac{1}{\alpha}} \left[q^{\left(\frac{1-\alpha}{\alpha}\right)} - 1\right] + \psi'_L \right\}; \quad (11.53)$$

$$r'^* = q^{\left(\frac{\alpha-1}{\alpha}\right)} \left\{ \frac{\beta}{\zeta} h' \left(\frac{q-1}{q}\right) [p_H^* A(1-\alpha)]^{\frac{1}{\alpha}} \left[q^{\left(\frac{1-\alpha}{\alpha}\right)} - 1\right] + \psi'_H \right\}; \quad (11.54)$$

em que:

$$\psi'_m \equiv \phi_m^{\phi^{-1}} \chi'_S \left(1 + u'_{T,m}/u'_{S,m}\right)^{(1-\phi)\phi^{-1}} - \delta_m$$

e

$$u'_{T,m}/u'_{S,m} = \left\{ \left[(1-\phi_m)\chi_T^{\phi}\right] / \left[\phi_m \chi_S^{\phi}\right] \right\}^{1/(1-\phi)}.$$

Fica claro que, para $m = L$, a probabilidade de sucesso de estado estacionário L-específica e as taxas de juro e de crescimento são maiores que anteriormente, pois $p_L^{*} > p_L^*$ — (11.53). Para $m = H$, $h' > h$ traduz-se num maior fluxo de lucros para as firmas produtoras de bens intermédios *H*-específicos e $p_H^* < p_H^*$ traduz-se numa diminuição desse fluxo de lucros. Há, pois, dois efeitos contrários em (11.54). No entanto, como a taxa de juro no estado estacionário é única; i.e., r^* em ambas as equações é igual, o efeito positivo h' em (11.54) domina forçosamente o efeito negativo p_H^*. Em suma,

[119] Como já referido, o aumento da oferta relativa de *H* e o ainda maior aumento da sua procura em países desenvolvidos e em desenvolvimento é já um facto estilizado em economia — e.g., Dinopoulos & Segerstrom (1999).

a melhoria $h' > h$, quando Q_H alcança $\bar{Q}$, gera efeitos de nível e de crescimento e liberta recursos parcialmente disponíveis para toda a I&D. As probabilidades de sucesso melhoram, acelerando Q_H e também Q_L, antecipando $t^* + d_L$; i.e., reduzindo o tempo necessário para o uso da nova GTP na tecnologia *L*.

Apesar do efeito de nível no *H-premium* em $t^* + d_H$, no estado estacionário, a avaliação do *H-premium* por unidade de capital humano, W'^*, e do *H-premium* por trabalhador, $\tilde{W}'^*$, depende dos níveis das respetivas componentes endógenas. A resolução numérica em computador levada a cabo mais à frente mostra que $W'^* > W^*$ e $\tilde{W}'^* > \tilde{W}^*$. Tal acontece porque o efeito positivo do aumento em *H* em $t^* + d_H$ sobre a probabilidade relativa associada ao conhecimento tecnológico *H*-específico (que enfatiza o enviesamento do conhecimento tecnológico devido à alocação assimétrica dos recursos libertos para a I&D), domina a cadeia de efeitos seguintes sobre a desigualdade salarial; i.e., devido à complementaridade de *inputs* em (11.24), $W' > W$, $\tilde{W}' > \tilde{W}$, $W'^* > W^*$ e $\tilde{W}'^* > \tilde{W}^*$.

A nova GPT fornece pois uma explicação para mudanças que afetam *D* e assim para mudanças observadas na desigualdade salarial. Estas conclusões estão em conformidade com: (i) e.g., Aghion & Howitt (1992) e Autor et al. (2003), que argumentam que os computadores modificaram a organização da produção ao substituírem tarefas "menos qualificadas" e que consideram os computadores como uma nova GPT;[120] (ii) e.g., Caroli & Van Reenen (2001), que mostram evidência reveladora de que as mudanças salariais foram acompanhadas por mudanças organizacionais.[121] Embora as mudanças na fase 2 sejam temporárias, poderão durar um tempo longo.

Na fase 3, de t^*+d_L em diante, a nova GPT é também usada na tecnologia *L* e os principais resultados sumariam-se do seguinte modo. Considerando de novo que a mudança imediata na alocação de tempo entre trabalho e acumulação de capital humano é de segunda ordem, alguns bens finais na margem deixam de ser produzidos pela tecnologia *H* e passam a usar a tecnologia *L* em t^*+d_L. O bem final limiar e o índice de preços dos bens finais produzidos com tecnologia *H* aumentam, contrariamente ao índice de preços dos bens finais produzidos com tecnologia *L*. Em suma, há

[120] Acemoglu (1999), entre outros, também oferece evidência sobre a mudança organizacional nos USA nos últimos 25/30 anos — veja-se a este propósito ainda, entre outros, Bresnahan (1999) e Bresnahan et al. (2002).

[121] Associando a explicação GPT com a explicação do enviesamento do conhecimento tecnológico, está-se em linha com uma série de estudos empíricos que documentam o aumento da desigualdade salarial nos EUA e as mudanças ao nível do conhecimento tecnológico — e.g., Bound & Johnson (1989), Katz & Murphy (1992), Juhn et al. (1993), Greiner & Semmler (2004).

de novo efeitos de nível e de crescimento, os salários aumentam e o *H-premium* decresce. No que diz respeito, em particular, ao crescimento económico, depois da transição para o estado estacionário na fase 3, a taxa de crescimento será maior devido aos sucessivos aumentos em $\bar{m}$.

Valor *base* de parâmetros e variáveis exógenas para as dinâmicas de transição — Parâmetros e dotações de trabalho no caso base permitem calibrar a taxa de crescimento no estado estacionário em torno dos dois por cento, taxa que aproximadamente corresponde ao valor médio da registada nos EUA no período pós-Segunda Guerra Mundial — e.g., Jones (1995a). Para alguns parâmetros a escolha guia-se por resultados empíricos e para outros orienta-se pelas assunções teóricas. Quando o intervalo de valores possíveis para um parâmetro é significativo, prefere-se um valor próximo de um nível crítico para permanecer dentro de um *consensus benchmark*. O sumário dos valores consta da Tabela 11.1.

TABELA 11.1: VALOR *BASE* DE PARÂMETROS E VARIÁVEIS EXÓGENAS.

Parâmetro	Valor	Parâmetro	Valor	Parâmetro	Valor	Parâmetro	Valor
A	1.50	β	1.60	H	0.90	φ_L	0.40
	1.56				0.68		
h	1.20	ζ	4.00	σ	1.90	χ	0.09
	1.05						
l	1.00	θ	1.50	ξ	1.00	χ_T	0.07
			1.05				
α	0.70	ρ	0.02	δ	0.02	ϕ	0.05
	0.60		0.03				
q	3.33	L	1.00	φ_H	0.60		
	2.50						

Nota: a explicação detalhada da escolha dos valores consta de Afonso (2006), Afonso (2008), e Afonso (2010)

Dinâmica de transição — casos base e ext. 1 — Dado que o objetivo é analisar a direção do conhecimento tecnológico e a sua repercussão no *skill premium*, pode usar-se (11.46) para obter a equação diferencial requerida. Sendo a taxa de juro intra-país única, resulta:

$$\hat{D}(t) = \frac{\beta}{\zeta}\left(\frac{q-1}{q}\right)(A(1-\alpha))^{\frac{1}{\alpha}}\exp(-\alpha)\times$$
$$\begin{cases} h\left(1+\frac{H}{H+L}\right)^{\sigma}\left[1+\left(D(t)\frac{hH}{lL}\right)^{-\frac{1}{2}}\right]^{\alpha} - l\left[1+\left(D(t)\frac{hH}{lL}\right)^{\frac{1}{2}}\right]^{\alpha}, \text{ base} \\ h\left(\frac{1-s_{x,H}}{1-s_{r,H}}\right)\left(\frac{1}{1-s_{x,H}}\right)^{\frac{1}{\alpha}}\left[1+\left(D(t)\frac{hH}{lL}\right)^{-\frac{1}{2}}\right]^{\alpha} - \\ l\left(\frac{1-s_{x,L}}{1-s_{r,L}}\right)\left(\frac{1}{1-s_{x,L}}\right)^{\frac{1}{\alpha}}\left[1+\left(D(t)\frac{hH}{lL}\right)^{\frac{1}{2}}\right]^{\alpha}, \text{ ext. 1} \end{cases} \quad (11.55)$$

Pode assim verificar-se, em primeiro lugar, a trajetória do enviesamento do conhecimento tecnológico — medida de produtividade relativa do conhecimento tecnológico usado juntamente com H, $D \equiv Q_H/Q_L$. Posteriormente, pode caracterizar-se o comportamento de outras variáveis, nomeadamente do *skill premium* em (11.42).

As Figuras 11.2a e 11.2b abaixo sumariam os principais resultados no caso Base, comparando a trajetória de estado estacionário e a trajetória decorrente de um aumento exógeno (em $t = 0$) da dotação do trabalho qualificado (de 0.9 para 1.5) quer do enviesamento do conhecimento tecnológico, D, quer do *skill premium*, W. A Tabela 11.2 compara valores de estado estacionário inicial e final de D e W, em cenários distintos.

FIGURA 11.2: DINÂMICA DE TRANSIÇÃO

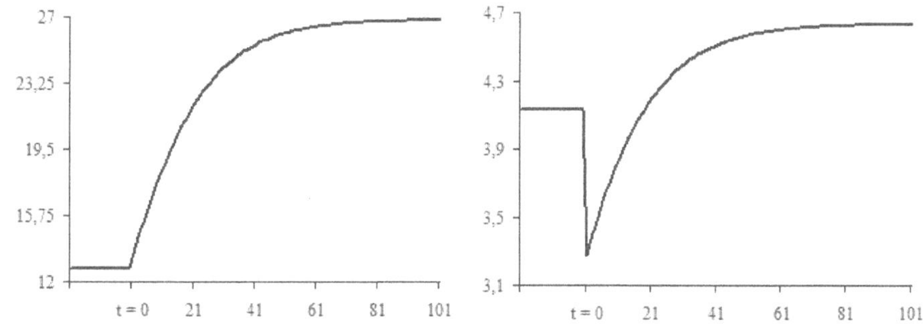

(a) Dinâmica de transição do enviesamento do conhecimento tecnológico.

(b) Dinâmica de transição do *skill premium*.

O aumento do trabalho qualificado intensifica o *technological-knowledge-absorption effect* face ao cenário *benchmark* — note-se que $f(j)$ em (11.31) "salta" imediatamente de 2.089 para 3.238 com a passagem de H = 0.9 para H = 1.5. Tal enviesa o conhecimento tecnológico em favor dos bens intermédios H (Figura 11.2), aumentando a oferta de bens intermédios H e assim o número de bens finais produzidos com tecnologia *H* — veja-se (11.38). Contudo, esse enviesamento também reduz $\frac{p_H}{p_L}$ — veja-se (11.39). Assim, o preço relativo dos bens finais produzidos com tecnologia *H* vai diminuindo continuamente em direção ao novo nível estável de estado estacionário. Esta trajetória implica que o enviesamento seja crescente, de $D^*_{\text{Benchmark}} = D(t = 0) = 12.784$, mas a uma taxa decrescente até atingir o novo valor de estado estacionário, $D^* = 26.810$.

A Figura 11.2b mostra que um aumento do trabalho qualificado provoca uma diminuição imediata do *skill premium*, em $t = 0$, de $W^*_{\text{Benchmark}} = 4.129$ para $W = 3.198$. Com efeito, um aumento da oferta (absoluta e relativa) de *H* diminui o seu salário relativo — veja-se (11.42). Por outras palavras, o *skill premium* diminui imediatamente devido ao aumento da oferta de trabalho qualificado sem compensação/alteração do progresso do conhecimento tecnológico endógeno e, portanto, sem mudança do enviesamento do conhecimento tecnológico. Este resultado também ocorre em, por exemplo, Acemoglu (2002a) e é empiricamente suportado pelo trabalho de Choi & Jeong (2005).

Dada a complementaridade entre *inputs* em (11.24), variações do *skill premium* estão intimamente relacionadas com o enviesamento do conhecimento tecnológico, como (11.42) mostra. Efetivamente, o efeito imediato/inicial no nível do *skill premium* termina e é revertido durante a dinâmica de transição para o novo estado estacionário porque o aumento da oferta de trabalho qualificado enviesa o conhecimento tecnológico. Este enviesamento estimula a procura de *H* e aumenta o *skill premium*, o que está também em conformidade com os resultados de Choi & Jeong (2005). Alcançado o novo estado estacionário e, portanto, cessando a variação do enviesamento tecnológico, o *skill premium* permanece constante. Assim, com um *technological-knowledge-absorption effect* suficientemente forte, como ocorre no caso, o *skill premium* no novo estado estacionário é superior ao observado no caso *benchmark*, $W^* = 4.632 > W^*_{\text{Benchmark}} = 4.129$; i.e., o efeito imediato decorrente do aumento de *H* é dominado pelo efeito induzido pela direção do conhecimento tecnológico sobre o *skill premium*.

Em suma, em vez do *market-size channel* enfatizado pela *skill-biased technological change literature*, propôs-se um outro mecanismo (*price channel*) para explicar o aumento do *skill premium*, mesmo quando a oferta relativa de trabalho qualificado também aumenta.

TABELA 11.2: COMPARAÇÃO DOS VALORES NO ESTADO ESTACIONÁRIO INICIAL E FINAL DAS VARIÁVEIS MAIS RELEVANTES.

Variáveis	Cenário 1, $H = 1.1$		Cenário 2, $H = 1.3$		Cenário 3, $H = 1.5$	
	Inicial	*Steady state*	Inicial	*Steady state*	Inicial	*Steady state*
D	12.784	15.967	12.784	20.499	12.784	26.810
W	3.734	4.174	3.435	4.350	3.198	4.632

Em suma, a Tabela 11.2 mostra que o enviesamento do conhecimento tecnológico mais significativo é alcançado no cenário 3, caso em que a queda inicial em *W* é mais pronunciada e em que o *skill premium* atinge o valor mais significativo: $W^*_{\text{Cenário 3}} > W^*_{\text{Cenário 2}} > W^*_{\text{Cenário 1}} > W^*_{\text{Bencmark}} = 4.129$.

Por sua vez, as políticas públicas dirigidas ao conhecimento tecnológico *high-skill* são medidas por $s_{r,H}$ e $s_{x,H}$; ou seja, a intervenção governamental pode estimular o investimento em I&D *H-skill* diretamente com a redução dos custos da I&D, via $s_{r,H}$ — veja-se (11.45) —, e/ou indiretamente com o aumento dos benefícios dos produtores bens intermédios tipo *H* via $s_{x,H}$ — veja-se (11.44).

A Figura 11.3 sumaria os principais resultados, comparando a trajetória de estado estacionário na ausência de política governamental de, respetivamente, *D* e *W*, com a resultante de um aumento exógeno em $t = 0$ de $s_{x,H}$ e/ou $s_{r,H}$ e/ou *H*. Em particular, seis diferentes cenários são ilustrados: (i) $s_{x,H}$ e $s_{r,H}$ passam para $s_{x,H} = s_{r,H} = 0.2$ (cenário 1, c1), (ii) $s_{r,H}$ passa para $s_{r,H} = 0.2$ (c2), (iii) $s_{x,H}$ aumenta para $s_{r,H} = 0.2$ (c3), (iv) $s_{x,H}$ e $s_{r,H}$ passa para $s_{x,H} = s_{r,H} = 0.2$ e *H* aumenta para *H* = 1.0 (c4), (v) $s_{r,H}$ passa para $s_{r,H} = 0.2$ e *H* aumenta para *H* = 1.0 (c5), e (vi) $s_{x,H}$ passa para $s_{r,H} = 0.2$ e *H* aumenta para *H* = 1.0 (c6). A Tabela 11.3 abaixo compara os valores do estado estacionário inicial e final de *D* e *W*, nos seis cenários.

O foco da análise é a relação da trajetória da desigualdade salarial em países desenvolvidos e em desenvolvimento, no pós anos 80 — e.g., Dinopoulos & Segerstrom (1999), Autor et al. (1998), Machin & Van Reenen (1998), Acemoglu (2002a) —, com dois factos específicos: (i) aumento da proporção de trabalhadores qualificados (e.g., Acemoglu (2002a,b); Kranz (2006) — via c4, c5 e c6 —, e (ii) mudança na composição das despesas públicas em direção ao conhecimento tecnológico *high-skilled*, via $s_{x,H}$ e/ou $s_{r,H}$ — e.g., Mowery (1998), Pawan (1998), Cozzi & Impullitti (2010).

Porque os valores dos parâmetros e das dotações de trabalho constantes da Tabela 11.1 estão em linha com os dados relativos aos EUA no início dos anos 80, c4, em particular, reflete o caso dos EUA pós essa altura. Os EUA registaram um aumento relativo da oferta de trabalho qualificado, desde um peso próximo dos 40% para um peso perto dos 50% — e.g., Kranz (2006), Tabela 11.2. Além disso, no início dos anos 1980, a política dos EUA começou a estimular mais diretamente o conhecimento tecnológico, acelerando assim o respetivo progresso e, em particular, enviesou-se para o incentivo ao conhecimento tecnológico *high-skill* — e.g., Cozzi & Impullitti (2010). Como referido abaixo, os valores $s_{r,H} = s_{x,H} = 0.20$ estão em linha com os factos.

Impullitti (2010), por exemplo, nota que os incentivos diretos à I&D, via *Research and Experimentation tax credit*, em 1981, não foram os mais relevantes nem os mais eficazes, mas que esta *tax credit policy* é a única para a qual há dados agregados.[122] Como para o período 1981-1990 o peso médio efetivo da *Research and Experimentation tax credit* estimado por Hall (1993) foi de 0.08, escolheu-se o valor conservador $s_{r,H} = 0.2$ para acomodar todas as medidas de política direcionadas para a redução relativa dos custos de I&D *H-skilled*. Considera-se também o valor $s_{x,H} = 0.2$, dado que, como sugerido por Cozzi & Impullitti (2010), este tipo de incentivo indireto à I&D *H-skill* merece pelo menos tanta importância como o incentivo direto à I&D *H-skilled*.

As Figuras 11.3a e 11.3c mostram que um aumento em $s_{x,H}$ e/ou $s_{r,H}$ (em relação a $s_{x,L}$ e/ou $s_{r,L}$ respetivamente) acentuam o enviesamento do conhecimento tecnológico, *D*. De facto, dado que um maior $s_{r,H}$ aumenta os benefícios que revertem para os produtores de bens intermédios tipo *H*, e um maior $s_{r,H}$ diminui o custo da I&D tipo *H*, aumentos de $s_{x,H}$ e/ou $s_{r,H}$ incrementam os incentivos para realizar I&D *H-skilled*, fomentando, assim, o progresso desse conhecimento tecnológico.

Até ao novo estado estacionário, o enviesamento aumenta a oferta de bens intermédios tipo *H*, fomentando assim o número de bens finais produzidos com tecnologia *H* — veja-se (11.38) — e diminuindo o respetivo preço relativo — veja-se (11.39). Assim, *P* em (11.39) diminui continuamente para o novo nível estável de estado estacionário, o que implica que *D* é crescente, mas a uma taxa decrescente até alcançar o seu novo nível superior de estado estacionário (Figuras 11.3a e 11.3c).

Como resultado da ação do *price channel*, a trajetória de *D* na Figura 11.3c é ligeiramente mais suavizada que a trajetória de *D* na Figura 11.3a. De facto, *ceteris paribus*, o acréscimo exógeno de *H* aumenta imediatamente o preço dos bens finais produzidos por trabalhadores não qualificados e, assim, a procura por I&D direcionada para a melhoria da qualidade dos bens intermédios tipo *L*.

Face à complementaridade entre *inputs* em (11.24), alterações no *skill premium* estão altamente relacionadas com o enviesamento do conhecimento tecnológico — veja-se

[122] Veja-se, por exemplo, Cozzi & Impullitti (2010) para uma discussão de medidas de política de I&D mais relevantes introduzidas nos anos 80 e que, como os autores referem, são muito difíceis de quantificar.

(11.42). Dado que o aumento exógeno em $S_{x,H}$ e/ou $S_{r,H}$ provoca enviesamento do conhecimento tecnológico, o estimulo à procura relativa de H resultante desse enviesamento incrementa o *skill premium* (Figuras 11.3b e 11.3d).

Adicionalmente, a Figura 11.3d ilustra a diminuição imediata no *skill premium*, em $t = 0$, de $W = 1.55$ para $W = 1.28$, dado que, *ceteris paribus*, um aumento na oferta relativa de trabalho qualificado diminui imediatamente o seu salário relativo — veja-se (11.42). No entanto, o efeito imediato no *skill premium* termina e é revertido durante a dinâmica de transição para o novo estado estacionário: o estimulo à procura de H, resultante do enviesamento do conhecimento tecnológico, aumenta o *skill premium*. Uma vez alcançado o estado estacionário, com um enviesamento do conhecimento tecnológico constante, o *skill premium* permanece igualmente constante.

Os resultados estão particularmente em linha com a trajetória da desigualdade salarial observada nos EUA. Como afirmado por, por exemplo, Autor et al. (1998), trabalhadores com curso superior ganharam 55 por cento mais que diplomados do ensino médio na década de 1970, mas esse prémio caiu para 41 por cento em 1980 e depois aumentou para 62 por cento em 1995. Tendo em conta o caso 4, que, como foi referido acima, está relacionado com o comportamento dos EUA desde o início dos anos 80, o *skill premium* diminui no momento $t = 0$ de $W = 1.55$ para $W = 1.28$ e cresce para $W = 1.45$ (em $t = 15$) e para $W = 1.80$ no novo estado estacionário. Em particular, a diminuição inicial é mais severa que a observada no salário relativo dos trabalhadores com ensino superior nos EUA e o valor $W = 1.62$ é apenas alcançado ao fim de 36 períodos/anos.

Com investimento governamental promotor do conhecimento tecnológico *high-skilled*, o *skill premium* no estado estacionário é então superior ao registado com ausência dessa intervenção. Os resultados, recorde-se, foram obtidos num contexto em que o *market-size channel*, enfatizado pela literatura SBTC, foi removido, sendo, por isso, outro o mecanismo gerador do aumento do *skill premium*: o enviesamento do conhecimento tecnológico sem efeitos de escala e consequente desigualdade salarial resulta da (estrutura) da intervenção governamental.

Esta proposta está em conformidade com a ampla literatura teórica e empírica; com, e.g., (i) Dinopoulos & Segerstrom (1999), que enfatizam o forte enviesamento do conhecimento tecnológico e ao aumento do *skill premium* desde o início de 1980; (ii) Jones (1995a,b), que recomenda a remoção dos efeitos de escala; (iii) Berger (1993), Goolsbee (1998) e Cozzi & Impullitti (2010), que consideram a desigualdade salarial fortemente afetada por programas de governamentais.

FIGURA 11.3: DINÂMICA DE TRANSIÇÃO

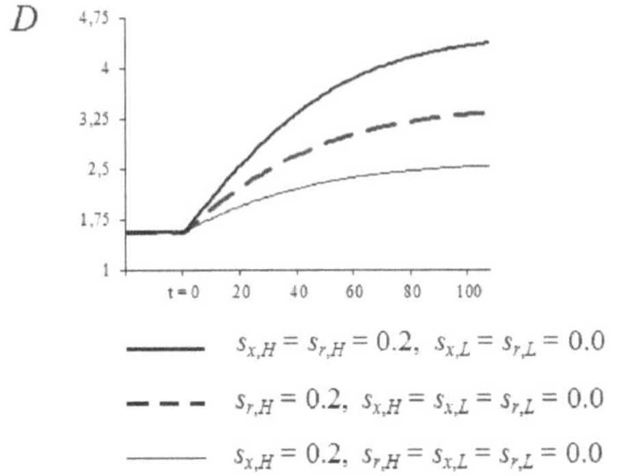

(a) Dinâmica de transição do enviesamento do conhecimento tecnológico, *D*, sem alteração em *H*.

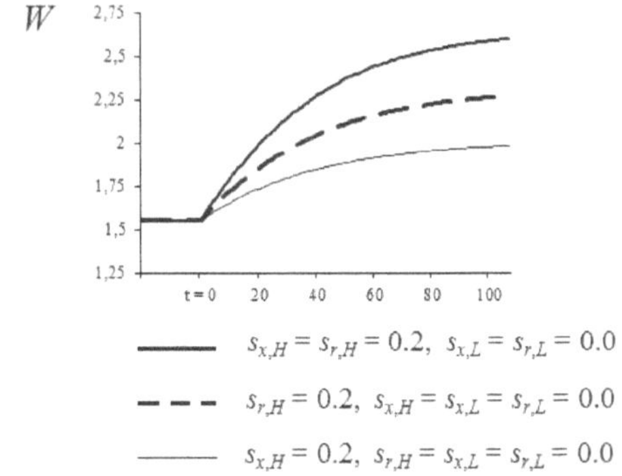

(b) Dinâmica de transição do *skill premium*, *W*, sem alteração em *H*.

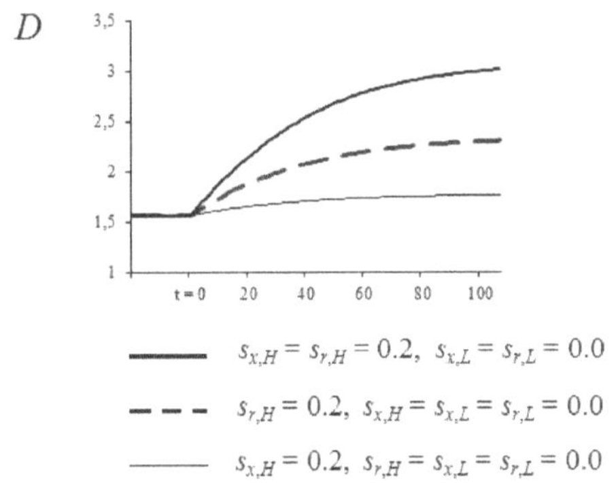

(c) Dinâmica de transição do enviesamento do conhecimento tecnológico, *D*, com alteração em *H*.

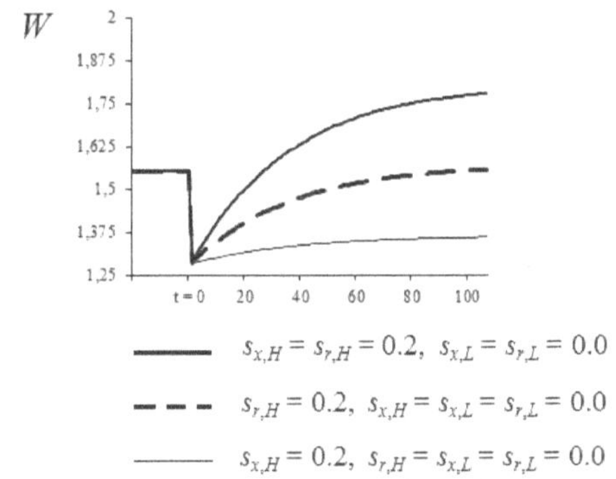

(d) Dinâmica de transição do *skill premium*, *W*, com alteração em *H*.

Deve ser igualmente enfatizado o facto do mecanismo proposto explicar o aumento no *skill premium* num contexto de aumento relativo da oferta de trabalho qualificado — vejam-se c4, c5 e c6 —, como é suportado pela literatura SBTC — e.g., Acemoglu (2002a). Em particular, c4 sugere que os efeitos induzidos pela política governamental direta e indireta dos EUA para com a I&D explicam a maior parte da trajetória observada pela respetiva desigualdade salarial.

Acresce que os seis cenários considerados podem acomodar diferentes trajetórias para a desigualdade salarial. Por exemplo, c6 está em conformidade com: (i) o declínio do *skill premium* na Suécia e na Holanda entre o início dos anos 80 e meados dos anos 90, apesar do aumento relativo da oferta de trabalho qualificado durante esse período — e.g., Acemoglu (2003); (ii) a evidência para o México onde, entre 1994 e

2002, a oferta relativa de trabalho qualificado aumentou e a diferença salarial entre os percentis 90 e 10 diminuiu — e.g., Robertson (2004); (ii) os dados para países como a Bolívia, Coreia do Sul e Filipinas — e.g., Zhu & Trefler (2005). Os cenários c1, c2 e c3 podem acomodar, por exemplo, a trajetória observada no Canadá onde o *skill premium* aumentou entre o final dos anos 80 e final dos anos 90, apesar da estabilidade observada ao nível da oferta relativa de trabalho qualificado — e.g., Acemoglu (2003).

TABELA 11.3: COMPARAÇÃO DE VALORES NOS ESTADOS ESTACIONÁRIOS INICIAL E FINAL.

Variável	Valor inicial	Valores de D e W no novo *steady-state*					
		c1 [b]	c2 [c]	c3 [d]	c4 [e]	c5 [f]	c6 [g]
D	1.56 [a]	4.52	3.44	2.60	3.08	2.34	1.77
W	1.55 [a]	2.64	2.30	2.00	1.80	1.57	1.36

Notas: [a] Valores iniciais de *D* e *W* correspondem ao respetivo estado estacionário na ausência de intervenção governamental; [b] Caso 1: $s_{x,H} = s_{r,H} = 0.2$ e $s_{x,L} = s_{r,L} = 0$; [c] Caso 2: $s_{r,H} = 0.2$ e $s_{x,H} = s_{x,L} = s_{r,L} = 0$; [d] Caso 3: $s_{x,H} = 0.2$ e $s_{r,H} = s_{x,L} = s_{r,L} = 0$; [e] Caso 4: $s_{x,H} = s_{r,H} = 0.2$, $s_{x,L} = s_{r,L} = 0$ e $H{=}1.0$; [f] Caso5: $s_{r,H} = 0.2$, $s_{x,H} = s_{x,L} = s_{r,L} = 0$ e $H{=}1.0$;[g] Caso6: $s_{x,H} = 0.2$, $s_{r,H} = s_{x,L} = s_{r,L} = 0$ e $H{=}1.0$.

Dinâmica de transição — caso ext. 2 — Também neste caso, para examinar a convergência do país para o estado estacionário e para melhor compreender o mecanismo, procedemos com a dinâmica de transição usando resolução numérica. Para o efeito, vamos começar por igualar o crescimento da "procura" de capital humano tipo m em (11.42)-(ii) com o crescimento da respetiva "oferta" em (11.37):

$$\hat{Q}_m + \frac{1}{\alpha}\hat{p}_m = r - \psi_m, \tag{11.56}$$

em que: $\hat{Q}_m$ é dado por (11.46) e $\hat{p}_m$ pode ser obtido de (11.39); i.e., $\hat{p}_H = -(\alpha/2)\, G_E^{-1}\hat{G}$ e $\hat{p}_L = (\alpha/2)\, G_F^{-1}\hat{G}$, com $G_E \equiv 1 + (hG/l)^{1/2}$, $G_F \equiv 1 + (h\,G/l)^{-1/2}$ e $G \equiv (Q_H\, H_w/Q_L\, L_w) = D\ (\,H_w/L_w)$ estável no estado estacionário.

Devido a (11.56) e (11.46), a taxa de juro r em cada *t* é requerida. Para o efeito, considera-se o bem intermédio representativo a_m definido como uma média de todos os bens intermédios m-específicos. O valor presente esperado de lucros para o líder inovador em a_m no período v vem então

$$V(k, a_m, v) = \Pi(k, a_m, v) \int_t^{\infty} \exp\left[-\int_t^{s} \left(r(v) + I(k, a_m, v)\right) dv\right] ds, \tag{11.57}$$

em que $I(k, a_m, v)$ é a probabilidade instantânea de inovação bem sucedida na próxima qualidade de a_m, $k+1$, em v. Como há livre entrada na I&D, em todos os períodos $V(k+1, a_m, v) \cdot I(k, a_m, v) = y(k, a_m, v)$, i.e.,

$$\begin{array}{r} \{\, \Pi(k+1, a_m, v) \int_t^{\infty} \exp\left[-\int_t^s \left(r(v) + I(k+1, a_m, v)\right) dv\right] ds \,\} \\ I(k, a_m, v) = y(k, a_m, v). \end{array} \tag{11.58}$$

Diferenciando ambos os membros de (11.58), tendo em conta a regra de Leibniz para o membro esquerdo, e então considerando (11.30) e (11.43), uma expressão para r emerge:

$$r(t) = \frac{I(k, a_m, t)\Pi(k+1, a_m, t)}{y(k, a_m, t)} - I(k+1, a_m, t), \tag{11.59}$$

em que o primeiro termo do lado direito de (11.59) é o termo dividendo e o segundo reflete o conceito *Schumpeteriano* de criação destrutiva causado pela inovação seguinte. Igualando as duas expressões para *R* em (11.59), $m{=}L$ e $m{=}H$, e atendendo a (11.30), (11.43), (11.46) e (11.56), a trajetória de *G* vem dada por:

$$\begin{aligned} \hat{G} &= 2q^{\left(\frac{1-\alpha}{\alpha}\right)} \frac{\beta}{\zeta} \left(\frac{q-1}{q}\right) A^{\alpha^{-1}} (1-\alpha)^{\alpha^{-1}} \exp(-1) \\ &\quad (hG_F - lG_E) \left[q^{\left(\frac{1-\alpha}{\alpha}\right)} - 1\right] + 2\,[\psi_H - \psi_L]. \end{aligned} \tag{11.60}$$

Prossegue-se agora com as dinâmicas dos dois índices de conhecimento tecnológico, que podem ser obtidas separadamente e que relevam fortemente o *price channel*. Para cada m, incorporando (11.59) em (11.56) obtém-se a seguinte equação diferencial para, por exemplo, a trajetória de Q_H:

$$\begin{aligned} \hat{Q}_H &= \left\{1 + q^{(\alpha-1)\alpha^{-1}} \left[q^{(1-\alpha)\alpha^{-1}} - 1\right]^{-1}\right\} \\ &\quad \left\{\frac{1}{2} G_E^{-1} \hat{G} + \frac{\beta}{\zeta} \left(\frac{q-1}{q}\right) A^{\alpha^{-1}} (1-\alpha)^{\alpha^{-1}} \exp(-1) hG_F - \psi_H\right\}. \end{aligned} \tag{11.61}$$

Representando C_H e C_L o consumo dos indivíduos que acumulam *H* e *L*, respetivamente, pode agora obter-se as trajetórias de $B_{H/m} \equiv C_H/Q_m\, m_w$ e $B_{L/m} \equiv C_L/Q_m\, m_w$ que, no estado estacionário, devem ser estáveis. Para o efeito parte-se da restrição agregada $Y = C + X + R$ e divide-se por $Q_L L_w$, obtendo-se (a trajetória de $B_{H/H} + B_{L/H}$ pode ser obtida dividindo por $Q_H H_w$):

$$
\begin{aligned}
B_{H/L} + B_{L/L} = -\frac{\zeta}{\beta}\left[q^{\left(\frac{1-\alpha}{\alpha}\right)} - 1\right]^{-1} \\
(G\,\hat{Q}_H - \hat{Q}_L) + A^{-\alpha}\exp(-1)\left(\frac{1-\alpha}{q}\right)^{(1-\alpha)\alpha^{-1}} \\
\left[1 - \frac{1-\alpha}{q}\right](hG\,G_F + lG_E).
\end{aligned} \tag{11.62}
$$

O lado esquerdo de (11.62) pode ser escrito na forma

$$
\left[B_{H/L}(t-dt) + B_{L/L}(t-dt)\right]\ \exp\left[\hat{B}_{H/L}(t)\right]
$$

dado que $B_{H/L}$ e $B_{L/L}$ crescem à mesma taxa. Adicionalmente, pelas definições de $B_{H/L}$ e $B_{L/L}$, (11.48) e (11.56), a trajetória de L_w vem (a trajetória de H_w obtém-se com os mesmos passos ou pela definição de *G*):

$$
\hat{L}_w = \frac{1-\theta}{\theta}\,\hat{Q}_L + \frac{1}{2\theta}\,G_F^{-1}\,\hat{G} - \hat{B}_{H/L} + \frac{\psi_L}{\theta} - \frac{\rho}{\theta}. \tag{11.63}
$$

A dinâmica de m_w é essencial para obter a dinâmica de $u_{w,m}$, que deve ser estável no estado estacionário. Além disso, considerando (11.34), (11.36), e a restrição ao nível do capital humano (i.e., que a oferta de capital humano iguala a procura para trabalho e aprendizagem), resulta:

$$
\hat{u}_{w,m}(t) = \hat{m}_w(t) - \left\{\left[\phi_m \chi_S^{\phi}\right] + \left[(1-\phi_m)\chi_T^{\phi}\right]\right\}^{\frac{1-\phi}{\phi}}(1 - u_{w,m}(t)) + \delta_m. \tag{11.64}
$$

Conhecida a dinâmica de $u_{w,m}(t)$, a dinâmica de $u_{S,m}(t)$ e $u_{T,m}(t)$ pode facilmente obter-se.

A dinâmica do modelo é recursiva no sentido em que, depois de conhecida a trajetória de *G*, a trajetória das outras variáveis pode ser obtida recursivamente. De seguida resolvem-se as equações diferenciais para os valores dos parâmetros *benchmark* constantes da Tabela 11.1. Começa por considerar-se dois cenários diferentes. No c1, $G(0)$ está abaixo de G^* e, em c2, $G(0)$ está acima de G^*.

A Tabela 11.4, abaixo, compara os valores iniciais com os de estado estacionário para as variáveis mais relevantes.

Em c1, $Q_H H_w$ inicialmente cresce mais que $Q_L L_w$, mas essa taxa vai desacelerando até atingir o estado estacionário com $Q_H H_w$ e $Q_L L_w$ a crescerem à mesma taxa; i.e., *G* (e $\tilde{W}$ dado que depende de *G* — e.g., (11.42)-(iv)) é crescente, mas a uma taxa decrescente até alcançar $g^* = 1.24$ ($\tilde{W}^* = 1.22$) em $t^* = 27$ — Figura 11.4a 11.4c) abaixo. O inverso acontece em c2. Assim, independentemente do valor inicial de G (e $\tilde{W}$), há um estado estacionário estável, i.e., o processo de ajustamento é estável. Além disso, em c1, a trajetória de G implica que o preço relativo dos bens finais produzidos com tecnologia H diminui e que mais bens finais são produzidos com essa tecnologia, seguindo o mesmo tipo de trajetória que G (e $\tilde{W}$), e vice-versa em c2 — e.g., Tabela 11.4 abaixo.

O salário relativo, W, é determinado pela produtividade relativa dos dois tipos de capital humano, que, por sua vez, depende da estrutura do capital humano empregue, $H_w L_w$(naturalmente condicionada pela oferta relativa) e da procura relativa induzida por D e por H/L — veja-se -(iii e iv). Em c1 e c2, as trajetórias de Q_H, Q_L, H_w e L_w, e os respetivos impactos sobre P, induzem uma redução em W, que tem, por isso, dinâmica no estado estacionário (e.g., Figura 11.4b). Em c1, H_w cresce mais que L_w e o preço relativo dos bens finais produzidos com tecnologia L aumenta, o que afeta positivamente a procura relativa de L. Em c2, tal é sobretudo motivado pelo aumento do conhecimento tecnológico tipo L, que estimula a procura relativa do *input* complementar, L.

Como referido acima, a trajetória do *H-premium* por trabalhador na Figura 11.4c é guiada pela trajetória de G. Em c1 é crescente e em c2 é decrescente até alcançar o nível de 1.22 no estado estacionário. O ponto de partida é assim uma possível explicação para o aumento da desigualdade salarial por trabalhador: o *H-premium* por trabalhador, $\tilde{W}$, aumenta durante a transição para o estado estacionário caso G esteja inicialmente abaixo de G^* (c1). Este caso pode ser provocado por um motivo exógeno, como, por exemplo, imigração ou alterações da participação das mulheres na força de trabalho (e.g., Topel (1997)), factos que afetam m_w. Uma vez no *steady state*, a desigualdade salarial e o crescimento passam a ser independentes do ponto de partida (Tabela 11.4).

As variáveis $B_{H/H}$, $B_{H/L}$, $B_{L/H}$ e $B_{L/L}$ são decrescentes a ritmos decrescentes até alcançar o estado estacionário (Figura 11.5), que, por simplificação, apenas ilustra $B_{H/H}$ e $B_{L/L}$). A dinâmica destas variáveis é esperada devido à conduta de $Q_H H_W$, $Q_L L_W$ e C_m. Em c1, por exemplo, $Q_H H_W$ começa por aumentar mais que $Q_L L_W$ e, como ficará claro abaixo, ambos aumentam mais que C_m. O ajustamento é sempre estável, embora o ponto de convergência dependa dos valores iniciais.

A posição inicial de $u_{w,m}$ é condicional pela posição inicial de G, mas não o estado estacionário. Ou seja, a economia começa com forte acumulação e escassez relativa de capital humano empregue, como é claro em c1 (Figure 6). Da Tabela 11.4, obtém-se para c1, por exemplo, que $u_{S,H}(0) = 0.41$, $u_{T,H}(0) = 0.27$, $u_{S,L}(0) = 0.26$ e $u_{T,L}(0) = 0.39$.

FIGURA 11.4: DINÂMICA DE TRANSIÇÃO

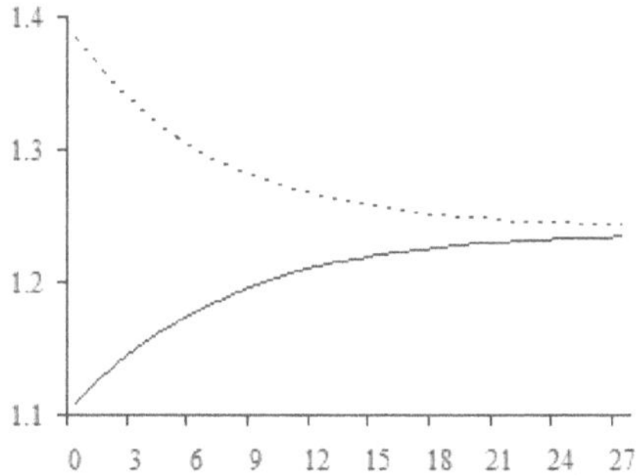

(a) Dinâmica de transição de *G*.

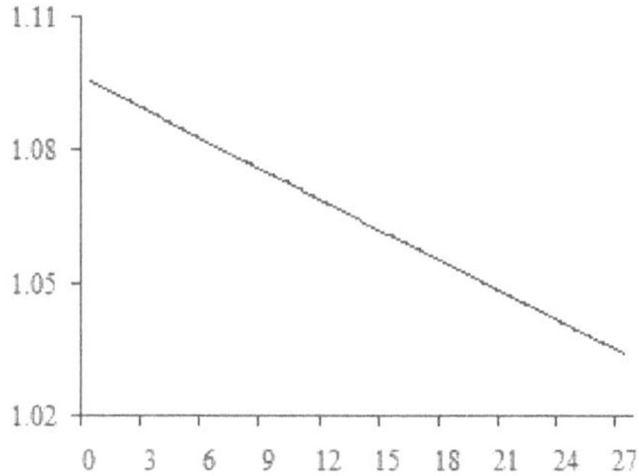

(b) Dinâmica de transição de *W*.

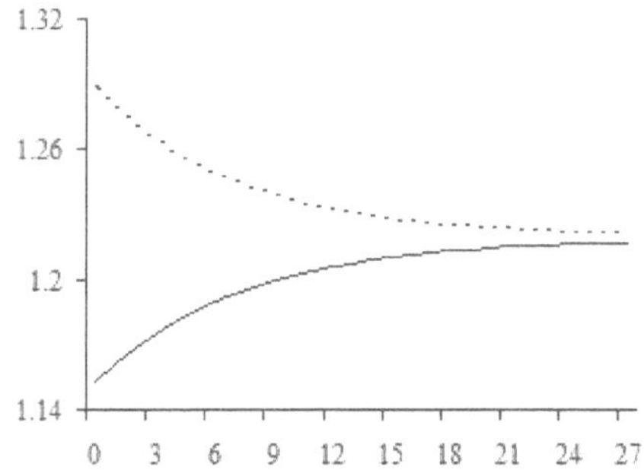

(c) Dinâmica de transição de $\tilde{W}$.

Inicialmente, o crescimento económico é motivado pelo crescimento de m_w, face ao aumento do nível acumulado e à reafetação à produção. Quando a economia se move para o *steady state*, u_S e u_T diminuem gradualmente (e.g., em c1: $u^*_{S,H} = 0.21$, $u^*_{T,H} = 0.13$, $u^*_{S,L} = 0.12$ e $u^*_{T,L} = 0 - 17$), e a I&D torna-se relativamente mais crucial para o crescimento. Como os indivíduos inicialmente não dispõe de muito tempo para trabalhar (Figura 11.6), o nível de salários é baixo e o nível de consumo é inferior ao de estado estacionário. Aumentos salariais decorrentes de mais capital humano, de mais tempo dedicado ao trabalho, u_w, e de aumentos em w_m permitem que os indivíduos possam ir aumentado o consumo (Tabela 11.4). Face ao aumento inicial em W_m e (11.37), é significativo o incentivo inicial para atrasar consumo e acumular ativos, k e m.

FIGURA 11.5: DINÂMICA DE TRANSIÇÃO

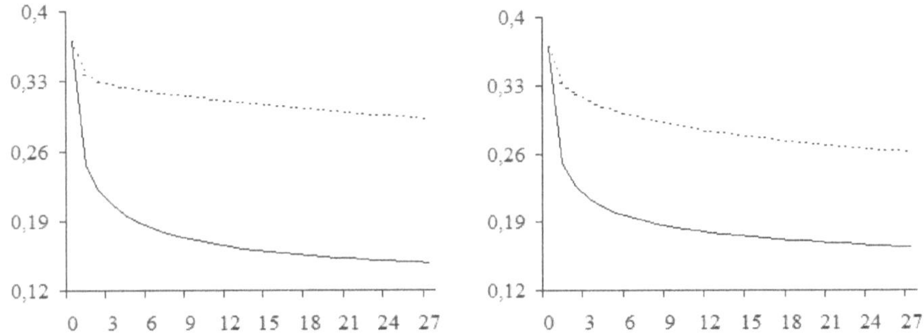

(a) Dinâmica de transição de $B_{H/H}$.

(b) Dinâmica de transição de $B_{L/L}$.

Analisa-se agora a robustez da dinâmica de transição a choques e, mais especificamente, o efeito de variações nas tecnologias de produção de bens finais, I&D e capital humano sobre o crescimento económico e a desigualdade salarial. Tomando como referência c1 acima, as Tabelas 11.5 e 11.6 abaixo sumariam os efeitos sobre o estado estacionário, e a Figura 11.5 ilustra as trajetórias da desigualdade salarial face à difusão da GPT na fase 2 e a mudanças em parâmetros das tecnologias de produção.

A Tabela 11.5 resume os principais resultados qualitativos relativamente aos efeitos de crescimento induzidos por alterações nos parâmetros e nas variáveis exógenas de (11.24), (11.30), (11.32) e (11.35). Os resultados foram inicialmente obtidos por *comparative steady-state static analysis* tendo em conta (11.49), e foram depois confirmados por *comparative steady-state dynamics analysis*, envolvendo, neste caso, resolução numérica do modelo.

O nível de produtividade exógena em (11.24), A, afeta positivamente Y e g^* em (11.42), devido ao efeito nos lucros de monopólio em (11.43). O mesmo é verdade para os parâmetros $\bar{m} = \{l, h\}$ e pela mesma razão. O crescimento económico é assim incrementado nas fases 2 e 3 da difusão da GPT. A *share* do capital humano em (11.24), α, tem um impacto negativo em G^*, e a intuição é a seguinte. Cada firma produtora de um bem intermédio considera a probabilidade de perder a sua posição monopolista e, por isso, desconta lucros a uma taxa maior que r. A taxa de desconto é tanto maior quanto maior for α, o que desencoraja a I&D e, assim, afeta negativamente G^*.

FIGURA 11.6: DINÂMICA DE TRANSIÇÃO

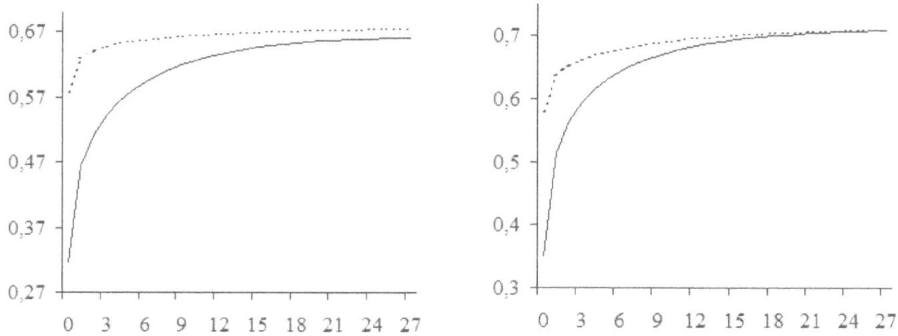

(a) Dinâmica de transição da *share* de tempo afeto ao trabalho.

(b) Dinâmica de transição da outra *share* de tempo afeto ao trabalho.

Quanto aos parâmetros em (11.30), quanto maior for β e menor for ζ, maior será a probabilidade de sucesso na I&D e, assim, maior será g^*. Quanto aos parâmetros ρ e θ em (11.32), pode afirmar-se que, caso o consumo presente seja mais valorizado que o futuro, haverá menor necessidade de investimento privado. Consequentemente, quanto mais pacientes — i.e., quanto menor ρ — e menos ansiosos — i.e., quanto menor θ — os indivíduos forem no alisamento do consumo, maior será g^*.

Os parâmetros da função produção de capital humano em (11.34) permitem-nos afirmar que: (i) quanto mais intenso for o uso do *input* mais produtivo, φ_H (i.e., escola), maior será o g^*; (ii) quanto maior for a taxa de substituição entre *inputs*, ϕ, maior será o uso do *input* mais produtivo e, assim, maior será g^*; (iii) a produtividade no sector de capital humano, que naturalmente se propaga à economia, pode ser diretamente melhorada via χ_S e χ_T.

A Figura 11.7 ilustra as trajetórias da desigualdade salarial. Os cenários *benchmark* para W e $\tilde{W}$ ($W|^{\mathrm{B}}$ e $\tilde{W}|^{B}$, respetivamente) são os correspondentes à dinâmica de transição para c1 (veja-se a Figura 11.4). Os cenários S1 e S2 ilustram alternativas possíveis a partir de c1: S1 é inicialmente causado pelo efeito de nível induzido pela difusão da nova GPT na fase 2, e depois disso pela trajetória seguida por G; S2 é apenas induzido pela nova trajetória de G decorrente de alguma alteração nos parâmetros das tecnologias de produção. Independentemente do cenário, a trajetória de G é, recorde-se, fortemente motivada pelo *price channel*.

TABELA 11.4: COMPARAÇÃO DE VALORES INICIAIS E DE *STEADY STATE*.

Variável	Cenário c1		Cenário c2	
	Inicial	*Steady state*	Inicial	*Steady state*
$G=\frac{Q_H}{Q_L}\frac{H_w}{L_w}$	$\frac{1.00\times1.00}{0.95\times0.95}=1.11$	$\frac{3.04\times1.88}{2.90\times1.59}=1.24$	$\frac{1.00\times1.00}{0.85\times0.85}=1.39$	$\frac{2.90\times0.99}{2.75\times0.84}=1.24$
$B_{H/H}$, $B_{L/H}$	0.37	0.15	0.37	0.29
$B_{H/L}$, $B_{L/L}$	0.37	0.16	0.37	0.26
$u_{w,H}$	0.32	0.66	0.57	0.67
$u_{w,L}$	0.35	0.71	0.58	0.71
p_H	0.80	0.79	0.77	0.79
P_L	0.87	0.89	0.90	0.89
$\bar{n}$	0.46	0.45	0.44	0.45
W	1.094	1.034 [a)]	1.094	1.036 [a)]
$\tilde{W}$	1.154	1.220	1.292	1.220
C_H	0.37	0.84	0.37	0.84
C_L	0.33	0.76	0.27	0.62
I_H	—	0.036	—	0.036
I_L	—	0.038	—	0.038
Taxa de juro, r	—	0.05	—	0.05
Taxa de crescimento, g	—	0.02	—	0.02
Tempo, t	—	27.0	—	27.0

Nota: [a)] W apresenta dinâmica no estado estacionário.

TABELA 11.5: RESULTADOS QUALITATIVOS DA ANÁLISE DE SENSIBILIDADE.

	Variáveis							
Parâmetros	tempo, $\partial t^{a)}$	∂G^*	$\partial W^{*\ b)}$	$\partial \tilde{W}^*$	$\partial B^*_{H/H}$	$\partial u^*_{w,H}$	$\partial u^*_{w,L}$	∂g^*
∂A	−	−	+	−	+	+	+	+
∂h	−	+	+	+	+	+	+	+
$\partial \alpha$	+	+	−	+	+	+	+	−
$\partial \beta$	−	−	+	−	−	−	−	+
$\partial \theta$	=	=	=	=	=	+	+	−
$\partial \rho$	=	=	=	=	=	+	+	−
$\partial \delta_m$	=	=	=	=	−	−	−	−
$\partial \varphi_H$	=	+	−	+	+	−	+	+
$\partial \chi_S$	=	+	−	+	+	−	+	+
$\partial \chi_T$	=	−	+	−	+	−	−	+
$\partial \phi$	−	+	−	+	+	−	+	+

Notas: +, −, e = significa que um aumento no parâmetro ou variável exógena resulta num aumento, diminuição ou não tem impacto na variável (endógena), respetivamente. [a)] Esta coluna denota o efeito sobre o tempo necessário para alcançar o *steady state*. [b)] *W* apresenta dinâmica no estado estacionário.

TABELA 11.6: TEMPO AFETO À APRENDIZAGEM E AO TRABALHO NO ESTADO ESTACIONÁRIO.

Parâmetro	Valor	$u^*_{S,\mathrm{H}}$	$u^*_{S,L}$	$u^*_{T,H}$	$u^*_{T,L}$	$u^*_{w,H}$	$u^*_{w,L}$
ϕ	-10.0	0.14	0.15	0.17	0.20	0.69	0.65
	0.90	0.40	0.03	0.00	0.19	0.60	0.78

Como a Figura 11.7a realça, o *H-premium* em S1 aumenta em $t = 0$, devido ao efeito de nível causado pela inserção de uma nova GPT na tecnologia H — veja-se (11.52). Devido à substituibilidade entre tecnologias (11.24), o bem final limiar, veja-se (11.50), e P diminuem em $t = 0$, o que, *ceteris paribus*, favorece o avanço relativo no conhecimento tecnológico incorporado nos bens intermédios L-específicos. Em relação ao caso *benchmark*, o conhecimento tecnológico é direcionado em favor de bens intermédios H-específicos, estimulando a procura relativa do *input* complementar H; i.e., o efeito direto de nível positivo devido a $h' > h$ domina o efeito indireto de nível negativo em P.

Ou seja, os recursos libertados por $h' > h$ são alocados assimetricamente na I&D: em relação ao caso *benchmark* e devido ao *price channel*, há um aumento relativo do fluxo de lucros das firmas produtoras de bens intermédios H-específicos, induzindo um aumento relativo de Q_H e, devido à complementaridade entre *inputs*, da procura de H. Assim, o efeito de nível em $t = 0$ melhora instantaneamente W. Depois disso, a trajetória descendente é atenuada (em linha com, e.g., Autor et al. (2003); Aghion 2002; Caroli & Van Reenen (2001)), mas W continua a apresentar dinâmica no *steady state*,[123] mesmo atendendo aos efeitos da difusão da GPT na fase 2 sobre a trajetória de $\frac{H_w}{L_w}$.

A acumulação de capital humano é encorajada por melhores salários (de (11.51), $w'_H > w_H$ e $w'_L > w_L$), devido ao efeito de nível induzido por $h' > h$.[124] Contudo, dado que devido a (11.52) $W' > W$, a acumulação de H é mais acentuada, o que aumenta a sua oferta relativa. Tal, em conjunto com o aumento relativo de Q_H, estimula o uso da tecnologia H em (11.24). Assim, a trajetória crescente do *H-premium* por trabalhador é agora mais evidente — Tabela 11.7.[125]

---

[123] De facto, mesmo quando os preços relativos dos bens finais atingem o nível constante de estado estacionário, o *H-premium* por unidade de capital humano, W, continua a ser conduzido pela direção do conhecimento tecnológico.

[124] Devido ao efeito de nível sobre os salários, os indivíduos passam a dedicar mais tempo à acumulação e menos ao trabalho, e depois vão ajustando continuamente a trajetória de alocação de tempo para o novo estado estacionário.

[125] Em Greenwood & Yorukoglu (1997), por exemplo, a aprendizagem também desempenha um papel relevante no processo de ajustamento. Contudo, ao invés de aprendizagem firma ou indústria-específica, destaca-se a acumulação de capital humano pelos indivíduos.

TABELA 11.7: ANÁLISE DE SENSIBILIDADE A *h*.

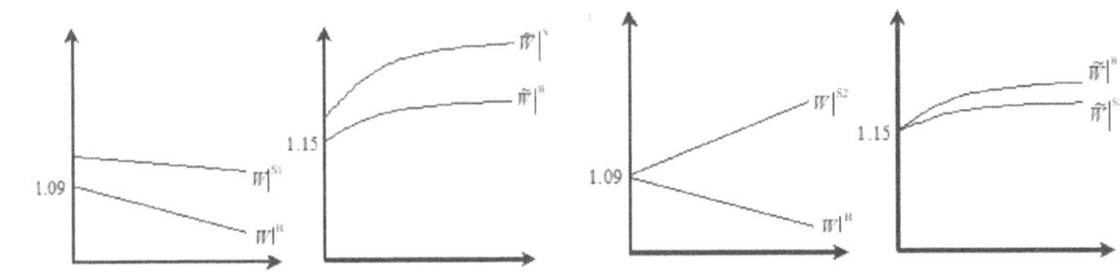

(a) Difusão da GPT na fase 2. (b) Mudanças em alguns parâmetros.

TABELA 11.7: ANÁLISE DE SENSIBILIDADE A *h*.

	G		D		$\bar{n}$		P		W [a)]		$\tilde{W}$	
	$t=0$	$t=t^*$	$t=0$	$t=t^*$	$t=0$	$t=t^*$	$t=0$	$t=t^*$	$t=0$	$t=t^*$	$t=0$	$t=t^*$
$h=1.0$	1.11	1.04	1.05	1.00	0.49	0.49	0.98	0.98	1.00	0.98	1.05	1.02
$h=1.2$ [b)]		1.24		1.05	0.46	0.45	0.91	0.89	1.09	1.03	1.15	1.22
$h=1.4$ [c)]		1.43		1.10	0.44	0.41	0.88	0.80	1.18	1.08	1.25	1.41

Em suma, o aumento de *H* faz aumentar o *H-premium* e favorece a tecnologia *H* em (11.24); i.e., com substituibilidade entre tecnologias, $\bar{n}$ diminui. A trajetória dos salários incita a aquisição de *H*. Além disso, devido à complementaridade entre *inputs*, a trajetória de $\bar{n}$ incita a procura relativa de bens intermédios *H*-específicos, o que, via *price channel*, melhora os lucros associados à I&D *H*-específica e enviesa nessa direção o conhecimento tecnológico; ou seja, o uso de *H* é estimulado. O cenário S1 está claramente em linha com, por exemplo, Card & DiNardo (2002), que consideram os computadores e outras componentes relacionadas a fonte do aumento do *skill premium*.

Como a Figura 11.5a mostra, não há efeitos de nível em S2, e mudanças na desigualdade salarial são induzidas por alterações em *G*, que estão intimamente associadas com alterações em $\bar{n}$ em (11.38) e assim com alterações em *P* em (11.39) — i.e., com a ação do *price channel* empiricamente suportado por, e.g., Krueger (1997). Por exemplo, um menor *G* revela que a tecnologia *L* ganha força na produção e implica um maior $\bar{n}$ e *P*. Neste caso, a procura relativa por bens intermédios *H*-específicos aumenta, incrementando a procura relativa de protótipos relacionados e induzindo I&D para a melhoria de *D*. Tal estimula a procura relativa de *H* e assim melhora *W*. Como a Tabela 11.5 revela, tal é alcançado aumentando em alternativa *A*, β ou χ_T ou diminuindo α, φ^H, χ_S ou ϕ. Com valores adequados para *A*, β, χ_T, α, φ^H, χ_S ou ϕ, em S2 é a forte reversão do *price-channel effect* que reverte *D*, o que, por sua vez, redireciona a trajetória de *W*, tal que *W* passa a ser crescente.

Por exemplo, um uso menos intensivo do *input* mais produtivo na acumulação de capital humano (escola), devido a menor φ^H ou χ_S, a maior χ_T, ou a menor substituibilidade ϕ, faz decrescer a vantagem relativa em acumular *H*. A diminuição na oferta relativa de *H* aumenta o seu salário relativo, $\bar{n}$ e *P*. Tal enfatiza o progresso do conhecimento tecnológico *H* — específico e assim o *price channel* opera em favor de *H*. Contudo, a diminuição na oferta relativa de *H* domina o aumento em *D* e $\tilde{W}$ diminui; i.e., o *high-skill premium* por trabalhador diminui devido à supremacia da trajetória de $\frac{H_w}{L_w}$ sobre a de *D* — Tabela 11.8.

TABELA 11.8: ANÁLISE DE SENSIBILIDADE A ϕ.

	G		D		$\bar{n}$		P		$W^{a)}$		$\tilde{W}^{b)}$	
	$t=0$	$t=t^*$	$t=0$	$t=t^*$	$t=0$	$t=t^*$	$t=0$	$t=t^*$	$t=0$	$t=t^*$	$t=0$	$t=t^*$
$\phi=$ -10 [c)]	1.11	1.20	1.05	1.11	0.46	0.45	0.91	0.89	1.09	1.11	1.15	1.20
$\phi=$ .05 [d)]		1.24		1.05		0.45		0.89		1.03		1.22
$\phi=$ .90		1.39		0.96		0.44		0.87		0.89		1.29

Notas: [a)] *W* apresenta dinâmica no estado estacionário; [b)] Neste caso $\tilde{W}^*$ é superior a $\tilde{W}(0)$, mas para $\phi =$ -10 $\tilde{W}^*$ é inferior ao cenário *benchmark*; [c)] Valor de ϕ relacionado com S2; [d)] Valor de ϕ no cenário *benchmark*.

Considerações finais — Sumariando esta última secção, pode dizer-se que, tendo em conta a literatura dominante sobre efeitos de escala desde Jones (1995a,b) e a literatura SBTC (e.g., Acemoglu (2002a)), se desenvolveu um modelo de equilíbrio geral dinâmico com crescimento endógeno conduzido pela I&D *à la* Schumpeter aplicado à melhoria de bens intermédios complementares de trabalho qualificado ou não-qualificado na produção de bens finais. Esta complementaridade implica que a trajetória da desigualdade salarial seja causada pela direção do conhecimento tecnológico, tal como sugerido pela literatura SBTC.

No entanto, enquanto nesta literatura o enviesamento do conhecimento tecnológico é induzido pelo *market-size channel* (motivado pela oferta relativa de trabalho qualificado), a estrutura base do modelo desenvolvido assenta num mecanismo ausente de efeitos de escala. O enviesamento do conhecimento tecnológico é então motivado pelo *price channel* que é, por sua vez, afetado por diferentes mecanismos: pelo *technological-knowledge-absorption effect* no caso base, pela política governamental na ext. 1, e pela difusão de novo conhecimento tecnológico de aplicabilidade geral (GPT) na ext. 2. Neste último caso, introduziu-se ainda a acumulação de capital humano no modelo e passou a discutir-se a desigualdade salarial por unidade de capital humano e por trabalhador.

Especificando um pouco mais, na literatura SBTC, quantidade (ou *stock*) de trabalho está associada aos lucros que, em cada período, são obtidos pelas firmas (líderes) produtoras de bens intermédios: um mercado alargado aumenta o incentivo para alocar recursos à I&D e, assim, incita o progresso e afeta a direção do conhecimento tecnológico, já que expande os lucros de monopolista. Contudo, inúmeros autores trouxeram para o debate evidência empírica a favor da remoção dos efeitos de escala — e.g., Jones (1995b). Em linha com este trabalhos, os efeitos de escala foram removidos.

Nesse contexto, no caso base apresentou-se o *technological-knowledge-absorption effect* segundo o qual o *stock* de trabalho afeta o progresso e a taxa do conhecimento tecnológico. Apenas com o *price channel* ativo, um aumento do trabalho qualificado expande o *technological-knowledge-absorption effect* que, por sua vez, redireciona a I&D para a descoberta de protótipos que melhoram a qualidade de bens intermédios usados por trabalho qualificado. Consequentemente, a produtividade relativa desses bens intermédios aumenta e o preço relativo dos bens finais produzidos com tecnologia "qualificada" diminui. Via *price channel*, o enviesamento do conhecimento tecnológico aumenta a ritmos decrescentes até atingir o novo estado estacionário.

Relativamente à desigualdade salarial, conclui-se que um aumento do trabalho qualificado causa uma diminuição imediata do prémio salarial associado ao capital humano (ou *high skill premium*) porque o aumento da dotação relativa decresce imediatamente o salário relativo. Este efeito é revertido durante a transição dinâmica para o novo *steady state* face ao estímulo sobre a procura induzido pela direção do conhecimento tecnológico. Este comportamento da desigualdade salarial é suportado empiricamente por Choi & Jeong (2005). Note-se ainda que, na presença de um forte *technological-knowledge-absorption effect*, no novo estado estacionário o *high-skill premium* é superior ao existente anteriormente.

A estilização do modelo motivou duas extensões. Continuando num contexto de ausência de efeitos de escala, inicialmente incorporou-se a intervenção direta e/ou indireta do governo sobre a I&D e analisou-se o seu efeito sobre o enviesamento do conhecimento tecnológico gerador da *skill-biased wage inequality* (ext. 1). Posteriormente, incluiu-se a difusão de uma nova GPT e a acumulação de capital humano, que, juntamente com a I&D, passam a afetar a desigualdade salarial e o crescimento económico (ext. 2).

Na ext. 1, o *price channel* é então afetado pela política governamental. Apenas com o *price channel* ativo, mostra-se que um subsídio à produção de bens intermédios usados conjuntamente com trabalhadores qualificados e/ou um subsídio à I&D direcionada para a melhoria de qualidade desses bens intermédios pode redirecionar fortemente a I&D no sentido da melhoria desse tipo de bens intermédios. Tal incrementa a sua produtividade, que, por sua vez, diminui o preço relativo dos bens finais produzidos em concorrência perfeita por trabalhadores qualificados. Assim, via *price channel*, o enviesamento do conhecimento tecnológico é crescente, mas a uma taxa decrescente até alcançar um novo nível superior de estado estacionário.

No que diz respeito à desigualdade salarial, a trajetória do conhecimento tecnológico estimula a procura relativa de trabalho qualificado, aumentando assim o *skill premium* mesmo quando, em linha com a evidência empírica (e.g., Acemoglu (2002a)), a oferta relativa de trabalho qualificado também aumenta. Ligando a intervenção do governo com a direção do conhecimento tecnológico, relaciona-se a intervenção do governo com a trajetória observada do *skill premium*. Lembre-se ainda que a intervenção governamental afeta positivamente a taxa de inovação (crescimento) no estado estacionário. Os resultados sugerem, por exemplo, que a política do governo dos EUA pode explicar o aumento observado no *skill premium* no período entre o início dos anos 1980 e os anos 1990, mas o modelo acomoda também o comportamento da desigualdade salarial em outros países desenvolvidos e em desenvolvimento.

Na ext. 2, o modelo passa a incluir as duas fontes principais do crescimento económico: I&D aplicada aos bens intermédios e a acumulação de capital humano. São analisados os efeitos de nível (imediatos), de estado estacionário (longo prazo) e de dinâmica de transição (médio prazo). Os efeitos de nível são motivados pelo uso de uma nova GPT na produção, que, tal como mudanças nos parâmetros e variáveis exógenas das tecnologias de produção, também tem implicações sobre o médio e o longo prazo. A GPT é modelizada como um choque permanente e positivo que afeta a vantagem absoluta do capital humano usado na tecnologia em que é introduzida. Os recursos adicionais disponíveis após o choque aumentam o investimento em I&D, acelerando assim, desde o início, a propagação da nova GPT para a outra tecnologia. Durante o processo de difusão, o enviesamento do conhecimento tecnológico varia e afeta a desigualdade salarial.

O *high-skill premium* por unidade de capital humano e por trabalhador aumenta quando (i) a GPT é inicialmente usada na tecnologia *high-skill*, dado que, como resultado, a procura relativa de capital humano *high-skill* aumenta. Além disso, o *high-skill premium* por unidade de capital humano é mais provável que prevaleça quando: (ii) as instituições domésticas são melhoradas, (iii) a capacidade de inovação é melhorada, e (iv) alterações nos parâmetros da tecnologia de acumulação de capital humano relativamente amplia a acumulação do capital humano menos produtivo. Nos casos (ii), (iii) e (iv), no entanto, o *high-skill premium* por trabalhador diminui devido à trajetória da estrutura do capital humano empregue.

O nível do *output* é imediata e positivamente afetado nos casos (i) e (ii) acima. A sua taxa de crescimento é superior nos casos (i), (ii), e (iii), e quando, no caso (iv), é a produtividade do OJT que é melhorada. Como está implícito acima, os casos (ii), (iii), (iv) — e (i) depois do efeito de nível —, podem ser lidos à luz da literatura SBTC. No entanto, na ext. 2 a desigualdade salarial não é apenas motivada pelo enviesamento do conhecimento tecnológico, que, face à remoção dos efeitos de escala, é como se sabe causado pelo *price channel*.

CAPÍTULO 12
Interação entre capital humano e inovação

Neste capítulo pretende-se apresentar um modelo que tem simultaneamente como motores do crescimento económico o capital humano e a I&D, e uma interação entre ambos, seguindo Sequeira (2012). A interação entre o capital humano e a I&D vai desencadear uma externalidade no equilíbrio descentralizado que contraria a tendência habitual de haver um défice na quantidade de I&D em equilíbrio. Um dos principais contributos deste capítulo centra-se nas implicações que o progresso tecnológico pode ter na acumulação de capital humano e que podem ser (também) negativas, tendo em conta os custos (externalidades negativas) que o rápido aparecimento de novas tecnologias pode ter na acumulação de capital humano.

John Van Reenen (MIT) defendeu recentemente — na nona conferência do Banco de Portugal "Desenvolvimento Económico Português no Espaço Europeu" — que um efeito desta natureza (menor adaptação ou maiores custos de adaptação do capital humano a novas tecnologias) pode estar a justificar que a Europa beneficie menos da 4ª Revolução Industrial (ligada às tecnologias de informação) que os EUA, tendo estes apresentado níveis de crescimento da produtividade consistentemente superiores aos dos países da União Europeia.

Por outro lado, a replicação de diferentes factos estilizados é um dos maiores objetivos da teoria do crescimento económico, um requisito que deve ser respeitado para que um determinado modelo possa ser usado como base para analisar efeitos de política económica no longo prazo. Em particular, factos estilizados relacionando capital humano, I&D (número de patentes, cientistas e produtividade total dos fatores), e crescimento económico foram identificados e a teoria económica tem-se mostrado preocupada com a sua replicação — ver, e.g., Jones (1995b,a), Segerstrom (1998) e Kortum (1997).

Adicionalmente, a atividade de I&D implica um número de distorções no mercado competitivo, devido à estrutura de mercado, de *spillovers* e efeitos de duplicação. Como já referido anteriormente, nestas economias, a consequência típica é que o resultado do mercado tende a ser diferente do de uma economia eficiente. Neste capítulo, são tratados esses dois problemas. A literatura sobre a otimização do investimento em I&D tem apontado um número de causas potenciais para diferentes escolhas dos agentes em relação à situação de ótimo social. Em primeiro lugar, as empresas privadas não podem apropriar-se de todo o excedente do consumidor criado pelo I&D, o que as faz investir menos do que seria socialmente desejado (apropriação do excedente). Em segundo lugar, as novas tecnologias ou *designs* tendem a substituir em certa medida as tecnologias e projetos anteriores, diminuindo ou eliminando os lucros das empresas que os produziram (destruição criativa), o que tende a criar um sobreinvestimento em I&D. Este efeito tende a ser mais forte nos modelos de inovação vertical (*quality-ladder*), enquanto que nalguns modelos de inovação horizontal aparece com uma magnitude diferente. De notar que em Grossman & Helpman (1991a, 1989a, 1991c,b), este efeito é fortemente compensado pelo efeito da apropriação de excedentes, enquanto que em Jones & Williams (2000) e Alvarez-Pelaez & Groth (2005) aparece de uma forma mais efetiva. Em terceiro lugar, os investigadores normalmente baseiam-se uns nos outros, no sentido em que usam o conhecimento já existente para avançar no conhecimento de ponta — os chamados *spillovers* de I&D. No entanto, as empresas privadas não internalizam este efeito positivo e investem menos do que o ótimo. Em quarto lugar, a investigação pode ser parcialmente uma duplicação da tecnologia existente — o chamado efeito *stepping on toes*, o que leva a um sobreinvestimento em I&D. Finalmente, em quinto lugar, um *erosion effect* (efeito erosão) cria uma influência externa negativa da I&D sobre o capital humano acumulado, aumentando a extensão do sobreinvestimento, como em Reis & Sequeira (2007). O efeito de erosão foi o primeiro a aparecer na literatura como resultado da interação entre a acumulação de capital humano e a I&D.

Este capítulo enquadra-se na literatura da eficiência macroeconómica dos investimentos da I&D, considerando modelos de crescimento endógeno sem efeitos de escala, cujas primeiras contribuições foram as de Jones (1995b,a) e Nancy (1995). Com base em Benassy (1996), os retornos da especialização são desvinculados do parâmetro de poder de mercado. Como Benassy defende, muitas contribuições para a teoria da concorrência monopolística usam fórmulas que implicam criar uma ligação arbitrária entre o poder de mercado dos concorrentes monopolistas e o gosto pela variedade dos consumidores. Benassy (1998) e Alvarez-Pelaez & Groth (2005) desenvolvem a ideia e aplicaram-na a modelos de crescimento endógeno com efeitos de escala.

Os resultados mais comuns na literatura tendem a indicar que o subinvestimento em I&D ocorre no mundo real. As exceções são Nancy (1995), Benassy (1998), De Groot & Nahuis (1998) e Alvarez-Pelaez & Groth (2005), que propõem modelos com efeitos de escala, mas concluem que para formas funcionais da produção e das preferências pode ocorrer o sobreinvestimento em I&D. Mais recentemente, Reis & Sequeira (2007) e Strulik (2007) mostram que o sobreinvestimento em I&D é mais plausível do que era amplamente aceite. Neste capítulo, segue-se Arnold (1998, 2000), considerando um modelo que combina a acumulação de capital humano com investimentos em I&D nas novas variedades; estende-se assim a literatura sobre *Too much of a good thing* (muito de uma coisa boa) ou sobre a otimização dos investimentos em I&D para considerar a acumulação de capital humano.

Segue-se também Reis & Sequeira (2007), no que respeita à introdução de um *erosion effect* (efeito erosão) no processo de acumulação de capital humano. A acumulação de capital humano tem sido considerada, anteriormente, como tendo um efeito negativo na mudança tecnológica, tanto em estudos de literatura teórica como empírica — e.g., Galor & Moav (2002), Galor (2005), Kumar (2003), Sequeira & Reis (2006), e Tamura (2006) —, os quais não analisaram no entanto a distorção ocorrida no mercado devido a efeitos externos. Reis & Sequeira (2007) analisaram estes efeitos externos. Neste capítulo, de modo a generalizar os resultados de estudos anteriores, é incluído o efeito de duplicação do I&D. Gómez (2010) e Gómez & Sequeira (2012) também usaram a função de I&D com efeitos de duplicação, mas o seu objetivo estava centrado nas propriedades de estabilidade do modelo e na dinâmica de transição. Neste capítulo, mostra-se que o equilíbrio descentralizado deste modelo abrange condições sob as quais quatro factos importantes ligados com a I&D e o crescimento podem ser cumpridos. A possibilidade de replicar os factos depende da introdução do efeito de duplicação no sector de I&D.

12.1 Modelo

Este modelo revisita os contributos de Arnold (1998, 2000) que juntam num mesmo modelo de crescimento económico capital humano e I&D. Admite-se, no entanto, uma função diferente de acumulação de capital humano, que inclui a consideração de um efeito de erosão, assumindo simultaneamente que a função de I&D inclui *spillovers* e efeitos de duplicação e que existe uma separação entre os retornos da especialização (expoente da tecnologia na função de produção) e o poder de mercado nos bens intermédios que influenciam o *markup*. Isto permite combinar os efeitos de apropriação do excedente com a perda criativa tal como em Alvarez-Pelaez & Groth (2005).[126]

[126] A perda criativa é um tipo fraco de criação destrutiva nomeado por estes autores e característico dos modelos de variedades crescentes.

12.1.1 Produção

O bem final, *Y*, que se toma como numerário, é produzido com uma tecnologia Cobb--Douglas, seguindo Benassy (1996, 1998) e Alvarez-Pelaez & Groth (2005):

$$Y = D^{\beta} H_Y^{1-\beta} n^{\eta}, \; 0 < \beta < 1, \; \eta > 0 \tag{12.1}$$

onde n significa o número de variedades disponíveis e η capta os retornos da especialização, que medem o grau em que a sociedade beneficia por usufruir de um maior número de tecnologias; H_Y é o capital humano afeto à produção do bem final; *D* é um índice de bens intermédios; β é a proporção do capital físico na produção do bem final e $1 - \beta$ é a proporção do capital humano. A população é normalizada para um, pelo que todas as variáveis podem ser lidas como variáveis *per capita*. *D* é um agregado de elasticidade de substituição constante (CES) de quantidades de bens de capital especializados:

$$D = n \left[\frac{1}{n} \int_0^n x_i^{\alpha} di \right]^{1/\alpha}, \tag{12.2}$$

onde *x* é um bem de capital especializado i, e controla a elasticidade de substituição entre variedades. Seguindo Romer (1990b), os bens de capital especializados são produzidos num setor de bens diferenciados, usando para isso capital físico (K_x):

$$x_i = K_{x_i}. \tag{12.3}$$

A produção de um novo bem de capital especializado requer a invenção de um novo protótipo. A produção de novas ideias é determinada pelo capital humano empregue nos laboratórios de I&D e pelo *stock* de conhecimento tecnológico n, tal que:

$$\dot{n} = \epsilon H_n^{\lambda-1} n^{\phi} \overline{H}_n, \quad \epsilon > 0, \quad 0 < \phi < 1, \; 0 < \lambda < 1, \tag{12.4}$$

onde H_n representa a afetação de capital humano ao setor de I&D. O parâmetro ϕ mede os *spillovers* positivos em I&D e o termo $\bar{H}_n$ representa o capital humano médio dedicado à inovação. Assim sendo, esta especificação incorpora a eventual existência de externalidades (negativas) associadas com a duplicação de esforço em I&D (λ), que, em termos agregados, pode ser interpretada como rendimentos decrescentes à escala. Estas definições são consistentes com o facto de que a quantidade $\epsilon H_n^{\lambda-1} n^{\phi}$ é assumida como dada pelo investigador individual.

O bem final, *Y*, é usado para consumo, *C*, e para investimento. Por simplicidade, não se inclui a depreciação do capital físico, o que conduz à seguinte restrição de recursos da economia:

$$Y = C + \dot{K}. \tag{12.5}$$

12.1.2 Acumulação de capital humano

A acumulação de capital humano usa o próprio capital humano com rendimentos constantes à escala. A depreciação do capital humano é uma função positiva da taxa de desenvolvimento tecnológico, formalizando a ideia de que o progresso tecnológico tem um efeito negativo no capital humano existente, uma ideia desenvolvida por Reis & Sequeira (2007). Então, a acumulação de capital humano vem dada pela seguinte equação:

$$\dot{H} = \gamma H_H - \delta g_n H, \quad \gamma, \delta > 0, \tag{12.6}$$

onde g_n representa a taxa de desenvolvimento tecnológico dada pela taxa de crescimento do número de variedades das tecnologias disponíveis. O parâmetro δ na equação (12.6) reflete o impacto do progresso tecnológico na acumulação de *H*, aquilo a que se chama *efeito-erosão*. Isto introduz uma externalidade negativa imposta pelo desenvolvimento tecnológico na acumulação de capital humano.

12.1.3 Famílias

O capital humano *H* é fornecido de forma inelástica a cada momento, i.e. não depende do seu preço, o salário. Então, uma vez que consideramos pleno emprego, a equação seguinte ilustra que o capital humano existente a cada momento é afetado a cada um dos três sectores da economia, o de produção do bem final, o da educação e o de I&D,

$$H = H_H + H_n + H_Y. \tag{12.7}$$

O agente representativo ganha salários, w, por unidade de capital humano empregado $(H - H_H)$. Ele também ganha a taxa de juro real, r, por unidade de riqueza agregada, *W*, o que nos leva à restrição de recursos das famílias $\dot{W} = rW + w(H - H_H) - C$.

Sujeitos a esta restrição e à tecnologia de formação do capital humano (12.6) este agente representativo maximiza a utilidade intertemporal $U_t = \int_t^{\infty} \log(C_t) e^{-\rho(\tau - t)} d\tau$, onde $\rho > 0$ denota a taxa de preferência intertemporal. Os agentes privados tomam a taxa de inovação tecnológica agregada como dada. Usando as variáveis de controle $C > 0$ e $H_H \geq 0$, obtém-se as condições de primeira ordem,

$$g_C = r - \rho; \tag{12.8}$$

$$H_H > 0 \text{ e } g_w = r - \gamma + \delta g_n \text{ ou } H_H = 0. \tag{12.9}$$

A primeira destas equações deriva da equação de Euler usual. A segunda condição indica que a taxa de juro real tem de ser suficientemente grande quando comparada com a taxa de crescimento dos salários reais (entendidos como o custo de oportunidade de estudar) para que as famílias possam achar vantajoso investir em capital humano.

12.1.4 Empresas e Mercados

Os mercados do bem final e dos fatores produtivos são perfeitamente competitivos. Isto implica que:

$$w = \frac{(1-\beta)Y}{H_Y}, \tag{12.10}$$

$$p_D = \frac{\beta Y}{D}, \tag{12.11}$$

onde p_D representa o preço do índice dos bens intermédios especializados. A procura por cada bem intermédio resulta da maximização dos lucros do setor dos bens finais. Cada firma no setor de bens de capital intermédios detém uma patente de duração infinita para vender a sua variedade x_i. Os produtores de bens intermédios atuam em concorrência monopolista e maximizam os lucros operacionais,

$$\pi_i = (p_i - r)x_i, \tag{12.12}$$

onde p_i denota o preço do bem intermédio i e r é o custo unitário de x_i. A maximização do lucro neste setor implica que cada empresa pratica um preço de

$$p_i = p = r/\alpha. \tag{12.13}$$

Com tecnologias idênticas e procura simétrica, a quantidade oferecida é a mesma para todos os bens intermédios tal que $x_i = x$. Então, a equação (12.2) pode ser escrita como a seguinte,

$$D = nx. \tag{12.14}$$

Partindo de $p_D D = pxn$, usando ainda as equações (12.11) e (12.13), obtém-se

$$xn = K = \frac{\alpha\beta Y}{r}. \tag{12.15}$$

Depois de inserir as equações (12.13) e (12.15) na equação (12.12), os lucros podem ser reescritos como:

$$\pi = (1 - \alpha)\beta Y / n. \tag{12.16}$$

Seja v do valor da patente, definido por,

$$v_t = \int_t^{\infty} e^{-\int_t^{\tau} r(\nu)d\nu} \pi(\tau) d\tau. \tag{12.17}$$

Uma vez que o custo da inovação é uma implicação da equação (12.4), a condição de livre entrada em I&D implica que,

$$w = v\epsilon H_n^{\lambda-1} n^{\phi} \text{ if } \dot{n} > 0 \quad (H_n > 0); \tag{12.18}$$

$$w > v\epsilon H_n^{\lambda-1} n^{\phi} \text{ if } \dot{n} = 0 \quad (H_n = 0). \tag{12.19}$$

Finalmente, a condição de não-arbitragem é obtida por log-diferenciação da equação (12.17), requerendo que o investimento em patentes tenha o mesmo retorno que o investimento no ativo sem risco:

$$\frac{\dot{v}}{v} = r - \pi / v. \tag{12.20}$$

Aqui termina a descrição completa da economia. De seguida caracteriza-se a solução de estado estacionário do equilíbrio descentralizado.

12.2 Equilíbrio descentralizado

No estado estacionário, a taxa de crescimento do consumo é constante, implicando que o consumo, o capital físico e o produto cresçam todos a taxas constantes e iguais, tais que $g_Y = g_K = g_C$. Adicionalmente, as proporções dos fatores (nomeadamente do capital humano) em cada sector têm de ser constantes. Então, da equação (12.4), para obter uma taxa de crescimento tecnológico constante, é necessário garantir que $\lambda g_H = (1-\phi)\, g_n$. Usando as equações (12.8), (12.9), e (12.10), obtém-se $g_H = \gamma - \delta g_n - \rho$. Desta equação e de $\lambda g_H = (1-\phi)\, g_n$ resulta:

$$g_H = \frac{(1-\phi)(\gamma-\rho)}{1-\phi+\delta\lambda}, \tag{12.21}$$

$$g_n = \frac{\lambda(\gamma-\rho)}{1-\phi+\delta\lambda}. \tag{12.22}$$

Então, as equações (12.1) e (12.14) implicam que

$$g_Y = \beta g_K + (1-\beta) g_H + \eta g_n. \tag{12.23}$$

Esta é uma equação de contabilidade do crescimento onde a taxa de crescimento do produto é decomposta nas contribuições da taxa de crescimento do capital físico, da taxa de crescimento do capital humano e da produtividade total dos fatores (ηg_n).

No estado estacionário, de (12.21), (12.22), e (12.23) resulta que

$$g_Y = \left[\frac{\eta}{1-\beta} + \frac{1-\phi}{\lambda}\right] \frac{\lambda(\gamma-\rho)}{1-\phi+\lambda\delta}. \tag{12.24}$$

As taxas de crescimento do consumo e da produção crescem com os retornos à especialização (η) e com a produtividade da acumulação do capital humano (γ). Os efeitos do parâmetro que controla os *spillovers* (ϕ) bem como os do parâmetro que mede a duplicação (λ) na taxa de crescimento económico são ambíguos. O crescimento de ϕ faz crescer g_n, mas faz decrescer g_H, e o crescimento de λ atua no sentido oposto.

Determinam-se agora as proporções de *H* em cada sector, que na secção seguinte serão comparadas com as obtidas pela solução ótima ou eficiente. Da função de produção de I&D, (12.4), e da tecnologia de acumulação de capital humano, (12.6), e levando em consideração que $\lambda g_H = (1-\phi)\, g_n$, obtém-se:

$$u_H^{de} = \frac{\gamma - \rho}{\gamma}, \tag{12.25}$$

$$u_n^{de} = \left(\frac{1}{\epsilon} g_n\right)^{\frac{1}{\lambda}} \frac{n^{\frac{1-\phi}{\lambda}}}{H}, \tag{12.26}$$

onde u_i^{de} é a proporção de H no sector i no equilíbrio descentralizado (DE). De (12.18) obtém-se $g_w + (1-\lambda)g_H = g_v + \phi g_n$. Substituindo este resultado em (12.20), resulta:

$$g_w - \phi g_n + (1-\lambda)g_H = r - \epsilon\pi/(wn^{-\phi}H_n^{1-\lambda}). \tag{12.27}$$

Inserindo a equação para w que resulta de (12.10), (12.9), e (12.16) na equação (12.27), obtém-se a proporção de capital humano afeto à produção do bem final:

$$u_Y^{de} = \left(\frac{1}{\epsilon} g_n\right)^{\frac{1}{\lambda}} \frac{1-\beta}{\beta} \frac{1}{1-\alpha} \frac{1}{g_n} \left(\gamma - \delta g_n + \phi g_n - (1-\lambda) g_H\right) \frac{n^{\frac{1-\phi}{\lambda}}}{H}. \tag{12.28}$$

Nas expressões acima, as proporções u_n e u_Y dependem de g_n e do rácio $H/n^{\frac{1-\phi}{\lambda}}$. Usando as equações (12.25), (12.28), e a condição $u_n + u_H + u_Y = 1$, obtém-se a afetação a I&D no equilíbrio competitivo:

$$u_n^{de} = \left(\frac{1}{\epsilon} g_n\right)^{\frac{1}{\lambda}} \left(\frac{\left(\frac{1}{\epsilon} g_n\right)^{\frac{1}{\lambda}} \left[1 + \frac{1-\beta}{\beta}\frac{1}{1-\alpha}\frac{1}{g_n}\left(\gamma - \delta g_n + \phi g_n - (1-\lambda) g_H\right)\right]}{\rho/\gamma}\right)^{-1}, \tag{12.29}$$

onde o termo dentro do segundo parêntesis curvo é o rácio variedades-capital humano (ou I&D-capital humano), definido como $\frac{n^{\frac{1-\phi}{\lambda}}}{H}$. A condição de transversalidade relativa ao capital humano implica que $g_{\lambda_2} + g_H - \rho < 0$ (com λ_2 sendo a variável de co-estado para a equação diferencial que representa a produção de capital humano e entra no problema do consumidor). Esta condição implica que $g_H < \gamma - \delta g_n$, da qual se retira que $1 - u_H > 0$, uma condição que tem de ser sempre verificada. Por outras palavras, esta é uma condição necessária para $\frac{n^{\frac{1-\phi}{\lambda}}}{H} > 0$. Outra condição de transversalidade, agora para o capital físico, implica que $g_{\lambda_1} + g_K - \rho < 0$ (com λ_1 sendo a variável de co-estado para a equação diferencial que representa a acumulação de ativos no problema do consumidor), o que é equivalente a $g_K - r < 0$, condição que também é sempre verificada.

12.3 Verificação dos factos empíricos

Há quatro factos estilizados principais relacionando o progresso tecnológico com o crescimento económico — ver Jones (1995b,a); Kortum (1993, 1997); Segerstrom (1998)):

1. O rácio patentes/I&D é decrescente.
   O rácio patentes/I&D pode ser escrito como $\frac{\dot{n}}{wH_n}$. Para se obter um rácio decrescente, é necessário ter $g_Y - g_n > 0$, o que ocorre para $\frac{\eta}{1-\beta} + \frac{1-\phi}{\lambda} > 1$.
2. O rácio patentes/número de cientistas é decrescente.
   O rácio patentes/número de cientistas $(\frac{\dot{n}}{H_n})$ é decrescente se e só se $(1-\phi) > \lambda$.
3. O emprego em I&D cresce, quer em termos agregados (H_n) quer por industria (H_n/n).
   A condição $(1-\phi) > \lambda$ também garante que o emprego por indústria $(\frac{H_n}{n})$ cresce. O emprego total de investigadores (ou número total de investigadores) cresce proporcionalmente ao crescimento do capital humano; então este facto é sempre verdade no estado estacionário $(\gamma > \rho)$.
4. O valor das patentes é crescente.
   É interessante notar que a condição $\frac{\eta}{1-\beta} + \frac{1-\phi}{\lambda} > 1$ é também a condição que garante que $g_v > 0$ (ver novamente 12.18). A intuição é que à medida que o número de patentes decresce quando comparado com os fatores produtivos na atividade de I&D, o valor da produção de I&D (v) cresce. De facto, alguma da evidência sobre o valor das patentes sugere que o crescimento do valor das patentes é superior ao crescimento dos salários, o que se torna um incentivo contínuo para o investimento em I&D. Neste modelo, $g_v > g_w$ se e só se $(1-\phi) > \lambda$, exatamente a mesma condição que nos factos 2 e 3. Note-se também que os factos 1 e 4 são mais facilmente verificados se $\lambda < 1$ e que os factos 2 e 3 só são verificados se $\lambda < 1$. Adicionalmente, a verificação dos factos 2 e 3 implica que a economia verifica os factos 1 e 4. Isto justifica plenamente a opção aqui tomada de apresentar esta versão mais generalizada do modelo, com $\lambda < 1$. Tal como mencionado na literatura (e.g., Alvarez-Pelaez & Groth (2005)) estes factos empíricos não são verificados no modelo de Romer (1990b) e alguns deles também não são verificados em versões dos modelos de I&D com variedades crescentes com capital físico e humano.

12.4 Equilíbrio eficiente

Nesta secção é estudada a otimalidade das taxas de crescimento e das afetações de recursos (capital humano) entre os diversos sectores desta economia. Uma vez que o sector de bens intermédios é simétrico, a solução ótima implica o uso da quantidade $x_i = x = K/n$ de cada bem de capital, e é obtida através da maximização da função de utilidade $U_t = \int_t^\infty \log(C_t)e^{-\rho(\tau-t)}d\tau$, sujeita às restrições $\dot{K} = Y - C$ (onde $Y = K^\beta H_Y^{(1-\beta)} n^\eta$), tecnologia de acumulação de capital humano — equação (12.6) — e tecnologia de I&D — equação (12.4). As variáveis de controlo são C, H_n, e H_Y e as variáveis de estado são *K*, *H*, e n, sendo co-estados λ_1, λ_2, λ_3, respetivamente. O Hamiltoniano em valor corrente para este problema é:

$$\begin{aligned} \mathcal{H} &= \log C_t + \lambda_1 \left(K^\beta H_Y^{(1-\beta)} n^\eta - C_t \right) + \\ &\lambda_2 \left[\gamma \left(H - H_Y - H_n \right) - \delta H \epsilon H_n^\lambda n^{\phi-1}) \right] + \lambda_3 \left(\epsilon H_n^\lambda n^\phi \right) \end{aligned} \tag{12.30}$$

As condições de primeira ordem do Hamiltoniano em valor corrente são:

$$\frac{1}{C} = \lambda_1 \tag{12.31}$$

$$\frac{(1-\beta)Y}{H_Y}\lambda_1 - \lambda_2\gamma = 0 \tag{12.32}$$

$$-\lambda_2\gamma - \lambda_2\delta\epsilon H\lambda H_n^{\lambda-1} n^{\phi-1} + \lambda_3\epsilon\lambda H_n^{\lambda-1} n^\phi = 0 \tag{12.33}$$

$$\frac{\beta Y}{K}\lambda_1 = \rho\lambda_1 - \dot{\lambda}_1 \tag{12.34}$$

$$\lambda_2\gamma - \lambda_2\delta g_n = \rho\lambda_2 - \dot{\lambda}_2 \tag{12.35}$$

$$\frac{\eta Y}{n}\lambda_1 - \lambda_2 \left(\delta\epsilon(\phi-1) H H_n^\lambda n^{\phi-2} \right) + \lambda_3\phi\epsilon H_n^\lambda n^{\phi-1} = \rho\lambda_3 - \dot{\lambda}_3 \tag{12.36}$$

De forma a obter a equação (12.40), usa-se a equação (12.33) para obter um rácio entre os co-estados λ_2/λ_3 : $\lambda_2/\lambda_3 = \frac{\lambda g_n \frac{n}{H_n}}{\gamma + \delta\lambda \frac{g_n}{u_n}}$. Então resolve-se a equação para $(\dot{n})$ — equação (12.36) — em ordem a $\frac{\dot{\lambda}_3}{\lambda_3}$ e obtém-se:

$$\frac{\dot{\lambda}_3}{\lambda_3} = \rho - \frac{\lambda_2}{\lambda_3}\left[\frac{\eta\gamma}{1-\beta}\frac{H_Y}{n} + \delta\epsilon(1-\phi)\frac{H}{n}g_n\right] - \phi g_n. \tag{12.37}$$

Pode então substituir-se nesta equação o rácio λ_2/λ_3 que se obteve antes e também usar este rácio para obter outra equação para $\frac{\dot{\lambda}_3}{\lambda_3}$, substituindo o resultado em (12.37). Resolve-se então a equação em ordem a u_Y. As taxas de crescimento do produto, consumo, capital físico, capital humano e I&D são iguais às obtidas no equilíbrio descentralizado, o que é comum aos modelos sem efeitos de escala. De facto, ao contrário do que acontece em Alvarez-Pelaez & Groth (2005), este é um modelo de I&D com variedades crescentes mas sem efeitos de escala. Isto significa que as diferenças entre o equilíbrio descentralizado e a solução ótima são observadas não nas taxas de crescimento mas sim na afetação de recursos entre os diferentes sectores da economia. O mesmo ocorre com as condições de transversalidade, que são iguais às que foram discutidas para o equilíbrio descentralizado. Contudo, existe agora uma condição de transversalidade adicional relacionada com a inclusão da tecnologia de I&D $\dot{n}$ no problema do planeador central. Esta condição de transversalidade é dada por $g_{\lambda_3} + g_n - \rho < 0$. Usando (12.37), a equação para o rácio entre os co-estados λ_2/λ_3 e a condição de primeira ordem que determina a taxa de crescimento para o co-estado de *H*, pode mostrar-se que esta condição de transversalidade é exatamente igual à anterior, pelo que $g_{\lambda_3} + g_n - \rho = g_H - (\gamma - \delta g_n) < 0$. No equilíbrio competitivo, as afetações de *H* a I&D e à produção do bem final *Y* não são, em geral, ótimas, diferindo portanto entre as do equilíbrio descentralizado e as do ótimo social. Já a proporção de *H* na acumulação de *H* é ótima. As proporções ótimas de *H* são então:

$$u_H^* = \frac{\gamma - \rho}{\gamma}, \tag{12.38}$$

$$u_n^* = \left(\frac{1}{\epsilon}g_n\right)^{\frac{1}{\lambda}} \frac{n^{\frac{1-\phi}{\lambda}}}{H}, \tag{12.39}$$

$$u_Y^* = \frac{1-\beta}{\eta}\left[\frac{1}{\lambda}\frac{1}{g_n}(\gamma - \delta g_n - (1-\lambda)g_H)\left(\frac{1}{\epsilon}g_n\right)^{\frac{1}{\lambda}}\frac{n^{\frac{1-\phi}{\lambda}}}{H} + \delta\epsilon\rho/\gamma\right], \tag{12.40}$$

onde $\left(\frac{H}{n^{\frac{1-\phi}{\lambda}}}\right)$ é determinado somando todas as diferentes parcelas de H. A proporção de afetação de H a I&D, que pode ser comparada com a que foi dada pela equação (12.29), é a seguinte:

$$u_n^* = \left(\frac{1}{\epsilon}g_n\right)^{\frac{1}{\lambda}} \left(\frac{\left(\frac{1}{\epsilon}g_n\right)^{\frac{1}{\lambda}}\left(1+\frac{1}{g_n}\frac{1-\beta}{\eta}\frac{1}{\lambda}(\gamma-\delta g_n-(1-\lambda)g_H)\right)}{(\rho/\gamma)\left(1-\delta\frac{1-\beta}{\eta}\right)}\right)^{-1}, \tag{12.41}$$

onde o termo dentro do segundo parêntesis curvo é o rácio variedades-capital humano (ou I&D-capital humano), definido como $\left(\frac{H}{n^{\frac{1-\phi}{\lambda}}}\right)$ e calculado a partir da solução eficiente ou do planeador central.

12.5 Comparação entre os Equilíbrios descentralizado e eficiente

Aqui é feito o sumário das distorções presentes no equilíbrio descentralizado do modelo, comparando os seus efeitos com o equilíbrio eficiente:

- $\phi > 0$ favorece investimento a menos em I&D (*spillovers* ou efeito *standing-on-the-shoulders*);
- $\lambda < 1$ favorece investimento a mais em I&D (duplicação ou efeito *stepping-on--toes*);
- $\eta > (1-\alpha)\beta$ favorece investimento a menos em I&D (apropriação de excedente somado com criação destrutiva);[127]
- $\delta > 0$ favorece investimento a mais em I&D (depreciação ou efeito erosão).

A forma mais fácil de comparar os resultados é comparar as equações (12.29) e (12.41).

Note-se que o poder de monopólio estático que afeta o equilíbrio descentralizado causa níveis do rácio consumo/capital mais altos no equilíbrio descentralizado do que no ótimo. Isto contribuirá certamente para diferenças no bem-estar, tal como as

[127] Se escrevermos o retorno social total como $\partial Y/\partial n = \eta Y/n$ e o retorno total privado como $\pi = \frac{(1-\alpha)\beta}{\eta}\partial Y/\partial n$ os retornos privado e social podem ser comparados usando a expressão $\frac{(1-\alpha)\beta}{\eta} \gtrless 1$. Então quando $\eta > (1-\alpha)\beta$ acontece, o retorno social é maior que o retorno privado levando a I&D a menos (que no ótimo social).

distorções referidas acima. No entanto, esta externalidade não tem qualquer impacto nas distorções que afetam a proporção de capital humano a usar em cada sector da economia (bens finais, capital humano e I&D) nem tão pouco no rácio ajustado variedades capital humano. Como o foco aqui está no estudo da otimalidade de I&D, não se inclui o estudo do efeito desta externalidade estática no bem-estar.

12.6 Resultados quantitativos

Nesta secção, são abordadas quantitativamente as seguintes questões: o resultado de uma calibração típica sem o efeito de erosão; a distorção mais forte que leva ao sub-investimento em I&D; a distorção mais forte que leva ao sobreinvestimento em I&D; se a distorção da depreciação é ou não capaz de superar o resultado do sub-investimento; o resultado de uma calibração típica mais uma depreciação razoável; o resultado de uma calibração razoável.

Serão aqui apresentados resultados que são suficientes para abordar cada uma das questões acima expostas. Primeiro, são discutidas a fonte e a plausibilidade dos valores para os parâmetros. Para o *markup*, os modelos de crescimento económico consideravam tipicamente valores que são superiores aos valores que a literatura empírica sugere. Jones & Williams (2000) consideraram um *markup* de 1.37 ($\alpha = 0.73$), que está situado no segmento superior do apresentado por Basu (1996). Funke & Strulik (2000) usaram dados para o crescimento do PIB e da produtividade total de fatores para extrair um valor para o parâmetro α, que conduziria a um valor do *markup* ainda maior (1.85). De facto, Gómez (2005) mostrou que num modelo semelhante ao de Funke & Strulik (2000), uma condição suficiente para a estabilidade do estado estacionário implica um *markup* alto. Para o *spillover* (ϕ), os modelos de crescimento tipicamente usam valores que estão perto dos suas estimativas empíricas; i.e., perto de 0.8. Contudo, um contributo empírico importante foi o del Barrio-Castro et al. (2002), que mostraram que o valor dos *spillovers* considerados deveria baixar sensivelmente para metade se a função de I&D incluísse capital humano. O valor teórico para o efeito de duplicação oscila consideravelmente e de facto a maioria dos modelos com capital humano ignoram o efeito de duplicação e fixam $\lambda = 1$. As exceções são Strulik (2007) e Sequeira (2012). Pessoa (2003) estimou valores entre 0.13 e 0.74 num modelo que não incluía capital humano.

Para a produtividade em I&D (ϵ), os modelos tipicamente usam o valor de 0.1. Estimativas empíricas realizadas por Caballero & Jaffe (1993) estão entre 0.02 e 0.04.

A percentagem do capital físico na produção do bem final (β) é considerado um facto estilizado. Para a taxa de desconto intertemporal, os valores oscilam tipicamente entre 0.02 e 0.05, mas a evidência empírica não é precisa. Para uma discussão sobre os valores da taxa de desconto ver Frederick et al. (2002). Para os ganhos de especialização (η), Jones & Williams (2000) usaram um intervalo bastante grande de perto de 0 até 1.64. Contudo, empiricamente este valor pode ser obtido usando estimativas empíricas para a taxa de crescimento do produto e da produtividade total de fatores, e então usando os valores para os outros parâmetros já discutidos. Em particular, $\eta = -g_{PTF}\frac{(1-\beta)(1-\phi)}{\lambda(g_{TFP}-(1-\beta)g_Y)}$. Para uma taxa de crescimento da produtividade total dos fatores de 0.425%, tal como reportada por Jorgenson & Fraumeni (1993): $\eta = 0.43$ (com $\phi = 0.4$ e $\lambda = 0.5$); $\eta = 0.14$ (com $\phi = 0.8$ $\lambda = 0.5$); $\eta = 0.196$ (com $\phi = 0.8$ e $\lambda = 0.366$); $\eta = 0.86$ (com $\phi = 0.4$ e $\lambda = 0.25$).

Finalmente, para o efeito de depreciação ou de erosão, Reis & Sequeira (2007) calcularam efeitos limite acima dos quais a economia é capaz de gerar sobreinvestimento em I&D. Estes valores foram calculados tendo em conta valores para os outros parâmetros e oscilam entre 0.08 e 2.35. No entanto, valores empiricamente plausíveis oscilam num intervalo menor do que este. Mais abaixo, mostra-se como se pode encontrar um valor empiricamente razoável para o efeito de erosão, usando dados de estimações econométricas disponíveis em Kumar (2003), tal como Reis & Sequeira (2007) fizeram para o seu modelo relativamente mais simples do que o apresentado neste capítulo. Usando a equação (12.24), calcula-se γ tal que se obtém a taxa de crescimento económico de 1.85%, um procedimento que será mantido em todos os exercícios. A tabela seguinte mostra os valores dos parâmetros usados e os intervalos empiricamente admissíveis para os mesmos.

A partir destes valores, selecionam-se os seguintes exemplos, que podem ser aplicados para responder às questões colocadas no início deste capítulo. Isto implica que a economia descentralizada está a investir aproximadamente metade do que devia do ponto de vista do planeador central. A taxa de crescimento da produtividade total de fatores é muito semelhante ao valor calculado por Jorgenson & Fraumeni (1993) para os EUA, no período de 1973 a 1986 (que é 0.425%).

TABELA 12.1: CALIBRAÇÃO.

	Em trabalhos teóricos (JW, RS, FS)		Em trabalhos empíricos	
Parâmetro	Mínimo	Máximo	Valores Plausíveis	Fontes
α	0.54	0.77	[0.60; 0.99]	Norbin (1993); Basu (1996)
ϕ	0.46	0.86	[0.4; 0.94]	Pessoa (2003); BC (2002)
λ	0.25	1.00	[0.13; 0.74]	Pessoa (2003)
ϵ	0.1	0.1	[0.02; 0.04]	Caballero&Jaffe (1993)
β	0.36	0.36	[0.3; 0.4]	stylized fact
ρ	0.02	0.05	[*nd*]	-
η	>0	1.64	[*nd*]	-
δ	0.08	2.35	[0.08; 0.8]	Reis&Sequeira (2006)

Notas: JW - Jones & Williams (2000), RS - Reis & Sequeira (2007), FS - Funke & Strulik (2000); BC - del Barrio--Castro et al. (2002); *nd* - dados diretos não disponíveis.

Exemplo 1: *Apenas distorções que levam a investimento a menos. Spillover máximo:* $\alpha = 0.773$; $\phi = 0.864$; $\lambda = 0.5$; $\epsilon = 0.1$; $\beta = 0.36$; $\rho = 0.02$; $\eta = (1 - \alpha)\beta$[128]*; e* $\delta = 0$. *Ganhos da especialização máximos:* $\alpha = 0.773$; $\phi = 0$; $\lambda = 0.5$; $\epsilon = 0.1$; $\beta = 0.36$; $\rho = 0.02$; $\eta = 1.64$; e $\delta = 0$. *Com o primeiro conjunto de parâmetros:* $u_n^{DE} = 6.12\%$ e $u_n^* = 15.76\%$. *Com o segundo conjunto de parâmetros,* $u_n^{DE} = 2.04\%$ e $u_n^* = 27.44\%$.

A distorção mais forte que leva ao subinvestimento é a apropriação do excedente e de destruição criativa. Este é também o resultado final em Jones & Williams (2000).

Exemplo 2: *Apenas distorções que levam a investimento a mais. Duplicação máxima:* $\alpha = 0.773$; $\phi = 0$; $\lambda = 0.25$; $\epsilon = 0.1$; $\beta = 0.36$; $\rho = 0.02$; $\eta = (1 - \alpha)\beta$; e $\delta = 0$. *Duplicação mínima:* $\alpha = 0.773$; $\phi = 0$; $\lambda = 1$, $\epsilon = 0.1$; $\beta = 0.36$; $\rho = 0.02$; $\eta = (1 - \alpha)\beta$; e $\delta = 0.1$. *Com o primeiro conjunto de parâmetros,* $u_n^{DE} = 1.21\%$ e $u_n^* = 0.31\%$. *Com o segundo conjunto de parâmetros,* $u_n^{DE} = 2.86\%$ e $u_n^* = 0.63\%$.

Como se calcula um efeito razoável para o efeito erosão?

Se se tiver em conta as regressões feitas por Kumar (2003), em que a variável dependente é o *stock* de capital humano (em logaritmo) regredido na taxa de crescimento da produtividade total de fatores (coeficiente mínimo em valor absoluto: -0.160; coeficiente máximo em valor absoluto: -0.321; coeficiente intermédio em valor absoluto: -0.2404), esta estimativa é:

[128] Esta expressão implica um impacto neutral dos ganhos de especialização.

$$\frac{\partial \log(H)}{\partial g_{TFP}(\%)} = \frac{\partial \log(H_0 e^{g_H t})}{\partial g_{TFP}(\%)} = \frac{\partial \log(H_0)}{\partial g_{TFP}(\%)} + \frac{\partial g_H}{\partial g_{TFP}(\%)} t. \tag{12.42}$$

Assume-se que a taxa de crescimento da produtividade total de fatores não influencia o *stock* inicial de capital humano. No modelo, é possível também regredir a taxa de crescimento do capital humano na taxa de crescimento da produtividade total de fatores. Para tal, seguem-se os passos a seguir especificados:

$$\begin{aligned} g_H &= \gamma u_H - \frac{\delta}{100\eta}\left[g_n \times \eta \times 100\right] \\ &\Leftrightarrow \; g_H = \gamma u_H - \frac{\delta}{100\eta} g_{TFP}(\%) \end{aligned} \tag{12.43}$$

$$\frac{\partial g_H}{\partial g_{TFP}(\%)} = -\frac{\delta}{100\eta}. \tag{12.44}$$

Relaciona-se agora a a expressão do modelo com a expressão empírica para $\frac{\partial g_H}{\partial g_{TFP}(\%)}$. Depois, resolve-se para δ, usando o valor de η, que vem da calibração, e $t = 26$ de Kumar (2003). Usando o coeficiente intermédio, obtém-se:

De facto, a distorção mais forte que conduz a I&D a mais é, de facto, o efeito erosão.

$$\frac{\partial g_H}{\partial g_{TFP}(\%)} t = -\frac{\delta}{100\eta} t = -0.2404 \Rightarrow \delta = 0.1812. \tag{12.45}$$

Exemplo 3: *Adicionando o efeito erosão.* $\alpha = 0.773$; $\phi = 0.729$; $\lambda = 0.5$; $\epsilon = 0.1$; $\beta = 0.36$; $\rho = 0.02$; $\eta = 0.196$; e $\delta = 0.1812$. *Como consequência,* $u_n^{DE} = 3.49\%$ e $u_n^* = 2.60\%$.

Assim, alcança-se o sobreinvestimento em I&D: a economia investe em I&D aproximadamente 1,5 vezes mais do que deveria. A presença do "efeito erosivo" pode mudar o resultado típico do subinvestimento, o que confirma o resultado em Reis & Sequeira (2007). Nos exemplos seguinte, os valores empiricamente razoáveis são obtidos. Estes exemplos consideram um valor menor para o parâmetro de transbordamento, como sugerido por del Barrio-Castro et al. (2002), replicando todos os quatro factos mencionados acima.

Exemplo 4: *Um exemplo empiricamente razoável I (ganhos de especialização baixos; baixo efeito erosão). Este exemplo também considera um efeito spillover mais baixo:* $\alpha = 0.773$; $\phi = 0.4$; $\lambda = 0.5$; $\epsilon = 0.1$; $\beta = 0.36$; $\rho = 0.02$; $\eta = 0.196$; e $\delta = 0.1813$. *Obtém-se* $u_n^{DE} = 2.51\%$ e $u_n^* = 1.42\%$; $g_{TFP} = 0.2407\%$.

Como esperado, isto indicaria um investimento excessivo em I&D, o que significa que a economia descentralizada investe perto de 1,8 vezes mais do que o planeador social faria. No entanto, a taxa de crescimento da produtividade total de fatores é menor do que o empiricamente razoável, pelo que no próximo exercício é recalculado o parâmetro que controla os ganhos da especialização para replicar uma taxa plausível de crescimento da produtividade total de fatores (Jorgenson & Fraumeni, 1993).

Exemplo 5: *Um exemplo empiricamente razoável II (ganhos de especialização mais altos; efeito erosão mais alto). η é calculado para obter g_{TFP} = 0.425% e δ é ajustado consistentemente.* $\alpha = 0.773$; $\phi = 0.4$; $\lambda = 0.5$; $\epsilon = 0.1$; $\beta = 0.36$; $\rho = 0.02$; $\eta = 0.43$; e $\delta = 0.398$. *Obtém-se* $u_n^{DE} = 2.27\%$ e $u_n^* = 2.59\%$.

Neste caso, existe I&D a menos (1.14 menos).

Considerações finais — Em suma, este capítulo estuda e quantifica, pela primeira vez, todas as distorções consideradas, até agora, em modelos de crescimento endógeno com capital físico, capital humano e variedades: as vantagens desta especialização (apropriações de excedentes mais destruição criativa), efeitos de *spillovers* ou *standing on shoulders*, duplicação ou efeito de *stepping on toes*, efeito de erosão ou de depreciação. Os problemas do equilíbrio descentralizado e do planeador social são formalizados e resolvidos. Adicionalmente, é mostrado que os equilíbrios deste modelo podem replicar factos importantes sobre a relação entre produção de I&D (patentes), quantidade de investimento em I&D (cientistas) e valor de I&D (valor de patentes), factos que não puderam ser replicados com versões anteriores do modelo com capital físico e acumulação de capital humano e variedades. Foram implementados vários exemplos de calibração e mostrou-se que a apropriação de excedentes e destruição criativa são as principais distorções que levam ao subinvestimento em I&D, e o efeito erosão, devido a Sequeira & Reis (2006), é a principal distorção que leva ao subinvestimento em I&D. Concluiu-se que um valor realístico para o efeito da erosão é suficiente para garantir uma alocação de mercado em I&D que é maior ou próxima da ideal, mesmo na presença de *spillovers* e vantagens de especialização. De um modo geral, a contribuição neste capítulo é dupla. Primeiro, estendeu-se um modelo de crescimento endógeno de variedades crescentes da quarta geração para incluir efeitos de duplicação em I&D, o que permite que o modelo replique factos importantes. Em segundo lugar, foi reavaliada a importância do efeito erosão num modelo que separa os efeitos dos parâmetros do poder de mercado, vantagens de especialização e proporção de capital físico.

BIBLIOGRAFIA

Abramovitz, M. (1986). Catching up, forging ahead, and falling behind. *The Journal of Economic History*, 46(2):385–406.

Acemoglu, D. (1998). Why do new technologies complement skills? directed technical change and wage inequality. *The Quarterly Journal of Economics*, 113(4):1055–1089.

Acemoglu, D. (1999). Changes in unemployment and wage inequality: an alternative theory and some evidence. *American Economic Review*, 89(5):1259–1278.

Acemoglu, D. (2002a). Directed technical change. *The Review of Economic Studies*, 69(4):781–809.

Acemoglu, D. (2002b). Technical change, inequality, and the labor market. *Journal of Economic Literature*, 40(1):7–72.

Acemoglu, D. (2003). Cross-country inequality trends. *The Economic Journal*, 113(485): F121–F149.

Acemoglu, D. (2009). *Introduction to Modern Economic Growth*. Princeton University.

Acemoglu, D. & Zilibotti, F. (2001). Productivity differences. *The Quarterly Journal of Economics*, 116(2):563–606.

Afonso, O. (2006). Skill-biased technological knowledge without scale effects. *Applied Economics*, 38(1):13–21.

Afonso, O. (2008). The impact of government intervention on wage inequality without scale effects. *Economic Modelling*, 25(2):351–362.

Afonso, O. (2010). Growth and wage inequality in a scale-independent model with R&D and human-capital accumulation. *The Manchester School*, 78(2):149–182.

Afonso, O. (2012). Scale-independent north-south trade effects on the technological--knowledge bias and on wage inequality. *Review of World Economics*, 148(1):181–207.

Afonso, O. & Vasconcelos, P. B. (2007). Re-examining international technological-knowledge diffusion. *International Economic Journal*, 21(2):279–296.

Afonso, O. & Vasconcelos, P. B. (2015). *Computational Economics: A concise introduction*. Routledge.

Afonso, O. J. A. (1999). *Contributo do comércio externo para o crescimento económico português, 1960-1993*. Conselho Económico e Social.

Aghion, P. (2002). Schumpeterian growth theory and the dynamics of income inequality. *Econometrica*, 70(3):855–882.

Aghion, P., Harris, C., Howitt, P., & Vickers, J. (2001). Competition, imitation and growth with step-by-step innovation. *The Review of Economic Studies*, 68(3):467–492.

Aghion, P. & Howitt, P. (1988). Growth and cycles through creative destruction. *Unpublished, University of Western Ontario.*

Aghion, P. & Howitt, P. (1992). A model of growth through creative destruction. *Econometrica*, 60(2):323–351.

Aghion, P., Howitt, P., & Violante, G. (2003). Wage inequality and technological change: a Nelson-Phelps approach. *Knowledge, Information and Expectations in Modern Macroeconomics*, 443–461, Princeton University Press.

Aghion, P., Howitt, P., & Violante, G. L. (2002). General purpose technology and wage inequality. *Journal of Economic Growth*, 7(4):315–345.

Aghion, P. & Howitt, P. W. (2008). *The economics of growth*. MIT press.

Alesina, A. & Spolaore, E. (1997). On the number and size of nations. *The Quarterly Journal of Economics*, 112(4):1027–1056.

Alvarez-Pelaez, M. J. & Groth, C. (2005). Too little or too much R&D? *European Economic Review*, 49(2):437–456.

Ang, J. B. & Madsen, J. B. (2015). What drives ideas production across the world? *Macroeconomic Dynamics*, 19(1):79–115.

Arnold, L. G. (1998). Growth, welfare, and trade in an integrated model of human-capital accumulation and research. *Journal of Macroeconomics*, 20(1):81–105.

Arnold, L. G. (2000). Endogenous growth with physical capital, human capital and product variety: A comment. *European Economic Review*, 44(8):1599–1605.

Arrow, K. (1962). The economic implications of learning by doing. *Review of Economic Studies*, 29(3): 155-173.

Autor, D. H., Katz, L. F., & Krueger, A. B. (1998). Computing inequality: have computers changed the labor market? *The Quarterly Journal of Economics*, 113(4):1169–1213.

Autor, D. H., Levy, F., & Murnane, R. J. (2003). The skill content of recent technological change: An empirical exploration. *The Quarterly Journal of Economics*, 118(4): 1279–1333.

Backus, D. K., Kehoe, P. J., & Kehoe, T. J. (1992). In search of scale effects in trade and growth. *Journal of Economic Theory*, 58(2):377–409.

Baldwin, R. E., Braconier, H. & Forslid, R. (1999). Multinationals, endogenous growth and technological spillovers: theory and evidence. Centre for Economic Policy Research DP 2155.

Barro, R. (1999). Human capital and grouth in cross-country grouth regressions. *Swedish Economic Policy Review*, 6(2): 237-277.

Barro, R. J. (1974). Are government bonds net wealth? *Journal of Political Economy*, 82(6):1095–1117.

Barro, R. J. (1990). Government spending in a simple model of endogeneous growth. *Journal of Political Economy*, 98(S5): 103–125.

Barro, R. J. (1991). Economic growth in a cross section of countries. *The Quarterly Journal of Economics*, 106(2):407–443.

Barro, R. J. & Sala-i-Martin, X. (1992a). Convergence. *Journal of Political Economy*, 100(2):223–251.

Barro, R. J. & Sala-i-Martin, X. (1992b). Public finance in models of economic growth. *The Review of Economic Studies*, 59(4):645–661.

Barro, R. J. & Sala-i-Martin, X. (1997). Technological diffusion, convergence, and growth. *Journal of Economic Growth*, 2(1):1–26.

Barro, R. J. & Sala-i-Martin, X. (2004). *Economic Growth: MIT Press*. Cambridge, Massachusettes.

Barro, R. T. & Sala-i-Martin, X. (1992c). Regional growth and migration: A Japan-United States comparison. *Journal of the Japanese and International Economies*, 6(4):312–346.

Bartel, A. P. & Lichtenberg, F. R. (1987). The comparative advantage of educated workers in implementing new technology. *The Review of Economics and Statistics*, 69(1): 1–11.

Bartel, A. P. & Sicherman, N. (1998). Technological change and the skill acquisition of young workers. *Journal of Labor Economics*, 16(4):718–755.

Bartel, A. P. & Sicherman, N. (1999). Technological change and wages: an interindustry analysis. *Journal of Political Economy*, 107(2):285–325.

Basu, S. (1996). Procyclical productivity: increasing returns or cyclical utilization? *The Quarterly Journal of Economics*, 111(3):719–751.

Basu, S. & Weil, D. N. (1998). Appropriate technology and growth. *The Quarterly Journal of Economics*, 113(4):1025–1054.

Baumol, W. J. (1986). Productivity growth, convergence, and welfare: what the long--run data show. *The American Economic Review*, 7(6): 1072–1085.

Becker, G. S. & Murphy, K. M. (1992). The division of labor, coordination costs, and knowledge. *The Quarterly Journal of Economics*, 107(4):1137–1160.

Becker, G. S., Murphy, K. M., & Tamura, R. (1990). Human capital, fertility, and economic growth. *Journal of Political Economy*, 98(5):S12–37.

Benassy, J.-P. (1996). Taste for variety and optimum production patterns in monopolistic competition. *Economics Letters*, 52(1):41–47.

Benassy, J.-P. (1998). Is there always too little research in endogenous growth with expanding product variety? *European Economic Review*, 42(1):61–69.

Benhabib, J. & Spiegel, M. M. (1994). The role of human capital in economic development evidence from aggregate cross-country data. *Journal of Monetary Economics*, 34(2):143–173.

Berger, P. G. (1993). Explicit and implicit tax effects of the r & d tax credit. *Journal of Accounting Research*, 31(2):131–171.

Berman, E., Bound, J., & Griliches, Z. (1994). Changes in the demand for skilled labor within us manufacturing: evidence from the annual survey of manufactures. *The Quarterly Journal of Economics*, 109(2):367–397.

Berman, E., Bound, J., & Machin, S. (1998). Implications of skill-biased technological change: international evidence. *The Quarterly Journal of Economics*, 113(4):1245–1279.

Bhagwati, J. & Hamada, K. (1974). The brain drain, international integration of markets for professionals and unemployment: a theoretical analysis. *Journal of Development Economics*, 1(1):19–42.

Bils, M. & Klenow, P. J. (2000). Does schooling cause growth? *American Economic Review*, 90(5):1160–1183.

Blackburn, K., Hung, V. T., & Pozzolo, A. F. (2000). Research, development and human capital accumulation. *Journal of Macroeconomics*, 22(2):189–206.

Bleaney, M., Gemmell, N., & Kneller, R. (2001). Testing the endogenous growth model: public expenditure, taxation, and growth over the long run. *Canadian Journal of Economics/Revue canadienne d'économique*, 34(1):36–57.

Bond, E. W., Wang, P., & Yip, C. K. (1996). A general two-sector model of endogenous growth with human and physical capital: balanced growth and transitional dynamics. *Journal of Economic Theory*, 68(1):149–173.

Bound, J., Cummins, C., Griliches, Z., Hall, B. H., & Jaffe, A. B. (1982). Who does r&d and who patents?

Bound, J. & Johnson, G. E. (1989). Changes in the structure of wages during the 1980's: An evaluation of alternative explanations. NBER Working Paper No. 2983.

Bresnahan, T. F. (1999). Computerisation and wage dispersion: an analytical reinterpretation. *The Economic Journal*, 109(456):390–415.

Bresnahan, T. F., Brynjolfsson, E., & Hitt, L. M. (2002). Information technology, workplace organization, and the demand for skilled labor: Firm-level evidence. *The Quarterly Journal of Economics*, 117(1):339–376.

Bresnahan, T. F. & Trajtenberg, M. (1995). General purpose technologies 'engines of growth'? *Journal of Econometrics*, 65(1):83–108.

Brunello, G. (2004). Labour market institutions and the complementarity between education and training in europe. In *Education, training and labour market outcomes in Europe*, 188–210. Springer.

Caballé, J. & Santos, M. S. (1993). On endogenous growth with physical and human capital. *Journal of Political Economy*, 101(6):1042–1067.

Caballero, R. J. & Jaffe, A. B. (1993). How high are the giants' shoulders: An empirical assessment of knowledge spillovers and creative destruction in a model of economic growth. *NBER macroeconomics annual*, 8:15–74.

Card, D. & DiNardo, J. E. (2002). Skill-biased technological change and rising wage inequality: Some problems and puzzles. *Journal of Labor Economics*, 20(4):733–783.

Caroli, E. & Van Reenen, J. (2001). Skill-biased organizational change? evidence from a panel of british and french establishments. *The Quarterly Journal of Economics*, 116(4):1449–1492.

Carr, D. L., Markusen, J. R., & Maskus, K. E. (2001). Estimating the knowledge-capital model of the multinational enterprise. *American Economic Review*, 91(3):693–708.

Caselli, F., Esquivel, G., & Lefort, F. (1996). Reopening the convergence debate: a new look at cross-country growth empirics. *Journal of Economic Growth*, 1(3):363–389.

Cass, D. (1964). Optimum economic growth in an aggregative model of capital accumulation: A turnpike theorem. Cowles Foundation for Discussion Paper No. 178.

Chipman, J. S. (1970). Induced technical change and patterns of international trade. In *The technology factor in international trade*, pages 95–142. NBER.

Choi, K.-S. & Jeong, J. (2005). Technological change and wage premium in a small open economy: the case of korea. *Applied Economics*, 37(1):119–131.

Coe, D. T. & Helpman, E. (1995). International R&D spillovers. *European Economic Review*, 39(5):859–887.

Coe, D. T., Helpman, E., & Hoffmaister, A. W. (1997). North-south r & d spillovers. *The Economic Journal*, 107(440):134–149.

Cohen, W. M., Nelson, R. R., & Walsh, J. P. (2003). Protecting their intellectual assets: Appropriability conditions and why us manufacturing firms patent (or not). NBER Working Paper No. 7552.

Connolly, M. (2003). The dual nature of trade: measuring its impact on imitation and growth. *Journal of Development Economics*, 72(1):31–55.

Cozzi, G. & Impullitti, G. (2010). Government spending composition, technical change, and wage inequality. *Journal of the European Economic Association*, 8(6):1325–1358.

Crafts, N. F. (1996). The first industrial revolution: A guided tour for growth economists. *The American Economic Review*, 86(2): 197–201.

Daveri, F. & Tabellini, G. (1997). Unemployment. *Unemployment, Growth and Taxation Industrial Countries*, IGIER Working Paper 122, 122.

David, P. A. (1989). The dynamo and the computer: an historical perspective on the modern productivity paradox. *The American Economic Review*, 80(2): 355-361.

De Gregorio, J. (1992). Economic growth in latin america. *Journal of Development Economics*, 39(1):59–84.

De Groot, H. L. & Nahuis, R. (1998). Taste for diversity and the optimality of economic growth. *Economics Letters*, 58(3):291–295.

del Barrio-Castro, T., López-Bazo, E., & Serrano-Domingo, G. (2002). New evidence on international R&D spillovers, human capital and productivity in the OECD. *Economics Letters*, 77(1):41–45.

Denison, E. F. (1979). *Accounting for Slower Economic Growth: The United States in the 1970's*. The Brookings Institution, Washington, DC.

Dinopoulos, E., Oehmke, J. F., & Segerstrom, P. S. (1993). High-technology- industry trade and investment: The role of factor endowments. *Journal of International Economics*, 34(1-2):49–71.

Dinopoulos, E. & Segerstrom, P. (1999). A schumpeterian model of protection and relative wages. *American Economic Review*, 89(3):450–472.

Dinopoulos, E. & Syropoulos, C. (2001). Innovation and rent protection in the theory of schumpeterian growth. *University of Florida, manuscript. Available at http://bear. cba. ufl. edu/dinopoulos/Research. html R-2.*

Dinopoulos, E. & Syropoulos, C. (2007). Rent protection as a barrier to innovation and growth. *Economic Theory*, 32(2):309–332.

Dinopoulos, E., Syropoulos, C., et al. (2004). Globalization, factor endowments, and scale-invariant growth. *University of Florida, Department of Economics Working Paper*.

Dinopoulos, E. & Thompson, P. (1999). Scale effects in schumpeterian models of economic growth. *Journal of Evolutionary Economics*, 9(2):157–185.

Dinopoulos, E. & Thompson, P. (2000). Endogenous growth in a cross-section of countries. *Journal of International Economics*, 51(2):335–362.

Dixit, A. K. & Stiglitz, J. E. (1977). Monopolistic competition and optimum product diversity. *The American Economic Review*, 67(3):297–308.

Easterly, W., Rodriguez, C. A., & Schmidt-Hebbel, K. (1994). Public sector deficits and macroeconomic performance. In *Public sector deficits and macroeconomic performance*. Oxford University Press, for World Bank.

Eaton, J. & Kortum, S. (1999). International technology diffusion: Theory and measurement. *International Economic Review*, 40(3):537–570.

Eaton, J. & Kortum, S. (2001). Trade in capital goods. *European Economic Review*, 45(7):1195–1235.

Eicher, T. S. (1996). Interaction between endogenous human capital and technological change. *The Review of Economic Studies*, 63(1):127–144.

Engelbrecht, H.-J. (1997). International R&D spillovers, human capital and productivity in oecd economies: An empirical investigation. *European Economic Review*, 41(8):1479–1488.

Ethier, W. J. (1982). National and international returns to scale in the modern theory of international trade. *The American Economic Review*, 72(3):389–405.

Findlay, R. (1978). Relative backwardness, direct foreign investment, and the transfer of technology: a simple dynamic model. *The Quarterly Journal of Economics*, 92(1):1–16.

Findlay, R. & Kierzkowski, H. (1983). International trade and human capital: A simple general equilibrium model. *Journal of Political Economy*, 91(6):957–978.

Frederick, S., Loewenstein, G., & O'donoghue, T. (2002). Time discounting and time preference: A critical review. *Journal of Economic Literature*, 40(2):351–401.

Funke, M. & Strulik, H. (2000). On endogenous growth with physical capital, human capital and product variety. *European Economic Review*, 44(3):491–515.

Galor, O. (2005). From stagnation to growth: unified growth theory. *Handbook of Economic Growth*, 1:171–293.

Galor, O. & Moav, O. (2000). Ability-biased technological transition, wage inequality, and economic growth. *The Quarterly Journal of Economics*, 115(2):469–497.

Galor, O. & Moav, O. (2002). Natural selection and the origin of economic growth. *The Quarterly Journal of Economics*, 117(4):1133–1191.

Galor, O. & Stark, O. (1994). Migration, human capital formation, and long-run output. *Migration: A Challenge for Europe, Tübingen: Mohr.*

Galor, O. & Tsiddon, D. (1997). The distribution of human capital and economic growth. *Journal of Economic Growth*, 2(1):93–124.

Gancia, G. & Zilibotti, F. (2005). Horizontal innovation in the theory of growth and development. *Handbook of economic growth*, 1:111–170.

Gera, S., Gu, W., & Lin, Z. (2001). Technology and the demand for skills in Canada: an industry-level analysis. *Canadian Journal of Economics/Revue canadienne d'économique*, 34(1):132–148.

Gerschenkron, A. (1962). *Economic backwardness in historical perspective*. Cambridge, MA: Belknap.

Glass, A. J. (1997). Product cycles and market penetration. *International Economic Review*, 38(4):865–891.

Gómez, M. A. (2005). Transitional dynamics in an endogenous growth model with physical capital, human capital and R&D. *Studies in Nonlinear Dynamics & Econometrics*, 9(1):1–20.

Gómez, M. A. (2010). Endogenous growth, habit formation and convergence speed. *The BE Journal of Macroeconomics*, 10(1):1–32.

Gómez, M. A. & Sequeira, T. N. (2012). A note on R&D spillovers in an endogenous growth model with physical capital, human capital, and varieties. *Macroeconomic Dynamics*, 16(4):657–659.

Goolsbee, A. (1998). Does government R&D policy mainly benefit scientists and engineers? NBER Working Paper No. 6532.

Greenwood, J. & Yorukoglu, M. (1997). 1974. In *Carnegie-Rochester conference series on public policy*, 46: 49–95. Elsevier.

Greiner, Alfred, J. R. & Semmler, W. (2004). Economic growth, skill-biased technical change and wage inequality: A model and estimations for the US and Europe. *Journal of Macroeconomics*, 26(4):597–621.

Griliches, Z. (1997). Education, human capital, and growth: a personal perspective. *Journal of Labor Economics*, 15(1, Part 2):330–344.

Griliches, Z. & Lichtenberg, F. R. (1984). R&D and productivity growth at the industry level: is there still a relationship? In *R&D, patents, and productivity*, 465-502. University of Chicago Press.

Grossman, G. M. & Helpman, E. (1989a). Comparative advantage and longrun growth. NBER Working Paper No. 2809.

Grossman, G. M. & Helpman, E. (1989b). Endogenous product cycles. NBER Working Paper No. 2913.

Grossman, G.M. & Helpman, E. (1991a). *Innovation and growth in the global economy*. MIT press.

Grossman, G. M. & Helpman, E. (1991b). Quality ladders and product cycles. *The Quarterly Journal of Economics*, 106(2):557–586.

Grossman, G. M. & Helpman, E. (1991c). Quality ladders in the theory of growth. *The Review of Economic Studies*, 58(1):43–61.

Hall, B. H. (1993). R&D tax policy during the 1980s: success or failure? *Tax Policy and the Economy*, 7:1–35.

Hassler, J. & Rodríguez Mora, J. V. (2000). Intelligence, social mobility, and growth. *American Economic Review*, 90(4):888–908.

Hejazi, W. & Safarian, A. E. (1999). Trade, foreign direct investment, and R&D spillovers. *Journal of International Business Studies*, 30(3):491–511.

Helpman, E. (1993). Innovation, imitation, and intellectual property rights. *Econometrica*, 61(6):1247-1280.

Helpman, E. (1997). R&D and productivity: The international connection. NBER Working Paper No. 6101.

Helpman, E. & Hoffmaister, A. (1997). North-South R&D spillovers. *The Economic Journal*, 107(440):134-49.

Helpman, E. & Rangel, A. (1999). Adjusting to a new technology: experience and training. *Journal of Economic Growth*, 4(4):359-383.

Helpman, E. & Trajtenberg, M. (1994). A time to sow and a time to reap: Growth based on general purpose technologies. NBER Working Paper No. 4854.

Howitt, P. (1999). Steady endogenous growth with population and R&D inputs growing. *Journal of Political Economy*, 107(4):715-730.

Hsieh, C.-T. (1999). Productivity growth and factor prices in East Asia. American Economic Review, 89(2):133-138.

Impullitti, G. (2010). International competition and US R&D subsidies: A quantitative welfare analysis. *International Economic Review*, 51(4):1127- 1158.

Islam, N. (1995). Growth empirics: a panel data approach. *The Quarterly Journal of Economics*, 110(4):1127-1170.

Jones, C. & Vollrath, D. (2013). *Introduction to Economic Growth*. WW Norton & Co.

Jones, C. I. (1995a). R&d-based models of economic growth. *Journal of political Economy*, 103(4):759-784.

Jones, C. I. (1995b). Time series tests of endogenous growth models. *The Quarterly Journal of Economics*, 110(2):495-525.

Jones, C. I. & Williams, J. C. (2000). Too much of a good thing? The economics of investment in R&D. *Journal of Economic Growth*, 5(1):65-85.

Jones, L. E. & Manuelli, R. (1990). A convex model of equilibrium growth: Theory and policy implications. *Journal of Political Economy*, 98(5, Part 1):1008-1038.

Jorgenson, D. W. & Fraumeni, B. M. (1993). Education and productivity growth in a market economy. *Atlantic Economic Journal*, 21(2):1-25.

Juhn, C., Murphy, K. M., & Pierce, B. (1993). Wage inequality and the rise in returns to skill. *Journal of Political Economy*, 101(3):410-442.

Kaldor, N. (1961). Capital accumulation and economic growth. In *The theory of capital*, 177-222. Springer.

Kaldor, N. & Mirrlees, J. A. (1962). A new model of economic growth. The *Review of Economic Studies*, 29(3):174-192.

Katz, L. F. & Murphy, K. M. (1992). Changes in relative wages, 1963–1987: supply and demand factors. *The Quarterly Journal of Economics*, 107(1):35–78.

Keller, W. (2002a). Geographic localization of international technology diffusion. *American Economic Review*, 92(1):120–142.

Keller, W. (2002b). Trade and the transmission of technology. *Journal of Economic Growth*, 7(1):5–24.

Kiley, M. T. (1999). The supply of skilled labour and skill-biased technological progress. *The Economic Journal*, 109(458):708–724.

Knight, M., Loayza, N., & Villanueva, D. (1993). Testing the neoclassical theory of economic growth: a panel data approach. *International Monetary Fund Staff papers*, 40(3):512–541.

Koopmans, T. (1965). On the concept of optimal growth, the econometric approach to development planning. In *Econometric approach to development planning*, 1st edn., 225-287. North Holland, Amsterdam.

Kortum, S. (1993). Equilibrium R&D and the patent–R&D ratio: US evidence. *The American Economic Review*, 83(2):450–457.

Kortum, S. S. (1997). Research, patenting, and technological change. *Econometrica: Journal of the Econometric Society*, 65(6):1389–1419.

Kranz, D. (2006). Why has wage inequality increased more in the usa than in europe? an empirical investigation of the demand and supply of skill. *Applied Economics*, 38(7):771–788.

Krueger, A. B. & Lindahl, M. (2001). Education for growth: why and for whom? *Journal of Economic Literature*, 39(4):1101–1136.

Krugman, P. (1979). A model of innovation, technology transfer, and the world distribution of income. *Journal of Political Economy*, 87(2):253–266.

Kumar, K. B. (2003). Education and technology adoption in a small open economy: theory and evidence. *Macroeconomic Dynamics*, 7(4):586–617.

Kurz, M. (1968). The General Instability of a Class of Competitive Growth Processes. *The Review of Economic Studies*, 35(2):155–174.

Levin, R. C., Klevorick, A. K., Nelson, R. R., Winter, S. G., Gilbert, R., & Griliches, Z. (1987). Appropriating the returns from industrial research and development. *Brookings Papers on Economic Activity*, 1987(3):783–831.

Levine, R. & Renelt, D. (1992). A sensitivity analysis of cross-country growth regressions. *The American Economic Review*, 82(4):942–963.

Lichtenberg, F. R. (1992). R&D investment and international productivity differences. NBER Working Paper No. 4161.

Lucas Jr, R. E. (1988). On the mechanics of economic development. *Journal of Monetary Economics*, 22(1):3–42.

Lucas Jr, R. E. (1993). Making a miracle. *Econometrica*, 61(2): 251–272.

Machin, S. & Van Reenen, J. (1998). Technology and changes in skill structure: evidence from seven OECD countries. *The Quarterly Journal of Economics*, 113(4):1215–1244.

Maddison, A. (1995). *Monitoring the world economy*, 1820-1992. OECD Development Centre, Paris.

Mankiw, N. G., Romer, D., & Weil, D. N. (1992). A contribution to the empirics of economic growth. *The Quarterly Journal of Economics*, 107(2):407–437.

Mincer, J. (1993). *Studies in human capital*, volume 1. Edward Elgar Publishing.

Mincer, J. (1994). Investment in US education and training. NBER Working Paper No. 4844.

Mowery, D. C. (1998). The changing structure of the US national innovation system: implications for international conflict and cooperation in R&D policy. *Research Policy*, 27(6):639–654.

Mulligan, C. B. & Sala-i-Martin, X. (1993). Transitional dynamics in two-sector models of endogenous growth. *The Quarterly Journal of Economics*, 108(3):739–773.

Nancy, S. (1995). R&D and economic growth. *The Review of Economic Studies*, 62(3): 469–489.

Nelson, R. R. & Phelps, E. S. (1966). Investment in humans, technological diffusion, and economic growth. *The American Economic Review*, 56(1/2):69–75.

North, D. C. (1981). *Structure and change in economic history*. Norton.

OECD (2001). Education at a glance 2001. Technical report, OECD.

Papageorgiou, C. (2002). Technology adoption, human capital, and growth theory. *Review of Development Economics*, 6(3):351–368.

Parente, S. L. & Prescott, E. C. (1994). Barriers to technology adoption and development. *Journal of Political Economy*, 102(2):298–321.

Pawan, S. (1998). Legal measures and tax incentives for encouraging science and technology development: the examples of Japan, Korea and India. *Technology in Society*, 20(1):45–60.

Pessoa, A. (2003). Ideas-driven growth: the OECD evidence. FEP Working Papers No. 136.

Phelps, E. S. (1966). *Golden Rules of Economic Growth*. New York: Norton.

Pitchpord, J. (1960). Growth and the elasticity of factor substitution. *Economic Record*, 36(76):491–504.

Pritchett, L. (1999). Where has all the education gone? The *World Bank Economic Review*, 15(3): 367-391.

Quah, D. T. (1997). Empirics for growth and distribution: stratification, polarization, and convergence clubs. *Journal of Economic Growth*, 2(1):27–59.

Ramsey, F. P. (1928). A mathematical theory of saving. *The Economic Journal*, 38(152):543–559.

Razin, A. (1972a). Investment in human capital and economic growth. *Metroeconomica*, 24(2):101–116.

Razin, A. (1972b). Optimum investment in human capital. *The Review of Economic Studies*, 39(4):455–460.

Rebelo, S. (1991). Long-run policy analysis and long-run growth. *Journal of Political Economy*, 99(3):500–521.

Reis, A. B. & Sequeira, T. N. (2007). Human capital and overinvestment in R&D. *Scandinavian Journal of Economics*, 109(3):573–591.

Richardson, J. D. (1995). Income inequality and trade: how to think, what to conclude. *Journal of Economic Perspectives*, 9(3):33–55.

Rivera-Batiz, L. A. & Romer, P. M. (1991). Economic integration and endogenous growth. *The Quarterly Journal of Economics*, 106(2):531–555.

Robertson, R. (2004). Relative prices and wage inequality: evidence from Mexico. *Journal of International Economics*, 64(2):387–409.

Rogers, C. C. (2002). The older population in 21st century rural america. *Rural America/ Rural Development Perspectives*, 17(3):2–10.

Rogers, M. (2003). A survey of economic growth. *Economic Record*, 79(244):112-135.

Romer, P. M. (1986). Increasing returns and long-run growth. *Journal of Political Economy*, 94(5):1002–1037.

Romer, P. M. (1987). Growth based on increasing returns due to specialization. *The American Economic Review*, 77(2):56–62.

Romer, P. M. (1990a). Endogenous technological change. *Journal of Political Economy*, 98(5, Part 2): 71–102.

Romer, P. M. (1990b). Human capital and growth: Theory and evidence. *Carnegie-Rochester Conference Series on Public Policy*, 32: 251-286.

Romer, P. M. (1994). The origins of endogenous growth. *Journal of Economic Perspectives*, 8(1):3–22.

Sachs, J. D. & Warner, A. M. (1995). Natural resource abundance and economic growth. NBER Working Paper No. 5398.

Samuelson, P. A. (1954). The pure theory of public expenditure. *The Review of Economics and Statistics*, 36(4): 387–389.

Schultz, T. W. (1975). The value of the ability to deal with disequilibria. *Journal of Economic Literature*, 13(3):827–846.

Schumpeter, J. A., Redvers, O., & Elliott, J. E. (1983). *The theory of economic development: an inquiry into profits, capital, credit, interest, and the business cycle*, volume 46. Social science classics series.; Harvard economic studies.

Segerstrom, P. S. (1998). Endogenous growth without scale effects. *American Economic Review*, 88(5):1290–1310.

Segerstrom, P. S. (2007). Intel economics. *International Economic Review*, 48(1):247–280.

Segerstrom, P. S., Anant, T. C., & Dinopoulos, E. (1990). A schumpeterian model of the product life cycle. *The American Economic Review*, 80(5):1077–1091.

Segerstrom, P. S. & Zolnierek, J. M. (1999). The R&D incentives of industry leaders. *International Economic Review*, 40(3):745–766.

Sener, F. (2003). Intellectual property rights and rent protection in a north-south product cycle model. Technical report, Working paper, Union College, NY, USA.

Sequeira, T. N. (2012). Facts and distortions in an endogenous growth model with physical capital, human capital and varieties. *Portuguese Economic Journal*, 11(3):171–188.

Sequeira, T. N., Gil, P. M., & Afonso, Ó. (2018). Endogenous growth and entropy. *Journal of Economic Behavior & Organization*, 154:100–120.

Sequeira, T. N. & Reis, A. B. (2006). Human capital composition, R&D and the increasing role of services. *Topics in Macroeconomics*, 6(1):1–25.

Shea, K.-L. & Woodfield, A. (1996). Optimal immigration, education and growth in the long run. *Journal of International Economics*, 40(3-4):495–506.

Shell, K. (1967). A *model of inventive activity and capital accumulation. Essays on the theory of optimal economic growth*. MIT Press, Cambridge, MA.

Snooks, G. D. (1992). *Great Waves of Economic Change: Very Longrun Growth in Britain*, 1986-1990. Australian National University.

Solow, R. M. (1956). A contribution to the theory of economic growth. *The Quarterly Journal of Economics*, 70(1):65–94.

Solow, R. M. (1957). Technical change and the aggregate production function. *The Review of Economics and Statistics*, 39(3):312–320.

Solow, R. M. (2000). *Growth theory. An exposition*. Oxford University Press.

Stokey, N. L. (1988). Learning by doing and the introduction of new goods. *Journal of Political Economy*, 96(4):701–717.

Stokey, N. L. (1991). Human capital, product quality, and growth. *The Quarterly Journal of Economics*, 106(2):587–616.

Strulik, H. (2007). Too much of a good thing? The quantitative economics of R&D-driven growth revisited. *Scandinavian Journal of Economics*, 109(2):369–386.

Swan, T. W. (1956). Economic growth and capital accumulation. *Economic Record*, 32(2):334-361.

Tamura, R. (2006). Human capital and economic development. *Journal of Development Economics*, 79(1):26-72.

Temple, J. (1999). A positive effect of human capital on growth. *Economics Letters*, 65(1):131-134.

Thesmar, D. & Thoenig, M. (2000). Creative destruction and firm organization choice. *The Quarterly Journal of Economics*, 115(4):1201-1237.

Thompson, P. (1996). Technological opportunity and the growth of knowledge: A schumpeterian approach to measurement. *Journal of Evolutionary Economics*, 6(1):77-97.

Thompson, P. & Waldo, D. (1994). Growth and trustified capitalism. *Journal of Monetary Economics*, 34(3):445-462.

Topel, R. H. (1997). Factor proportions and relative wages: the supply-side determinants of wage inequality. *Journal of Economic Perspectives*, 11(2):55-74.

Uzawa, H. (1965). Optimum technical change in an aggregative model of economic growth. *International Economic Review*, 6(1):18-31.

Veblen, T. (1990). *Imperial Germany and the Industrial Revolution*. Transaction Publishers.

Vernon, R. (1966). International trade and international investment in the product cycle. *Quarterly Journal of Economics*, 80(2):190-207.

Verspagen, B. (1992). *Uneven growth between interdependent economies: an evolutionary view on technology gaps, trade and growth*. Maastricht University.

Xu, B. (2000). Multinational enterprises, technology diffusion, and host country productivity growth. *Journal of Development Economics*, 62(2):477-493.

Young, A. (1991). Learning by doing and the dynamic effects of international trade. *The Quarterly Journal of Economics*, 106(2):369-405.

Young, A. (1993). Invention and bounded learning by doing. *Journal of Political Economy*, 101(3):443-472.

Young, A. (1998). Growth without scale effects. *Journal of political economy*, 106(1):41-63.

Zeng, J. & Zhang, J. (2002). Long-run growth effects of taxation in a non-scale growth model with innovation. *Economics Letters*, 75(3):391-403.

Zhu, S. C. & Trefler, D. (2005). Trade and inequality in developing countries: a general equilibrium analysis. *Journal of International Economics*, 65(1):21-48.

APÊNDICE A
Otimização dinâmica: controlo ótimo

A metodologia "controlo ótimo" baseia-se no hamiltoniano e é especialmente útil para resolver problemas de otimização dinâmica quando uma das restrições é uma equação diferencial.

Problema típico

O problema típico é do seguinte modo: o agente económico — consumidor, empresa, governo, planificador, ou quem quer que seja — deve escolher ou controlar uma série de variáveis no tempo chamadas variáveis de controlo, no caso da maximização de uma função objetivo — função de utilidade, de benefício, ... — sujeito a uma série de restrições. As restrições são dinâmicas no sentido em que descrevem a evolução do estado da economia, representado pelas denominadas variáveis de estado. O problema é, pois, do seguinte tipo:

$$\max_{c(t)} V(0) = \int_0^T u\left[c(t), k(t), t\right]$$

sujeito a:

$$\dot{k}(t) = g\left[c(t), k(t), t\right]$$

$$k(0) \text{ é conhecido}$$

$$k(T)\exp\left[-\overline{r}(T) \times T\right] \geq 0 \tag{A.1}$$

em que: $V(0)$ é o valor da função objetivo desde o momento inicial, 0, ou seja, desde o momento inicial, 0, até ao momento final, T; $\overline{r}(T)$ é a taxa de desconto que se aplica no último período; o momento final, T, pode ser finito ou infinito.

A variável $\dot{k}(t)$ — que aparece com um ponto por cima na restrição dinâmica do problema (A.1), é a variável de estado. A variável $c(t)$ — que não aparece com um ponto por cima na restrição dinâmica do problema (A.1), é a variável de controlo. As duas variáveis são dinâmicas no sentido em que variam no tempo.

A função objectivo em (A.1) corresponde à soma ou integral das funções objectivo instantâneas, $u[...]$, desde o momento inicial até ao momento final. Cada uma destas funções instantâneas, por sua vez, depende das variáveis de controlo, $c(t)$, e de estado, $k(t)$, e também do tempo, *t*. A restrição de acumulação, $\dot{k}(t) = g[c(t), k(t), t]$, é uma equação diferencial em $k(t)$ que mostra que a variável de controlo, $c(t)$, afeta os movimentos no tempo da variável estado, $k(t)$. Embora só esteja escrita uma dessas restrições de acumulação, na realidade há uma em cada momento do tempo entre 0 e *T*.

A condição inicial, $k(0)$, que é conhecido, diz que a variável estado tem um valor inicial dado e que não pode ser mudado — é como se fosse o resultado de decisões passadas que não podem hoje ser alteradas.

Finalmente, a restrição $k(T)\exp[-\overline{r}(T) \times T] \geq 0$ diz que a quantidade de que se deixa no último momento, *T*, uma vez descontada à taxa $\overline{r}(T)$, deve ser não negativa. Para valores finitos de *T*, esta desigualdade implica que $k(T) \geq 0$ dado que o factor de desconto, $\exp[-\overline{r}(T) \times T]$, nunca será nulo. Quando é infinito, a quantidade terminal pode ser estritamente positiva ou negativa se a taxa de desconto se aproxima de zero. Como $k(T)$ representa a quantidade de ativos que uma pessoa deseja possuir no final da sua vida, a restrição $k(T)\exp[-\overline{r}(T) \times T] \geq 0$ impede que essa pessoa morra endividada. Caso *T* seja infinito, a condição diz que a quantidade de activos pode ser negativa e inclusivamente pode crescer, sempre e quando o faça a um ritmo inferior ao da taxa de desconto.Esta condição evita que os agentes embarquem em jogos financeiros conhecidos por "pirâmides", segundo os quais é sempre possível pagar as dívidas, independentemente do montante pedido emprestado; caso em que k se torna cada vez mais negativo.

Um exemplo de um problema dinâmico deste tipo é o modelo neoclássico de otimização segundo o qual a função objetivo é uma função utilidade:

$$u[c(t), k(t), t] = \exp(-\rho t)\frac{c(t)^{1-\theta} - 1}{1-\theta}$$

Neste exemplo, a função objetivo não depende da variável de estado, $k(t)$, mas depende do tempo, *t*, via fator de desconto, ρ. A equação de transição vem dada por:

$$\dot{k}(t) = y(t) - c(t) - \delta k(t),$$

em que δ é a taxa de depreciação do capital. Esta equação informa que o *stock* de capital aumenta com a poupança e diminui com a depreciação do capital. A poupança corresponde à diferença entre a quantidade de recursos produzidos, $y(t)$, e consumidos, $c(t)$.

Condições de primeira ordem

Para seleccionar os problemas dinâmicos como (A.1), deve proceder-se do seguinte modo:

Primeiro passo: identificação das variáveis de estado e de controlo

A variável de estado é a que aparece na restrição dinâmica do problema com um ponto por cima. A variável de controlo é a que não aparece com um ponto por cima na restrição dinâmica. Esta identificação é importante porque as condições de primeira ordem para as variáveis de controlo e de estado são distintas.

Segundo passo: Hamiltoniano

A função chamada Hamiltoniano tem o mesmo papel que o Lagrangiano nos problemas estáticos: deve resumir o procedimento para solucionar o problema. O Hamiltoniano é a soma da função objectivo instantânea mais um preço implícito (ou multiplicador de lagrange) multiplicado pela parte da restrição dinâmica que não tem o ponto por cima da variável de estado; ou seja,

$$H[c(t), k(t), t, \nu(t)] = u[c(t), k(t), t] + \nu(t)\, g[c(t), k(t), t] \tag{A.2}$$

Observe-se que, dado que existe uma restrição $g[c(t), k(t), t]$ para cada momento do tempo, existe um multiplicador de lagrange associado com cada uma das restrições. O multiplicador associado com a restrição do momento t é $\nu(t)$ e daí o índice temporal.

Terceiro passo: derivadas do Hamiltoniano em relação às variáveis de controlo iguais a zero

$$\frac{\partial H}{\partial c} = \frac{\partial u}{\partial c} + \nu \frac{\partial g}{\partial c} = 0 \tag{A.3}$$

em que os subíndices temporais são ignorados por simplificação.

Quarto passo: derivadas do Hamiltoniano em relação às variáveis de estado iguais ao negativo da derivada do multiplicador em relação ao tempo

$$\frac{\partial H}{\partial k} = \frac{\partial u}{\partial k} + \nu \frac{\partial g}{\partial k} = -\dot{\nu} \tag{A.4}$$

Quinto passo: condição de transversalidade

Multiplica-se a variável de estado pelo preço implícito no momento terminal e iguala-se a zero.

$$\nu (T) k (T) = 0 \tag{A.5}$$

No caso do horizonte temporal ser infinito, a condição de transversalidade é:

$$\lim_{t \to \infty} \nu (t) k (t) = 0 \tag{A.6}$$

Finalmente, caso a função objectivo não tenha uma taxa de desconto, a condição de transversalidade é

$$\lim_{t \to \infty} H (t) = 0 \tag{A.7}$$

A demonstração formal de que as condições de primeira ordem descritas acima correspondem a um máximo está fora do objectivo da descrição aqui efectuada.

O caso de múltiplas variáveis

Quando há n variáveis de controlo, $c_1 (t), c_2 (t), ..., c_n (t)$, e m variáveis de estado, $k_1 (t), k_2 (t), ..., k_m (t)$, o problema corresponde a uma generalização do caso com uma variável de controlo e uma variável de estado:

$$\max_{c_{i=1,...,n}(t)} V(0) = \int_0^T u\left[c_{i=1,...,n}(t), k_{j=1,...,m}(t), t\right]$$

sujeito a:

$$\begin{aligned}\dot{k}_1(t) &= g_1\left[c_{i=1,...,n}(t), k_{j=1,...,m}(t), t\right]\\ \dot{k}_2(t) &= g_2\left[c_{i=1,...,n}(t), k_{j=1,...,m}(t), t\right]\\ &\dots\\ \dot{k}_m(t) &= g_m\left[c_{i=1,...,n}(t), k_{j=1,...,m}(t), t\right]\end{aligned}$$

$$k_1(0), k_2(0), ..., km(0) \text{ conhecidos}$$

$$k_1(T)\exp\left[-\bar{r}(T)\times T\right] \geq 0, ..., k_m(T)\exp\left[-\bar{r}(T)\times T\right] \geq 0 \qquad \text{(A.8)}$$

Primeiro passo: identificação das variáveis de estado e de controlo

As variáveis de estado são as que aparecem nas restrições dinâmicas do problema com um ponto por cima. As variáveis de controlo são as que não aparecem com um ponto por cima nas restrições dinâmicas.

Segundo passo: Hamiltoniano

O Hamiltoniano corresponde à soma da função objetivo instantânea mais a soma de um multiplicador de lagrange por cada restrição multiplicado pela parte da restrição dinâmica que não tem o ponto por cima da variável de estado; ou seja,

$$H \equiv u\left[c_{i=1,...,n}(t), k_{j=1,...,m}(t), t\right] + \sum_{j=1}^{m} \nu_j(t)\, g_j\left[...\right] \qquad \text{(A.9)}$$

Observe-se que existe um multiplicador de lagrange associado com cada uma das restrições g_j em cada momento do tempo e, portanto, cada multiplicador tem um índice temporal e um indice j, $\nu_j(t)$.

Terceiro passo: derivadas do Hamiltoniano em relação às variáveis de controlo iguais a zero

$$\frac{\partial H}{\partial c_i} = 0 \text{ para cada } i = 1, 2, ..., n \qquad \text{(A.10)}$$

em que os subíndices temporais são ignorados por simplificação.

Quarto passo: derivadas do Hamiltoniano em relação às variáveis de estado iguais ao negativo da derivada do multiplicador em relação ao tempo

$$\frac{\partial H}{\partial k_j} = -\dot{\nu}_j \text{ para cada } j = 1, 2, ..., m \tag{A.11}$$

Quinto passo: condições de transversalidade

Multiplica-se cada uma das variáveis de estado pelo preço implicito no momento terminal e iguala-se a zero.

$$\nu_j(T)\, k_j(T) = 0 \text{ para cada } j = 1, 2, ..., m \tag{A.12}$$

No caso do horizonte temporal ser infinito, as condições de transversalidade são dadas por:

$$\lim_{t \to \infty} \nu_j(t)\, k_j(t) = 0 \text{ para cada } j = 1, 2, ..., m \tag{A.13}$$

Finalmente, caso a função objectivo não tenha uma taxa de desconto, a condição de transversalidade é

$$\lim_{t \to \infty} H(t) = 0 \tag{A.14}$$

A demonstração formal de que as condições de primeira ordem descritas acima correspondem a um máximo está fora do objectivo da descrição aqui efectuada.